사회복지총서

사회복지와 문화다양성

김혜미 · 김태연 · 양경은 · 김희주 · 유조안 공저

SOCIAL WORK WITH IMMIGRANTS AND THEIR FAMILIES

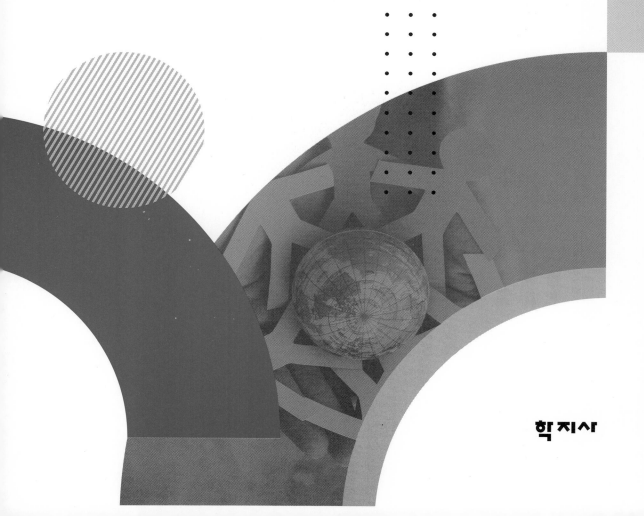

학지사

 머리말

사회복지학은 사회 내 다양한 인구의 특성을 이해하고 이들을 지원하기 위한 정책과 서비스가 무엇인지 고민하며 사회 변화에 대응하는 방안을 고안해 내기 위해 노력하는 학문이자 지식과 경험의 집합체라고 볼 수 있다. 지난 수십 년간 우리 사회가 직면해 온 변화와 과제는 매우 많지만, 특히 이 중 관심이 요구되는 부분은 우리 사회 인구 구성의 변화이다. 저출산 고령화 현상과 더불어 관찰된 또 하나의 큰 변화는 우리 사회를 이루는 인구의 다양화이다. 1990년대부터 본격적으로 외국인이 한국 사회에 유입되면서 2023년 현재는 다양한 인종과 민족이 어우러져 생활공간과 시간을 공유하는 다문화 사회로 발전했다. 이 책 『사회복지와 문화다양성』은 우리 사회의 인구 구성 변화와 더불어 새롭게 발생한 욕구와 현상을 탐색하기 위해 기획되었다. 세계화·국제화 시대 속 한국 사회의 다문화 현상과 이주의 흐름, 이주배경 구성원의 생활실태, 욕구를 파악하고 다문화 시대를 맞이한 한국 사회가 직면하는 새로운 어려움과 도전에 대응하기 위한 정책과 실천적 방안을 탐색하는 것이 이 책의 주목적이다.

다문화 현상 및 이주민과 관련된 사회복지 정책과 서비스를 다루는 것은 매우 어려운 과업이다. 본문에서도 다루겠지만 우리나라의 출입국 정책은 매우 파편화되어 있고 어떤 사증을 가지고 입국하느냐는 이주민의 삶에 관여하는 모든 사회복지 정책 및 서비스와 직결되어 있다. 이들 전체를 아우르는 정책과 서비스는 존재하지 않으며, 어떤 이주민 집단에 속해 있느냐에 따라 삶의 양상이 매우 달라질 수 있다. 따라서 이 책에서는 우리 사회에 거주하는 다양한 이주민 집단을 세밀히 구분하는 작업을 했으며, 이를 통해 이주민 집단 간 이질성과 사회복지 정책 및 서비스의 형평성에 대해서도 논의하고자 했다. 또한 이주 현상과 이주민의 삶을 이해할 수 있는 다양한 이론적 틀과 관점을 소개하고, 이를 통해 세계화의 맥락에서 이주를 이해할 수 있도록 돕고자 했다.

이 책은 크게 4부, 13장으로 구성되어 있다. 제1부는 문화다양성을 다루는 총론으로 볼 수 있는데, 구체적으로 문화다양성의 개념과 패러다임을 소개하는 제1장과 문화다양성을 사회복지 담론과 연결시켜 논의하는 제2장으로 구성되어 있다. 제2부는 문화다양성을 정책과 실천 영역에서 다룬 내용으로, 먼저 이주 관련 정책과 제도 및 서비스를 제3장에서 다뤘으며, 제4장부터 제8장까지는 국내에 거주하는 다양한 이주민 집단의 실태와 현황, 복지 욕구 및 관련 정책과 서비스를 보다 자세히 살펴보고자 했다. 이 책에서는 국내 이주민 집단을 크게 「다문화가족지원법」에서 정의하는 다문화가족, 외국인노동자, 북한이탈주민, 난민 그리고 이주배경 아동으로 구분했으며, 아쉽게도 지면의 제한으로 인해 화교와 같은 다른 집단은 포함하지 못했음을 알린다. 제3부는 다문화 사회복지실천과 문화적 역량을 다뤘다. 구체적으로 다문화 사회복지실천과 문화적 역량의 의미 그리고 이를 아우르는 관점 및 이슈 등을 제9장과 제10장에 걸쳐 다뤘으며, 제11장에서는 실천단계별로 요구되는 지식과 기술, 주의할 점 및 활용 가능한 기법 등을 소개했다. 마지막 제4부는 2개 장으로 구성되어 있는데, 제12장은 생애주기에 따른 이주민의 욕구 및 과업에 대해 소개하고 이와 관련된 이슈를 집중적으로 다뤘으며, 마지막 제13장은 다문화 사회복지의 과제와 전망을 다루는 내용으로 구성했다.

이 책을 집필하면서 문화적 민감성을 토대로 한 사회복지실천과 문화다양성에 대해 올바르게 이해하기 위해서 얼마나 많은 노력이 요구되는지 저자 모두 다시 한번 깨달을 수 있었다. 또한 국내 다문화사회복지실천 현황과 이슈를 최대한 폭넓게 다루고자 했으나 지면의 한계로 다루지 못한 내용이 있어 매우 아쉽다. 아울러 이 책에서는 사회복지와 문화다양성을 이주민 중심으로 살펴봤으나 더 넓은 의미에서 문화다양성은 인종, 민족뿐 아니라 종교, 젠더, 성적 취향 등 다양한 차원을 아우르는 개념임을 밝히고자 한다. 추후 문화다양성을 다룰 여러 교재에서는 이를 포괄적으로 다룰 수 있기를 희망한다.

마지막으로, 이 책이 사회복지를 공부하는 많은 학생에게 의미 있는 학습 도구가
되길 바라며, 집필할 기회를 주신 학지사와 서울대학교 사회복지연구소에도 감사
의 말씀을 전한다.

2023년 7월
저자 일동

차례

제**3**부

다문화 사회복지실천과 문화적 역량

제4부
생애주기별 이주민의 삶과 남은 과제

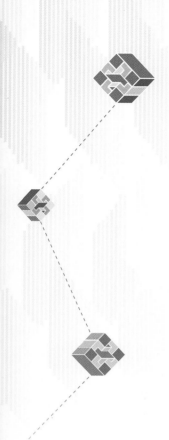

제1부

문화다양성의 이해

제1장

문화다양성의 이해

이 장에서는 문화다양성이 무엇인지에 대해 살펴보고자 한다. 먼저, 문화가 무엇인지, 그리고 사람들은 문화를 통해 어떻게 정체성을 형성하는지 파악한다. 다음으로, 문화다양성이 무엇인지, 그리고 어떠한 요인들을 통해 문화다양성이 형성될 수 있는지 살펴본다. 마지막으로, 인종과 민족의 다양성이 나타난 이주의 역사를 통해 다문화 사회가 어떻게 형성이 되었으며, 이를 통해 나타나게 된 다문화주의가 무엇인지를 살펴본다.

1. 문화와 문화다양성의 개념

1) 문화의 개념

문화적 다양성에 대해 이해하기 위해서는 가장 먼저 문화가 무엇인지에 대해 이해할 필요가 있다. 문화에 대해 이야기를 할 때, 가장 먼저 떠오르는 것이 '한류' 'K-팝'과 같은 대중문화일 수 있다. 또는 차례, 세시풍속 등 우리의 문화유산이나 관습 등을 떠올릴 수 있을 것이다. 이처럼 문화는 누구나 손쉽게 문화의 일부분을 떠올릴 수 있을 정도로 일상적으로 사용하고 있는 용어이다. 그러나 문화가 일상적으로 활용되고 있음에도 불구하고 문화가 무엇인지에 대한 정의가 명확하지는 않다.

초창기에 문화를 연구에 활용했던 Tylor(1871)는 문화를 "지식, 신념, 예술, 도덕, 법, 관습 그리고 그 밖에 인간이 사회의 구성원으로서 획득한 모든 역량과 전통의 복합 총체"로 정의하였다(Berry, Poortinga, Breugelmans, Chasiotis, & Sam, 2011, p. 224 재인용). 한편, 『정신질환의 진단 및 통계 편람, 5판(DSM-5)』(APA, 2013)에서는 "문화는 세대에 걸쳐 학습되고 전승되는 지식, 개념, 규칙 그리고 관습 체계를 의미한다. 문화는 언어, 종교 및 영성, 가족 구조, 생애주기 단계들, 의식, 복장, 도덕 및 법체계를 포함한다. 문화는 시간에 따라 지속적인 변화가 진행되는 개방적이고 역동적인 체계이다."(p. 825)라고 정의하였다. 또한 Frisby(1992)에 따르면, 문화라는 용어는 다음의 여섯 가지의 의미로 활용된다. 문화는 "① 생활, 관습, 전통, 가치, 그리고 태도의 특징적인 패턴, ② 자신의 조상 혹은 민족이 이룩한 유의미한 예술적 · 인문학적 · 과학적 성과, ③ 인종 의식 또는 한 개인이 같은 집단에 속한 사람에 대해 갖게 되는 감정, 흥미, 혹은 정체성에 영향을 미치는 공통된 태도와 신념, ④ 밀접한 사회화 환경의 가치와 규범, ⑤ 인종 간의 패션, 음악, 종교, 식문화, 그리고 언어나 말하는 방식 등에서 나타나는 피상적인 차이, ⑥ 가장 피상적인 생물학적 차이 등의 의미"로 활용된다. 이처럼 문화는 인류가 이룩한 모든 사회적 유산으로 볼 수 있으나, 한 사회 내에서 각기 다른 집단이 가지고 있는 특징적인 태도나 행동 또는 생활양식 등을 의미하기도 한다(Frisby, 1992, 533-534).

사회과학 분야에서 말하는 문화의 특성을 살펴보면 다음과 같다. 첫째, 문화는 역사적 · 예술적 가치를 가지고 있는 고급문화뿐만 아니라 인간 생활에서 생겨나는 모든 산물을 포괄한다(Berry, Poortinga, Segall, & Dasen, 1992). 또한 인간이 전승받아 반복되는 모든 생각과 행동 방식을 포괄한다. 둘째, 문화는 문명과는 구분되는 개념으로서 문명사회의 산물뿐만 아니라 원시사회의 산물들도 모두 포괄한다.

즉, 사회과학에서는 모든 인간 집단이 문화를 가지고 있다고 가정한다(Berry et al., 1992). 셋째, 사회는 인간 집단 그 자체를 의미하는 반면에, 문화는 인간 집단이 공통으로 가지고 있는 삶의 방식을 의미한다는 점에서 구분된다. 즉, 사회는 공통된 목표를 가지고 활동하면서 공통의 신념, 태도 그리고 행동 방식을 가지고 있는 사람의 집단을 의미하지만, 문화는 사회를 구성하는 사람들이나 세대가 바뀌어도 계속 존재하는 초시간적·초공간적 특성을 지닌다(Berry et al., 1992). 넷째, 인간은 이러한 문화를 이어받고, 또 새로이 창조할 수 있는 역량을 가지고 태어난다(Smedley & Smedley, 2005). 물론 문화가 언어로만 전달되는 것은 아니지만, 인간은 언어 능력을 가짐으로써 보다 고차원적인 문화를 더 효과적으로 전달할 수 있게 되었다.

포괄성, 공통성, 시공간의 초월성 등 여러 가지 특성을 갖는 문화를 어떻게 이해해야 하는가? Peterson(2004)은 문화의 특성을 우리가 조금 더 쉽게 이해할 수 있도록 문화를 빙산에 비유하여 설명하고 있다. 빙산을 살펴보면 바다 위에 솟아 있는 부분이 주로 보이지만, 수면 아래에는 훨씬 더 크고 견고한 빙산의 아랫부분이 있다. 우리가 흔히 떠올리고 이야기하는 문화는 바다 위에서 볼 수 있는 윗부분, 즉 '빙산의 일각'임을 강조한다. 이러한 문화에는 우리의 오감을 이용하여 느낄 수 있는 언어적·비언어적 표현, 음식, 음악, 의복, 예술, 저서, 스포츠, 행동 방식 등이 모두 포함되며, 이를 **명시적 문화**(explicit culture)라고 한다(Berry et al., 1992). 우리는 일반적으로 이러한 명시적인 문화 특성들을 보면서 상대방의 문화적 배경을 판단하게 된다. 예를 들어, 외국 사람들은 일반적으로 한국인을 생각할 때 김치를 좋아하고, 비빔밥을 먹으며, 한국어라는 언어를 사용하고, 한복이라는 전통의상을 특별한 때에 입으며, K-팝을 듣고, 한국적인 드라마나 영화를 좋아하는 사람들이라고 생각할 수 있을 것이다. 우리 역시 외국을 나가기 위해 공항에 갔을 때 상대방이 말을 하지 않아도 그 사람의 외향(패션, 화장법, 행동 방식 등)만으로 어느 나라에서 온 사람인지를 판단한다.

그러나 Peterson(2004)은 겉으로 드러나는 문화는 '빙산의 일각'이라고 이야기한다. 빙산의 80%가 물속에 잠겨 있듯이, 더 핵심적이고 변화하기 어려운 문화는 드러나지 않는 문화라고 지적하고 있다. 이 부분에 존재하는 문화는 위에 보이는 문화의 근간과 토대가 되는 의견, 관점, 태도, 철학, 가치, 신념, 규범 등이 포함되며, 이를 **암시적 문화**(implicit culture)라고 한다(Berry et al., 1992; Peterson, 2004). 예를 들어, 어떤 나라에서는 자녀가 성인이 되어 부모로부터 물리적인 독립(다른 집으로 이사)을 하는 것은 물론, 정신적 · 경제적으로 독립을 하는 것이 성인기로 이행하는 당연한 수순으로 여긴다. 반면, 다른 나라에서는 자녀가 성인이 되고 결혼을 하여 가족을 새롭게 형성하더라도 원래 살던 집에서 독립하지 않고 함께 사는 것을 당연하게 여긴다. 이 두 경우에서 특별히 전자의 예시에 해당하는 사람들의 가족관계가 더 안 좋거나, 후자의 예시에 사는 사람들의 가족애가 더 돈독하다고 보기는 어렵다. 단지 두 나라가 가지고 있는 부모, 자녀, 가족 등에 대한 이해나 가치 혹은 사회적 규범이 달라서 나타나게 되는 행동 양식의 차이일 뿐이다.

2) 문화와 정체성

문화는 조상과 민족이 이룩한 모든 유산과 성과를 포함할 뿐만 아니라, 우리가 살아가면서 반드시 습득하게 되는 사회화의 과정, 심리적 기능 그리고 표현방식 등에 지배적인 영향을 미치는 역동적인 개념이다(Psaltis, 2012). 만약 문화가 개인의 가치, 태도, 신념, 기질 등을 포함하는 역동적인 개념이라면, 한 사회 내에서 나타나는 심리사회적 측면에서의 집단 간 차이를 **사회 정체성**(social identity)으로 볼 수 있다(Azmitia, 2015). 사회 정체성은 집단 간 특성, 권력 그리고 지위에서 차이가 나타날 때 주로 존재한다(Azmitia, 2015). 사회 정체성 가운데 가장 일반적으로 언급되는 민족 정체성의 정의를 살펴보면, **민족 정체성**은 개인이 "사회적 집단에 속해 있다는 것을 알고, 그 집단에 소속된 것에 대한 가치와 감정적 의미를 부여하는 것"을 의미한다(Tajfel, 1981, p. 255). 개인이 갖는 사회 정체성의 형성은 개인의 삶의 질에 매우 중요한 영향을 미치며, 정체성이 잘 형성된 사람은 자존감이 높고, 더 좋은 정신건강을 갖는다(Chandler, Lalonde, Sokol, & Hallett, 2003).

인간은 사회적 동물로서 특정 사회 집단에서 속하고, 그 집단에 소속된 일원으로서 자신을 정의한다. 예를 들어, 우리는 아주 어릴 때부터 대한민국 사람으로서 혹은 한민족으로서 한반도를 지키며 살아온 우리의 역사를 배우고, 매년 명절을 지내면서 우리 가족의 뿌리 혹은 근원에 대해 생각하고, 조상으로부터 물려받은 전통과 예절을 전수받으면서, 명절 음식과 놀이 등을 가족과 함께 즐기게 된다. 과거에 우리는 문화다양성에 대한 인식이 크지 않아서 우리나라에 사는 사람이라면 추석과 설 명절을 지내고, 한복을 입으며, 명절 음식을 가족과 함께 만들어 먹는 것이 일반적이라고 생각해 왔다. 이러한 문화에 대한 이해는 다른 나라와의 비교를 통해서 더 두드러지는데, 우리는 주로 중국과 일본의 문화적 전통의 차이를 비교하면서 한국인만이 갖는 고유의 특성을 이해하였다. 또한 우리는 다른 나라 혹은 다른 민족의 사람이 우리가 누구인지를 물었을 때, 한국인이라고 답하고 우리의 문화에 대해 자랑스럽게 이야기해 왔다. 의식적으로 민족 정체성을 수립한 것은 아니지만, 우리를 한국 사람이라고 자연스럽게 분류하였고, 대부분의 사람이 소속감을 느끼고 자랑스러워하며, 한국인이 갖는 가치, 신념, 행동양식 등을 따른다. 즉, 다수의 한국인은 한국에 거주하면서 한국 사람으로서의 민족적 정체성을 확립했다고 볼 수 있다.

하지만 민족 정체성이 이렇게 자연스럽게 체득되는 것만은 아니다. 예를 들어, 외국으로 입양된 해외입양아의 경우, 겉모습은 아시아인 혹은 한국인이지만 자라나는 환경이나 물려받는 문화는 입양된 부모의 문화를 체득하게 된다. 이때 자신의 외형에서 드러나는 인종적·민족적 특성과 사회화를 통해 체득하게 된 문화가 서로 상충되는 상황들이 발생하게 된다. 특히 자신은 주류 사회의 일원이라고 생각하지만, 주변 환경에서는 그를 소수민족으로 대하면서 그 괴리가 커질 수 있다. 이 두 문화 사이에서 자기 민족 정체성을 어떻게 형성하고, 어떤 태도로 이 두 문화를 수용하는지에 따라서 정신건강 산물이 달라질 수 있으며, 더 긍정적인 민족 정체성을 형성한 해외입양아들의 정신건강 산물이 더 좋은 것으로 나타난다(Lee, 2003). 이처럼 문화는 한 개인의 정체성을 형성하는 데 매우 중요한 영역으로 꼽히며, 다양한 문화적 환경에서 살고 있는 개인들에게 있어서 궁극적으로 주류 문화와 소수 문화를 어떻게 바라보고 수용하는지에 따라 자기(self)에 대한 평가와 이해가 달라질 수 있다(Azmitia, 2015).

3) 문화다양성의 개념

우리가 일상적으로 문화다양성이라는 말을 많이 사용하고 있으나, 문화다양성에 대한 정의가 명확하게 제시되어 있지 않다. 김혜영 등(2021)에 따르면, 문화다양성이란 "다양한 민족집단이 자기 고유의 문화적 정체성을 보유하면서 사회와 공존하거나 모든 사회구성원이 공유하는 문화를 보전하면서 다양한 민족집단 간의 상호작용을 표방하는 것"(p. 17)을 말한다. 또한 최명민 외(2015)는 문화다양성을 광의의 의미로 "한 국가 사회에 존재하는 다양한 소수자 세력이 표출하는 다양한 문화적 특성"(p. 55)으로 정의하고 있다. 이러한 다양한 정의들을 종합해 보면, 문화다양성은 한 국가 내에 존재하는 다양한 문화 집단들이 자신의 문화적 정체성을 유지하면서 주류 사회에 함께 공존하기 위한 노력의 일환으로 볼 수 있다.

문화다양성은 여러 가지 측면에서 다양한 문화들이 공존하기 위한 포괄적인 개념으로 활용되고 있다. Vertovec(2015)은 문화다양성이라는 개념이 재분배(경제적으로 차별받았던 소수집단의 경제 기회에 대한 접근성을 높이기 위한 노력), 인정(지금까지 무시되고 차별받았던 집단이 더 좋은 이미지를 확보하고, 자존감을 높여 궁극적으로 이들의 사회참여를 독려하기 위한 노력), 대표성(기업, 국회, 정부, 학생회, 공권력 등 모든 주요 직책에서의 대표성을 확보하기 위한 노력), 서비스 제공(사회복지사 등 사회복지 서비스를 제공하는 사람들이 서비스대상자에 대한 문화적 역량을 통해 이들이 필요로 하는 적절한 서비스를 제공하기 위한 노력), 경쟁(기업에서 보다 다양한 소비자 계층을 확보하기 위한 시장 창출의 노력), 그리고 조직(다양한 구성원으로 이루어진 조직에서 보다 효율적으로 협업을 할 수 있는 방안 마련의 노력) 등의 차원에서 활용되고 있다고 정리하였다.

문화다양성은 소수집단이 갖는 고유한 문화를 수용하고 인정하는 노력만을 의미하는 것이 아니다. 즉, 지금까지 주류 집단에 속하지 못해서 소외되었던 소수 집단들에게 보다 나은 기회를 제공하고, 이들이 경험했던 차별과 억압 등에 대한 성찰을 통해 사회 구조적으로 불합리한 제도를 개선하며, 소수집단들의 대표성이 주요 직책에서 확보될 수 있는 제도적인 기반을 마련하려는 거시적인 노력도 포함된다.

2. 문화다양성의 요인

일반적으로 문화다양성을 이야기할 때 인종이나 민족, 국적에 따른 문화다양성을 언급한다. 그러나 우리 사회를 구성하는 다양한 문화는 반드시 이들이 혹은 조상이 과거에 살았던 출신지(place of origin)의 차이로 인해서 발생하는 것은 아니다. 우리가 흔히 이야기하는 세대차이, 젠더차이, 성 정체성, 사회적 계층 등도 문화다양성의 여러 요인으로 꼽을 수 있다. 이 장에서는 문화다양성을 기존의 학문적 풍토를 따라서 인종 및 민족 등에 따른 차이에 초점을 맞추고 있으나, 이 절에서는 조금 더 포괄적으로 문화다양성의 요인들에 대해 살펴보고자 한다.

1) 인종과 민족성

문화다양성을 논의할 때, 외국에서 가장 많이 언급되는 개념은 인종과 민족이다. DSM-V(APA, 2013)에 따르면, 인종(race)은 "어떠한 가설적인 타고난 생물학적 특징 때문에 피상적으로 나타나는 다양한 신체적 특성에 입각해서 인류를 여러 집단으로 구분하는 문화적으로 구성된 정체성의 범주"(p. 825)이다. Hays와 Erford(2010)는, 인종이란 사회가 독단적으로 만들어 낸 임의의 분류 체계이며, 표면적으로 나타나는 신체적 특징(예, 피부색, 머리색, 홍채색, 체형 등)을 토대로 사람들을 분류하고 계층화하여 이들이 더 낮은 사회적 위치를 가질 수밖에 없는 집단임을 강조함으로써 인종차별, 사회적·정치적·건강적 불평등을 정당화시킬 수 있는 기재로 활용되는 사회적 개념임을 강조한다.

인종의 개념이 발달하던 시기에 흑인 노예제도, 미국의 원주민 침략, 서방 국가의 식민지배 등이 활발하였는데, 이 당시에 서방 국가에서는 시민사회에 대한 기본적인 가치인 민주주의, 자유, 인권, 평등 등의 개념이 함께 부상하고 있었다. 따라서 서방 국가의 사람들은 자신들이 '다른' 대륙에 있는 사람들을 핍박하고 학대하는 등 다르게 대하는 방식에서 드러나는 모순을 해결해야 했는데, 이는 외견으로 나타나는 인종적 차이점을 강조하고, 이들이 서방 국가의 문화와 다른 '원시적' 문화를 가졌다는 점을 부각하며, 궁극적으로 이들은 백인인 자신들보다 못한 인간의 다른 종임을 강조하여 자신들의 이율배반적인 행동을 정당화했다(Smedley, 1998).

일반적으로 인종은 백인, 흑인, 미국 원주민, 아시아인 그리고 태평양섬 주민으로 분류가 되어 왔으나, 최근 유전자 연구를 통해서 다섯 가지의 인종은 존재하지 않으며 인간이 지금까지 생각했던 것보다 훨씬 더 복잡하고 다양한 유전적인 분포를 보이는 것으로 나타났다(Tishkoff & Kidd, 2004). 그러나 문화적 차이를 이해하는 데 인종이 중요한 이유는 이러한 인종차별과 타 인종이 열등하다는 논리로 낮은 사회적 위치를 가졌던 사람들에게 인종이 너무나도 강한 문화 정체성으로 자리 잡게 되었고, 여전히 인종은 이들의 삶의 기회, 타인과의 관계, 삶의 터전 등을 결정하는 데 매우 중요한 역할을 하기 때문이다.

반면, 지리적 다양성에서 비롯된 문화다양성을 이해하는 데 자주 언급되는 개념으로는 민족성을 꼽을 수 있다. 민족성(ethnicity)은 문화적으로 구성된 집단 정체성의 한 범주로 민족이나 공동체를 정의하는 데 사용된다. 민족성은 공통의 역사, 지리적 특성, 언어, 종교, 전통, 가치, 신념, 식습관 또는 기타 공유된 집단의 특징들에 뿌리를 두고 있으며, 이러한 특징은 각 민족을 다른 민족과 구분해 준다(Hays & Erford, 2010). 민족 혹은 민족성은 생물학적 혹은 유전적으로 결정된 개념보다는 사회적으로 만들어진 개념이다(Zagefka, 2009). 실제 같은 민족 사람들 간의 유전적 차이가 타 민족 간의 차이보다 크다는 연구 등을 통해 생물학적 차이에 의해 민족이 결정된다는 이론들은 힘을 잃고 있다(Smedley & Smedley, 2005). 그럼에도 불구하고, 일반적으로 민족성에 대해서 이야기를 할 때 공통된 민족성을 가진 사람들은 자신들이 공통된 문화를 가지고 있으며, 공통된 조상의 후예라는 신화를 굳게 믿는다. 예를 들어, 한국인은 단군의 후예로서 한반도에서 공통된 역사와 문화를 경험한 하나의 집단으로 인식하고 있다.

실제로 우리나라에서 다문화에 대해 이야기를 할 때에는 인종보다는 민족에 초점을 맞춰서 논의를 하는 경우가 많다. 물론 우리나라에도 다양한 인종이 살고 있기는 하나, 특히 다문화 연구에서 주목을 받는 결혼이주여성이나 외국인 노동자의 대다수가 같은 아시아에 사는 다른 민족 사람들이기 때문이다. 그러나 민족성에 대한 명확한 개념적 정의가 어려운 이유는 사실 민족과 국적을 혼용해서 사용하는 경우가 많기 때문이다(Zagefka, 2009). 예를 들어, 우리나라 다문화 연구에서는 중국인 중에 조선족과 한족을 분류하지만, 엄밀하게 분류를 하면 한족이라고 분류된 중국인 가운데에는 중국의 주류 민족인 한족도 많지만, 중국 내에 거주하고 있는 다른 소수민족이 포함되는 경우도 있어서 실질적으로 다수의 연구에서는 민족과 국적을 혼용하여서 분류를 하고 있다.

2) 세대에 따른 문화다양성

한국 사회만큼 사회가 급격하게 변화한 나라도 찾기 매우 힘들 것이다. 사회가 급격하게 변화한 만큼 우리나라에서는 각 연령대의 코호트[1] 혹은 세대들이 경험한 사회문화적 격차가 매우 크다. 예를 들어, 베이비붐 세대는 1955년부터 1963년 사이에 출생한 사람들을 말하는데, 이들은 한국전쟁으로 인한 경제적 어려움을 경험하였으며, 1980년대 사회적 격동기에 대학생활을 하거나 사회진출을 경험하였다. 또한 경제적으로는 우리나라의 가파른 경제 성장 기간에 활발하게 경제활동에 참여했으며, IMF를 30대 중반이나 40대 초반에 겪고, 2008년 금융위기 직격탄을 맞기도 했다(방하남, 2011). 이들이 대학에 다닐 당시에는 컴퓨터가 존재하지 않았으며, 우리나라의 전통적인 가치를 가진 부모와 현대화되고 개인주의적인 가치를 가진 자녀 사이에 끼어 있는 세대로 꼽힌다. 반면, 현재 가장 주목을 받고 있는 세대는 바로 Z세대이다. Dimock(2019)에 따르면, Z세대는 1997년 이후에 태어난 사람들로 학교를 다니기 시작하면서 스마트폰이 존재하였고, 유튜브를 비롯한 다양한 SNS가 소통의 중요한 매체가 되었으며, 이를 토대로 다양한 문화 차이를 보이는 세대로 꼽힌다.

---

1) 코호트란 "특정한 인구 집단 안에서 특정한 기간 동안 동일한 사건을 경험한 사람들의 집합"(Rydner, 1965)을 의미한다.

한국인이라는 민족성과 대한민국 국적을 가졌다는 점에서 공통점을 가지고 있으나, 이 두 세대가 가진 문화의 차이는 우리나라에서 살고 있는 여러 민족의 문화적 차이 혹은 그 이상의 차이를 보일 수 있다. 예를 들어, 베이비붐 세대와 Z세대의 소통 방식의 차이를 생각해 볼 수 있다. 베이비붐 세대는 여전히 만나서 이야기를 하고, 전화 통화로 직접 소통하는 방식을 선호하는 반면에, Z세대는 SNS 메신저로 소통하는 것이 익숙하며, 같이 만난 자리에서도 각자 스마트폰을 보면서 상호작용을 한다. 우리 사회가 이러한 차이를 인정할 수 있는 수용적 태도를 가지고 있다면 큰 문제가 없겠으나, 이러한 차이에 대해 '옳고 그름'을 판단하게 되면 이는 세대 간 갈등으로 이어질 가능성이 크며, 실제로 이러한 갈등을 다양한 상황에서 목격하게 된다.

3) 성과 문화다양성

성은 남성과 여성의 생물학적 차이(sex)를 의미하기도 하지만, 사회적으로 규정된 성역할이나 기대에 따른 사회적 분류체계(gender)라고 볼 수 있다(Hays & Erford, 2010). 소위 사회에서 요구하는 '남성'다움과 '여성'다움에 대한 젠더 규범이나 기대 등과 자신이 어떤 성별을 가졌는가에 따라서 한 개인의 생각, 신념, 행동, 생활방식 등이 달라진다. 가장 대표적으로는 성역할 고정관념을 꼽을 수 있다. 누가 집안일을 하고, 경제활동을 하며, 아이를 양육하는지 등의 가사 및 경제활동에 대한 성역할 논쟁이나, 발레는 주로 여자아이가 배우고, 축구는 남자아이가 배우는 운동이라는 성 고정관념에 따른 문화 경험의 차이까지 성은 한 개인의 삶에 다각적인 영향을 미치며 각 성별에 따른 문화적 차이도 매우 크다. 이러한 성 고정관념이나 성역할에 대한 사회적 규범은 더 큰 사회문화적 맥락에서 이루어진 것으로 이해할 수 있지만, 남성과 여성 집단이 공유하는 문화적 차이는 분명히 존재한다.

앞에서 성은 염색체에 따른 생물학적 분류를 의미하기도 하지만, 사회적 분류체계라고 언급하였다. 지금까지 많은 사회에서는 성을 이분법적인 분류체계로 구분하여 남성과 여성으로 나누고, 이에 따라 성정체성을 형성해 왔다. 대표적인 예로,

우리나라에서는 주민등록번호를 발급할 때 생물학적으로 남성에게는 1과 3 같은 홀수로 시작하는 번호를 부여하며, 생물학적 여성에게는 2와 4 같은 짝수를 부여한다. 그러나 남성과 여성의 이분법적인 분류체계에 속하지 않는 사람들이 있으며, 생물학적 성과 성 정체성이 일치하지 않는 논바이너리(non-binary)인 사람들은 일반적인 이분법적 성관념을 가진 사람들과는 다른 집단적 특성을 가지며, 이들의 가치, 신념, 태도, 행동의 차이는 명백한 문화적 차이로 볼 수 있다.

성과 문화다양성의 논의에서 마지막으로 성정체성(sexual orientation)에 따른 문화다양성을 꼽을 수 있다. 사람은 자신이 누구와 성관계를 갖는가에 따라서 성정체성을 갖게 된다. 자신의 성정체성이 이성애자(heterosexual), 동성애자(homosexual) 혹은 양성애자(bisexual)인지에 따라서 공통적으로 나타나는 특성들이 있다. 동성애자들에게 두드러지게 나타나는 특성들을 부각시킨 게이 문화를 성정체성에 따른 문화의 예시로 들 수 있다. 이들이 향유하는 독특한 문화도 있지만, 소수자 집단으로서 주류 사회에서 인정받지 못하고, 사회적 억압을 경험함으로써 나타나는 문화적 특성도 존재할 수밖에 없다. 세계적으로 점차 성소수자의 인권을 존중하는 방향으로 제도가 바뀌고 있는 추세이나, 아직까지 우리나라에서는 이들에 대한 이해와 수용이 활발하게 이루어지지 못하고 있다.

4) 교차성과 문화다양성

우리가 일반적으로 문화다양성을 생각할 때는 인종 혹은 민족성에 따른 문화다양성을 생각하지만, 앞에서 살펴본 바와 같이 문화다양성을 구성하는 요인은 인종 혹은 민족성과 함께 나이/세대(generation), 성/성정체성, 사회경제적 지위 등이 있으며, 정말 다양한 집단 사이에서 문화적 차이가 발생한다. 특히, 주류 집단과 소수 집단 간의 권력이나 사회적 지위에 현격한 차이가 있을 때, 각각의 집단 사이에서 벌어지는 역동은 한 개인에게 큰 영향을 미친다(Cole, 2009). 하지만 개인은 동시다발적으로 여러 집단에 속하며, 여러 집단 간의 역동 또한 복잡하게 개인에게 영향을 미친다. 예를 들어, 미국에 사는 한국인 남성이 경험하는 인종차별과 한국인 여성이 경험하는 인종차별은 분명히 다르다. 또한 미국에 사는 한국인 남성이라고 하더라도, 대학에서 연구원으로 일하고 있는 한국인 남성이 경험하는 인종차별과 빈곤 지역에서 세탁소를 운영하는 한국인 남성이 경험하는 인종차별 또한 다르다. 그러나 지금까지 다수의 연구에서는 이러한 다면적 특성을 고려하기보다는 민족 혹은 인종 차별의 문제, 성차별의 문제, 계층의 문제 등 한 가지 요인에만 초점을 맞추어서 불평등이나 차별의 문제를 논의해 왔다.

문화다양성의 요인들을 개별적으로 살펴볼 때 파악되지 않는 부정의(injustice)가 존재하므로, 점차 많은 학자들은 개인이 속한 다양한 집단들 간의 복합적인 역동을 살펴봐야 한다고 주장하고 있으며, 이러한 복잡한 역동을 규정하는 개념으로 교차성(intersectionality)이 활용되고 있다(Collins & Bilge, 2020). 이들에 따르면, "교차성은 교차되는 권력관계가 어떻게 다양한 사회와 개인의 일상생활이나 사회적 관계에 영향을 미치는지를 파악한다. 하나의 분석 도구로서 교차성은 인종, 계급, 성(gender), 성정체성, 국적, 능력, 민족 그리고 연령 등이 서로 연관이 있으며, 서로를 형성하는 데 영향을 미친다는 관점을 갖는다. 교차성은 세계, 사람 그리고 인류의 경험이 갖는 복잡성을 이해하고 설명하는 한 방법"(Collins & Bilge, 2020)으로 정의하고 있다.

교차성을 활용하여 다양한 집단에 속한 개인이 경험하는 사회적 불평등의 다면적 특성을 분석하는 것은 매우 유용한 일이다(Collins & Bilge, 2020). 먼저, 여성, 성소수자, 소수인종, 장애인들이 경험하는 사회적 불평등이 동일하지 않다. 이들을 한 가지 특성만 가진 집단으로 파악하지 않고, 각 집단 안에서도 다양성이 존재한다는 점을 고려했을 때, 동일한 집단 내에 속한 사람들에게 왜 다른 심리적·정서적·행동적 특성 등이 나타나는지를 보다 용이하게 이해할 수 있다. 또한 다양한 사회정책들이 어떻게 불평등을 완화 혹은 악화시키는지를 알려 준다. 특히, 특정 사회복지 정책 혹은 서비스가 모든 대상자에게 유용하지 않은 이유가 무엇인지 등을 이해할 수 있는 개념적 틀을 교차성이 제시한다(Collins & Bilge, 2020).

과거에는 인종 혹은 민족, 성정체성, 성(gender), 세대가 경험하는 사회적 배제나 차별 등에 대해서 각 집단적 특성만을 고려하여 그것에 대해서만 조사하고 이를 개선하기 위한 노력을 했다면, 교차성의 개념이 도입된 이후에는 한 개인에게 있어서 자신이 속해 있는 여러 집단들의 다양한 교집합이 어떤 방식으로 개인에게 영향을 미치고 있으며, 한 집단 안(예, 외국인 노동자)에서도 이들의 국적(예, 베트남, 중국, 미국), 종교(예, 이슬람교, 힌두교, 불교) 그리고 성정체성(예, 동성애자) 등에 따라서 이들의 사회적 불평등 혹은 차별의 경험이 매우 다르며, 이러한 다양성에 대한 고려를 하지 못할 때 우리는 또 다른 불평등과 차별을 야기할 수 있음을 교차성 이론에서 시사하고 있다.

3. 다문화 사회의 형성

앞에서 설명하였듯이, 문화다양성을 논할 때 반드시 민족성 혹은 인종에 따른 다양성만을 의미하는 것만은 아니다. 그러나 문화다양성에 대한 논의가 촉발된 계기는 이주를 통해 다양한 인종과 민족이 살고 있는 사회들이 생겨나고, 사회를 구성하는 다양한 인종 및 민족적 집단에 대한 주의환기(awareness raising)가 이루어지면서 시작되었다. 이러한 배경을 토대로 먼저 간략하게 살펴볼 이주의 역사를 통해 다양한 민족으로 구성된 사회가 어떻게 형성이 되었으며, 이러한 사회에서 나타나게 된 다문화주의가 무엇인지를 파악해 보고자 한다.

1) 이주의 역사

다문화를 논함에 있어서 가장 먼저 국가 간, 더 넓게는 대륙 간의 이주의 역사에 대해서 이해할 필요가 있다. 국제이주기구(International Organization of Migration: IOM)에서는 이주(migration)를 원래 살던 지역에서 벗어나 국외 혹은 국내에 이동하는 것으로 정의하고 있다. 이주가 이렇듯 체류를 위한 지리적인 이동을 의미한다면, 인류는 원시 수렵ㆍ채집 생활을 하던 초기 인류부터 이주를 하면서 살아왔다. 인류는 자연 재해, 기후 변화, 혹은 기근을 피하기 위해 거주지를 이동하기도 하고,

이주를 하나의 삶의 방식으로 여기며, 주기적으로 이주하는 유목민도 존재하였다. 점차 농업이 발전하여 한 지역에 정착하여 사는 집단들이 늘어났을 때에도 유목민의 이동을 통해 이주의 역사가 지속되었다(McNeil, 1984). 인류의 역사는 새로운 지역으로 이주하고 정착하는 과정에서 다른 공동체나 종족과의 분쟁이 일어나기도 하고, 서로 다른 문명이 충돌하기도 하였으며, 서로가 발전시킨 기술과 문화가 전파되기도 하였다.

그러나 본격적으로 인종이나 민족성 등의 개념이 활용되기 시작한 것은 국가가 형성되고, 국가의 이익을 위해 무역, 교류, 침략, 전쟁, 약탈 등 다양한 활동이 대두되면서부터라고 볼 수 있다. 유럽의 탐험가들이 신대륙을 발견하고, 여기에서 생산되는 상품들을 활용한 무역업이 번창하면서 신대륙과 유럽 대륙 간의 인구 이동이 활발해졌다(Cashmore, 1997). 그러나 새로 발견된 식민지 국가로의 대규모 이주가 일어나는 과정에서 유럽인이 토착민의 문화를 말살하고, 그 대신 자국의 문화를 정착시켰으며, 식민지를 개척하는 데 필요한 노동력을 노예무역을 통해 수급하는 등 다양한 형태의 착취가 일어났다. 대규모의 사람들이 구대륙에서 신대륙으로 이주하였으나 그 과정에서 토착민의 삶은 너무나도 피폐해졌고, 이들은 자신들의 삶의 터전을 잃었으며, 이들의 문화도 거의 말살되었다.

근현대 사회에서의 국제 이주는 제2차 세계대전 이후에 나타나는 인구 집단의 이동을 중심으로 살펴보고 있다. Cashmore(1997)는 제2차 세계대전 이후에는 국제 이주가 네 가지의 형태로 두드러지게 나타난 것으로 보았다. 첫째, 민족주의(nationalist) 국가의 형성으로 인해 자신이 살던 곳에서 추방된 대규모 이주(mass displacement)로, 대표적으로 자신의 영토에서 추방된 팔레스타인 사람들이나 공산국가였던 옛 유고슬라비아에서 나타난 민족 간의 분쟁으로 인해 강제 이주를 당한 사람들을 예로 들 수 있다. 둘째, 비숙련 노동력의 이주로, 여기에는 합법적인 비숙련 노동자뿐만 아니라, 불법체류 노동자도 포함된다. 셋째, 경제의 세계화로 인해 생긴 우위를 점유하기 위해 이주하는 숙련된 노동인력이다. 국제공무원, 사업가, 의사, 과학자, 공학자(skilled engineers), 건축가 등 고급 기술이나 지식을 가진 숙련된 노동자들이 대표적인 예이다. 넷째, 처형, 고문 등의 심각한 인권 침해나 무력 분쟁 등의 폭력 사태로부터 국적국의 보호를 받지 못하여 다른 나라의 보호를 받기를 희망하는 난민 신청자들이다(Cashmore, 1996, pp. 238-242).

최근에는 이동수단과 통신의 발달과 세계화로 인하여 사람들의 해외 이동이 매우 잦아졌으며, 문화적 교류도 활발하게 이루어지고 있다. 이에 따라 사람들은 예전보다 훨씬 싸고 안전하게 해외로 나갈 수 있다. 우리나라 인천공항 통계만 보더라도 2019년에 인천국제공항을 통해 운항되었던 비행기 편수는 약 40만 편이었으며, 이용한 승객(도착, 출발 포함)만 7,117만 명인 것으로 나타났다(항공통계, 2022). 이처럼 많은 사람이 우리나라를 방문하고 있으며, 우리도 해외로 활발하게 나가고 있음을 알 수 있다. 또한 통신기술의 발달로 인하여 다른 나라로 이주한 사람들도 원래 살던 곳에 남아 있는 가족에게 송금을 통해 경제적 도움을 줄 수 있는 방법이 용이해졌으며, 이들과의 정기적인 소통도 원활해졌다(Castells, 1996). 은행에서 전산 작업을 통하여 거의 실시간으로 해외에 송금할 수 있으며, 다양한 플랫폼을 이용하여 거의 무료로 국제전화와 영상통화를 마음껏 할 수 있어서 기존에 느꼈던 원가족과의 심리적 거리감이 많이 줄어들었다. 또한 인터넷의 발달로 이제 다른 나라에서 삶과 문화, 경제적 기회, 이주 방법 등에 대한 정보에 대한 접근성이 훨씬 더 좋아져 과거에 잘 알지 못했던 나라에 대한 이주 열망을 높아지는 등 이주 배경이 다양해지고 있다(Czaika & de Hass, 2014).

2) 자민족 중심주의와 단일문화주의

인간은 자신이 속한 집단의 문화를 향유하고, 특정 문화적 배경에 속한 상태에서 우리가 가지고 있는 세계관과 가치관을 토대로 다른 문화를 평가하게 된다. 이때 문화는 우리가 특정 상황 혹은 현상을 인식하고 생각하며 해석하는 데 영향을 미치는 필터가 된다(Masumoto, 2000). 다른 사람의 행동이나 생각을 판단할 때 나와 다르다고 인식하면, 타인에 대한 충분한 이해나 고려 없이 '틀리다' 혹은 '적절하지 않다'고 해석할 수 있다. 맥락에 대한 충분한 이해 없이 내리는 이러한 판단이야말로 틀릴 수 있음에도 불구하고, 우리와 다름을 인정하는 데 어려움을 경험한다. 즉, 모든 사람은 자민족의 문화를 중심으로 사고를 하는 경향이 있으며, 다른 문화를 가진 사람들의 사고, 행동, 태도 등을 이해함에 있어서 자민족 중심주의(ethnocentrism)의 편향적 사고를 가질 수 있음을 인식하고, 이에 대한 주의를 기울일 필요가 있다(Sue, Rasheed, & Rasheed, 2016).

Sue 등(2016)은 다섯 가지 측면에서 자민족 중심의 단일문화주의가 갖는 폐해에 대해 설명하였다. 첫째, 우월성에 대한 신념이다. 자민족 중심의 단일문화주의를 가졌을 때, 자신의 문화유산이 다른 집단에 비해 우월하다는 강한 신념이 생길 수 있다. 특정 지역의 문화는 더 '우월'하고 또 다른 지역의 문화는 '미개'하다는 평가를 함으로써 문화에 대한 서열을 매기기도 한다. 예를 들어, 미국이나 유럽 국가에서 나고 자란 백인들이 유럽인의 생활양식을 가지고, 개인주의적인 사고를 하는 것에 대해 우월감을 느끼고, 바람직한 삶의 방식이라고 생각하는 경우가 여기에 속할 수 있다. 둘째, 집단별 문화에 대한 서열을 매기기 시작하면, 자신의 문화에 속하지 않는 다른 사람들은 열등하다는 신념을 가질 수 있다. 즉, 우리의 사고방식을 공유하지 않고, 생활양식을 따르지 않으며, 이질적인 특성을 가진 사람들에 대한 평가를 낮게 하게 된다. 이러한 평가가 심한 경우에는 특정 집단의 사고방식이나 행동양식 등을 미개하다고 보거나 심지어는 병리적으로 평가한다. 셋째, 권력을 이용한 기준의 강요이다. 앞에서도 언급했듯이, 사람은 자신이 속한 집단에 소속감을 느끼고, 자신이 속한 집단의 문화에 대한 자부심을 느끼며, 자신의 문화에 토대를 둔 편견을 가질 수밖에 없다. 이러한 소속감이나 자긍심이 없으면 자신의 정체성이 흔들릴 수 있기 때문이다. 그런데 특정 집단, 특히 권력을 가진 주류 집단이 자신의 문화를 강요한다면, 이는 다른 집단을 억압하고 강제하는 기제로 작동하며, 이때 문제가 생긴다. 넷째, 자민족 단일문화주의의 가치와 신념이 프로그램, 정책, 실천 및 제도에 명시되어 있다. 예를 들어, 특정 집단이 주류 사회에 참여하지 못하는 다양한 제도적 차별, 특정 집단에게만 차별적으로 집행하는 법률, 경제적 기회에 대한 제도적 배제, 동화주의를 강요하는 프로그램 등이 여기에 포함된다. 다섯째, 투명한 베일(invisible veil)이라고 일컫는 개인이 인지하지 못하는 개인적·제도적 부정의를 꼽는다(Sue et al., 2016). Sue(2004)에 따르면, 일반적으로 사람은 사회적 편견을 문화적 조건화(cultural conditioning)를 통해 배우게 되며, 의식하지 못하는 순간에도 이러한 편견을 가지고 타인을 차별할 수 있다. 예를 들어, Sue(2004)는 이러한 편견을 강화하는 하나의 신화(myth)로 메리토크라시(meritocracy)의 신화를 꼽고 있다. 즉, 능력과 의지가 있는 사람은 성공을 할 수 있으며, 성공하지 못한 사람은 능력이 없거나 의지가 약하기 때문이라는 설명이다. 그러나 한 개인이 성공하는 데 있어서 개인의 능력뿐만 아니라 다양한 요인들이 영향을 미친다. 특히, 특정 집단들이 가지고 있는 특권과 인맥, 부모의 사회경제적 배경, 그리고 이로 인해 받을 수 있는 특혜 등도 성공에 영향을 미친다.

Sue 등(2016)이 제시한 자민족 중심의 단일문화주의의 폐단을 우리나라에 적용해 보면 어떨까? 우리나라는 단군신화에서부터 비롯된 아주 강력한 단일민족의식, 즉 단일문화주의적 성격을 가지고 있다. 한민족이라는 민족의식은 국내뿐만 아니라 해외에 거주하고 있는 한국 사람들의 단결을 강조하고 있다(하진기, 2018). 또한 한국에 거주하고 있는 같은 국적의 사람은 같은 한민족이라는 의식이 강하며, 그동안 많은 이주민이 있었음에도 불구하고 여전히 순수한 하나의 민족으로서의 자부심과 자긍심을 가지고 있다. 같은 한민족이라는 단일문화주의는 우리나라 외세의 침략을 받고, 일제강점기를 겪으며, 한국전쟁이 일어나는 등의 어려운 상황 속에서도 이를 극복할 수 있는 원동력으로 작용하였다.

이렇듯 강한 단일문화주의에도 불구하고, 다사다난했던 역사적 배경으로 인하여 우리 문화에 대한 평가는 복잡하다. 특히, 우리나라의 문화적 우월성에 대해서는 차별적 평가가 존재한다. 우리도 근대화 과정에서 백인들의 우월주의에 영향을 받았다. 특히 이들보다 근대화 과정이 늦어져서 경험했던 여러 가지 역사적인 비극들은 미국이나 유럽의 근대화된 문화가 우리 것보다 더 우월하며, 이를 본받아야 한다는 의식을 갖도록 하였다. 그 결과, 백인의 생김새, 사고방식, 문화, 생활방식 등에 대해서 긍정적으로 평가하며, 때로는 부러워하기도 한다. 예를 들어, 사람들의 생김새를 평가할 때, 같은 한국 사람이더라도 피부가 하얗고, 눈이 크며, 콧대가 높은 사람이 더 좋은 외모 평가를 받는데, 이는 서구 백인의 미적 기준과 거의 유사하다. 또한 우리가 수용한 외국 문화를 살펴보면, 밸런타인데이, 크리스마스 등 미국과 유럽 국가의 문화가 많다.

반면에 비유럽 국가, 특히 다른 아시아 국가에 대해서는 우리나라의 문화적 우월성을 주장하며 상대 문화를 낮게 평가하는 등의 행태를 보인다. 우리나라보다 경제적인 수준이 낮은 나라일수록 이러한 차별적인 태도가 더 강한 편이다. 특히 이러한 나라에서 온 이주민들에게 '한국'의 생활양식을 따르기를 강요하며, 이들의 문화적 다양성을 쉽게 인정하지 않고 있다. 대표적인 예로, 결혼이주여성에게 한국으로 결혼하여 왔으니, 한국인 며느리로서 한국 문화를 익히고, 김치 담그는 법을 배우며, 한국어로 가족과 소통해야 한다는 가족과 사회의 기대를 꼽을 수 있다. 이는 권력을 가진 주류 한국 사회가 한국어와 한국적인 생활양식을 일방적으로 강요하고 있으며, 이러한 논리를 토대로 동화주의 프로그램들을 제공하고 있다. 또한 많은 행정 서류나 정보 등이 한국어로만 제공되는 경우도 많아 정책적·제도적 배제가 이루어지기도 한다.

3) 다문화주의

한 사회를 구성하는 인구집단이 다양해졌다고 해서 그 사회가 다문화 사회라고 보기는 어렵다. 다문화 사회가 되기 위해서는 적극적으로 소수집단의 존재를 인정하고, 소수집단의 조직 등에 대한 지원이 있어야 하며, 이들이 자유롭게 자신의 문화를 표현하고, 사회 구성원으로서 다수집단과 평등한 대우를 받을 수 있어야 한다(Barrett, 2013). 점차 사회를 구성하고 있는 인구집단이 다양해지면서, 서로 다른 문화 집단 간에 어떻게 관계를 맺고, 서로를 어떻게 이해해야 하는지에 대한 고민이 생긴다. 이러한 고민은 개인들 간의 관계를 맺고 상호작용할 때도 발생할 수 있으며, 국가적인 차원에서 정책을 수립하고, 이들을 사회적·제도적으로 어떻게 인정하고, 이를 정책적으로 어떻게 반영할 것인지를 논할 때도 발생할 수 있다.

앞에서 언급한 바와 같이, 문화다양성을 언급할 때에는 다양한 집단과 특성에 따라서 나타날 수 있으나, 다문화주의를 언급할 때에는 주로 인종 및 민족성에 기반을 둔 다양성을 사회적으로 어떻게 인정하고 통합할 것인지에 대한 논의가 주를 이루기 때문에 이에 초점을 맞춰서 논의를 진행하고자 한다. **다문화주의** (multiculturalism)는 문화적으로 다양한 집단들을 어떻게 국가적인 차원에서 관리할 것인가에 대한 정책적 접근을 주로 의미한다(Barrett, 2013). 또한 다문화주의는 보편적인 인권으로는 해결할 수 없는 다양한 집단들의 정체성과 권리를 어떻게 보호하고 보존할 것인지에 초점을 맞추고 있다(Ahn, 2011).

다문화주의 정책은 크게 세 가지 대상에 대한 적극적인 통합 정책으로 나눌 수 있다(Banting & Kymlickz, 2004). 첫째, 이주민에 대한 정책이다. 즉, 경제적·사회적·정치적·교육적 이유를 가지고 다른 나라에 이주해 온 사람들을 어떻게 적응시키고 통합시키고자 하는지를 반영한 정책들이 여기에 속한다. 우리나라에서 논의하는 다문화 정책들은 대부분 여기에 속한다. 둘째, 유의미한 크기의 이민족 집단에 대한 정책이다. 예를 들어, 캐나다에서는 퀘백인, 영국에서는 스코틀랜드인, 벨기에에서는 플랑드르인 등 국가에 따라서 다른 민족적 정체성을 가진 유의미한 크기의 민족이 존재하고 있으며, 특정 지역에 거주하면서 자치나 독립을 원하는 경우도 있어서 이들과 함께 한 국가로서 어떻게 공존할 것인지에 대한 고민을 정책적으로 담고 있다. 셋째, 원주민(indigenous population)에 대한 정책이다. 미국, 캐나다, 호주, 뉴질랜드 등에는 원래 그곳에서 살고 있었던 원주민이 있으나, 유럽에서 이주민이 신대륙으로 이주하면서 이곳에서 살던 원주민은 새로운 이주민으로부터 엄청난 핍박을 받게 되었다. 그러나 1970년대부터 점차 이들을 인정하고, 이들의 자치권을 인정하며, 문화를 보존하기 위한 노력들이 국가적 차원에서 이루어지기 시작하였으며, 이러한 정책들 또한 다문화주의에 기반을 둔 정책들이라고 볼 수 있다(Banting & Kymlicka, 2004).

우리나라에서 논의하는 다문화주의는 이주노동자와 결혼이주여성의 증가로 인해 주로 나타났으며, 그렇기 때문에 대부분 이주민들에 대한 통합에 맞춰서 논의가 진행되어 왔다. Banting과 Kymlicka(2004)에 따르면, ① 중앙과 지방정부 차원에서 다문화주의에 대한 헌법적 혹은 법적인 승인을 했는지, ② 학교 교과과정에 다문화주의를 적용하고 있는지, ③ 공공 미디어나 미디어 라이센스에서 특정 민족에 대한 대표성과 민감성을 의무조항으로 포함하고 있는지, ④ 종교적 이유로 인한 복장 규정의 예외 조항을 두고 있는지, ⑤ 이중국적을 허용하는지, ⑥ 민족 집단의 조직과 활동에 대한 재정 지원을 하는지, ⑦ 이중언어 교육에 대한 재정 지원을 하는지, 그리고 ⑧ 취약한 이주민 집단에 대한 적극적 우대조치(affirmative action)를 취하는지 등을 기준으로 다문화주의 정책 지표를 수립하였다. 이러한 지표들이 다문화주의 정책을 모두 포괄한다고 볼 수는 없겠으나, 다문화주의의 의미를 이해하는 데 도움이 된다.

반면, Barrett(2013)은 다문화주의의 다양한 형태를 지적하면서 크게 다문화주의를 상징적, 구조적 그리고 대화적 다문화주의의 세 가지로 분류하였다. 첫째, **상징적 다문화주의**(symbolic multiculturalism)는 의복, 음식, 음악 등 각 소수민족 집단의 특성을 상징할 수 있는 민족적 전통을 향유하고, 이러한 전통을 다문화 축제, 다문화 교육과정, 다문화센터 등에서 가르치고 보존하는 등의 노력을 포함하고 있다. 둘째, **구조적 다문화주의**(structural multiculturalism)는 소수민족 집단이 정치적 · 경제적 · 사회적으로 경험하는 불이익이나 불평등에 관심을 가지고, 이를 해결할 수 있는 정책적인 노력들을 포함하고 있다. 대표적으로, 특정 집단에 대한 차별금지법이나 교육 소외 집단에게 제공하는 적극적 우대조치 정책 등이 여기에 포함된다. 셋째, **대화적 다문화주의**(dialogical multiculturalism)는 어떻게 다문화주의 정책을 추진할 것인지와 관련이 있다. 특히 대화적 다문화주의는 주류 문화 집단이 주도하는 다문화주의보다는 다양한 문화 집단들이 동등한 입장에서 논의하며, 문화에 대한 이견이나 충돌이 있을 때, 이를 해결할 수 있는 조건과 절차 등이 수립되어야 한다고 강조하고 있다.

다문화주의의 근본적인 취지는 다양한 문화를 인정하고, 이들이 한 사회 내에서 공존할 수 있도록 함으로써 그동안 차별받고 억압받았던 소수집단이 보다 평등하게 살 수 있는 사회적 기반을 마련한다는 데에 있다. 또한 이러한 다양성을 인정하고 수용하는 과정에서 그 사회의 문화는 풍부해지고, 다양한 문화적 가치와 사회적 규범을 통해 보다 나은 사회로 발전할 수 있다는 장점을 지닌다. 그러나 최근 들어서 단순히 한 사회에서 다양한 문화를 수용하고, 소수집단이 평등하게 공존할 수 있는 것만으로는 문화다양성에 대한 충분한 정책적 대응이 되지 못한다는 비판이 일고 있다. 특히 문화적 가치나 전통이 충돌하는 경우, 이러한 문화적 갈등을 어떻게 해결해야 하는지에 대한 과정이 제대로 마련되어 있지 않다는 점을 지적하고 있다. 예를 들어, 남아선호사상, 여성의 조혼 등 인권을 침해하는 전통을 가진 소수민족이 모든 사람의 평등과 자유를 보장하는 자유민주주의 사회에서 이러한 전통을 유지하고자 한다면, 어떠한 소통과 설득의 과정이 필요한지에 대한 논의가 필요하다. 그러나 소통의 과정 없이 주류 사회에서 법적으로 금지를 시키는 방식을 택했을 때, 소수집단은 이를 문화적 억압이라고 이해하고, 이에 저항하고자 하는 폭력적인 움직임들을 보여 주는 결과를 초래하기도 하였다(예, 극단주의 이슬람의 테러). 또한 다양한 문화 집단의 공존만을 강조해 온 결과, 단절된 여러 집단으로 사회가 구성이 되는 폐단이 나타나기도 하였다. 이로 인해, 최근 여러 다문화 국가에서는 국가 차원에서 이러한 다양한 집단들이 사회적 응집력을 키우고 함께 공유할 수 있는 고유한 집합적 가치 체계를 어떻게 키울 것인가에 대한 논의가 대두되고 있다(Meer & Modood, 2016).

4) 세계화와 다문화 사회

급변하고 있는 세계의 흐름은 지구촌을 더욱더 가깝게 만들고 있다. 과거에 다른 나라로 이민을 가면 그 사회에서 적응을 하고, 가정을 꾸려 그곳에서 2세대, 3세대를 이주국의 시민으로 키우면서 살아가는 것이 보편적이었다. 외국에 사는 한국 교포들도 대부분은 한국을 떠나 다른 나라에 정착하여 한국인으로서 가지고 있었던 문화 정체성과 주류 사회의 문화 적응을 통해 얻게 되는 정체성을 적절히 조절하면서 살아왔다. 그러나 교통과 통신의 발달은 더욱더 다양하고 복잡한 이주 형태와 사회문화적 교류 방식을 촉진하고 있다. 하지만 이러한 변화를 다문화 연구에서 충분히 담아내지 못하는 한계가 있다.

이제 이주민들은 초국가적 이주(transnational migration) 형태도 보이고 있다. 초국가주의는 이주민이 이주국과 출신국을 왕래하면서 국경을 넘나드는 다양한 활동을 하는 행태를 의미한다(Tedeschi, Vorobeva, & Jauhiainen, 2022). 한 예로, 이주민은 이주한 나라에서도 출신국의 정치에 다양한 형태로 영향력을 행사할 수 있다. 최근에 이란에서 일어난 시위의 무력 진압에 반대하는 운동이 전 세계에서 일어났으며, 온라인 매체 등을 통해서도 이란의 억압에 반대하는 운동이 확산되기도 하였다. 또 다른 예로, 우리나라에서 선거를 하면, 해외에서 체류하고 있는 대한민국 국민은 이주국에서 투표를 하여 국민으로서의 권리를 행사할 수 있다. 이처럼 이민자가 이주국에서도 출신국에 대한 정치적·사회적 영향력을 행사할 수 있다. 또한 이주민은 이주국과 출신국을 넘나들면서 경제활동을 하기도 한다. 예를 들어, 한류가 유행을 하면서 브라질에 사는 한인들이 동대문시장에서 옷을 도매로 사다가 브라질에 파는 무역업을 하는 사례나, 필리핀에서 한국으로 이주한 이주민이 자신의 가족이 운영하는 필리핀의 망고 농장과 연계하여 한국에서 망고 디저트 가게를 운영하는 사례도 꼽아 볼 수 있다. 또한 이주민은 이주국과 출신국을 왕래하면서 자신에게 필요한 서비스나 돌봄 등을 취할 수 있다. 대표적으로, 이주국에서 거주하는 재외국민이 한국에서 일정 기간 이상 체류하고 나면 한국에서 의료 서비스를 이용할 수 있는 것과 같은 예를 들 수 있다. 요즘에는 이주민이 한 번 외국으로 이민을 갔다고 해서 출신국을 그리워하면서 이주국에서만 머물면서 살아가진 않는다. 이처럼 변화하고 있는 이주 행태와 그로 인해 나타나는 활동 영역, 소속감, 정체성, 그리고 '국가'에 대한 인식 등이 다양해지고 있음에도 불구하고, 학문적으로는 이러한 이해가 부족한 상황이다.

또한 세계화로 인하여 점차 이주민의 이주 빈도도 달라지고 있다. 특히 최근에는 성인이 되기 전 중요한 발달 시기에 2개 이상의 문화권에서 생활한 아이들이 점차 늘고 있으며, 이러한 아이들을 "제3 문화 아이들"(Tan, Wang, & Cottrell, 2021)이라고 일컫는다. 이 아이들은 여러 나라 문화권에서 적응하면서 어느 한 나라에 완전한 소속감을 느끼지 못하는 그들만의 독특한 특성을 보여 준다. 또한 여러 나라에서 소수집단으로 생활하다가 출신국으로 돌아갔을 때 다수집단에 속하게 되지만, 문화적으로 외국 문화에 익숙한 이질성을 경험하게 된다. 예를 들어, 주재원인 부모를 따라서 유럽에서 오랫동안 생활하다가 청소년기에 돌아온 한국 아동은 언어나 외모적인 측면에서는 한국인에 속하지만, 사고방식이나 행동방식 혹은 향유하는 문화 등이 또래 아이들과는 달라서 적응상의 문제를 경험할 수 있으며, 이때 또래 아이들은 겉으로 드러나는 이질적인 특성이 없어서 이 아동이 보이는 차이를 쉽게 이해하거나 지지하기 어려울 수 있다(Tan et al., 2021). 따라서 인종적 혹은 민족적으로는 다수집단에 속하지만, 잦은 해외 거주 경험으로 인해 나타나는 부적응에 대한 이해도 필요하다.

지금까지 다문화 담론에 대한 이해는 소수민족 혹은 소수집단의 사람들과 주류 사회와의 관계에 초점을 맞췄으나, 이러한 논의는 우리나라의 다문화 사회를 정확하게 반영하지 못한다는 한계를 갖는다. 현재 결혼이주여성을 중심으로 이루어지고 있는 다문화 사회로의 이행은 다문화 가족을 중심으로 이루어지고 있다. 즉, 두 개 이상의 문화가 공존하고 있는 가족 내에서 자라나는 아동의 문화 정체성과 주류 혹은 비주류 문화에 대한 수용 등에 대한 이해가 필요하다. 가족 구성원들의 문화 정체성이 서로 다른 가족 내에서 자란 아동은 어떻게 문화 정체성을 형성하고 이 두 가지 문화를 어떻게 받아들이는지, 두 가지 문화를 긍정적으로 받아들이기 위해서는 어떠한 가족 역동과 분위기가 필요한지 등에 대한 이해는 아직 부족한 상황이다. 이는 우리나라가 가지고 있는 다문화 가족의 특수성에 기인하기 때문이며, 우리 사회의 실정에 맞는 다문화에 대한 논의가 보완될 필요가 있다.

참고문헌

방하남(2011). 베이붐 세대: 그들은 누구인가? 노동리뷰, 71, 5-9.

최명민, 이기영, 김정진, 최현민(2015). 다문화복지론. 학지사.

하진기(2018). 단일민족의식이 다문화 한국사회의 인종계층화형성에 미치는 영향과 그 함의. 다문화와 평화, 12(2), 51-74.

항공통계(2022). 인천공항통계. https://www.airport.kr/co/ko/cpr/statisticCategoryOf TimeSeries.do

Ahn, J-H. (2012). Transformiing Korea into a multicultural society: reception of multiculturalism discourse and its discursive disposition in Korea. *Asian Ethnicity, 13*(1), 97–109.

American Psychiatric Association. (2013). *Diagnostic and statistical manual of mental disorders* (5th ed.).

Azmitia, M. (2015). Reflections on the Cultural Lenses of Identity Development. In K.C. McLean, & M. Syed (Eds.), *The Oxford handbook of identity development* (pp. 286–296). Oxford University Press.

Banting, K., & Kymlicka, W. (2004). Do multiculturalism policies erode the welfare state? *Queen's University, School of Policy Studies, Working Paper Series, 33.*

Barrett, M. (Ed., 2013). *Interculturalism and Multiculturalism: Similarities and Differences.* Council of Europe Publishing.

Berry. J. W., Poortinga, Y. H., Breugelmans, S. M., Chasiotis, A., & Sam, D. L. (2011). *Cross-cultural psychology: Research and applications* (3rd ed.). Cambridge University Press.

Berry, J. W., Poortinga, Y. H., Segall, M. H., & Dasen, P. R. (1992). *Cross-cultural psychology: Research and applications.* Cambridge University Press.

Cashmore, E. (1996). *Dictionary of race and ethnic relations.* Routledge.

Chandler, M. J., Lalonde, C. E., Sokol, B. W., & Hallett, D. (2003). Personal persistence, identity development, and suicide: A study of Native and Non-native North American adolescents. *Monographs of the Society for Research in Child Development, 68*(2), vii–138.

Cole, E. R. (2009). Intersectionality and research in psychology. *American Psychologist, 64*(3), 170–180.

Collins, P. H., & Bilge, S. (2020). *Intersectionality.* John Wiley & Sons.

Czaika, M., & de Haas, H. (2014). The Globalization of Migration: Has the World Become More Migratory? *The International Migration Review, 48*(2), 283–323.

Dimock, M. (2019). *Defining generations: Where Millennials end and Generation Z begins.* Pew Research Center. https://www.pewresearch.org/fact-tank/2019/01/17/where-millennials-end-and-generation-z-begins/

Frisby, C. L. (1992). Issues and problems in the influence of culture on the psychoeducational needs of African-American Children. *School Psychology Review, 21*(4), 532-551.

Hays, D. G., & Erford, B. T. (2017). *Developing multicultural counseling competence* (3rd ed.). Pearson.

International Organization for Migration (n.d.). Key Migration Terms. https://www.iom.int/key-migration-terms#Migrationhttps://publications.iom.int/system/files/pdf/iml_34_glossary.pdf

Lee, R. M. (2003). The Transracial Adoption Paradox: History, Research, and Counseling Implications of Cultural Socialization. *The Counseling Psychologist, 31*(6), 711-744.

Matusumoto, D. R. (2000). *Culture and psychology: people around the world.* Wadsworth.

McNeill, W. H. (1984). Human migration in historical perspective. *Population and Development Review, 10*(1), 1-18.

Meer, N., & Modood, T. (2016). Interculturalism, Multiculturalism, and Citizenship. In N. Meer, T. Modood, & R. Zapata-Barrero (Eds.), *Multicultural and Interculturalism: Debating the Dividing Lines* (pp. 27-52). Edinburgh University Press.

Peterson, B. (2004). *Cultural intelligence: A guide to working with people from other cultures.* Intercultural Press.

Psaltis, C. (2012). Culture and social representations: A continuing dialogue in search for heterogeneity in social developmental psychology. *Culture & Psychology, 18*(3), 375-390.

Ryder, N. B. (1965). The Cohort as a Concept in the Study of Social Change. *American Sociological Review, 30*(6), 843-861.

Smedley, A. (1998). "Race" and the construction of human identity. *American Anthropologist, 100*(3), 690-702.

Smedley, A., & Smedley, B. D. (2005). Race as biology is fiction, racism as a social problem is real: Anthropological and historical perspectives on the social construction of race. *American Psychologist, 60*(1), 16-26.

Sue, D. (2004). Whiteness and ethnocentric monoculturalism: Making the "invisible" visible. *The American Psychologist, 59*(8), 761-769.

Sue, D., Nazir, M., & Rasheed, J. M. (2016). *Multicultural social work practice: A competency-based approach to diversity and social justice.* Jossey-Bass.

Tajfel, H. (1981). *Human groups and social categories.* Cambridge University Press.

Tan, E. C., Wang, K. T., & Cottrell, A. B. (2021). A systematic review of third culture kids empirical research. *International Journal of Intercultural Relations, 82,* 81-98.

Tedeschi, M., Vorobeva, E., & Jauhiainen, J. S. (2022). Transnationalism: Current debates and new perspectives. *Geo Journal 87,* 603-619.

Tishkoff, S. A., & Kidd, K. K. (2004). Implications of biogeography of human populations for "race" and medicine. *Nature Genetics, 36* (Suppl 11), S21-S27.

Vertovec, S. (2010). *Anthropology of migration and multiculturalism: New directions.* Routledge.

Vertovec, S. (Ed., 2015). *Routledge International Handbook of Diversity Studies.* Routledge.

Zagefka, H. (2009). The concept of ethnicity in social psychological research: Definitional issues. *International Journal of Intercultural Relations, 33*(3), 228-241.

제 **2** 장

사회복지 담론과 문화다양성

이 장에서는 다문화주의 또는 문화다양성을 지향하는 과정에서 중요한 담론들을 소개하고, 각각의 담론이 우리나라에 거주하는 이주민에게 어떻게 실현되고 있고 이 슈가 되는 부분은 무엇인지 살펴본다. 문화다양성과 관련된 담론으로 인권, 사회적 배제, 인정(또는 인정의 정치학)의 개념들을 살펴보고, 그것이 다문화사회에서 소수집 단 또는 이주민에게 미치는 영향과 함의를 소개한다.

1. 인권과 문화적 다양성

1) 인권의 개념

(1) 인권의 정의

인권(human rights)은 인간의 권리라고도 하며, 인간으로서 당연히 가지는 기본적인 권리를 의미한다. 권리는 영어로 'right'라고 하는데 이 단어는 (법적·도덕적) 권리나 권한 외에도 (도덕적으로) 옳은 것, 올바른 것, 정당한 것이라는 의미도 있다. 인권의 관점에서 'right'를 권리뿐만 아니라 올바름이나 정당함의 의미를 가지고 접근할 때 인권은 권리이면서 동시에 정의로움 또는 올바름이라는 가치를 추구하는 것으로 해석할 수 있다(배화옥, 2015).

18세기 미국의 독립혁명, 프랑스의 프랑스혁명 등의 시민혁명을 통해서 정립된 근대적 인권의 개념은 "모든 인간에게 출생, 연령, 성별, 신분, 인종적 또는 사회적 소속, 사회적 위상, 국적 또는 다른 관계들로부터 독립하여 인간존재에 근거하여 주어지는 것"(김학태, 2015)임을 강조하였다. 이를 해석하면, 인권은 모든 인간이 자신의 인격을 자유롭게 발현할 수 있는 '자유권'과 모든 인간에게 동등하게 주어지는 '평등권'의 의미를 가지며, 도덕적 책임과 공동책임의 주체로서 정치·사회 공동체의 구성원으로 참여할 수 있는 '참정권', 그리고 구성원 각자가 공동체의 주체로서 사회적 관계 속에서 살아가면서 이웃의 자유를 제한하지 않고 평화롭게 삶을 영위할 수 있는 '개인권'의 특성을 가지고 있다. 이러한 의미에서 인권은 개인적 차원의 것이고, 국가 존재 이전의 것이며, 불가분(不可分)하며 양도할 수 없는 것으로 시간과 공간, 문화적 기반에 관계없이 효력을 갖는 보편적인 것, 즉 보편적 인권으로 정의할 수 있다(김학태, 2015).

보편적 인권은 제2차 세계대전 이후 「세계인권선언」을 통해 모든 사람과 국가가 존중하고 준수해야 할 공동의 가치로 성립되었다. 이러한 인권의 이해와 개념을 「세계인권선언」과 「헌법」 및 「국가인권위원회법」에서 좀 더 구체적으로 파악할 수 있다.

「세계인권선언」은 1948년 12월 10일 제3회 유엔 총회에서 채택된 인권에 관한 세계선언문으로, 제2차 세계대전 이후 전쟁으로 인한 인권 침해 문제에 대한 인류 반성을 촉구하고, 인간의 자유와 권리를 보편적으로 보호하기 위해 「세계인권선언」을 채택하였다. 「세계인권선언」은 법적 구속력을 갖고 있지는 않지만 전 세계 국가와 국민들이 지향하는 목표를 명시하고 있다는 점에서 권위가 있다. 이 선언문 제1조와 제2조에서 인권의 기본 원칙인 자유와 평등, 박애, 비차별의 원칙을 선언하고 있다.

「세계인권선언」 제1조

모든 인간은 태어날 때부터 자유로우며 그 존엄과 권리에 있어 동등하다. 인간은 천부적으로 이성과 양심을 부여받았으며 서로 형제애의 정신으로 행동하여야 한다.

「세계인권선언」 제2조

모든 사람은 인종, 피부색, 성, 언어, 종교, 정치적 또는 기타의 견해, 민족적 또는 사회적 출신, 재산, 출생 또는 기타의 신분과 같은 어떠한 종류의 차별이 없이, 이 선언에 규정된 모든 권리와 자유를 향유할 자격이 있다. 더 나아가 개인이 속한 국가 또는 영토가 독립국, 신탁통치지역, 비자치지역이거나 또는 주권에 대한 여타의 제약을 받느냐에 관계없이, 그 국가 또는 영토의 정치적, 법적 또는 국제적 지위에 근거하여 차별이 있어서는 아니 된다.

인권은 오로지 '인간이기 때문'에 보장되어야 하는 권리를 의미하다 보니 인권이 구체적으로 실현되어야 하는 상황들이 무수히 많고, 이를 구체적인 법률로 규정하기가 어려워서 대부분의 국가에서는 「헌법」을 통해 인권을 보장하고 있다. 우리나라 또한 「헌법」 제10조에서 기본권에 대한 규정을 통해 인권 보장의 중요성을 선언하고 있다(서울대학교 중앙다문화교육센터, 2010).

「헌법」 제10조

모든 국민은 인간으로서의 존엄과 가치를 가지며, 행복을 추구할 권리를 가진다. 국가는 개인이 가지는 불가침의 기본적 인권을 확인하고 이를 보장할 의무를 진다.

또한 한국의 국가인권기구인 국가인권위원회 설립의 근거가 되는 「국가인권위원회법」 제2조 제1호는 인권의 정의를 명확히 밝히며, 「헌법」이나 국제 조약 또는 관습법에서 인정하는 권리를 따라야 함을 명시하고 있다.

「국가인권위원회법」 제2조 제1호

"인권"이란 「대한민국헌법」 및 법률에서 보장하거나 대한민국이 가입·비준한 국제인권조약 및 국제관습법에서 인정하는 인간으로서의 존엄과 가치 및 자유와 권리를 말한다.

(2) 인권의 구성요소

인권은 인간의 존엄성을 보장하는 데 있어서 중요한 개념이지만 인권의 경계나 실천 방법이 다소 추상적이어서, 인권의 범위나 특성들을 이해할 수 있는 구체적인 개념이 필요하다. 1948년 「세계인권선언」 이후 국제기구는 인권 보장을 위한 다양한 국제 규약들을 발표했고, 이를 토대로 인권의 영역과 종류를 정리하면 다음과 같다(배화옥 외, 2015).

첫째, 시민적·정치적 영역으로 거주·이전의 자유 등은 시민적 인권에 속하고, 사상과 표현 및 집회와 결사의 자유, 정치활동을 할 권리 등은 정치적 인권에 속한다. 둘째, 경제적·사회적·문화적 인권은 사회정의와 평등의 이념에서 도출된 인권으로 국가의 적극적 개입을 통해 실현될 수 있는 인권의 특성을 가진다. 셋째, 연대적·집단적 영역은 가장 최근에 등장한 인권 영역으로 국가들 간의 양극화, 빈부 격차, 전쟁, 환경파괴로 인한 생태위기 등 새로운 위기 상황에 대한 인권 관점의 개입이 필요하다는 요구에 따라 관심을 받고 있다. 이 영역의 권리 실현을 위해 국제 협력 및 국가 간 협력과 연대를 요구한다. 연대적·집단적 인권은 아직 이론적으로 완성되지 않은 상태로 학자에 따라 정의하는 인권의 종류에 차이가 있다.

인권의 정의와 「세계인권선언」 및 「헌법」 등을 통해 나타나는 인권의 속성을 정리하면 다음과 같다(배화옥 외, 2015).

첫째, 인권은 보편적이며 양도 불가능한 속성을 가진다. 「세계인권선언」 이후 인권의 보편성은 국제인권법들을 통해 강조되어 왔다. 보편적 속성으로서 인권은 누구나 향유할 수 있는 권리이고, 다른 사람에게 양도할 수 없는 속성을 가진다.

 **표 2-1** 인권의 영역과 종류

영역	종류
시민적 · 정치적 영역	생명권, 인격적 존대로 대우받을 권리, 평등권, 신체의 자유, 거주 · 이전의 자유, 사상과 표현, 집회와 결사의 자유, 사생활 및 가족생활을 존중받을 권리, 정치활동을 할 권리, 권리를 구제받을 권리, 재산권
경제적 영역	적절한 생활수준을 영위할 권리, 노동권, 노동조합에 대한 권리
사회적 영역	사회보장과 사회보험에 관한 권리, 가정의 보호 및 지원에 관한 권리, 아동보호에 관한 권리, 건강권
문화적 영역	교육권, 문화참여권, 소수자 권리
연대적 · 집단적 영역	발전권, 환경권, 평화권, 인류 공동유산에 대한 소유권, 의사소통권, 인도적 구조를 받을 권리

출처: 배화옥 외(2015)의 표 내용(pp. 26-30)을 재구성함.

둘째, 인권은 상호의존적이며 불가분한 속성을 가진다. 앞에서 소개한 인권 영역과 영역별 세부 인권들은 비록 영역이나 권리의 내용들이 다르지만 상호 간에 영향을 미친다. 따라서 한 가지 인권이 실현되기 위해서는 다른 인권이 보장되어야 하거나, 한 가지 인권이 개선되면 다른 인권도 같이 개선될 수 있는 것이 상호의존적 속성이다. 예를 들면, 사회보장과 사회보험에 관한 권리가 개선되면 적절한 생활수준을 영위할 권리도 증진될 수 있다. 또한 인권의 불가분한 속성은 다섯 가지 영역 및 세부 인권 전체가 하나의 인권을 구성하고 있기 때문에 각각의 인권을 따로 분리하면 안 된다는 것을 의미한다. 즉, 한 인간에 대한 인권 보장은 앞에서 소개한 모든 권리가 실현되었을 때 가능함을 보여 준다.

셋째, 인권은 평등하며 비차별적인 속성을 가진다. 평등의 의미는 모든 것을 동일하게 대하는 것이 아니라 같은 것은 동등하게, 다른 것은 다르게 대우하는 것을 말한다. 예를 들면, 동일한 업종에서 동일한 일을 하는데도 성별이 다르다는 이유로 또는 학벌의 차이로 임금을 다르게 준다면 이는 평등에 위배되는 것으로서 인권침해로 볼 수 있다. 또한 기회 및 조건의 평등도 중요한데, 예를 들면 장애인에게 평등한 취업의 기회를 제공하는 것을 들 수 있다.

(3) 다문화주의와 인권

인권은 보편적이고 평등한 가치를 지향하기 때문에 다문화사회에서도 이주민은 국적이나 인종에 상관없이 기본적인 권리를 보장받아야 한다. 그러나 다문화사회에서의 인권 개념은 인권의 본질, 내용, 효력 등에 있어서 문화적 특성과 맥락의 영향을 받기 때문에 보편적 인권의 개념에서 해석되거나 수용하기 어려운 상황들이 발생할 수 있고, 이로 인해 구성원들 간의 사회적·문화적 충돌과 갈등에 부딪치는 경우가 많다. 근대 시민혁명을 통해 인간의 존엄성과 자유, 평등의 가치에 기반한 인권 개념은 유럽과 미국 등 서구사회를 중심으로 성립된 것으로 아시아나 이슬람 문화에서의 인권 개념과 차이가 있기 때문에 문화를 초월한 보편적인 인권의 개념을 적용하기에는 한계가 따른다(김학태, 2015). 한 예로, 「세계인권선언」 제18조 "모든 사람은 사상, 양심 및 종교의 자유에 대한 권리를 가진다."라는 내용은 모든 종교와 국가들이 수용하지만, 두 번째 내용인 "이러한 권리는 종교 또는 신념을 변경할 자유…"는 일부 무슬림 국가들에서 이의가 제기되었다(Cerna, 1994). 따라서 문화 상대주의에서는 개인은 자신의 사고방식과 가치관 등을 자신의 문화를 통해서 실현하기 때문에 개인의 차이를 존중하기 위해서는 문화적 차이를 존중해야 함을 강조한다.

다문화사회에서의 인권 갈등의 문제는 크게 자유권과 사회권의 문제로 나눌 수 있다. 자유권은 평등의 이념에 따라 인종과 종교, 문화적 차이와 상관없이 모두를 법 앞에 평등하게 대우하는 것과 관련이 있다. 사회권은 소수자 보호 원칙 또는 공존의 원칙에 따라 인간의 삶을 누릴 수 있도록 제도적 기반과 입법정책을 통해 인권을 보장하는 것이다. 다문화사회에서의 자유권 보장은 사회적 소수집단 구성원들인 이주민도 선주민과 동등한 수준에서 기본적인 권리를 보장받고 실현할 수 있도록 사회적 제반을 구성하는 것이다. 따라서 외국인이라고 해도 평등권, 신체의 자유, 표현의 자유, 사생활 및 가족생활을 존중받을 권리 등으로부터 배제되지 않아야 한다. 그러나 참정권이나 직업활동의 자유와 같은 일부 권리들은 국적 기준에 따른 제한이 필요한 경우도 있다(이호용, 2018).

이주민의 사회권 보장은 노동권, 사회보장과 사회보험에 관한 권리, 건강권, 교육권, 문화권 등을 포괄하는 것으로, 대부분 사회권을 보장하기 위해서는 국가의 재정이나 법률적 지원이 필요하기 때문에 국가가 얼마나 적극적으로 이주민의 사회권을 보장하기 위해 제도적 · 정책적으로 기반을 마련하고자 하느냐가 중요하다. 따라서 다문화사회의 외국인 또는 이주민에 대한 사회권 보장의 가능성을 파악하기 위해서 「헌법」상 이주민이 사회적 권리를 누릴 자격이 있는지, 이러한 사회권이 어떻게 실현될 수 있는지를 살펴봐야 한다. 우리나라의 경우 「헌법」 제11조에서 "모든 국민은 법 앞에 평등하다. 누구든지 성별 · 종교 또는 사회적 신분에 의하여 정치적 · 경제적 · 사회적 · 문화적 생활의 모든 영역에 있어서 차별을 받지 아니한다."라고 규정하여 평등권의 대상이 국민에 맞춰져 있음을 알 수 있다. 그러나 같은 법 제6조 제2항에서 "② 외국인은 국제법과 조약이 정하는 바에 의하여 그 지위가 보장된다."라고 규정하고 있다. 따라서 국내에 체류하고 있는 외국인은 국가 간 상호주의 원칙에 따라 일정한 범위 내에서 기본적 인권의 주체가 될 수 있다(서울대학교 중앙다문화교육센터, 2010). 그 외의 경우 한국 국적이 없는 이주민은 사회권에 해당하는 대부분의 권리를 보장받기 어렵기 때문에, 다문화사회에서 내국인과 이주민과의 통합과 공존을 위해서 문화적 소수자인 이주민의 동등한 수준의 사회권 보장에 대한 노력이 필요하다.

2) 한국의 이주민과 인권 실태

(1) 국제인권협약에 따른 이주민 인권 보장

이주민의 인권과 관련한 제도적 보호 장치는 국제협약을 통해 포괄적 규정과 각 국가의 가입 또는 비준을 통해 국내법적 효력을 얻게 된다. 우리나라는 국제사회의 많은 인권협약에 가입하거나 비준하였지만, 국내법과 충돌을 일으키는 일부 협약에는 미가입한 상태다. 우리나라가 비가입한 협약들은 대부분 사회권적 기본권과 같이 국가가 국민이 아닌 외국인에게까지 포괄적으로 적용하는 데 많은 부담으로 작용하는 내용들이다(서울대학교 중앙다문화교육센터, 2010).

표 2-2 우리나라의 국제인권협약 가입 현황(2022. 9. 기준)

협약명	협약채택 (발효)	당사국 수	가입서/비준서 기탁일	발효일
시민적·정치적 권리규약 (B규약)	1966. 12. 16. (1976. 3. 23.)	173	1990. 4. 10.	1990. 7. 10.
경제적·사회적·문화적 권리규약(A규약)	1966. 12. 16. (1976. 1. 3.)	171	1990. 4. 10.	1990. 7. 10.
인종차별철폐협약	1965. 12. 21. (1969. 1. 4.)	182	1978. 12. 5.	1979. 1. 4.
여성차별철폐협약	1979. 12. 18. (1981. 9. 3.)	189	1984. 12. 27.	1985. 1. 26.
고문방지협약	1984. 12. 10. (1987. 6. 26.)	173	1995. 1. 9.	1995. 2. 8.
아동권리협약	1989. 11. 20. (1990. 9. 2.)	196	1991. 11. 20.	1991. 12. 20.
장애인권리협약	2007. 3. 30. (서명식)	185	2008. 12. 11.	2009. 1. 10.
이주노동자권리협약	1990. 12. 18. (2003. 7. 1.)	57	미가입	
강제실종협약	2007. 2. 6. (미발효)	68	미가입	

출처: 외교부 홈페이지(https://www.mofa.go.kr/www/wpge/m_3996/contents.do)의 자료를 재구성함.

우리나라는 이주민 인권 보호에 밀접한 영향을 미치는 「이주노동자권리협약」에 아직 가입하지 않은 상태이다. 「이주노동자권리협약」은 1990년 유엔 총회에서 채택되어 2003년 7월 1일 발효되었다. 이 협약의 경우 대부분 송출국을 중심으로 가입을 하였고, 우리나라를 포함하여 유입국 또는 선진국들은 대부분 가입을 하지 않았다. 우리나라의 경우 이 협약에 가입하기 위해서는 일부 국내법과 상충되는 부분이 있어 법령 개정이 선행되어야 한다는 이유로 가입하지 않았다.

「이주노동자권리협약」이 이주노동자의 기본 권리 보장에 기여를 한 부분들을 살펴보면 다음과 같다. 첫째, 이주노동자의 정의에 미등록이주노동자를 포함하여 이들의 권리를 인정하고 있다는 점이다. 둘째, 결혼과 가족 구성, 가족생활 보호 및 인권과 관련된 내용을 포함시켜, 이주노동자뿐만 아니라 가족까지 협약에서 규정하는 권리를 보장받는다고 명시하였고, 이주노동자의 가족재결합권을 인정할 것을 규정하였다. 셋째, 이주노동자에 대한 차별금지와 인권(사회권 포함) 보호를 표명하고 있다. 즉, 협약 가입국은 이주노동자와 그 가족 구성원에 대해 성, 인종, 피부색, 언어, 종교, 정치적 견해, 국적 등을 이유로 어떠한 차별도 하지 않고, 이 협약에서 인정하는 권리를 존중하고 보장해야 함을 의미한다. 넷째, 노동기본권인 노동조건과 관련된 차별금지, 노동3권(단결권, 단체교섭권, 단체행동권)의 인정, 직업의 자유 등을 인정하고 보장하는 내용을 포함하고 있다. 「이주노동자권리협약」은 비차별적 원칙에 따라 국적자와 비국적자, 합법적 체류자와 미등록 체류자를 구분하지 않고, 인간이면 누구나 기본적인 권리를 누릴 수 있는 인권의 주체임을 인정한다는 점에서 이주노동자의 인권 향상에 기여했다고 볼 수 있다(배화옥 외, 2015).

(2) 국내법에서의 이주민 인권 보장

국내법의 경우 「헌법」 제11조에서 평등의 원칙을 명문화하면서 개인의 특성에 근거한 차별을 금지하는 내용을 규정하고 있다. 또한 우리나라의 대표적인 외국인 정책의 토대가 되는 「재한외국인처우기본법」 제10조에서는 외국인과 자녀에 대한

표 2-3 국내법에서의 이주민 인권

국내법	이주민 인권 관련 내용
「헌법」 제11조	모든 국민은 법 앞에 평등하다. 누구든지 성별 · 종교 또는 사회적 신분에 의하여 정치적 · 경제적 · 사회적 · 문화적 생활의 모든 영역에 있어서 차별을 받지 아니한다.
「재한외국인처우기본법」 제10조	국가 및 지방자치단체는 재한외국인 또는 그 자녀에 대한 불합리한 차별 방지 및 인권옹호를 위한 교육 · 홍보, 그 밖에 필요한 조치를 하기 위하여 노력하여야 한다.

출처: 오경석(2021)의 표 내용(p. 56)을 재정리함.

비차별 및 인권옹호에 대한 국가와 지방자치단체의 책임을 명시하고 있다.

「재한외국인처우기본법」에 근거하여 매 5년마다 수립되는 외국인정책 기본계획 중 제3차 기본계획에는 '인권과 다양성이 존중되는 정의로운 사회'를 목표로 이민자와 이주민의 인권 보호 및 증진을 위한 구체적인 과제들을 제시하였다.

표 2-4 제3차 외국인정책 기본계획 중 외국인 인권

정책목표	중점 과제
인권과 다양성이 존중되는 정의로운 사회	• 이민자 인권보호 체계 강화 • 여성 · 아동 등 취약 이민자 인권증진 • 문화다양성 증진 및 수용성 제고 • 동포와 함께 공존 · 발전하는 환경 조성 • 국제사회가 공감하는 선진 난민정책 추진

출처: 오경석(2021)의 표 내용(p. 56)을 재정리함.

이렇듯 이주민 인권 보장을 위한 국제협약 가입 및 국내법과 정책에서의 규정 명시 등의 노력에도 불구하고, 우리나라에 거주하는 이주민의 인권은 가장 취약하거나 인권의 사각지대에 놓인 경우가 많은 것으로 나타난다. 이에 따라 2018년 12월 유엔인종차별철폐위원회는 우리나라의 반다문화주의 및 인종주의적 혐오를 포함한 이주 인권 상황 전반에 관해 최종 의견을 전달하고 개선할 것을 권고하였다. 또한 인권의 다양한 영역에서 우리나라에 거주하는 이주민의 인권 관련 이슈들이 제기되면서 이주민의 기본권이 매우 취약하고 충분히 보장받지 못하고 있는 것으로 나타났다(오경석, 2021).

표 2-5 인권 영역별 이슈

인권 영역	인권 이슈
사회보장권: 적절한 생활수준을 누릴 권리	• 난민인정자와 결혼이민자를 제외하고 이주민은 기초생활 보장제도의 대상(원칙적으로 대한민국 국민으로 제한)에서 배제됨
건강권: 보건의료서비스에 접근할 권리	• 이주민은 의료급여 수급권자의 대상이 아니고, 일부 체류자 격을 제외하고 장애인등록이 허용되지 않음 • 세대원으로 등록할 수 있는 가족의 범위 제한, 체납 즉시 급 여 제한 등 차별적 규정으로 건강보험제도에서 배제되는 이 주민들 다수 있음
주거권: 인간다운 환경에서 살 권리	• 고용허가제는 사용자가 「근로기준법」상 규정을 위반한 숙 소를 제공하여 '시정을 요구받았음에도 정당한 사유 없이 시정하지 않는 경우'에만 이주노동자의 사업장 변경을 허용 함. 이는 원칙적으로 불허하는 것임
노동권: 공정하고 우호적인 조건에서 일할 권리	• 고용허가제를 통해 이주한 이주노동자는 부당한 처우를 받 아도 사업장 변경이 어려움 • 농·어업에 종사하는 이주노동자는 「근로기준법」의 노동시 간, 휴게, 휴일의 규정에서 제외되어 장시간 저임금 노동에 시달리고 있음. 상시노동자 5인 미만 비법인 사업장에 고용 된 경우 산재보험 당연가입에서 제외됨 • 가사 및 간병 서비스업에 종사하는 이주노동자는 「근로기준 법」 「산재보상법」에서 제외되고 있음
가족생활권: 가족으로 보호받을 권리	• 비전문 이주노동자는 가족 동반이 허용되지 않음 • 국내에서 가족을 구성해 살고 있는 이주민은 주민등록을 할 수 없어 가족관계 증명에 어려움을 경험함 • 이주민 자녀는 보육료 및 가정양육수당, 아동수당 등 공적 지원에서 배제됨

출처: 오경석(2021)의 표 내용(p. 62)을 재정리함.

2. 사회적 배제와 문화적 다양성

1) 사회적 배제의 개념[1]

사회적 배제 개념은 1970년대 중반부터 경제적 궁핍 상태인 빈곤(poverty) 개념으로는 이해하기 어려운 현상을 설명하기 위해 보다 포괄적인 용어로 개발된 것이다. 사회적 배제는 인간 개인이 속해 있는 사회에 충분히 포함되지 못한 상태로 "사회적 자원에 대한 특정 개인이나 집단의 접근 및 이용 기회의 박탈"(Silver, 1994: 신유리 외, 2013 재인용)로 정의된다. 비슷한 관점에서, 어떤 개인이나 집단이 당면한 경제적 빈곤 이외에, 정치, 사회, 문화, 건강 등 다양한 영역에서의 자원과 기회의 박탈을 의미하는 개념이다(강신욱 외, 2005). 또한 "한 개인이 거주하고 있는 사회에서 시민으로서 누려야 할 경제적, 문화적, 정치적 활동에 지속적으로 참여하지 못할 경우, 사회로부터 배제되어 있는 것"(문진영, 2004)으로 볼 수 있다. 이렇듯 한 개인이 사회로부터 배제를 경험할 경우 인간다운 삶을 누릴 수 있는 전반적인 사회체계에 대한 접근 기회와 활동의 참여 기회를 상실하게 되고, 관계 형성이나 필요한 자원 접근에 불리한 상황에 직면하면서, 점차적으로 주류 사회로부터 유리되는 결과를 직면하게 된다(신유리 외, 2013).

사회적 배제는 과정과 결과 중 어느 쪽에 초점을 두냐에 따라서 개념이 다르다. 과정으로서의 사회적 배제는 빈곤, 차별, 낮은 교육 수준, 열악한 주거 환경 등으로 인해 사회적·경제적·정치적 참여에 필요한 자원이 개인이나 가족, 집단 이웃으로부터 박탈되는 과정을 의미한다. 이러한 과정에서 사회적으로 배제된 사람들은 사회제도와 서비스, 사회적 네트워크 개발 등의 기회로부터 제외된다(최혜지, 2019). 한편, 박탈적 과정의 결과로서 나타나는 사회적 배제는 개인이 사회의 시민으로서 당연히 누려야 할 기본적 권리들인 사회보장권, 경제적 복지권, 사회적 참여권, 인

---

1) 사회적 배제의 개념은 김희주(2018)의 내용을 수정·보완한 것이다.

간의 존엄성에 대한 권리 등을 누리지 못하는 상태라고 할 수 있다(최혜지, 2019).

사회적 배제를 이해하기 위해서는 빈곤 개념과 비교하고 차이를 명확히 하는 것이 중요하다. 빈곤은 소득의 부족이나 자원의 결핍으로부터 초래된 상태를 의미하지만, 사회적 배제는 소득뿐만 아니라 정치, 문화, 교육, 건강, 사회보장 등 다양한 영역에서의 다차원적 불리함을 설명하고(Percy-Smith, 2002), 빈곤 현상의 발생 원인과 발생 과정에 관심을 두는 동태적인(dynamic) 개념이다(Room, 1995). 빈곤이 인간과 경제적 자원 간의 관계에 관심을 둔다면, 사회적 배제는 인간과 인간 간의 사회적 관계에 더 큰 관심을 두고, 누가, 누구를, 어떻게, 무엇으로부터 배제하느냐를 중요하게 여긴다. 즉, 배제의 주체와 대상을 확인하는 것이 중요하다. 종합하여 보면, 사회적 배제는 단순한 물질적 결핍상태를 의미하는 빈곤 개념과는 달리 빈곤 자체보다 빈곤화 과정에 초점을 맞춘 개념이다(김순양, 2013). 또한 소득의 빈곤을 넘어 다차원적인 영역에서의 사회적 불이익을 다루고, 대상 범위도 개인에서 가족과 지역사회로 확대하고 사회통합을 위한 권한 부여 등을 제시한다(이용갑, 2010).

2) 사회적 배제의 특성과 차원

사회적 배제는 상대적이고, 행위자의 능동성과 제도에 따라 다양한 방식으로 경험된다. 사회적 배제가 가지는 특성들은 다음과 같다. 첫째, 사회적 배제는 복합적이고 가변적이며 중복적인 원인으로 경험되는 다차원적인 특성을 가지고 있다. 즉, 경제적 조건과 사회참여, 사회적 지지, 정치권력 등 다양한 차원에서의 박탈과 결핍을 포함하고 있다. 둘째, 사회적 배제가 발생하는 사회체계는 개인, 공동체, 지역, 국가, 세계까지 확대되는 다층적 현상이다. 따라서 사회적 배제를 해결하고 통합을 촉진하기 위해서 다층적 관점에서의 정책적 접근이 요구된다. 셋째, 사회적 배제는 자원 결핍의 상태인 빈곤만이 아니라 빈곤과 박탈이 인간의 자율성에 미치는 과정과 결과를 포함하는 역동적 과정이다. 따라서 사회적 배제를 해결하기 위해서는 기존의 사회정책에 대한 수정과 인적자원 개발, 적극적 노동시장 정책 등을 강조한다. 넷째, 사회적 배제의 다양한 차원은 상호 인과적 관계로 연결되어 있다.

경제, 주거, 건강, 노동, 교육, 사회참여 등 한 차원의 배제는 다른 차원의 배제를 일으키는 원인인 동시에 결과로 나타난다. 다섯째, 사회적 배제는 사회체계 사이의 관계성에 주목하면서 빈곤, 박탈에 대한 재분배적 패러다임의 한계를 극복하고자 한다. 즉, 개인과 개인, 개인과 조직, 개인과 권력구조 사이의 관계를 재구조화함으로써 사회적 통합을 추구한다. 마지막으로, 사회적 배제의 특성은 참여를 강조하는 진보 성향과 통제의 강화를 강조하는 보수적 성향을 모두 포괄하는 정치적 유연성이다(최혜지, 2019).

사회적 배제는 다차원적인 속성을 가지는 개념으로 이를 계량적으로 측정하기 위해 학자들마다 조금씩 차이는 있으나 세부적인 지표 및 영역 개발을 통해 개념을 실증적으로 입증하였다. Robinson과 Oppenheim(1998)은 실업, 낮은 수준의 기술, 가정파탄, 빈곤, 열악한 건강, 열악한 주거, 높은 범죄율이라는 일곱 개의 사회적 배제를 일으키는 영역이 어떻게 연결되는지를 논리적으로 설명하고, 이를 기초로

표 2-6 Robinson과 Oppenheim의 사회적 배제 차원

영역	지표
소득	• 빈곤 추이 • 10분위 소득점유 추이 • 인종집단별 5분위 소득점유 추이 • 소득지원(공공부조) 수혜기간
실업	• 장기(2년 이상) 실직률 • 실업, 비고용, 비근로가구 추이 • 비근로가구의 인적 구성 및 비율
교육	• GCSE(영국의 중등교육 자격시험) 추이 • 성별, 인종별 GCSE 평점별 취득 비율 • 주요 소속별 GCSE 평점별 취득 비율 • 근로연령대의 최고교육자격 취득률 추이
건강	• 사망률 • 신생아 평균체중 및 저체중 신생아 비율

출처: 문진영(2004))의 표 내용(p. 265)을 재정리함.

소득, 실업, 교육, 건강의 네 가지 영역을 중심으로 사회적 배제의 지표를 개발하였다(문진영, 2004 재인용).

국내 연구자로는 문진영(2004)이 Robinson과 Oppenheim의 지표를 반영하여 사회적 배제의 영역으로 소득(빈곤율, 소득 배율, 지니계수), 실업(장기실업률), 교육(조기교육 기회상실률), 건강(영아사망률)의 네 가지를 설정하여 이에 대한 지표를 개발하였다. 문진영의 사회적 배제 지표는 사회적·문화적 영역은 포함하지 않고 있다(김순양, 2013).

표 2-7 문진영의 사회적 배제 지표

영역	지표
소득	• 빈곤율(전체 가구 중위소득의 60% 이하) • 소득배율(5분위 가구 소득/1분위 가구 소득) • 지니계수(로렌츠 곡선을 이용한 소득불평등도)
실업	• 장기 실업률(경제활동 인구 중 12개월 이상의 장기 실직자 비율)
교육	• 조기교육 기회 상실률(18~24세 중 기초교육 수준 이수에 그친 사람의 비율)
건강	• 영아사망률[1세 이하 영아의 사망률(1,000명당)]

출처: 문진영(2004)의 표 내용(p. 269)을 재정리함.

강신욱(2005)은 유럽연합(EU)의 사회적 배제 지표(경제, 실업, 근로, 교육, 건강)를 기반으로 주거, 가족 및 사회적 관계망, 사회적 참여를 나타나는 3개의 지표를 추가하여 총 8개의 영역과 이를 설명하는 세부 내용과 지표들을 개발하여 차상위 계층의 배제 실태를 조사하였다.

국내 연구자들의 사회적 배제 연구들을 종합해 보면, 사회적 배제 측정을 위해 세부 영역으로 경제, 실업, 노동, 주거, 교육, 건강, 가족 및 사회적 관계망, 사회적 참여, 물질적 결핍, 문화적 통합 영역 등으로 구분한 후 각 영역에 부합하는 지표들을 개발하여 접근하고 있음을 알 수 있다.

표 2-8 강신욱의 사회적 배제 영역 및 지표

영역	지표
경제	• 빈곤율 추이(성별 추가) 및 아동 · 노인 빈곤율 • 가구특성별 · 종사상 지위별 · 교육수준별 · 주택소유상태별 빈곤율 • 소득분배, 지니계수
실업	• 실업률(성별 추가), 경제활동인구/실업자 중 장기실업률 등
근로	• 근로빈곤 가구비율, 근로빈곤가구의 사회경제적 특성별 빈곤율, 빈곤지속기간, 상대적 중위저소득 격차 • 상대적 중위저소득 격차, 성별 임금격차 • 저임금근로자의 조세부담률, 산업재해율
주거	• 최저주거기준 미달 가구, 전기/상하수도 미공급가구, 방 1개 거주가구, 1인당 주거면적, 비닐하우스, 쪽방 거주가구 수, 노숙자 수
교육	• 18~24세 교육 · 훈련 받지 않는 조기 탈락자 비율, 계층별 사교육비 비중, 평생학습자 비율, 무단결석 학생 수
건강	• 출생시 기대수명, 결식아동 비율, 소득수준별 주관적 건강상태
가족 및 사회적 관계망	• 노인 단독, 소년 · 소녀가장, 한부모 가구 수 및 증가율 • 연령별 자살률, 가족생활만족도, 사회적 관계망
사회적 참여	• 도보 20분 이내 공원 접근성, 대중교육서비스 이용 가능 • 사회단체참여도, 자원봉사참여율, 문화행사참여도 및 만족도 • 지역별 범죄율

출처: 강신욱(2005)의 표 내용(pp. 122-123)을 재정리함.

3. 인정과 문화적 다양성

1) 다문화주의 담론의 정치철학적 배경[2]

전통적으로 다문화주의의 유형은 크게 자유주의적 다문화주의, 공동체주의적

---

2) 다문화주의 담론의 정치적 배경의 내용은 전형권(2014)의 일부 내용을 수정 · 보완한 것이다.

다문화주의, 공화주의적 다문화주의 등으로 구분되어 설명된다. 이러한 유형은 오늘날 민주주의 정치사상적 기반이 되는 자유주의와 공동체주의, 공화주의적 요소를 다문화사회에 반영하여 결합한 것이다.

우선, 자율적이고 독립적인 개인에 대한 확신을 갖고 있는 자유주의는 기본적 권리와 의무의 근거를 개인에 두며, 개인의 주인은 자기 자신이지 국가가 아니라는 입장을 고수한다. 이들은 문화를 사적 영역으로 간주한 나머지 공적 영역에서 배제한다. 자유주의는 좋은 삶의 다양성을 인정하는 가치 다원주의를 전제하므로 좋은 삶의 특성은 자신의 내부로부터, 즉 삶의 가치와 의미에 관한 자기 자신의 개념과 믿음에 따라 영위된다고 본다.

자유주의적 관점에서 다문화주의를 접근한 Kymlicka(2010)는 다문화주의를 "자유민주주의에 대한 광범위한 합의와 지지가 먼저 해결된 상태에서 제공되는 다양한 문화적 주체들의 특수한 삶의 권리에 대한 제도적 보장"으로 정의한다. 그는 문화는 개인에게 의미 있는 선택지를 제공할 뿐만 아니라 자아정체성을 형성하는 데도 핵심적 역할을 한다고 본다. 이렇듯 자유주의 관점은 문화적 다원성이 보장되는 다문화적 상황에서 개인의 자율성을 보장하면서 개인의 선택과 책임에 따른 삶을 제도적으로 보장하는 사회를 지향한다. 한편, 자유주의는 소수 집단의 권리와 존재 인정 문제에 대해 취약하다는 반발에 직면하기도 한다.

이 때문에 다문화주의 옹호자들 사이에서는 공동체주의가 소수자 권리 보호를 위한 보다 적합한 철학적 근거로 채택된다. 공동체주의에 입각한 다문화주의자들은 자유주의가 개인의 문화에 대한 귀속을 배제함으로써 개인의 문화적 자율성의 기반을 상실하게 하는 문제를 비판한다. 또한 자유주의가 지향하는 보편적 인권의 이념을 빌미로 국가가 소수집단의 문화를 억압하는 것을 은폐함은 물론 국가의 문화적 중립성을 강조하는 것도 허구라고 비판한다. Taylor(1994)와 같은 공동체주의자들에 따르면, 한 개인은 '옳음'의 문제를 스스로 결정하지 않고 국가나 공동체가 지향하는 '옳음'에 따른 삶의 방식에 영향을 받기 때문에 공동체주의에 기초한 다문화주의가 적절하다고 주장한다. 이들은 보편적 이성과 인간성에 대한 추상적 호소보다 문화적으로 특정한 공동체의 가치가 갖는 실제적이고 구체적인 주장을 중시한다.

공화주의는 현대 정치사상에서 다양한 의미로 사용되고 있지만, 다문화주의 담론에서 공화주의는 주로 자유주의를 정치철학적인 대척점으로 삼고 있다. 즉, 자유주의가 개인의 자율성과 보편성을 지나치게 강조함으로써 다양하게 얽혀 있는 다문화사회의 통합문제에 명쾌한 해답을 줄 수 없다는 점에서 공화주의적 다문화주의를 대안으로 제시하는 것이다.

그런데 실제로 공화주의를 채택하는 프랑스는 소수집단에 대한 인정을 거부하는 동화주의 정책을 취하고 있다. 이 같은 거부는 단순한 차별이나 냉소주의가 아니라 '단일하고 분리될 수 없는 국가'라는 공화주의 철학에서 비롯된다. 프랑스에서는 공통의 정체성을 바탕으로 결정된 특수집단은 부조리한 집단으로 인식된다(이용재, 박단, 2011). 이처럼 공화주의는 출신, 인종, 종교뿐만 아니라 성, 성적 취향 등을 불문하고 각 시민을 추상적이고 보편적인 개인으로 취급하는 공정한 국가가 곧 사회라고 믿는다.

2) 인정의 정치

다문화주의의 정치철학적 논리는 '인정의 정치'이다. 인정의 정치는 "인간의 정체성은 주체와 객체의 둘 사이에 대화적(dialogically)으로 진행되는 상호 인정의 과정을 통해 구성된다." 한 개인 또는 집단의 정체성은 함께 살아가는 주변 사람들이 그 개인이나 집단을 어떻게 바라보고 평가하는지에 영향을 받기 때문에(김용우, 2012), 이들로부터 동등하고 가치 있는 존재로 인정을 받는 과정을 통해 긍정적인 정체성이 형성되는 것이다. 따라서 한 개인 또는 집단의 정체성을 인정하지 않거나 잘못 인정(misrecognition)할 경우, 인정의 대상이 되는 사람이나 집단에게 상처를 주고, 억압하고 허위의식에 빠지게 함으로써 그들의 존재 양식을 변형시킨다(Taylor, 1994: 송재룡, 2009 재인용). 타인의 정체성을 잘못 인정하는 것은 단순히 이들에 대한 존중의 부재를 넘어서 상처를 주기 때문에 정체성을 잘못 인정받는 개인과 집단은 자기혐오에 빠지게 된다(김용우, 2012). 이렇듯 인정의 정치학이 개인의 정체성 형성과 불가분한 관계를 가진다고 보기 때문에 '정체성의 정치학(politics of identity)'이라고도 불린다. 이를 다문화주의의 관점에서 설명하면, 한 사회 내의 다양한 문화들은 서로 고립되어 따로 떨어져 존재하는 것이 아니기 때문에 각각의 문화들의 가치를 인정할 때 문화들 사이의 평등한 기반이 형성되는 것이다. 또한 이러한 기반을 두고 다양한 문화들은 개성과 상호 영향을 발휘할 수 있게 된다(김용우, 2012).

귀화 여성 목욕탕 출입 거부 '논란'

한국 국적을 취득한 우즈베키스탄 출신 30대 여성이 피부색이 다르다는 이유로 목욕탕 출입을 거부당했다. 이 여성은 자신을 '한국 국적을 취득한 한국인'이라고 밝혔지만 목욕탕 주인은 "얼굴은 외국인이기 때문에 출입이 안 된다. 주민들이 목욕탕을 외국인과 함께 사용하는 것을 꺼리기 때문에 영업상 외국인 손님을 받지 않는다."고 밝혔다. 이에 우즈베키스탄 출신 여성은 경찰에 신고했지만, 경찰도 "개인 업소에서 외국인 출입을 거부하는 걸 규제할 수 있는 현행 법률이 없다."라고 설명하였다. 출입을 거부당한 여성은 목욕탕 업주를 상대로 민사소송을 냈고, 이주민인권단체는 국가인권위원회에 진정을 냈다.

출처: MBN 뉴스(2011. 10. 14.)의 내용을 재구성함.

인정의 정치는 다양한 소수집단의 정체성이나 문화의 다양성에 대해 인정과 존중, 존경을 추구한다. 따라서 '문화적 신분의 위계구조'에 내제된 불평등, 즉 문화적 억압과 불인정, 경멸과 같은 문화적 부정의(cultural injustice)를 해결하고자 한다. 이러한 부분은 사회경제적 위계 구조에서 발생하는 경제적 착취, 배제, 주변화, 기회의 박탈과 같은 사회경제적 부정의를 해결하려는 '재분배의 정치'와 비교된다. 재분배의 정치는 사회경제적 위계 구조에 따라 신분적 위계 구조가 결정된다는 관점에 기초하여, 경제적 불평등이 제거되면 신분적 위계 구조는 물론이고 문화적 불평등의 구조가 해소될 것이라는 신념을 가진다. 그러나 현실에서는 경제적으로 부유하지만 문화적으로 낮은 지위를 갖거나 낙인찍힌 집단들이 존재한다. 즉, 경제적

평등이 문화적 평등으로 이어지지 않음을 보여 주는 것이다(송재룡, 2009).

인정의 정치는 다양한 소수집단의 고유한 정체성과 문화적 특성에 대한 인정 투쟁을 지향한다. 한 사회 내의 다양한 소수집단에 존중과 존경을 전달하고, 각각의 집단적 정체성과 차이를 인정하고 수용하고자 한다. 이러한 부분에서 인정의 정치학은 '차이의 정치(politics of difference)' 또는 '동등존엄성의 정치(politics of equal dignity)'라고도 불린다.

인정의 정치는 인정 또는 관용의 덕목을 요구한다. 그러나 인정의 정치는 은밀한 권력 기제가 잠재해 있어, 인정하는 주체와 인정받는 대상 사이에 작동하는 권력 기제의 문제가 있을 수 있다(송재룡, 2009). 즉, 주체는 인정을 베푸는 시혜자이고, 대상자는 시혜를 입는 수혜자라는 관계가 형성되면서 인정에의 기대가 동화로의 요구나 압박으로 이어질 수 있다는 것이다. 특히 단일민족주의에 기반한 집합적 정서가 강하거나 자문화 중심의 전통에 대한 자부심이 강한 엘리트 집단이 지배적 계급인 사회에서는 자신들의 문화적 진정성을 보존하고 수호해야 한다는 보수주의적 태도 때문에 인정을 꺼리는 모습을 보여 주기도 한다(구견서, 2003: 송재룡, 2009 재인용).

반대로 인정의 주체와 대상 간의 권력기제는 국가의 '선의의 무관심(benign neglect)' 형태로 나타날 수 있다. 선의의 무관심은 국가의 중립적 역할을 반영하기도 하지만, 이 과정에서 다수 문화집단의 우월성이 작용하면서 소수집단의 정체성과 문화를 불인정하거나 오인정할 수 있다(Taylor, 1994: 송재룡, 2009 재인용). 이렇듯 다문화적 상황에서 인정의 정치학을 실천하는 과정에는 여러 가지 위험이 잠재할 수 있는데, 이는 대부분 국가 및 정치사회적 상황과 조건 등 환경적 요인으로 인해 발생하는 경우가 많기 때문에 환경적 상황과 조건들을 조율하면서 나갈 필요가 있다.

인정의 정치에 대한 비판은 인종 및 문화적 차이와 다양성을 인정하고 관용을 보이라는 정치철학이 문화 상대주의와 도덕 상대주의의 딜레마에 빠지게 한다고 주장한다. 예를 들면, 한국과 프랑스 간의 먹거리(개고기-달팽이) 논쟁이나 아프리카 이슬람문화권의 여성할례 문제, 아프가니스탄 탈레반 이슬람 원리주의 정부의 억압적 여성과 조혼제도 등의 이슈들이 도덕적 또는 가치 평가적 상대주의의 딜레마를 가져올 수 있다. 이러한 가치 및 규범적 상대주의로 인해 다문화주의와 인정의 정치학에 대해 거부감을 보이는 사람도 많다.

그러나 Taylor(1994)는 인정의 정치가 도덕적·문화적 상대주의와는 다르다고 주장한다. 오랫동안 특정 집단의 사람들이 집합적으로 누려 온 문화 양식은 그 나름의 합리성과 가치를 가지고 있기 때문에 그 정체성을 인정받아야 하지만, 그렇다고 해서 모든 문화에 대해 기계적으로 동등한 의의를 부여할 수는 없는 것이다(송재룡, 2009). 다시 말하면, 모든 집단의 문화적 양식은 고유한 가치가 있음을 인정하지만, 그렇다고 해서 모든 문화 유형에 동일한 가치를 부여하는 방식의 인정은 아닌 것이다(Taylor, 1994).

우리나라의 이주민들이 경험하는 인정의 문제와 관련한 연구들을 살펴보면, 남한 사회에서 정착하고 살아가는 북한이탈주민은 대한민국 국민이라는 정치적 권리를 가지고 있다. 그러나 '이념적으로 적대적인 국가의 출신자'이며 '식량난민'이라는 사회적 평가절하로 인해 고유한 집단의 문화와 가치가 훼손되고, 이로 인해 자기존중과 사회적 가치부여를 획득하지 못하고 있다. 또한 북한이탈주민의 정체성의 재구성 과정은 '북한이냐 남한이냐'와 같은 양자택일과 대한민국 국민이라는 법적인 소속을 넘어 시민적 권리를 확보하기 위해 '국가에 대한 헌신' '한국 사회로의 동화' '경제활동 능력의 우월함' '북한 주민과의 연대를 통한 비판적 행위'와 같은 다양한 형태의 행위를 통해 인정을 받기 위한 투쟁을 실천하고 있는 것으로 나타났다(이희영, 2010).

다문화주의는 문화가 개인의 자아실현과 긍정적인 자아정체성 형성의 기본 토대이고, 민족적 소수집단의 문화적 생존의 요구를 수용하면서 집단 구성원들에게 공통의 시민권 이상의 집단-차별화된 권리를 부여함으로써 집단 간 평등을 증진시키는 것을 목적으로 한다(김정선, 2011). 그동안 우리 사회는 표면적으로만 다문화주의를 강조하면서 이념적으로는 우리 사회의 이주민들의 문화와 정체성을 인정하지 않고, 일방적인 통화 또는 배제의 틀에서 다양한 정책을 실행해 왔다(김정선, 2011). 결혼이민자나 이주노동자와 같은 이주민은 한국 문화로의 동화와 다양한 문화의 불인정 또는 무시뿐만 아니라 경제적 주변화, 불평등, 박탈 등으로 인해 고통받고 있고, 다양한 폭력에 노출되어 있다. 또한 외국인 배우자와 한국인 배우자로 구성된 다문화 가족에 집중된 다문화 정책은 다문화 가족에 대한 부정적 편견과 낙인을 강화하면서 이들을 '국가의 의존적인 수소자'라는 평가절하된 정체성을 형성했다(김정선, 2011). 우리 사회에서 민족적·문화적 소수 집단에 대한 부정적 인식과 낙인을 제거하고 한국인과 동등한 '권리 인격체'로 인정하기 위해서는 이들의 문화적 권리를 존중하면서 제도적으로 보편적 시민의 권리를 인정하는 노력들이 필요하다(김정선, 2011).

우리 사회는 결혼이민자와 이주노동자, 난민 등 다양한 이주민들이 유입되면서 단일민족중심주의에서 다문화주의로 패러다임이 전환되었다. 이러한 다문화주의는 다양성을 인정하면서도 국내에 주류문화를 두고 하위문화로 다양한 소수문화들을 인정하는 관점에서 한 국가 내에 여러 문화 또는 민족이 공존하면서 개별 문화를 인정하고, 정책에서 문화적 차별을 두지 않는 다문화사회를 의미하는 것이다(김학태, 2015). 우리 사회 내의 소수집단이나 이주민이 믿는 가치와 사회적 행동양식을 이질적이라고 단정하고 배타적으로 대하는 것이 아닌 다른 문화를 존중하고 인정하는 태도가 필요하다.

참고문헌

강신욱(2005). 사회적 배제의 지표개발 및 적용연구. 한국보건사회연구원.

구견서(2003). 다문화주의의 이론적 체계. **현상과 인식**, 27(3), 29-53.

김용우(2012). 인정의 정치와 역사학. Homo Migrans, 5(6), 11-20.

김학태(2015). 다문화사회에서의 법적 갈등과 해결방안에 관한 연구: 다문화사회에서의 인권 개념에 관한 논의를 중심으로. **외법논집**, 39(1), 281-301.

김희주(2018). 한부모 결혼이민자여성의 사회적 배제 경험에 대한 질적연구. 가족과 문화, 30(2), 129-170.

문진영(2004). 사회적 배제의 국가 간 비교 연구: 프랑스, 영국, 스웨덴을 중심으로. **한국사회**

복지학, 56(3), 253-277.

배화옥, 심창학, 김미옥, 양영자(2015). 인권과 사회복지. 나남.

서울대학교 중앙다문화교육센터(2010). 다문화 인권교육 프로그램. 국가인권위원회.

송재룡(2009). 다문화주의와 인정의 정치학, 그리고 그 너머: 찰스 테일러를 중심으로. 사회이론, 35, 79-106.

신유리, 김경미, 유동철, 김동기(2013). 장애인의 사회적 배제 경험에 관한 질적 연구: 포커스 집단면접 활용을 중심으로. 사회복지연구, 44(2), 141-168.

오경석(2021). 인권과 다양성 관점에서 본 4차 외국인 정책 방향. 2021 한국이민정책학회 학술대회. 한라대학교.

윌 킴리카(2010). 다문화주의 시민권. 동명사.

이용재, 박단(2011). 프랑스의 열정: 공화국과 공화주의. 아카넷.

이호용(2018). 문화다양성과 인권 갈등 그리고 국가의 역할. 한양법학, 29(1), 59-77.

이희영(2010). 새로운 시민의 참여와 인정투쟁: 북한이탈주민의 정체성 구성에 대한 구술 사례연구. 한국사회학, 44(1), 207-241.

전형권(2014). 다문화주의의 정치사상적 쟁점: 정의와 인정 그리고 소통으로서의 다문화 정치. 21세기정치학회보, 24(1), 245-268.

최혜지(2019). 이주민의 사회적 배제: 세대 간 전이와 민족 계급화를 중심으로. 집문당.

Cerna, M. C. (1994). Universality of Human Rights and Cultural Diversity: Implementation of Human Rights in Different Socio-Cultural Contexts. *Human Rights Quarterly*, *16*(4), 740-752.

Robinson, P., & Oppenehim, C. (1998). *Social exclusion indicators: A submission to the social exclusion unit*. Institute for Public Policy Research.

Silver, H. (1994). Social exclusion and social solidarity: Three paradigms. *International Labour Review*, *133*, 531-578.

Taylor, C. (1994). The Politics of Recognition. In A. Gutmann (Ed.), *Multiculturalism: Examining the Politics of Recognition*. Princeton University Press.

MBN뉴스(2011. 10. 14.). 귀화 여성 목욕탕 출입 거부 '논란'. https://www.mbn.co.kr/news/society/1114996

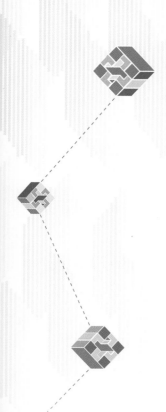

제 2 부

문화다양성에 관한
사회복지정책과 전달체계

제3장

문화다양성과 사회통합정책: 해외 사례[1]

세계화로 인해 각 국가들은 다인종, 다문화사회로의 변화를 경험하고 있으며, 이처럼 사회 구성원들이 다양해짐에 따라 국가마다 다양한 정책들로 사회통합을 유도해 오고 있다. 이 장에서는 이민정책과 사회통합정책의 개념을 중심으로 각국의 정책적 노력들을 구체적으로 살펴본다. Castles와 Miller(2003)는 각국이 추구하는 정책적 지향에 따라 대응방식의 유형을 크게 세 가지로 구분했다. 즉, 다문화주의 모형, 동화주의 모형, 차별적 배제 모형이다. 각 모형의 대표적인 국가에 해당되는 캐나다, 미국, 독일의 사례를 이민정책과 사회통합정책으로 구분하여 살펴본다.

---

1) 이 장의 일부 내용은 김혜영 등(2020)의 제3장과 Schmidt(2007)의 내용을 토대로 수정·보완한 것이다.

1. 다양성의 증가와 사회통합 이슈

1) 다양성과 단일성 사이의 균형을 맞추기 위한 노력: 정책

세계화로 인해 국제 이주가 점차 증가하는 추세이다. 전 세계 대부분의 국가들은 사회 내의 구성원들이 다양해지는 다문화사회로의 변화를 경험하고 있으며, 주류 문화와 소수인종 문화의 공존 가능성은 각국의 중요한 사회적 이슈로 인식되고 있다. 이와 관련해 교육학자 Banks(2001)는 "모든 민주사회 국가는 다양성(diversity)과 단일성(unity) 사이의 섬세한 균형을 맞추기 위한 사회통합(social integration)의 목표를 갖고 있다."라고 하였다. 즉, 이주민을 비롯한 사회 구성원들이 자신의 정체성을 유지하도록 돕는 노력이 중요한 만큼 사회의 통합성 내지 단일성을 구축하는 노력 또한 동시에 수행해야 한다는 것이다.

그런데 다양성과 단일성은 서로 상대적인 속성을 갖고 있어서 어느 한 가지 목표에 경도되다 보면, 둘 사이의 균형이 깨지기 쉽다. 이처럼 긴장 관계에 놓여 있는 두 가지 목표 사이에서 균형점을 모색하는 일련의 제도화된 노력들을 정책(policy)이라고 할 수 있다. 실제로 다문화사회로의 도래와 함께 발생하는 새로운 문제와 갈등 상황에 대하여 각국은 이를 관리하기 위해 그 사회의 역사적 맥락, 제도적 환경 등에 따라 고유한 정책을 제도화해 나가며 사회통합을 유도해 오고 있다.

한편, 국가마다 어떤 정책으로 해당 사회의 사회통합을 유도하는지는 상이하다. 사회통합의 지향점이 국가마다 다르기 때문이다. 이 절에서는 정책의 유형을 크게 이민정책 그리고 이주민 사회통합정책으로 구분하여 살펴본다. 이 정책들은 공통적으로 이주민을 비롯한 전체 사회구성원들의 안녕과 사회통합(social integration)[2]

---

2) 사회통합에 대한 학술적 정의는 학자마다 조금씩 다르다. 다양한 문화, 언어, 민족 등이 갈등 없이 조화롭게 공존하는 상태를 의미한다고 볼 수도 있고(김미숙 외, 2012), 다양한 특성을 가진 구성원들이 공동체에 대한 소속감을 갖고 공동의 비전을 공유하며 긍정적인 관계를 유지하는 상태로 정의할 수도 있다(노대명 외, 2009).

을 도모하기 위한 목적을 갖고 있다.

2) 사회통합을 위한 정책적 노력

(1) 이주민통합정책지표

이주민을 대상으로 하는 사회통합 정책의 제도화 수준을 종합적으로 살펴보는 데에 유용한 지표 가운데 하나가 이주민통합정책지표(Migrant Integration Policy Index: MIPEX)이다. MIPEX는 사회통합의 차원을 크게 8개의 영역으로 구분해서 제시하고 있다. 구체적으로, ① 노동시장 참여, ② 가족 재결합, ③ 교육, ④ 보건(의료), ⑤ 정치적 참여, ⑥ 영주 거주, ⑦ 국적 취득, ⑧ 반차별이 포함되어 있다. 각 영역의 점수가 높을수록 해당 국가의 정책이 높은 수준으로 제도화되어 있음을 의미한다. 각 영역을 보다 구체적으로 살펴보면 다음과 같다.

① 노동시장 참여(labor market mobility): 이주민이 직업을 구하거나, 자신의 기술을 향상시키는 데에 있어 내국인과 동등한 권리와 기회가 주어지는지를 나타냄

② 가족 재결합(family reunion): 서로 떨어져 지내는 가족이 있다면, 해당 가구의 구성원들이 이주 국가에서 재결합한 후 성공적으로 정착할 수 있는지를 나타냄

③ 교육(education): 국가의 교육 제도가 이주배경 아동의 욕구에 얼마나 잘 대응하는지를 나타냄

④ 보건/의료(health): 국가의 보건(의료) 제도가 이주민의 욕구에 얼마나 잘 대응하는지를 나타냄

⑤ 정치적 참여(political participation): 이주민이 정치적 영역에 참여할 권리와 기회가 얼마나 주어지는지를 나타냄

⑥ 영주 거주(permanent residence): 이주민이 얼마나 쉽게 해당 국가의 영주권자가 될 수 있는지를 나타냄

⑦ 국적 취득(access to nationality): 이주민이 얼마나 쉽게 해당 국가의 시민이 될 수 있는지를 나타냄

⑧ 반차별(anti-discrimination): 모든 사람이 삶의 모든 영역에 걸쳐 출신 국가, 인종/민족적, 종교적 차별로부터 효과적으로 보호받는지를 나타냄

이러한 여덟 가지 정책 지표는 다시 다음의 세 가지 차원으로 묶일 수 있다. ① 기본권(이주민이 주류 사회 구성원들과 동일한 수준의 권리를 향유할 수 있는지; 예, 노동시장 참여, 직업훈련에 대한 접근성, 반차별), ② 동등한 기회(이주민들이 사회 내의 다양한 자원들에 대한 접근성을 주류 사회 구성원들과 동등한 수준으로 보장받는지; 예, 교육, 보건, 정치적 참여에 대한 접근성), ③ 안전한 미래(이주민이 국가 내에서 장기 거주하고, 자신의 미래를 안심하고 계획할 수 있는지; 예, 가족 재결합, 영주 거주, 국적 취득) 등이다. 이 세 가지 차원은 각국의 사회통합 정도를 종합적으로 가늠하게 해 주는데, 2020년 기준 우리나라는 중간 수준으로 정책이 제도화되어 있는 것으로 나타났다. 우리나라는 체코, 에스토니아, 말타, 튀르키예와 함께 '포괄적인 통합을 추구하는(중간 정도로 우호적) 국가'로 분류되었다. 이 국가들은 앞에서 살펴본 세 개의 차원에 있어 50점에 해당되는 중간점수를 나타냈다([그림 3-1] 참조).

그림 3-1　MIPEX 주요 국가 간 정책 점수 비교

출처: MIPEX 홈페이지.

(2) 우리나라의 MIPEX 현황

우리나라 이주민 사회통합정책의 제도화 수준을 8개 영역별로 구분해서 살펴보면 [그림 3-2]와 같다. 우리나라의 이주민 사회통합정책 수준은 2020년 기준, 56개 국의 평균 점수인 49점보다는 조금 높은 56점으로 나타났다. 국내 거주 이주민들은 사회통합 측면에 있어 어려움보다는 기회가 더 많다고 볼 수 있다. 상위 10위 안에 드는 국가들[3]과 비교했을 때, 우리나라는 이주민의 통합과 관련해 다양한 정책

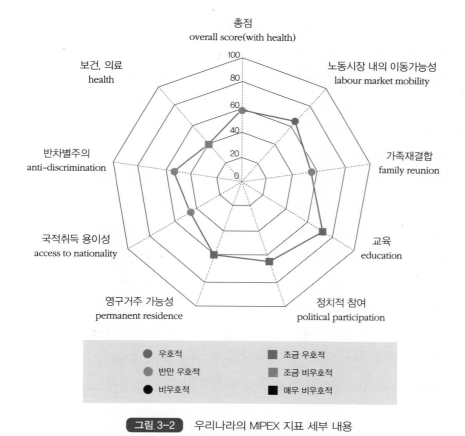

그림.3-2 우리나라의 MIPEX 지표 세부 내용

출처: MIPEX 홈페이지.

---

3) 상위 10위 안에 드는 국가들로 캐나다(80점), 핀란드(85점), 뉴질랜드(77점), 포르투갈(81점), 스웨덴(86점), 호주(65점), 벨기에(69점), 브라질(64점), 아일랜드(64점), 미국(73점)이 있다.

을 두루 제도화하고 있다. 그러나 정책의 실효성, 즉 정책이 실질적으로 이주민에게 동등한 기회와 권리를 보장하는 정도를 살펴보면 상위 10위 국가들의 절반 정도의 성적을 거두는 것으로 나타났다.

2. 이민정책과 이주민 사회통합정책

이주민 유입의 역사가 긴 북미 국가들에서는 이주배경 인구의 사회통합을 도모하기 위한 정책을 크게 이민정책(immigration policy)과 이주민 사회통합정책(immigrant integration policy)의 두 가지로 구분해 논의해 왔다. 이민정책은 주류 사회로 유입되는 인구의 통제에 관한 정책을 지칭한다. 그에 비해 이주민 사회통합정책은 이주민이 주류 사회의 구성원으로 통합되는 것을 도모하는 일련의 제도와 정책들을 지칭한다(Schmidt, 2007).

두 정책은 목적과 기능에 있어서 서로 구별되며 다르지만, 서로 분리되어 있지 않다. 각각은 해당 사회의 사회경제적 상황, 교육, 복지 등 다른 정책 영역들과 유기적으로 맞물려, 독립적이면서도 상호의존적인 방식으로 영향을 준다. 이주민의 유입에 대해 보수적인 입장을 취하는 나라들의 경우, 일반적으로 이주민에 대한 사회통합 정책도 제한적이다. 그에 비하여 캐나다와 같이 관대한 이민정책을 둔 나라들의 경우 이주민의 사회통합 정책에 많은 정책적 노력을 기울인다.

또한 사회 내 제반 제도들 간의 결합 또한 이주민의 적응 양상에도 직접적인 영향을 주기도 한다. 다시 말해, 한 사회의 노동 시장 구조, 교육 및 사회복지 제도 등은 서로 맞물려서 이주민의 적응 양상에 영향을 준다. 일반적으로 이주민 선별(selection), 정착(selection), 이주민의 사회경제적 수요(socio-economic needs)의 삼박자가 잘 맞는 국가의 경우, 이주민의 사회통합 과정이 순조로운 것으로 보고된다. 그에 비해 이주민에게 적응과 통합의 책임이 전적으로 기대되는 경우, 적응 과정이 어려운 것으로 보고된다.

한편, 우리나라에서는 이주민 사회통합정책이라는 용어 대신 다문화정책이라는

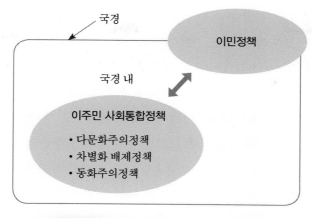

그림 3-3   이민정책과 이주민 사회통합정책

출처: 김혜영 외(2020)의 내용(p. 67)을 수정 · 보완함.

단어가 보다 대중적으로 사용되고 있는 실정이다. 그러나 엄밀한 의미에서 다문화정책은 '다문화주의'라는 가치를 사회통합의 지향점으로 추구하는 특수한 형태의 정책을 의미한다고 보는 것이 적합하다(김혜영 외, 2020). 정책들 간의 관계를 그림으로 표현하면 [그림 3-3]과 같다.

1) 이민정책

이민은 외국에서 영구적이거나 오랜 기간 거주할 의도로 국가의 경계를 넘는 인구 이동을 일컫는다(김병록, 2020). 그리고 이민정책은 어떤 이주민을 주류 사회에 받아들일 것인가에 대한 정책으로, 한 국가가 자국의 국경을 넘거나 들어오는 사람의 출입국관리, 체류관리, 사회통합, 국적 관리 등을 다루는 일련의 제도 및 정책을 지칭한다(성장환, 2017). 어떤 이주민을 국경 내로 유입할 것인지는 유입국에 광범위한 영향을 끼치기 때문에 이민정책은 대체로 선별적인 성격을 띠는 경우가 많다(이규용, 2014). 이때 선별의 기준은 유입국의 인구 상황, 기업과 산업 경쟁력 유지와 같이 자국의 이익을 증진하고자 하는 목적이 반영되는 경우가 많다. 즉, 이민정책은 한 국가가 자국의 국익을 위해 그 국가의 경계를 넘는 사람들을 관리 통합하는 정책이라고 정의할 수 있다.

가령, 캐나다와 호주의 경우, 포인트 제도(point system)라는 이민정책을 두고 있다. 이 정책은 자국 노동시장의 수요와 이주민의 기술 및 능력이 잘 매칭되도록 이주민을 선별하는 역할을 한다. 인구 고령화와 저출생으로 인한 인구 구조 위기의 문제를 타파하기 위한 목적으로도 이민정책이 실행되기도 한다. 우리나라에서는 2000년대 이후 성비 불균형으로 인해 2022년 현재 합계 출산율이 0.78명에 이르면서 저출산 문제에 직면하게 되었다. 인구대체 수준 미만의 저출산 추이가 지속되자 우리 정부는 외국인 결혼이민자를 유입하기 위한 이민정책을 마련하였는데, 이를 계기로 인접 국가인 동남아시아와 중국에서 여성결혼이민자가 우리 사회로 대거 유입하는 계기가 되었다[4](이광원, 2018).

2) 이주민 사회통합정책

(1) 대응방식에 따른 정책 유형화

이주민 사회통합정책은 국경 내로 들어온 이주민의 성공적인 사회통합을 도모하는 제반 정책적 노력들을 지칭한다. 구체적으로 어떤 유형의 정책으로 구성원들의 사회통합을 유도하는지는 그 사회의 역사적 맥락, 제도적 환경에 따라 상이하다. 더불어 국가마다 사회통합의 상태를 무엇으로 설정하고 있는지도 상이하다. 이와 관련해 Castles와 Miller(2003)는 각국이 추구하는 정책적 지향에 따라 대응방식의 유형을 동화주의 모형, 다문화주의 모형, 차별적 배제 모형으로 구분했다.

동화 모형(assimilation model)은 이주민으로 하여금 최대한 신속하게 주류 사회에 문화적 · 경제적 · 사회적 · 정치적으로 완전히 '녹아들도록' 장려하는 지향성을 갖고 있다. 추구하는 사회통합의 목적은 '단일성' 추구에 있다. 즉, 동화 모형에서

---

4) 보건복지부(2008)의 2008년 다문화가족 생애주기별 맞춤형 지원 강화 대책안을 살펴보면 다문화가족의 증가의 배경으로 "출산력의 지속적인 저하"(p. 2)를 꼽고 있으며, 국제결혼의 증가가 가져오는 순기능에 대해 "농촌지역 출산율을 증가시킴으로써 저출산 · 고령화 현상에 억제기제로 작용"(p. 8)한다고 적고 있다.

지향되는 사회통합의 상태는 주류 문화로의 흡수이다. 이에 이주민의 통합을 도모하는 정책들은 이주민으로 하여금 고유한 문화적 정체성을 포기하고 주류 사회 문화로의 동화를 돕는 정책들로 구성된다. 통합의 과정을 통해 주류 사회와 소수민족 집단 사이의 종족적·인종적 구별이 사라지게 된다.

　다문화주의 모형(multicultural model)은 다양성과 단일성의 가치 모두를 존중하고자 한다. 이에 사회통합을 위한 노력은 둘 사이의 균형을 맞추는 것으로서, 사회통합 정책들은 이주민이 자신의 정체성을 유지하는 동시에 주류 사회에 통합될 수 있도록 제도화되어 있다. 정책목표는 소수 종족집단의 주류 사회로의 동화가 아닌 공존(symbiosis)이다.

　차별 배제 모형(differential exclusionary model)은 다양성과 단일성이라는 두 가지 가치 가운데 단일성에 보다 무게를 둔다. 자국의 고용 및 경제 상황에 따라 이주민은 자국민에 대한 대체인력으로 고용이 되며, 이주민의 정주는 엄격히 제한된다.

표 3-1 이민자에 대한 대응방식 유형

	차별적 배제 모형	동화주의 모형	다문화주의 모형
정향성	국가 및 사회가 원하지 않는 이주민의 영주 가능성을 막고 내국인과 차별적 대우를 유지하려 함	국민됨을 전제로 주류 사회로의 동화를 지원하고 내국인과 평등하게 대우하려 함	소수자의 동등한 가치를 인정하고 이에 대한 보존을 지원하는 등 적극적 조치를 취하려 함
다양성 vs 단일성	단일성 가치 추구	단일성 가치 추구	다양성과 다양성의 공존
이민정책 목표	국익 증진	국익 증진	국익 증진
사회통합정책 목표	인종적 소수자의 제거 및 최소화	소수자의 주류 사회 동화	다양성 인정과 공존을 통한 사회통합
국가 역할	적극적 규제	제한적 지원	적극적 지원
이주민에 대한 관점	위협적인 존재	완전한 동화를 전제로 인정	상호존중과 관용
정주화	불가능	조건적으로 가능	가능

출처: 박진경(2010)의 내용(p. 46)을 수정·보완함.

또한 복지혜택, 국적, 시민권, 선거권 등의 사회정치적 영역에서의 참여가 제한된다(박진경, 원숙연, 2010). 초청 외국인 근로자 프로그램, 격리된 지역 내에 난민 캠프 설치, 이주민에게 주류 사회 구성원으로서의 시민권을 제한하는 것 등이 배제전략에 포함된다.

이러한 세 가지 유형은 각 국가의 정책적 지향을 보여 준다는 점에서 유용하다. 유의할 것은 한 국가 내에서도 대상자에 따라 다른 정책적 지향을 보일 수 있다는 점이다. 유입된 이주민 가운데 포섭의 대상으로 간주되는 집단이 있는가 하면, 배제의 대상으로 구분되는 집단이 존재할 수도 있다. 모든 이주민에 대해 포섭적인 태도를 취하는 사회도 있을 수 있으나, 대부분의 사회는 체류 자격에 차이를 두는 방식으로 이주민을 선별해 수용하며, 이에 따라 적극적으로 포섭되는 집단과 그렇지 않은 집단이 구분되는 경우가 많다. 따라서 어떤 국가든 이 세 가지 모형 가운데 어느 한 가지 모형을 전형적으로 따른다고 분류하기 어려울 수 있다. 가령, 우리나라의 경우, 결혼이민자에 대해서는 다문화주의 모형의 대응방식을 보이지만, 외국인 노동자에 대해서는 차별적 배제모형에 가까운 정책적 지향을 보인다.

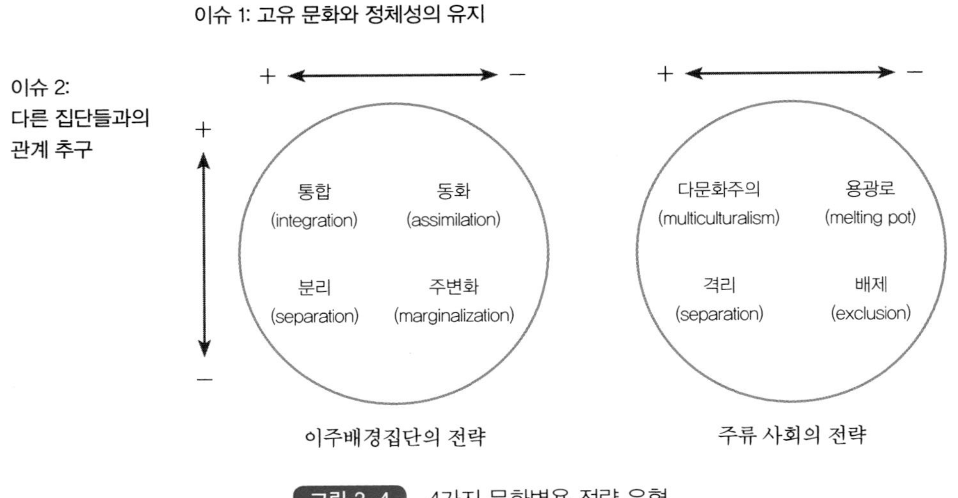

이슈 1: 고유 문화와 정체성의 유지

이슈 2:
다른 집단들과의
관계 추구

	+ ← → −	+ ← → −
+	통합 (integration) · 동화 (assimilation)	다문화주의 (multiculturalism) · 용광로 (melting pot)
−	분리 (separation) · 주변화 (marginalization)	격리 (separation) · 배제 (exclusion)

이주배경집단의 전략 · 주류 사회의 전략

그림 3-4 4가지 문화변용 전략 유형

출처: Berry(2005), p. 705.

Castles와 Miller(2003)가 구분한 세 가지 정책 유형은 Berry(2005)의 문화변용 전략과도 유사하다. [그림 3-4]의 왼쪽 원은 이주민 개인이 주류 사회에 적응하기 위해 선택하는 전략을 나타낸다. 이주민은 자신의 고유한 정체성과 개성을 유지할 것인지 여부(가로축), 그리고 주류 사회에 참여할 것인지 여부(세로축)의 의사결정에 따라 통합, 동화, 분리, 주변화의 네 가지 전략 중 한 가지를 선택하게 된다.

우선, 통합(integration) 유형은 이주민이 자신의 고유의 문화적 정체성과 개성을 유지하는 동시에, 주류 사회에의 참여에 대해서도 적극적인 자세로 임하는 형태이다. 주류 사회 참여의 형태는 여러 가지일 수 있다. 노동시장 참여, 주류 사회 구성원들과의 사회적 관계망 형성 등을 예로 들 수 있다. 동화(assimilation) 유형은 '정체성과 개성 유지'의 가로축은 '(-)'라는 점에서 통합유형과 차이를 보인다. 이주민이 자신의 문화적 주체성을 포기하고 주류 사회의 문화에 흡수되는 유형이다. 분리(separation) 유형은 '정체성과 개성 유지'의 가로축은 '(+)'이지만, 주류 사회에의 참여는 '(-)'인 조합에 해당된다. 이주민은 주류 사회의 언어와 문화를 습득하기 위한 노력을 특별히 하지 않고 자신의 고유문화를 유지하면서, 이주민들만으로 구성된 무리(cluster)를 형성하면서 살아가는 방식이다. 미국 내의 코리아타운이 대표적인 예가 될 수 있다. 끝으로, 주변화(marginalization) 유형은 '정체성과 개성 유지' 그리고 '주류 사회에의 참여' 두 가지 측면 모두에서 소극적인 형태로 적응하는 유형이다.

[그림 3-4]의 오른쪽 원은 주류 사회가 이주민의 적응을 도모하기 위해 취하는 전략이다. 왼쪽 원과 마찬가지로 이주민으로 하여금 고유의 정체성과 개성을 유지할 수 있도록 장려하는지 여부의 가로축, 그리고 이주민의 주류 사회에의 참여를 장려하는지 여부의 세로축으로 구분할 수 있다. 격리와 배제는 Castles와 Miller(2003)가 구분한 차별적 배제 모형에 가깝다고 볼 수 있을 것이다.

(2) 정책적 개입의 정향성

이주민의 정착과 관련해 국가가 어떤 방식으로 이주민에게 개입하는가를 크게 다음의 네 가지, 즉 ① 지시적 모드, ② 억압적 모드, ③ 규제적 모드, ④ 방임형 모드로 구분할 수 있다(Schmidt, 2007).

우선, 지시적인 모드의 정책은 이주민으로 하여금 특정한 행동을 반드시 할 것을 요구하는 방식을 취한다. 가령, 이주민이 일정 기간 내에 취업을 했음을 증명하지 못할 경우 강제 추방을 시킨다거나, 이주민이 주류 사회의 언어 혹은 지식을 습득했음을 증명해야 사회 구성원으로서 인정하는 방식을 통해 통합을 유도하는 정책 유형이 이에 해당된다.

이와 반대로 억압적인 모드는 체류자격을 박탈하거나 강제 추방과 같은 '규제'를 둠으로써 이주민이 특정 행동을 하지 못하도록 요구하는 방식을 취한다. 가령, 공적인 장소에서 특정 종교의 옷을 착용하지 못하도록 금지하는 정책 유형이 여기에 포함된다.

규제적인 모드는 반대로 주류 사회로의 적응을 장려하거나 제한하는 것을 목적으로 하되 개개인에게 어떤 행동을 특별히 강제하지 않는 유형이다. 가령, 재정적 유인책 등의 장치를 두어 이주민으로 하여금 주류 사회의 언어를 배우도록 장려하는 정책이 이에 해당된다.

끝으로, 방임형 모드는 중앙정부가 이주민의 적응에 대해 특별한 조치를 취하지 않는 유형이다. 방임형 개입 전략을 택한 사회에서 정부는 이주민의 적응에 일절 개입을 하지 않고 적응의 책임을 오롯이 이주민 개개인에게 전가한다. 이민과 관련한 국가의 역할은 국경을 지키는 이민정책의 역할로 제한된다.

3. 국가별 사례

1) 캐나다

(1) 이민정책

캐나다는 대량 이민을 국가 경제발전의 원동력으로 삼고 있는 대표적인 국가이다(이유진, 2009). 이에 따라 이민 및 사회통합에 대해 개방적이며, 관대한 입장을 오랫동안 견지해 왔다(Reitz, 2002). 캐나다의 관대한 이민정책 기조는 세계의 모든 나라의 이주민을 받아들이겠다는 입장을 표명한 1962년부터 시작되었다. 당시 이민정책이 대폭 수정되었으며, 그 결과 백인 이주민 위주로 받던 앞선 시기와 달리 다양한 출신국가에서 이주민들이 대거 유입하게 되었다. 캐나다의 인종 구성을 살펴보면 1970년대까지만 해도 유럽계 백인들이 인구의 대다수를 차지하였으나, 2022년 기준 캐나다 통계청에 따르면 영국 및 프랑스, 유럽 등을 모두 포함한 백인은 약 69.8%, 아시아계가 18.8%, 캐나다 토착 원주민이 5.4%, 흑인이 3.6%, 라틴계가 1.3%인 것으로 조사된다.

캐나다 이민정책의 큰 변화를 가져온 주요한 요인 중 하나는 적절한 교육과 기술 수준을 담보한 중산층의 인구학적 감소에 기인하였다. 캐나다 정부는 새로운 경제체제하에 요구되는 고숙련, 고급인력의 기준을 갖춘 이주민을 도입하기 위해 1976년에 포인트 제도(point system)를 마련하였다. 캐나다 이민정책의 성격을 잘 보여 주는 이 제도는 이주민을 선별하기 위한 도구(점수 기준)를 두어 고숙련 이주민들의 영주 거주를 도모한다. 선별의 기준은 자국에서 수요가 있는 기술을 보유하고 있는지, 나이, 교육 수준, 영어 수준 등의 제반 특징들을 포함한다. 포인트 제도의 도입으로 인해 일정 자격 요건을 갖춘 이주민은 인종, 민족, 출신 지역과 무관하게 캐나다 이민과 정주를 허용받게 되었다(이유진, 2009).

(2) 사회통합 정책

캐나다 사회통합정책은 다문화주의를 기본 토대로 삼고 있다. 캐나다는 1971년 세계에서 최초로 다문화주의를 국가의 공식 정책으로 채택하고 있고, 인종, 민족, 언어, 종교와 무관하게 모든 캐나다인은 법 앞의 평등과 기회의 평등을 보장 받으며, 그들의 가치관과 존엄성이 인정된다고 선언하였다(이유진, 2009). 캐나다 「헌법」상 이민은 주정부와 연방정부가 관할권을 공유하는 분야로, 연방 이민부는 온타리오, 퀘백, 브리티시컬럼비아를 비롯한 다수의 주정부와 협정을 체결하고 있다. 이민부 장관은 다문화주의 장관을 겸임하며, 연방 정부의 각 부처, 주 정부, 지방자치단체, 민간 부문, 비영리 단체 등과 협력체계를 구축하면서 다양한 정책을 수립하고 집행하고 있다. 정책과 입안, 프로그램은 연방정부가 주축이 되어 체계적으로 이루어지고 있으며, 구체적인 서비스 전달은 비정부단체가 주축이 되어 수행한다. 사회통합정책의 구체적인 내용을 살펴보면 다음과 같다.

① 공식적인 이주민 지원 프로그램

캐나다의 이민, 이주민의 사회통합, 시민권 등의 관련 제반 정책을 총괄하는 곳은 연방정부의 이민부(Department of Citizenship and Immigration Canada: CIC)이다(이유진, 2009: 성연옥, 2013 재인용). CIC는 이주민의 정착을 돕기 위한 다수의 공식 프로그램들을 소개하고 있다.

- 언어 프로그램: 캐나다 연방 정부는 주정부, 교육 위원회, 대학교, 이주민 NGO 단체들과 협력하여 이주민들에게 언어 교육(영어 혹은 프랑스어로) 프로그램을 성인 영주권자들에게 무상으로 제공하고 있다. 재원은 연방 정부, 주정부, 지역 내 자원에서 마련된다(CIC, 2006).
- 이주민 정착 및 적응 프로그램(Immigrant Settlement and Adaption Program: ISAP): 캐나다 연방 정부는 주정부와 지방정부 기관들에 다양한 예산을 지원하며, 이들 기관이 이주민의 정착과 적응에 필요한 서비스를 제공하게 한다. 이주민은 캐나다로의 입국 전후로 통번역 서비스, 상담, 생활정보 서비스 등을 제공받는다(CIC, 2006). 신규이주민 언어교육(Language Instruction for Newcomers to Canada: LINC) 또한 이주민을 대상으로 하는 대표적인 서비스이다. 1992년부터 시행된 이 서비스는 수강자격을 17세 이상의 신규 이주민 및 난민으로 한정하고 있는데, 무료 언어교육을 통해 이주민이 캐나다의 노동시장, 교육 분야에서 성공적으로 적응하도록 도모한다.
- 호스트 프로그램(Host Program): 이 프로그램은 지역사회 내 NGO 단체들이 주축이 되어 운영되는 프로그램으로, 자원봉사자들은 이주민과 일대일로 매치되어 이주민의 적응을 돕는다. 자원봉사자들은 새로운 이주민이 경험하는 여러 이슈(자녀의 학교 등록, 주거 마련, 대중교통수단 이용 등)와 관련해 조언을 제

공하거나 질문에 답해 주기도 하고, 캐나다 공식 언어인 영어와 프랑스어를 연습할 기회를 제공한다(CIC, 2006).

- 난민 프로그램과 서비스: 캐나다 연방정부는 난민 이주민을 대상으로 다양한 프로그램과 서비스들을 제공한다. 지방정부와 NGO 이주민 지원 단체들을 통해 연방정부는 재정착 도움 프로그램(임시 주거 마련, 임시 지원금 제공 등), 이주민 대출 프로그램(캐나다로 오는 데 필요한 이동 지원, 이동 서류 등), 임시적 연방 건강 프로그램(영주권 준비 서류가 마련되기 전까지)을 운영하고 있으며, 위기에 놓인 여성을 위한 긴급 보호 제도(CIC, 2006) 또한 운영하고 있다.

② 이주민을 돕는 다른 영역의 사회정책

캐나다 연방 정부에 의해 운영되는 이주민만을 위한 프로그램 외에도, 정부는 이주민을 다양한 방식으로 돕기 위한 사회정책과 프로그램들을 운영하고 있다. 뒤에서 살펴볼 미국 혹은 독일과 비교할 때, 캐나다인(이주민 포함)들은 보편적 건강복지, 공교육, 실업 혹은 저소득 가구에 대한 소득 지원, 주거 지원, 취업 훈련 등에 있어 접근성 정도가 높다. 사회복지 프로그램의 이와 같은 관대성은 이주민이 새로운 환경에 적응하는 데에 도움을 제공한다. 대표적인 사회정책으로 다문화주의 정책과 반차별주의 정책을 들 수 있다.

- 다문화주의 정책: 캐나다는 1971년 총리 피에르 트뤼도가 '캐나다는 다문화주의 나라'라고 공식 선언하면서 문화적 · 인종적 '모자이크'라는 비전을 추구해 오고 있다. 1988년에 공포된 「다문화주의법(Multiculturalism Act)」에서는 캐나다 내 모든 시민이 자신의 고유 정체성을 유지하면서도 다른 문화의 다양성을 존중하는 개방적인 태도를 가질 수 있도록 연방정부의 책임을 명시하고 있다(Department of Canadian Heritage, 2006). 같은 법 15조에는 인종, 국적, 민족, 피부색, 종교, 성별, 연령, 장애에 무관하게 모든 개인이 법에 의해 동등한 보호와 혜택을 받을 권리를 지니고 있음을 명시하고 있다.
- 반차별주의 정책: 캐나다 정부는 인종적 차별과 편견에 대응하기 위한 정책

들을 마련하고 있으며, 2005년에는 '반차별을 위한 액션 플랜'을 발표했다 (Department of Canadian Heritage, 2005). 연방정부가 이와 같은 정책적 노력을 취하는 주요한 이유 가운데 하나는 캐나다의 전체 인구 가운데 유색인종 인구 가 급격하게 증가하고 있다는 점, 그리고 캐나다 내 비백인 인구의 사회적·경 제적 지표가 백인에 비해 상대적으로 낮다는 점 때문이다(Reitz, 2002). 캐나다 정부는 인종 차별이 유색인종 이주민의 성공적인 적응과 통합에 걸림돌로 작 용하고 있다고 보고, 피부색으로 인한 차별을 제거하는 것이 사회통합정책의 주요한 목표로 설정했다.

2) 미국

(1) 이민정책

50개의 주와 특별구 1개로 이루어진 미국 정치 시스템으로 인해, 미국에는 19세 기 중반까지 연방정부 차원의 명시적인 이민정책이 부재하였다. 이에 건국한 이래 백 년이 넘는 기간 동안, 누구든지 신체검사와 입국 심사를 받고 이민 허가 도장을 받는 절차만으로 미국으로의 이민이 가능했다(김태근, 2017; Moloney, 2012).

19세기 후반에 이르러서야 연방정부 차원의 이민 법령이 제정되는데, 미국 최초 의 이민정책은 강력한 이민 규제적 성격을 띠었다. 1924년 「이민법(The Immigration Act of 1924)」은 출신국가에 따라 이주민을 선별적으로 받아들이는 할당제를 골자 로 하였다. 당시 미국 정부는 백인-청교도적 가치를 훼손하지 않을 것으로 사료되 는 유럽계 백인 이주민만을 선별적으로 받아들였다.

미국의 이민정책은 제2차 세계대전과 냉전이라는 새로운 국제 환경 변화를 계기 로 새로운 국면을 맞이하게 된다. 1965년 「이민법(Immigration and Nationality Act of 1965)」은 모든 인종 차별적 요소를 제거하고 이주민의 전문적 기술과 가족 재통합 에 초점을 두었다. 이 시기에 비유럽권 출신의 라틴 아메리카 및 아시아 지역 등지 에서 유색인종 이주민이 다수 유입되었으며, 미국 역사상 가장 많은 수의 이주민이 유입하게 되었다. 당시 미등록 체류자 신분의 이주민 수 또한 급증하였다. 미국 인구 조사에 따르면, 2004년 기준 미국에 거주하는 외국인 가운데 29%가 미등록 체류자인 것으로 조사되었으며 그 수는 매해 증가하고 있다. 2010년 추계로 1,100만 명의 미등록 체류자들이 미국에서 거주하는 것으로 추정된다.

미국 내에서는 미등록 체류 외국인의 사회통합에 대한 우려가 늘 존재해 왔는데, 1986년 「이민 개혁 및 통제에 관한 법령(The Immigration Reform and Control Act 1986)」은 이미 입국하여 체류 중인 미등록 이주민을 대상으로 하는 이민정책이라는 점에서 특징적이다. 이 법을 통해 1982년 이전에 입국한 모든 미등록 체류 외국인에게 합법적인 체류 지위가 부과되었다. 그리고 1980년대 레이건 행정부 이후부터 현재까지 미국의 이민정책은 큰 변화가 없이 유지되어 오고 있다.

캐나다와 같이 미국은 이민국가로서의 정체성이 강하지만, 이민정책에는 큰 온도 차이가 존재한다. 미국 내 미등록 체류 외국인에 대한 우려 때문이라는 지적이 다수 존재한다(Schmidt, 2007). 캐나다와 달리 미국에서는 대규모 이민과 관련한 사회적 합의가 이뤄진 바가 없다. 가령, 오바마 행정부 당시 400만 명에 달하는 미등록 체류 외국인에게 합법적인 지위를 부여하고자 하는 '이민개혁 행정명령' 시도가 있었으나 실패했다. 트럼프 행정부에서는 특정 국가 국민의 미국 입국을 제한하는 '반이민 행정명령'을 통해 변화를 꾀하였으나 실패하였다(김태근, 2017). 미국이 대규모로 이주민을 수용해 온 사실 한편으로는 시시때때로 반이민 정서가 담긴 정치적 발언, 운동 등이 지속되어 온 점을 감안할 때 이주민에 대한 주류 사회의 입장은 변동적이고 가변적이라고 볼 수 있다.

(2) 사회통합정책

① 연방정부 차원의 이주민 정책

미국 연방정부는 공식적으로 이주민의 통합을 도모하기 위한 정책을 두고 있지 않다. 이주민과 관련한 정책 이슈는 '정부가 어떻게 문지기 역할을 수행할 것인가'와 관련한 이민정책에 주로 맞춰져 있다. 상대적으로 이주민이 미국 사회 내에 성공적으로 통합되도록 도모하기 위한 노력에 대한 관심은 적었다. 가령, 미국 시민권·이민서비스청(U.S. Citizenship and Immigration Services)에서는 이주민의 적응에 초점을 둔 정부 프로그램이나 정책들을 별도로 제공하고 있지 않다.

시민권·이민서비스청에서는 제공하는 서비스를 간략히 살펴보면 다음과 같다. ① 새로 이주해 온 이주민과 미국 시민권을 획득하고자 하는 이들에게 사회보장카드 발급 방법 안내, ② 세금 납부 방법, 건강보험 구입 방법 안내, ③ 주거지를 구하거나 구직, 학교에 등록하는 방법에 관한 정보 제공, ④ 미국 시민으로 귀화하기 위해 필요한 영어 시험, 미국 역사 시험 요건에 대한 정보 제공 등이다(U.S. Office of Citizenship, 2006).

그러나 이 기관 외에 이주민의 사회통합을 위한 정책은 별도로 마련되어 있지 않다. 미국에는 2021년 기준 4,620만 명의 이주민이 거주하고 있으나, 미국 연방정부가 이주민 사회통합정책과 관련해 취하는 정책 노선은 자유방임에 해당된다고 볼 수 있다. 이주민이 스스로 미국 사회, 경제, 문화 등의 영역에서 성공적으로 통합되기를 기대한다고 볼 수 있다.

② 미국의 사회정책

미국의 사회정책은 반드시 이주민 대상이 아니라고 할지라도 이주민의 성공적인 사회통합에 직간접적으로 도움을 제공한다. 미국의 사회정책은 캐나다에 비해 덜 관대한 편이다. 사회 프로그램의 재원은 적은 편이며, 연방정부 차원에서 제공하는 사회정책의 범위 또한 제한적이다. 가령, 미국의 건강보험 정책은 최빈층에게만 제공되는 메디케이드(Medicaid), 그리고 고령층에게만 제공되는 메디케어(Medicare)와 같이 제한되어 있다. 이에 이주민을 비롯한 미국 인구의 대다수는 건강보험의 혜택에서 배제되어 있다.

이주민에게 영향을 주는 일반 사회정책 가운데 최근의 가장 큰 변화는 1996년 「복지개혁법(Welfare Reform Recognition Act of 1996)」이다. 이 법은 다양한 사회복지정책의 혜택에서 이주민을 제외시켰다. 개혁된 법에서는 "미국의 이민정책의 기본 원칙은 자급자족"이라고 명시하고 있어 이주민에 관한 정책 모드가 자유방임임을 유추하게 한다(Fix & Passel, 2002).

이주민에게 영향을 주는 사회정책의 또 다른 변화의 큰 축은 2002년 부시 대통령이 발표한 「낙오자방지법(NCLB)」에서 확인할 수 있다. 이 법은 일반 교육과정에서 낙오되는 학생이 발생하지 않도록 미국 내 각 주에서 학업성취도 평가의 기준을 정하고, 이 기준을 충족하지 못할 경우 연방정부로의 재정적 지원 삭감과 같은 제재를 받도록 하는 법이다. 법의 내용을 살펴보면, 미국 사회통합의 방향성이 동화주의임을 엿볼 수 있다. 학생들은 시험을 통해 학습에 대한 인센티브를 부여받는데, 시험은 모두 영어로만 제공되고, 교육 과정 중 이중언어 교육의 비중은 매우 낮다. 실제로 2002년 법 개정 이전의 명칭은 '이중언어 교육법'(1968년)이었으나, '영어 취득법'으로 이름이 바뀌었다. 이에 따라 담당 부처의 명칭 또한 '이중언어 교육 사무소'에서 '영어 습득 사무소', '영어 향상 사무소'의 방식으로 변경되었다(Crawford, 2002).

2) 독일

(1) 이민정책

독일 이민정책의 성격은 2000년대 이전과 이후의 시기가 확연히 구분된다. 2000년대 이전 이민정책은 전형적인 차별적 배제 유형의 성격을 갖고 있는 반면, 2000년대 이후의 이민정책은 포용적 성격을 지닌다.

전형적인 이민국가가 아니었던 독일은 제2차 세계대전 이후 인구가 감소하자, 전쟁 복구 그리고 산업 발전에 필요한 인구를 동원하기 위한 목적으로 많은 이주민을 유입하였다. 서독 정부는 1950년대 초반부터 심각한 노동력 부족 현상을 타개하고자 게스트 워커제(Gastarbeiter)를 시행하게 되는데, 이 제도를 통해 이탈리아, 튀르키예, 스페인, 그리스 등지에서 수백만 명의 비숙련 노동자들이 독일의 노동력 수요를 충족하였다(김현정, 2021). 초청 노동자라는 개념이 의미하는 바와 같이 독일 정부는 이주민에 대해 차별적 배제 전략을 취하였다. 당시 유입된 외국인 노동자들의 체류는 순환 원칙(Rotationsprinzip)에 의거하여 임시적인 성격을 띄었으며, 노동자들의 성격은 '예비 인력'에 가까웠다(박재영, 2012). 독일의 이민정책은 외국인 노동자의 체류 기간이 종료되면 본국으로 귀환시키는 것에 중점을 두었다고 볼 수 있다.

한편, 독일 정부는 튀르키예와의 노동협약 체결에서 예외적으로 '체류기간 및 가족 재결합 제한 항목'을 제외시켰다. 이와 같은 배경에는 당시 튀르키예 출신 근로자들이 독일의 인플레이션을 억제하고 실업률을 낮추는 등 독일 경제에 순기능적인 역할을 담당할 것으로 전망되었기 때문이다(박재영, 2012). 이 계약으로 인해 튀르키예 노동자들의 독일 내에서의 지위는 초청노동자가 아닌 이주민으로 전환되었으며, 튀르키예 노동자들 가운데 본국으로 돌아가서 결혼을 한 후 가족을 동반해 독일로 들어오는 사례가 꾸준히 증가하게 된다.

1973년 독일의 이민정책은 전 세계적인 석유파동으로 경제성장이 둔화됨에 따라 급선회한다. 독일 정부는 1973년 12월 외국인 노동자 모집중지(Anwerbestop)를 선포하였고, 1983년에는 「외국인 귀환촉진법」을 제도화하면서 이주민들의 귀환을 독려했다. 해당 조치에 따라 외국인 노동자의 수는 소폭 감소했다. 그러나 노동자 가족들의 합류가 증가함에 따라 전체 외국인의 수는 오히려 증가하게 된다(박재영, 2012).

2000년대 초반 이후 독일의 이민정책에는 큰 변화가 생긴다. 저출생, 고령화 문제가 심각해지자 슈뢰더 전 총리는 아겐다 2010(Agenda 2010)을 공표하면서 이민정책의 패러다임을 도모한다. 특히 2005년에 제정된 「이민법(Zuwanderungsgesetz)」은 독일 이민정책의 전환점을 이루는 결정적인 계기가 되는데, 이 법에는 노동시장정책에 기반을 둔 이주, 취업 이민에 대한 개방적인 허용, 투자이민의 확대, 인도주의적 차원의 난민과 망명, 이주민의 통합 등의 내용이 총망라되어 있다(김현정, 2021). 2020년에는 「전문인력이주법(FEG: Fachkräfteeinwanderungsgesetz)」이 시행되면서 독일 내 부족한 전문직업군에 대한 한정된 취업 제한의 폐지, 영주권 취득 조건을 완화시키는 등의 조치가 이뤄졌다(이보연, 2020).

(2) 사회통합정책

독일의 이주민에 대한 통합 정책은 2000년대 초반을 전후로 성격이 확연하게 구분된다.

　　2000년대 초반까지 독일의 사회통합정책은 궁극적으로 이주민의 귀환을 고려하는 차원에서 시행되었다. 앞서 살펴보았듯이, 외국인 노동자들과 이들의 가족은 귀환의 대상으로 간주되었기 때문에 이들의 사회통합에 대한 국가차원의 대응방안은 마련되지 못했다. 가령, 1983년에는 「귀국지원법((Ruckkehrhilfegesetz)」이 제정되었는데, 이러한 여건하에 이주민 대상 사회통합정책을 추진하는 것은 불가능에 가까웠다(박해육, 윤영근, 2016). 한편, 독일 내에 체류하는 외국인의 수는 증가하는 반면, 이들을 대상으로 하는 통합정책이 20년 가까이 부재한 상황은 독일 내 정주민과 이주민 간의 갈등을 심화시키는 계기로 작용하였다.

표 3-2 시기별 독일의 이주민 정책

시기	단계	내용
1기 (1955~1973)	노동자 모집 단계	• 노동력 문제 해결을 위한 초청노동자 모집 • 경제와 노동시장정책 차원에서의 초청노동자 유입 • 외국인을 위한 사회복지 지원, 통합 노력 없음
2기 (1973~1978)	노동자 모집중단 단계	국외모집중지 조치(1973), 1977년까지 가족의 후속이주 제한 • 제한적 정책에도 외국인들의 체류 증가 • "독일은 이민국이 아니다."라는 입장 명확화
3기 (1978~1998)	정책부재 단계	망명신청자, 난민, 동방 이주민 급증 • "독일은 이민국이 아니다."라는 입장 유지 • 「외국인법」 개정(1991. 1. 1 효력 발휘)
4기 (1998~2005)	개혁 단계	「독일국적법」 개혁(2000): 속지주의 도입 • 그린카드 발급(2000), 전문이주노동자 모집 • 「이민법」 제정(2004) • "독일은 이민국이다."로 정책 전환
5기 (2005~현재)	활성화 단계	통합정상회의(2006~) • 독일이슬람회의(2006~) • 국가통합계획(2007), 국가통합실행계획(2011) • 통합을 위한 정부수준별 노력 및 지방의 역할 강조

출처: 박해육, 육영근(2016), pp. 51-52.

가령, 1970년대에 외국인 근로자들의 2세대 자녀들이 학령기에 접어들자 독일 정부는 일시적 통합조치와 함께 본국으로의 귀환을 독려하는 이중적인 전략을 구사하였다. 독일 학교는 국민학급(national class), 준비학급(preparatory class)과 모국어 학급(mother-tongue class)을 구분하여 독일 정부민 학생이 다니는 학급과 외국인 학생이 다니는 학급을 분리하는 교육 조치를 취했는데, 당시 외국인 자녀 2세대들은 언어능력 부족, 교육결핍을 경험하는 등의 학교 부적응 문제를 경험하였다(박재영, 2012). 독일에서 태어난 이주민 자녀를 시민으로 간주하고, 이주민이 독일어를 배우는 것을 선택 사항으로 간주하는 등의 조치는 이주민 사회통합에 대한 독일 정부의 입장이 소극적이었음을 보여 준다.

2000년대 이후 독일의 사회통합정책은 다원적 통합성을 추구하는 방향으로 선회한다. 2006년 메르켈 총리는 '통합정상회의'를 개최하여 이주민 통합을 국가의 핵심적인 과제로 선포하였다. 앞서 살펴본 「이민법」의 제정으로 인해 이주민 자녀에 대한 독일 내 통합 시도가 본격화되었다. 가령, 2001년 「국적법(StAG: Staatsangehörigkeitsgesetz)」이 개정되면서 부모 중 한 사람이 외국 국적자이거나 양부모가 이중 국적자인 경우 이중국적 취득이 가능해졌다. 또한 독일에서 출생한 외국인 자녀에 대해 속지주의를 적용하게 되었다. 독일 정부는 이민청을 신설하여 이민 관련 업무의 일원화를 도모함과 동시에 이주민들이 사회복지 서비스를 통합적으로 받을 수 있도록 하였다.

이와 같은 변화에도 불구하고 2000년대 이후 독일의 통합정책이 캐나다와 같은 전면적인 다문화주의로 전환했다고 보기는 어렵다. 이와 같은 배경에는 독일 국민의 대다수가 개방적인 사회통합에 대해 소극적인 이유가 크다(김현정, 2020). 독일의 사회통합정책은 경제 성장 및 사회의 동반 성장이라는 이민정책의 목표와 맞물려 제도화되어 있다고 볼 수 있다.

4) 프랑스

(1) 이민정책

프랑스는 상대적으로 동질적인 문화를 유지하던 국민국가였다가 20세기 후반에 이주민들이 유입되면서 다문화사회로 변모하였다. 프랑스에서 이주민을 적극적으로 유입하기 시작한 것은 19세기 말 이후이다. 제2차 세계대전 이후 인구 감소 문제에 대응하기 위한 방편으로 프랑스는 남유럽과 북아프리카 출신의 이주민을 대거 유입하였다. 특히 제1차 세계대전으로 인한 인구 감소, 전후 복구의 필요성으로 인해 이 시기 많은 이주노동자들이 유입되었고, 제2차 세계대전 이후 제4공화국을 창설하여 국가 재건을 위해 적극적으로 노동자를 선발했다(허진영, 2012). 1947년 부터 1954년까지 유입된 이주민들은 가톨릭의 문화적 유산을 공유하던 유럽계 이주민들과 달리 무슬림의 전통을 향유했다. 이처럼 문화적으로 이질적인 이주민들의 유입은 프랑스 사회의 인구학적 변화뿐만 아니라 사회적·문화적·경제적·정치적으로 큰 영향을 미치게 되었다.

1970년대에 이르면서 프랑스 정부는 정치적 망명을 제외하고는 기본적으로 이민을 제한하는 정책을 펼치기 시작했다. 1973년 석유파동의 여파로 경제공황을 맞으면서 노동 이민은 공식적으로 금지되었다. 그러나 1974년에는 이주노동자의 가족 합류가 허용되었으며, 이를 계기로 단기 계약 노동 이주자들이 프랑스 사회 내에 정착하게 되었다.

한편, 전후 시기에 유입한 비유럽 출신 이주민은 문화적 차이로 인해 프랑스 주류 사회로 진입하는 데에 많은 어려움을 경험했다. 특히 다음에서 살펴볼 프랑스의 공화주의적 이념은 이슬람 문화와 정면으로 대치하면서 사회적 갈등을 유발했다. 이에 대응하여 프랑스 정부는 엄격한 이민 통제정책을 펼치고, 외국인 불법체류자에 대해 강력한 제재를 취하기 시작했다. 보다 구체적으로, 2006년부터는 「이민과 통합법(Loi du 24 juillet 2006 relative à l'immigration et à l'intégration)」이 시행되었는데, 이 법은 국가에서 필요로 하는 이주민만을 선별적으로 받아들이겠다는 입장을 견지한다고 볼 수 있다. 가령, 국적을 취득함에 있어 높은 언어 수준을 요구함으로써 국가에서 필요로 하는 고급인력의 이민에 대해서는 국적 취득을 장려하지만, 이에 미달할 경우 비자 발급 거부와 추방을 시행하는 이중적인 입장이 반영되어 있다.

(2) 사회통합정책

① 동화주의적 공화주의 모델

프랑스의 이주민 사회통합정책은 동화주의 모델의 큰 틀을 유지하면서 문화적 다양성을 인정하는 두 가지 노선을 병행하고 있다. 프랑스 정부는 공화주의 모델을 통해 이주민이 프랑스 시민으로 거듭나기를 기대한다. 공화주의 모델의 기원은 1789년 대혁명 이후부터 내려오는 '단일하고 분리될 수 없는 국가'라는 공화주의 철학에서 비롯된다. 공화국 이념의 본질은 "국경 내에 살고 있는 여러 다른 민족을 하나의 그리고 불가분의 민주공화국에 속한 시민으로 만드는 데에 놓여 있다."(허영식, 정창화, 2012, p. 76). 즉, 원칙적으로는 집단적 정체성을 인정하지만, 이러한 정체성은 공적 영역 밖이라는 공간으로 제한되며, 국가는 각 시민을 출신, 인종, 종교를 불문하고 '개인'으로 취급한다는 것이다.

이와 관련한 대표적이 법률이 공공장소에서 얼굴을 은폐하는 것을 금지하는 법률, 일명 「부르카 금지법」이다. 2011년부터 시행된 이 법은 누구도 공공장소에서 자신의 얼굴을 가리는 옷을 입을 수 없다는 내용을 담고 있다. 그런데 이 법은 무슬림 복장에 해당되는 니캅, 부르카와 같은 복장을 공공도로, 공공장소 등에서 착용할 수 없게 한다. 이에 2014년 무슬림 여성이 「부르카 금지법」이 '종교의 자유'를 침해한다는 의견을 유럽 인권재판소에 제소하였다. 이에 대해 프랑스 정부는 종교와 신념의 자유를 제한하는 것이 아니라, 개인의 안전에 대한 공격을 방지하고자 모든 개인을 식별해야 할 필요에 따라 법을 제정한 것이라는 입장을 표명하였다(박민지, 이춘원, 2019).

프랑스의 공화주의 정신은 2003년부터 시행된 '사회통합계약'에도 잘 드러난다. 프랑스 정부는 이주민으로 하여금 시민권을 획득하게 함으로써 프랑스인으로의 통합을 기대한다. 새로 이주해 온 이주민은 200~500시간에 걸친 프랑스어 강좌를 이수하고, 시민교육 강좌를 이수하겠다는 계약을 하게 된다. 이 계약 체결에 동의할 경우 이를 준수해야 할 의무가 주어진다. 그러나 계약 체결을 거부할 경우, 이에 따라 발생하는 불이익은 오롯이 이주민이 감수해야 한다(허영식, 정창화, 2012). 프랑스의 이와 같은 정책은 조건부적이라고 할 수 있다. 공화주의적 통합에 대한 요구를 이행하는 이주민과 그렇지 않은 이주민을 구분함으로써 통합의 대상을 가려내는 것이다(박명선, 2007). 프랑스에서 이주민이 통합되는 전제 조건은 프랑스인으로의 귀화가 전제되어 있다고 볼 수 있다. 이주민이 프랑스의 법과 문화를 준수할 것을 기대하는 이와 같은 정책 노선은 지식적인 성격을 띤다.

② 무슬림 대상 통합정책

프랑스 정부는 동시에 프랑스 내 무슬림 공동체의 안정과 사회통합을 꾀하고 있다. 북유럽계 무슬림 이주민은 프랑스 내에 이주민 밀집지역을 형성하면서 자신들만의 고유한 문화를 유지하고 있다. 그런데 이는 프랑스의 공화주의적 이념과 전면적으로 대치된다. 실제로 무슬림 배경 이주민의 프랑스 사회로의 통합은 프랑스 이민 문제의 핵심으로 대두되고 있다. 2005년 파리에서 발발한 무슬림 이주민들의 폭동은 이슬람 문화에 대한 공적 배제, 이슬람 혐오 등의 문제가 결부되면서 일어난 사건으로 볼 수 있다. 이 사건을 계기로 프랑스 정부는 기존의 공화주의적 모델이 배태한 문제점을 직면하고, 이슬람 사상 위원회(Council of Thought on Islam), 무슬림 대표 위원회(Representative Council of Muslim)와 같은 이슬람 대표조직들을 조직화하고, 이들 조직과의 협의 제도를 만들어 냄으로써 공존을 꾀하였다(허진영, 2012).

또한 이주민을 위한 정책이 다양하게 존재한다. 공화주의 원칙에 따르면 특정 집단을 정식으로 승인하고 시혜하는 정책은 원칙적으로 허용될 수 없다. 그러나 현실의 세계에서 존재하는 '계층적 불평등과 사회적 소외'를 묵과할 경우 더욱 큰 사회적 부담이 수반되기 때문에 프랑스 정부는 입학 특례, 각종 지원 및 수당 제공과 같은 지원책들을 병용하고 있다(이민경, 2008).

🔖 참고문헌

김미숙, 김상욱, 강신욱, 정영호, 김안나, 조명래, 이주연, 하태정(2012). 사회통합 중장기 전략개발 연구. 사회통합위원회 한국보건사회연구원.

김병록(2020). 이민정책의 법제와 헌법적 과제. 미국헌법연구, 31(2), 1-48.

김태근(2017). 미국 이민 정책의 역사와 전망. 국제사회보장리뷰, 1, 93-97.

김현정(2021). 독일의 포용적 이민정책과 인구구조 변화. 민족연구, 78, 35-60.

김혜영 외(2020). 사회복지와 문화다양성. 학지사.

노대명, 이현주, 강신욱, 강은정, 전지현, 이은혜(2009). 사회통합을 위한 과제 및 추진전략. 경제, 인문사회연구원, 한국보건사회연구원.

박명선(2007). 독일 이민법과 통합정책의 외국인 차별에 관한 연구. 한국사회학, 41(2), 271-303.

박민지, 이춘원(2019). 이주민의 법적지위와 관련하여 재한외국인처우기본법의 한계와 개선 방안에 대한 고찰. 법학논총, 32(1), 187-215.

박재영(2012). 독일 다문화사회의 튀르키예인 공동체: 쟁점과 전망. 다문화콘텐츠연구, 12, 7-38.

박진경(2010). 한국 중앙정부 공무원의 다문화정책 정향성 영향요인. 이화여자대학교 대학원 박사학위논문.

박진경, 원숙연(2010). 중앙정부 공무원의 다문화정책 정향성에 작용하는 영향요인. 한국행정학보, 44(3), 191-217.

박해육, 윤영근(2016). 지방자치단체의 이주민 통합정책 연구: 한국과 독일의 사례 비교. 한국지방행정연구원.

보건복지부(2008). 여성결혼이민자 가족의 사회통합 지원대책 보도자료. www.mohw.go.kr

설동훈, 이병하(2013). 다문화주의에서 시민통합으로: 네덜란드의 이민자 통합정책. 한국정치외교사논총, 35(1), 207-238.

성연옥(2013). 미국, 캐나다, 호주의 다문화주의 비교 연구. 기업경영리뷰, 4(2), 23-44.

성장환(2017). 다문화주의와 우리나라 이민정책의 변화과정과 방향. 대한정치학회보, 25(1), 27-49.

이광원(2018). 신제도주의적 관점을 통해 살펴본 다문화 정책의 제도화 과정에 관한 연구: 재한외국인 처우 기본법과 다문화가족지원법 을 중심으로. 한국정책과학학회보, 22(3), 21-46.

이규용(2014). 한국의 이민정책 쟁점과 과제. 월간 노동리뷰, 11, 7-31.

이민경(2008). 한국사회의 다문화 교육 방향성 고찰: 서구 사례를 통한 시사점을 중심으로. 교육사회학연구, 18(2), 83-104.

이보연(2020). 독일 노동이주법제 현황: 2020sus 3월 1일 시행 전문인력이주법(FEG)을 중심으로. 법학논총, 44(1), 559-588.

이유진(2009). 캐나다의 이민자 통합정책 레짐에 대한 연구: 온타리오 주를 중심으로. 다문화 사회연구, 2(1), 5-31.

임동진(2020). 저출산 고령화시대의 미국, 캐나다, 호주의 이민정책 비교 연구. 한국비교정부 학보, 24(2), 69-99.

장석인, 김광수, Le Quang Canh, Le Doan Hoai(2013) 서유럽 국가의 다문화사회와 사회통합정 책에 관한 연구: 영국ㆍ프랑스ㆍ독일ㆍ스웨덴을 중심으로. 경영컨설팅 리뷰, 4(2), 69-88.

정경욱(2016). 사회통합을 위한 국적제도 및 이민제도 개선방안. 법학논문집, 40(2), 279-298.

한상우(2010). 독일의 다문화사회 통합정책과 시사점. 한독사회과학논총, 20(3), 65-86.

허영식, 정창화(2012). 프랑스와 독일의 사회통합정책 비교분석. 한ㆍ독사회과학논총. 22(1), 71-98.

허진영(2012). 프랑스 다문화정책과 다문화교육 사례연구. 교육사상연구, 26(3), 211-228.

홍세영(2017). 스칸디나비아 다문화 법적 체계 및 통합 정책에 관한 비교 연구. 사회법연구, 33, 141-188.

Banks, J. A., Cookson, P., Gay, G., & Hawley, W. D. (2001). Diversity within unity: essential principles for teaching and learning in a multicultural society. *The Phi Delta Kappan, 83*(3), 196-203.

Berry, J. (2005). Acculturation: living successfully in two cultures. *International Journal of Intercultural Relations, 29,* 697-712.

Castles, S., & Miller, M. (2003). *The Age of Migration*. The Guilford Press.

Citizenship & Immigration Canada (2022). https://ccrweb.ca/en

Fix, M., & Jeffrey, P. (2002). The Scope and Impact of Welfare Reform's Immigrant Provisions. A Discussion Paper in the Assessing New Federalism Project. The Urban Institute.

Green, A. G. (2003). What Is the Role of Immigration in Canada's Future? In C. M. Beach,

A. G. Green & J. G. Reitz (Ed.), *Canadian Immigration Policy for the 21st Century* (pp. 33–45). John Deutsch Institute for the Study of Economic Policy, Queen's University.

Moloney, D. M. (2012). *National Insecurities: Immigrants and U. S. Deportation Polciy since 1882.* University of North Carolina Press.

Reitz, J. (2002). Immigration and Canadian Nation-Building in the Transition to Knowledge-Based Economy. In W. Cornelius et al.(Eds.), *Controlling Immigration: A Global Perspective* (2nd ed.). Stanford University Press.

Schmidt, R. (2007). Comparing Federal Government Immigrant Settlement Policies in Canada and the United States. *American Review of Canadian Studies, 37*(1), 103–122.

U.S. Office of Citizenship (2006). U.S. Citizenship and Information Services, Department of Homeland Security. http://www.uscis.gov/graphics/citizenship/index.htm

MIPEX. https://www.mipex.eu/key-findings

제**4**장
문화다양성과 국내 사회통합정책

이 장에서는 우리나라에 거주하고 있는 이주민과 관련한 우리나라의 이민정책, 사회통합정책을 살펴볼 것이다. 국내 정책과 법들의 방향성을 살펴보면 결혼이민자에 대해서는 허용적인 입장을 취하지만, 외국인 노동자를 비롯한 이주배경 인구에 대해서는 대체적으로 소극적인 입장을 견지하고 있다. 이 장에서는 국내 이주민 관련 정책의 방향성을 형성하는 데에 영향을 준 외국인정책 기본계획과 다문화가족정책 기본계획을 살펴본다. 또한 국내에 체류 중인 다양한 이주배경 집단과 관련한 정책과 법을 살펴볼 것이며, 끝으로 이와 정책을 집행하는 정부 부처들을 살펴본다.

1. 국내 이주민 관련 정책의 방향성

우리나라에서 이주민과 관련한 사회통합정책과 이민정책이 본격적으로 논의되기 시작한 것은 '여성결혼이민자가족의 사회통합 지원 대책'이 공표된 2006년이다.

2000년대에 들어서 외국인 근로자에 대한 수요의 증가와 결혼이민자, 동포와 같은 정주형 이주민의 유입이 확대되면서 이들을 관리하고 통합하기 위한 정책이 국가적 차원에서 마련되었다. 이 시기 법무부와 여성가족부는 각각 제1차 외국인정책 기본계획(2008~2012), 제1차 다문화가족정책 기본계획(2010~2012년)을 발표하였다. 「재한외국인처우기본법」 그리고 「다문화가족지원법」은 이주민을 우리 사회에 정착시키기 위해 필요한 지원을 하도록 법적으로 보장하고 있다.

한편, 국내에 체류 중인 이주배경 인구는 결혼이주여성, 외국인 근로자, 유학생, 외국국적 동포, 북한이탈주민, 난민, 화교 및 1세대 혼혈인 등 다양하지만, 이 가운데 기본계획에서 사회통합의 대상으로 삼고 있는 주요한 대상은 매우 제한적이다. 실제로 우리나라의 이주민 관련 정책은 대한민국 국민으로 인정하는 자와 그렇지 않은 자로 이분화되어 있다. 외국인 노동자를 비롯한 국내체류 외국인의 절대 다수는 국적 취득 등의 조건을 매우 까다롭게 하고 있으며, 사회통합정책의 대상에서 배제되어 있는 실정이다.

국내 이민정책은 입국이민정책과 출국이민정책으로 구분할 수 있는데, 1960년 대에는 출국이민정책이 우세했다. 우리 정부는 외국으로 많은 인구를 송출함으로써 해외에 거주하는 동포들이 송금하는 외화를 벌어들이기 위한 목적으로 해외 이민을 장려했다. 1970~1980년대에는 연간 3만 명에 달하는 인구가 미국으로 이민을 가기도 했다. 해외 이주는 1980년대 말을 기점으로 점차 감소하다가 1997년 외환위기를 기점으로 전환점을 맞이한다. 우리나라로 유입하는 외국인 근로자들의 수가 증가하면서 우리나라의 이민정책은 입국이민정책으로 변모하였다.

1) 외국인정책 기본계획

외국인정책 기본계획에서는 이민정책을 "대한민국으로 이주하고자 하는 외국인과 그 자녀 등에 대해 영구적 또는 일시적 사회구성원 자격을 부여하거나, 국내에서 살아가는 데 필요한 제반 환경조성에 관한 사항을 종합적인 관점에서 다루는 정책"으로 정의하고 있다. 외국인정책 기본계획은 2007년에 제정된 「재한외국인 처우 기본법」[1]

에 따라 2008년부터 2012년까지 '제1차 외국인정책 기본계획', 2013년부터 2017년까지 '제2차 외국인정책 기본계획', 2018년부터 2022년까지 '제2차 외국인정책 기본계획'을 수립·시행해 오고 있다. 세부 내용은 [그림 4-1]과 같다(법무부, 2018).

제1차 외국인정책 기본계획 비전 및 목표

비전	외국인과 함께하는 세계 일류국가

정책 목표	1. 적극적인 이민 허용을 통한 국가경쟁력 강화 2. 질 높은 사회통합 3. 질서 있는 이민행정 구현 4. 외국인 인권 옹호

중점 과제	1-1. 우수인재 유치를 통한 성장동력 확보 1-2. 국민경제의 균형발전을 위한 인력 도입 1-3. 외국인에게 편리한 생활환경 조성
	2-1. 다문화에 대한 이해 증진 2-2. 결혼이민자의 안정적 정착 2-3. 이민자 자녀의 건강한 성장환경 조성 2-4. 동포의 역량 발휘를 위한 환경 조성
	3-1. 외국인 체류질서 확립 3-2. 국가안보 차원의 국경관리 및 외국인정보 관리 3-3. 건전한 국민 확보를 위한 국적업무 수행
	4-1. 외국인 차별방지 및 권익보호 4-2. 보호 과정의 외국인 인권 보장 4-3. 선천적 난민 인정·지원 시스템 구축

1) 「재한외국인처우기본법」과 「다문화가족지원법」은 이주민을 우리 사회에 정착시키기 위해 필요한 지원을 하도록 법적으로 보장하고 있다.

제2차 외국인정책 기본계획 비전 및 목표

비전	세계인과 더불어 성장하는 활기찬 대한민국

정책목표 및 중점과제	정책목표	중점과제
	1. 개방 경제활성화 지원과 인재유치	1. 내수 활성화 기여 외래관광객 유치 2. 국가와 기업이 필요한 해외 인적자원 확보 3. 미래 성장동력 확충을 위한 유학생 유치 4. 지역 균형발전을 촉진하는 외국인 투자 유치
	2. 통합 대한민국의 공통가치가 존중되는 사회통합	1. 자립과 통합을 고려한 국적 및 영주제도 개선 2. 체계적인 이민자 사회통합 프로그램 운영 3. 국제결혼 피해방지 및 결혼이민자 정착 지원 4. 이민배경 자녀의 건강한 성장환경 조성 5. 이민자 사회통합을 위한 인프라 구축
	3. 인권 차별방지와 문화다양성 존중	1. 이민자 인권존중 및 차별방지 제도화 2. 다양한 문화에 대한 사회적 관용성 확대 3. 국민과 이민자가 소통하는 글로벌 환경 조성
	4. 안전 국민과 외국인이 안전한 사회 구현	1. 안전하고 신뢰받는 국경관리 2. 질서위반 외국인에 대한 실효적 체류관리 3. 불법체류 단속의 패러다임 다변화 4. 외국인에 대한 종합적인 정보관리 역량 제고
	5. 협력 국제사회와의 공동발전	1. 이민자 출신국, 국제기구 등과의 국제협력 강화 2. 국가 위상에 부합하는 난민정책 추진 3. 동포사회와의 교류, 협력 확산

제3차 외국인정책 기본계획 비전 및 목표

비전	국민 공감! 인권과 다양성이 존중되는 안전한 대한민국
핵심가치	상생 · 통합 · 안전 · 인권 · 협력

정책목표	중점과제
1. 국민이 공감하는 질서 있는 개방	1. 우수인재 유치 및 성장지원 강화 2. 성장동력 확보를 위한 취업이민자 유치 · 활용 3. 관광객 및 투자자 등 유치를 통한 경제 활성화 4. 유입체계 고도화 및 체류 · 국적 제도 개선
2. 이민자의 자립과 참여로 통합되는 사회	1. 이민단계별 정착 지원 및 사회통합 촉진 2. 이민배경 자녀 역량 강화 3. 이민자 사회통합을 위한 복지지원 내실화 4. 이민자의 지역사회 참여 확대
3. 국민과 이민자가 함께 만들어 가는 안전한 사회	1. 안전하고 신속한 국경관리 체계 구축 2. 체류외국인 관리체계 선진화
4. 인권과 다양성이 존중되는 정의로운 사회	1. 이민자 인권보호 체계 강화 2. 여성 · 아동 등 취약 이민자 인권 증진 3. 문화다양성 증진 및 수용성 제고 4. 동포와 함께 공존 · 발전하는 환경 조성 5. 국제사회가 공감하는 선진 난민정책 추진
5. 협력에 바탕한 미래지향적 거버넌스	1. 이민관련 국제협력 증진 2. 중앙부처 · 지자체 · 시민사회 협력 강화 3. 이민정책 및 연구기반 구축

그림 4-1　제1, 2, 3차 외국인정책 기본계획

출처: 법무부(2018), pp. 7, 8, 23.

표 4–1 외국인정책 기본계획의 지난 10년간 정책과 제3차 기본계획과의 차별성

제 1, 2차 기본계획	제3차 기본계획
이민의 양적 확대 중심의 개방적 이민 허용	이민의 양적 확대 및 질적 고도화를 병행한 적극적 이민정책
사회통합 체계 마련 및 참여 증진	사회통합 체계와 체류, 영주, 국적 연계 강화
우수 유학생 및 외국 인재 유입에 중점	유입 → 자립 → 성장 → 기여의 미래 지향적 정책 추진
• 추상적 · 선언적 인권 옹호 • 아동 등 취약한 상황에 있는 외국인에 대한 정책 부족	• 구체적 인권보호 제도 마련 • 인권 보호를 위한 인프라 확충

출처: 여성가족부(2018). pp. 24-26.

가장 최근 발표된 제3차 기본계획과 2008년부터 2017년까지의 10년간 외국인정책을 비교해 보면 〈표 4–1〉과 같다.

기존의 계획과는 달리, 상생과 화합이라는 핵심 가치를 강조한 제3차 기본계획은 이주민 유입의 경제 · 고용 · 사회 · 문화적 영향을 분석하고 유입 원칙과 우선순위를 설정하는 등 이주민 유입체계의 고도화를 꾀하고 있다고 볼 수 있다. 더불어, 사회통합 체계를 마련함에 있어 체류, 영주, 국적의 연계를 강화하여 재한외국인이 사회 구성원으로서 자질을 갖출 수 있도록 유도한 점이 특징적이다. 저출산, 고령화라는 사회적 변화에 상응하는 국적, 체류제도 개선 또한 주요한 변화 가운데 하나이다.

재한 외국인의 자립을 촉진하기 위해 유학생의 학습 및 적응에 대한 지원을 강화하고 국내 연수 및 유학을 취업과 창업으로 연계를 시도한 것 또한 중요한 변화이다. 지난 10년간의 정책이 인재 유입에 초점이 맞춰져 있었다면, 제3차 기본계획은 이주배경 아동의 이중언어 교육 체계를 고도화하고 유아 · 학령기 등 성장주기별 지원 강화와 같이 이들의 자립과 성장을 지원하기 위한 방안의 구체화에 초점이 맞춰져 있다.

이주민의 인권 증진과 관련해서도 정책의 내용이 구체화되었다. 제3차 기본계획에서는 외국인의 차별방지를 위한 구체적 규정을 마련하고, 외국인 권익 옴부즈만 도입, 인권증진 및 권익보호 협의회 강화 등의 내용이 포함되었다.

제1차 다문화정책 기본계획

비전	열린 다문화사회로 성숙한 세계국가 구현

목표	• 다문화가족의 삶의 질 향상 및 안정적인 정착 지원 • 다문화가족 자녀에 대한 지원 강화 및 글로벌인재 육성

추진 과제	다문화가족지원 정책 추진체계 정비	• **다문화가족지원 관련 총괄 · 조정 기능 강화** • 다문화가족지원 서비스 전달체계 효율화 • 다문화가족 지원정책 추진 기반 확충
	국제결혼중개 관리 및 입국 전 검증시스템 강화	• **국제결혼중개에 대한 관리 강화** • 결혼이민 예정자 대상 사전정보 제공 확대 • 자립가능한 이민자 유입을 위한 입국전 검증시스템 강화
	결혼이민자 정착 지원 및 자립역량 강화	• **결혼이민자 한국어교육 및 의사소통 지원 강화** • **결혼이민자 직업교육 및 취업지원 활성화** • 안정적 사회통합을 위한 국적취득 합리화 • 결혼이민자 생활적응 지원 및 사회보장 확대 • 이혼 및 폭력피해 결혼이민자 인권보호 증진 • 배우자교육 운영 및 다문화가족 간 네트워크 강화
	다문화가족 자녀의 건강한 성장환경 조성	• **글로벌인재 육성을 위한 맞춤형 교육지원 강화** • 다문화가족 유아 등의 언어발달 지원사업 확대
	다문화에 대한 사회적 이해 제고	• **다문화이해 증진을 위한 사회교육 활성화** • 다문화이해 증진을 위한 학교교육 강화 • 지자체 일선공무원 등 다문화 관계자에 대한 교육 확대 • 다문화이해 증진을 위한 홍보활동 강화

제2차 다문화가족정책 기본계획

비전	활기찬 다문화가족, 함께하는 사회

목표	• 사회발전 동력으로서의 다문화가족 역량강화 • 다양성이 존중되는 다문화사회 구현

정책과제 (86)	다양한 문화가 있는 다문화가족 구현(7)	1-1. 상대방 문화·제도에 대한 이해 제고 1-2. 쌍방향 문화교류 확대 및 사회적 지지환경 조성
	다문화가족 자녀의 성장과 발달 지원(15)	2-1. 다문화가족 자녀의 건강한 발달 지원 2-2. 한국어능력 향상 2-3. 학교생활 초기적응 지원 2-4. 기초학력 향상 및 진학지도 강화 2-5. 공교육 등에 대한 접근성 제고
	안정적인 가족생활 기반 구축(16)	3-1. 입국 전 결혼의 진정성 확보 3-2. 한국생황 초기적응 지원 3-3. 소외계층 지원 강화 3-4. 피해자 보호
	결혼이민자 사회경제적 진출 확대 (16)	4-1. 결혼이민자 일자리 확대 4-2. 직업교육훈련 지원 4-3. 결혼이민자 역량 개발 4-4. 사회참여 확대
	다문화가족에 대한 사회적 수용성 제고 (21)	5-1. 인종·문화 차별에 대한 법·제도적 대응 5-2. 다양한 인종·문화를 인정하는 사회문화 조성 5-3. 대상별 다문화 이해 교육 실시 5-4. 학교에서의 다문화 이해 제고 5-5. 다문화가족의 입영에 따른 병영 환경 조성
	정책추진체계 정비(11)	6-1. 다문화가족 지원대상 확대 및 효과성 제고 6-2. 다문화가족정책 총괄 추진력 강화 6-3. 국가 간 협력체계 구축

제3차 다문화가족정책 기본계획

비전	참여와 공존의 열린 다문화사회

목표	• 모두가 존중받는 차별 없는 다문화사회 구현 • 다문화가족의 사회적 · 경제적 참여 확대 • 다문화가족 자녀의 건강한 성장 도모

정책 과제	다문화가족 장기정착 지원	① 결혼이주여성 인권보호 강화(가정폭력예방 및 대응체계 구축) ② 국제결혼 피해예방 지원 ③ 안정된 가족생활 지원 ④ 서비스 연계 활성화
	결혼이민자 다양한 사회참여 확대	① 자립역량 강화 ② 취업 · 창업 지원 서비스 내실화 ③ 사회참여 기회 확대
	다문화가족 자녀의 안정적 성장지원과 역량 강화	① 안정적 성장을 위한 환경 조성 ② 학업 및 글로벌 역량 강화 ③ 진로준비 및 사회진출 지원 ④ 중도입국자녀 맞춤형 지원
	상호존중에 기반한 다문화 수용성 제고	① 정책환경에 대한 주기적 모니터링 실시 ② 다문화 이해교육 활성화 ③ 다문화수용성 제고를 위한 미디어 환경 조성 ④ 지역 환경 조성 및 참여 · 교류 프로그램 활성화
	협력적 다문화가족정책 운영을 위한 추진체계 강화	① 정책추진체계 간 협력 강화 ② 다문화가족 지원체계 내실화

그림 4-2　제1, 2, 3차 다문화가족정책 기본계획

출처: 국무총리실(2010), p. 7; 여성가족부(2018), p. 10.

2) 다문화가족정책 기본계획

　다문화가족정책 기본계획은 2008년에 제정된 「다문화가족지원법」에 따라 2010년부터 2012년까지 '제1차', 2013년부터 2017년까지 '제2차', 그리고 2018년부터 2022년까지 '제3차'를 수립·시행해 오고 있다. 세부 내용은 [그림 4-2]와 같다(국무총리실, 2010; 여성가족부, 2018).

　가장 최근 발표된 제3차 기본계획과 지난 10년간 다문화가족정책을 비교해 보면, 〈표 4-2〉와 같다. 지난 1, 2차 다문화가족 지원정책 기본계획과 3차 기본계획의 가장 두드러진 차이 중 하나는 다문화가족의 장기정착화에 따라 지원 정책의 내용이 재편된 점이다. 결혼이주민의 정착주기가 장기화되고 다양한 가족유형이 발생함에 따라 결혼이민자의 적응, 영유아, 취약계층 자녀 중심의 지원에서 청소년기 자녀의 성장 지원, 다양한 가족유형에 대한 지원들이 강화되었다.

　대상별로 세분화하여 살펴보면, 결혼이주여성의 인권 강화를 위해 다누리콜센터를 통해 가정폭력 상황에 대한 대응체계가 체계화되었다. 폭력피해와 관련해 이주여성이 경험하는 상담, 법률, 체류상담 등의 복합적인 문제를 원스톱으로 지원하는 전문상담소를 운영하도록 하고 있다. 한부모 가족의 자녀에 대한 양육 지원 방안도 마련되었다. 이전에는 한국국적 배우자가 있어야 자녀·근로 장려금 신청이 가능했으나, 한국 국적 자녀를 양육하는 외국 국적 한부모에 대해서도 지원이 확대되었다.

　또한 다문화가족 자녀가 학령기에 본격적으로 진입함에 따라 제3차 기본계획에 중도입국 자녀의 학교생활 초기 적응 지원 및 기초학력 향상 및 진학지도 강화에 대한 과제가 포함되었다. 기존의 정책이 다문화가족 자녀를 대상으로 하였다면, 3차 기본계획에서는 중도입국 자녀에 대한 지원 강화에 초점을 두고 있다는 점에서 특징적이다. 중도입국자녀의 조기적응을 돕는 레인보우스쿨 확대 및 운영 방식 다양화 등이 이에 해당된다.

표 4-2 다문화가족정책 기본계획의 지난 10년간 정책과 제3차 기본계획과의 차별성

구분	제1차, 제2차 기본계획	제3차 기본계획(2018~2022)
국제결혼	• 결혼이민관 파견 후 중지 • (女현지사전교육) 대면 • (男국제결혼안내 프로그램)	• 결혼이민관 파견 추진 • 교육방식 다변화(전화, 우편 등) • 시수 확대 및 인권 · 상호존중 교육 추가
가정폭력 피해 이주여성 지원	• [상담소] 없음 • [보호시설] 운영, 외국인등록 해야 입소 가능 • [퇴소 후] 임대주택 지원 • [자립지원금] 없음	• 종합상담소(상담, 법률, 의료, 치유, 통역 등) 신규 설치 추진 • 보호시설 확대 추진, 외국인 등록 여부 무관하게 입소 가능 • 임대주택 지원 확대 추진 • 자립지원금 신설 추진
다문화가족	• 가족관계 프로그램 운영 • 다문화가족이 직접 정책과정에 참여하는 '다문화가족 참여회의' 운영(5개 권역 대표) • 한국국적 배우자가 있어야 근로 · 자녀 장려금 신청	• 가족관계 증진 프로그램 다양화, 사례관리 사업 및 정착단계별 지원 패키지 확대 • 다문화가족 참여회의 지역 대표성 확대(16개 시 · 도 대표) • 한국 국적 자녀를 양육하는 한부모 외국인에 대해서도 근로 · 자녀 장려금 지원 가능
다문화가족 자녀	• 한국어능력 향상, 학교생활 초기적응 지원 중심(예비학교 확대, 기초학력 향상 지원 등)	• 청소년 성장지원 사업 중점 추진(자녀성장지원 프로그램, 이중언어 인재양성사업, 글로벌 브릿지 사업 등) • 성장배경이 특수한 중도입국자녀 지원 강화(레인보우스쿨 확대 및 운영방식 다양화, 취업사관학교 운영 · 훈련과정 확대)
다문화 수용성	• 대상별(공무원, 경찰, 종사자 등) 다문화교육 실시 중점	• 일반 국민 대상 찾아가는 다문화 이해교육 활성화 및 부처 간 이해교육 협업체계 강화 • 지역사회 다문화 우수 프로그램 발굴 및 포상, 사회적 공감대 형성 프로그램 확산
정책 추진체계	• 다문화가족정책위원회를 통한 총괄 · 조정 기능 강화	• 위원회 간(다문화가족정책위원회-외국인정책위원회) 연계 강화 • 다문화가족지원센터 내실화(처우개선, 지역 여건별 통합 추진, 서비스 역량 제고)

출처: 여성가족부(2018), p. 12.

끝으로, 전국민의 다문화수용성 제고를 위한 환경 조성이 주요 정책과제로 제시되었다. 기업, 학교, 단체 등에 다문화 이해교육 강사를 파견해 실시하는 찾아가는 다문화 이해교육이 확대되었으며, 수용성 제고를 위해 방송통신심의위원회 심의기능 강화, 인식개선 홍보 활동이 확대되었다.

2. 국내 이주민 관련 법률

이민정책은 누구를 자국으로 받아들일 것인가에 대한 결정에 있어 중요한 역할을 담당한다. 우리나라에서 이주민의 유입은 1990년대 이후 본격화되었는데, 결혼이민자의 유입과 관련한 대한정책은 대체로 허용적인 반면, 외국인 노동자를 비롯한 다른 집단에 대해서는 상대적으로 제한적인 성격이 강하다. 사회통합정책의 성격도 크게 다르지 않다. 국내 사회통합정책은 크게 「다문화가족지원법」의 대상인 자와 그외의 집단에 대한 정책으로 구분할 수 있다. 「다문화가족지원법」의 대상이 아닌 외국인근로자, 외국국적 동포, 유학생, 난민 등은 「외국인처우법」 「외국인고용법」 「제외동포법」 「난민법」 등의 적용을 받는다. 이 절에서는 국내에 거주하고 있는 이주민과 관련한 제반 법률과 정책들을 살펴본다.

1) 출입국관리법[2]

「출입국관리법」은 대한민국에 입국하거나 대한민국으로부터 출국하는 모든 국민과 외국인의 출입국 관리에 대한 절차를 규정하기 위한 목적으로 제정된 법이다. 또한 국내에 체류 중인 외국인의 체류 관리 및 난민의 인정절차 등에 관한 사항을 규정함을 목적으로 한다(제1조). 이 법에 따라 대한민국에 출국 또는 입국하고자 하는 자는 출입국 항에서 출입국관리 공무원의 출입국심사를 받아야 한다. 「출입국

---

2) 「출입국관리법」의 일부 내용은 문병효(2018)에서 발췌함.

관리법」은 제정된 이래로 2020년까지 40여 회의 개정을 거치고 있으며, 총칙, 국민의 출입국, 외국인의 출입국, 체류, 외국인의 등록 및 사회통합 프로그램, 강제퇴거 등 총 11개의 장으로 구성되어 있다. 최근 개정에서의 큰 변화는 외국인의 체류자격을 일반체류자격과 영주자격으로 대분류하고, 그 기본적인 요건을 법률에 직접 규정하고 있다는 점이다(제10조).

(1) 체류자격

외국인은 대한민국에 입국한 날로부터 90일을 초과하여 계속 체류하게 되는 경우, 출입국관리사무소장 또는 출장소장에게 외국인등록을 통해 체류자격을 갖추어야 한다. '체류자격'이란 대한민국에 입국하고자 하는 외국인이 갖추어야 하는 일정한 자격을 의미하는데, 외국인은 「출입국관리법」에서 규정하는 체류자격 중 어느 하나의 체류자격을 갖고 있어야 한다. 체류자격은 일반체류자격과 영주자격으로 구분되며, 일반체류자격은 다시 ① 단기체류자격(관광, 방문 등의 목적으로 대한민국에 90일 이하의 기간 동안 머물 수 있는 자격)과 ② 장기체류자격(유학, 연수, 투자, 주재, 결혼 등의 목적으로 대한민국에 90일을 초과하여 체류기간의 상한 범위에서 거주할 수 있는 체류자격)으로 구분된다. 영주자격은 활동범위 및 체류기간의 제한을 받지 않고 대한민국에 영주할 수 있는 체류자격을 의미한다. 요컨대, 외국인의 경우 부여받은 체류자격과 체류기간의 범위 내에서 대한민국에 체류할 수 있다(제17조).

(2) 사증과 등록외국인

외국인은 사증(비자, visa)을 발급받아 자신이 정당한 자격으로 체류하고 있음을 증명할 수 있다. 사증의 종류는 매우 다양하다(〈표 4-3〉 참조). 사증을 갖고 있을 경우, 체류자격을 부여받은 것으로 인정되므로 '등록외국인'으로 인정된다. 국적 취득을 준비 중인 외국인에 대해서도 사증은 중요하다. 가령, 한국인 남성과의 결혼을 위해 이주해 온 결혼이민자의 경우, F-2 비자(거주비자)를 발급받는다. 그리고 1년이 지나기 전에 출입국관리소에서 1년을 연장해야 한다. 만일 F-2 비자를 발급받은 후부터 결혼 요건을 만족하면서 2년 이상 우리나라에 계속하여 주소가

표 4-3 사증/비자의 종류

1. 외교(A-1)	13. 취재(D-5)	25. 특정활동(E-7)
2. 공무(A-2)	14. 종교(D-6)	26. 비전문취업(E-9)
3. 협정(A-3)	15. 주재(D-7)	27. 선원취업(E-10)
4. 사증면제(B-1)	16. 기업투자(D-8)	28. 방문동거(F-1)
5. 관광통과(B-2)	17. 무역경영(D-9)	29. 거주(F-2)
6. 일시취재(C-1)	18. 구직(D-10)	30. 동반(F-3)
7. 단기방문(C-3)	19. 교수(E-1)	31. 재외동포(F-4) 동포영주(F-5)
8. 단기취업(C-4)	20. 회화지도(E-2)	32. 영주(F-5)
9. 문화예술(D-1)	21. 연구(E-3)	33. 결혼이민(F-6)
10. 유학(D-2)	22. 기술지도(E-4)	34. 기타(G-1)
11. 기술연수(D-3)	23. 전문직업(E-5)	35. 관광취업(H-1)
12. 일반연수(D-4)	24. 예술흥행(E-6)	36. 방문취업(H-2)

출처: 외교부(2022). 사증발급 안내 매뉴얼(체류자격별 대상, 첨부서류 등).

있을 경우 앞서 살펴본 「국적법」에 따라 국적을 취득하거나 영주비자 취득이 가능하다. 외국인노동자도 취업비자를 소지해야 등록외국인으로서 우리나라에서 근무할 수 있다. 국내 외국인노동자들 중 상당수는 E-9(비전문취업) 비자, H-2(비전문취업) 비자를 소지하고 국내인력을 구하지 못한 직종에 종사한다.

그런데 같은 등록외국인이라고 할지라도 어떤 체류자격으로 머물고 있는지에 따라 국내에서 누릴 수 있는 법적 권리에는 차이가 존재한다. 가령, 영주(F-5) 비자는 국민에 준하는 법적인 지위가 보장되는 체류자격에 해당된다. 영주자격을 받을 경우, 다른 체류외국인보다 특별한 처우를 받게 된다. 가령, 국내 취업활동의 자유가 보장되고 체류기간 연장허가 및 재입국 허가 대상에서 면제된다. 비자 연장은 10년에 한 번만 하면 되고, 지방 선거 등 제한적인 선거권도 가질 수 있다. 그에 비해 비전문취업(E-9) 또는 방문취업(H-2) 체류자격을 가진 외국인의 경우, 대한민국에 입국한 날로부터 3년의 범위 내에서만 취업활동이 가능하며, 1회에 한정하여

2년 미만의 범위에서 취업활동 기간을 연장받을 수 있다.

만일 어떠한 이유에서 비자가 만료 기간을 넘긴 후에도 국내에서 계속 거주할 경우 미등록외국인(불법체류자)의 신분으로 체류 자격을 잃게 되며 단속의 대상이 된다. 강제 퇴거는 외국인에 대한 가장 강력한 강제절차로, 출입국관리공무원은 강제퇴거 사유의 어느 한 가지에 해당된다고 의심이 되는 외국인에 대해서는 그 사실을 조사할 수 있다(제47조). 체류자격과 체류기간의 범위를 벗어나거나 입국 금지 사유에 해당하는 경우 등이 강제퇴거의 대상자 요건에 해당된다(제46조). 출입국관리공무원은 해당자의 동의를 얻어 그의 주거 또는 물건을 검사하거나 서류 또는 물건을 제출하게 할 수 있다(제50조).

2) 국적법

국적을 취득한다는 것은 그 나라의 국민이 된다는 것을 의미한다. 국적을 취득하는 방법은 출생에 의한 국적 취득, 인지 및 귀화로 인한 외국인의 국적 취득, 귀화의 요건과 허가, 배우자와 자녀의 국적 취득, 국적의 상실, 국적의 회복 재취득 등을 통해 가능한데, 「국적법」은 이와 같은 일련의 절차를 비롯하여 국적상실자의 처리 및 권리 변동 등에 관하여 규정한 법률이다. 한편, 누가 국민이 될 자격을 갖는가에 대해 우리나라는 엄격한 기준을 통해 제한을 두고 있다. 사회통합 정책의 대상이 되는 집단에 대해서는 국적 취득이 용이하지만, 그렇지 않은 집단에 대해서는 비자 조건도 엄격하게 하고 있다.

(1) 국적 취득

우리나라의 「국적법」은 출생에 의한 국적취득에 관하여 원칙적으로 속인주의, 예외적인 속지주의를 취하고 있다. 과거에는 부계혈통주의를 따라 아버지의 혈육 인지의 여부가 국적 부여의 근거로 작용했으나, 헌법재판소의 위헌결정으로 현재는 부모양계혈통주의를 따르고 있다.

혼인 외의 출생자를 생부, 생모가 자신의 자녀로 인정하는 것을 인지라고 하는

데, 인지에 의한 국적 취득은「국적법」제3조에 따라 다음과 같이 국적을 취득할 수 있다. 외국인이 대한민국의 국민인 부 또는 모에 의하여 인지된 자가 대한민국의 민법에 의하여 미성년이고 출생한 당시에 그 부 또는 모가 대한민국의 국민이었을 경우 법무부장관에게 신고함으로써 대한민국의 국적을 취득할 수 있다.

귀화에는 일반귀화와 간이귀화, 특별귀화가 있다. 일반귀화의 요건은 다음과 같다(「국적법」제5조). ① 외국인이 귀화 허가를 받기 위해서는 5년 이상 계속하여 대한민국에 주소가 있을 것, ② 대한민국에서 영주할 수 있는 체류자격을 가지고 있을 것, ③ 대한민국의「민법」상 성년일 것, ④ 법령을 준수하는 등 법무부령으로 정하는 품행단정의 요건을 갖출 것, ⑤ 자신의 자산이나 기능에 의하거나 생계를 같이 하는 가족에 의존하여 생계를 유지할 능력이 있을 것, ⑥ 국어 능력과 대한민국의 풍습에 대한 이해 등 대한민국 국민으로서의 기본 소양을 갖추고 있을 것, ⑦ 귀화를 허가하는 것이 국가안전보장 질서유지 또는 공공복리를 해치지 아니한다고 법무부장관이 인정할 것 등의 요건이다.

외국인 중에서 대한민국에서 3년 이상 계속 거주하여 주소가 있으면서, 다음의 조건에 해당되면 간이귀화를 받을 수 있다. ① 부 또는 모가 대한민국의 국민인 자, ② 대한민국 국민의 양자로서 부 또는 모가 대한민국에서 출생한 사람, ③ 대한민국 국민의 양자로서 입양 당시「민법」상 성년이었던 사람, ④ 배우자가 대한민국의 국민인 외국인으로서 그 배우자가 혼인한 상태로 2년 이상 한국에 계속하여 주소가 있거나, 혼인 후 3년이 지나고 혼인한 상태로 한국에 1년 이상 계속하여 주소가 있는 사람들이 해당된다. 결혼이민자의 경우가 이 중 네 번째에 해당되는데, 혼인한 상태에서 요구되는 두 가지의 거주기간을 충족하지 못할 경우가 있을 수 있다. 이러한 경우 다음의 두 가지 사유에 해당할 경우 대한민국 국적을 취득할 수 있다.

첫째, 그 배우자와 혼인한 상태로 대한민국에 주소를 두고 있던 중 그 배우자의 사망이나 실종 또는 그 밖에 자신에게 책임이 없는 사유로 정상적인 혼인 생활을 할 수 없었던 사람으로서 제1호나 제2호의 잔여기간을 채웠고 법무부장관이 상당하다고 인정하는 경우이다. 둘째, 그 배우자와의 혼인에 따라 출생한 미성년의 자녀를 양육하고 있거나 법무부장관이 상당하다고 인정하는 사람의 경우 간이귀화를 통해 국적을 취득할 수 있다. 셋째, 대한민국에 특별한 공로가 있다고 인정되는 사람, 과학·경제·문화·체육 등 특정 분야에서 매우 우수한 능력을 보유한 사람으로서 대한민국의 국익에 기여할 것으로 인정되는 사람의 경우 귀화허가를 받을 수 있다. 이러한 절차에 따라 대한민국의 국적을 취득한 외국인으로서 외국 국적을 가지고 있는 자는 대한민국의 국적을 취득한 날부터 1년 이내에 그 외국 국적을 포기하여야 한다(제10조).

(2) 복수 국적

우리나라에서는 복수 국적을 원칙적으로 인정하고 있지 않는다. 다만, 2010년의 법 개정으로 대한민국에서 외국 국적을 행사하지 않겠다는 서약을 통해 복수 국적을 유지할 수 있는, 즉 외국 국적 포기의무가 면제되는 복수 국적 제도가 도입되었다.

복수 국적자라 함은 출생이나 그 밖에 법에 따라 대한민국 국적과 외국 국적을 함께 가지게 된 사람으로서 대통령령으로 정하는 사람을 지칭한다(제11조). 이처럼 만 20세가 되기 전에 대한민국의 국적과 외국 국적을 함께 가지게 된 자는 만 22세가 되기 전까지, 또 만 20세가 된 후에 복수 국적자가 된 자는 그때부터 2년 이내에 하나의 국적을 선택하거나 '외국 국적 불행사' 서약을 하여야 한다. 그러나 병역준비역에 편입된 자는 편입된 때부터 3개월 이내에 하나의 국적을 선택하거나 제3항 각 호의 어느 하나에 해당하는 때부터 2년 이내에 하나의 국적을 선택하여야 한다.

3) 재한외국인 처우 기본법

「재한외국인 처우 기본법」은 재한외국인에 대한 처우 등에 관한 기본적인 사항을 정함으로써 재한외국인이 대한민국 사회에 적응하여 개인의 능력을 충분히 발휘할 수 있도록 하는 것을 목적으로 한다(제1조). '기본법'의 성격을 가지는 이 법은 대표적인 사회통합정책으로 꼽을 수 있다. 국가와 지방자치단체는 재한외국인과 그 자녀에 대한 불합리한 차별 방지 및 인권옹호를 위한 교육, 홍보 등의 다양한 노력을 해야 하며, 대한민국에서 생활하는 데 필요한 사회적응을 지원할 수 있다(제

10조, 제11조). 또한 결혼이민자에 대한 국어교육, 대한민국 제도, 문화에 대한 교육, 자녀 보육과 교육, 의료 지원 등을 통해 사회적응을 지원할 수 있으며(제12조), 대한민국 국적 취득자는 국적 취득 후 3년까지 준용하여 지원받을 수 있다(제15조).

한편, 법에서 명시하는 재한외국인의 구성을 살펴보면, 대한민국 국적을 가지지 않으면서 대한민국에 거주할 목적으로 합법적으로 체류하는 자를 지칭한다(제2조). 구체적인 대상을 살펴보면, 대한민국 국민과 혼인한 적이 있거나 혼인 관계에 있는 재한외국인, 영주권자, 난민, 전문외국인력, 과거 대한민국 국적을 보유하였던 자가 포함된다. 즉, 결혼이민자 가운데 국적을 취득한 경우는 이 법의 대상에서 제외된다. 또한 비전문직 외국인 근로자[3]의 경우, 전문외국인력과 달리 보호대상에 포함되지 않아 차별적 요소를 내제하고 있다.

4) 다문화가족지원법

「다문화가족지원법」은 「출입국관리법」「국적법」「재한외국인 처우 기본법」 등 관련 법률만으로는 다문화가족과 그 구성원이 안정적인 가족생활을 영위하고 사회 구성원으로서의 역할과 책임을 다 하도록 하는 것이 어려운 점을 타개하기 위한 목적에서 2008년에 제정되었다(김종세, 2010). 이 법의 적용대상은 「재한외국인 처우 기본법」에 규정된 결혼이민자와 「국적법」의 규정에 따라 대한민국 국적을 취득한 자로 이루어진 가족, 「국적법」에 따라 대한민국 국적을 취득한 자와 같은 법의 규정에 따라 대한민국 국적을 취득한 자로 이루어진 가족을 말한다. 한국국적자는 출생국적자, 인지국적자, 귀화국적자로 구분이 됨에 따라(「국적법」 제2조~제4조) 결혼이민자와 한국국적자의 결합으로 이루어진 가족(①~③), 그리고 한국국적자와 한국국적자의 결합형태인 가족(④~⑧)의 다섯 종류로 유형화할 수 있다. 「다문화가족지원법」의 적용대상은 다음과 같이 정리할 수 있다(이은채, 2022).

---

3) 비전문직 외국인 근로자의 경우 「외국인 근로자의 고용 등에 관한 법률」의 적용을 받는데, 이 법에서는 이들의 법적 지위 혹은 권리와 의무를 규정하고 있진 않다.

① 결혼이민자＋출생국적자   ② 결혼이민자＋인지국적자

③ 결혼이민자＋귀화국적자   ④ 출생국적자＋인지국적자

⑤ 출생국적자＋귀화국적자   ⑥ 인지국적자＋인지국적자

⑦ 인지국적자＋귀화국적자   ⑧ 귀화국적자＋귀화국적자

같은 법 제6조에 따르면 국가와 지방자치단체는 다문화가족이 대한민국에서 생활하는 데에 필요한 기본적인 정보를 제공하고, 사회적응 교육과 직업교육, 훈련 및 언어소통 능력향상을 위한 한국어교육에 필요한 지원을 할 수 있는 근거를 규정하고 있다. 더불어, 다문화가족 구성원이 안정적인 가족생활을 영위하고 경제·사회·문화 등 각 분야에서 사회 구성원으로서의 역할과 책임을 다할 수 있도록 필요한 제도와 여건을 조성하고 이를 위한 시책을 수립·시행하여야 한다. 특별시·광역시·특별자치시·도·특별자치도 및 시·군·구에는 다문화가족 지원을 담당할 기구와 공무원을 두어야 한다(제3조).

5) 외국인근로자의 고용 등에 관한 법률

「외국인근로자의 고용 등에 관한 법률(약칭 「외국인고용법」)」은 고용허가제와 밀접하게 맞물려 있으며 내국인 우선 고용의 원칙을 기본으로 하고 있다. 이에 법의 적용 대상은 외국인근로자이지만 이들의 권리를 보호하는 성격보다는 외국인근로자를 체계적으로 도입·관리하기 위한 방안들을 명문화하고 있다. 이러한 성격은 '원활한 인력수급 및 국민경제의 균형 있는 발전을 도모하는 것'을 목적으로 한다고 명시한 제1조에서도 확인할 수 있다.

이 법률의 적용범위는 외국인근로자, 그리고 이들을 고용하고 있거나 고용하고자 하는 사업장을 대상으로 한다. 외국인근로자는 입국한 날로부터 3년의 범위에서 취업활동이 가능하다(제18조). 그러나 고용노동부장관에게 재고용 허가 요청을

통해 2년 미만의 범위에서 취업활동 기간을 연장하는 것이 가능하다. 외국인근로자가 만기 후 출국한 후에 다시 재입국을 하고자 할 경우에는 최소 6개월이 지난 후에 가능하다(제18조의 3). 이처럼 국내에서의 거주 기간을 5년 미만으로 둔 것은 영주권 자격 취득과 긴밀히 연결되어 있다. 「국적법」 제5조의 일반귀화 요건에서는 국내 합법적 거주 기간을 5년으로 설정하고 있다. 외국인노동자의 경우 이 기간을 넘겨 장기 체류함에 따르는 문제를 방지하고 영주권 취득을 불가능하게 하기 위한 조치로 볼 수 있다.

외국인근로자는 원칙적으로는 지정된 사업장에서 계속 근무를 해야 한다. 다만 사업 또는 사업장 변경의 허용(제25조) 규정을 두어, ① 사용자가 정당한 사유로 근로계약기간 중 근로계약을 해지하려고 하거나 근로계약이 만료된 후 갱신을 거절하려는 경우, ② 휴업, 폐업, 고용허가의 취소, 고용의 제한, 사용자의 근로조건 위반 또는 부당한 처우 등 외국인근로자의 책임이 아닌 사유로 인하여 사회통념상 그 사업 또는 사업장에서 근로를 계속할 수 없게 되었다고 인정하여 고용노동부장관이 고시한 경우에 한하여 예외적으로 다른 사업장으로의 변경을 신청하도록 하고 있다.

한편, 이 법 제2조에서는 '외국인근로자'란 대한민국의 국적을 가지지 아니한 사람으로서 국내에 소재하고 있는 사업 또는 사업장에서 임금을 목적으로 근로를 제공하고 있거나 제공하려는 사람을 지칭한다. 그런데 단서 조항으로 취업분야 또는 체류기간 등을 고려하여 대통령령으로 정하는 사람은 외국인고용법의 대상에서 제외한다고 명시하고 있다. 「외국인고용법 시행령」 제2조의 내용을 살펴보면, 〈표 4-3〉에 제시된 E-1부터 E-7까지에 해당되는 체류자격을 갖고 있을 경우 「외국인고용법」의 적용대상에 제외가 된다. 단순기능직에 해당하는 사람들만 「외국인고용법」의 적용을 받고, 전문 인력은 각종 규제에서 자유롭다는 점에서 전문직 종사자는 우대하고 있음을 확인할 수 있다.

「외국인고용법」의 내용이 이와 같이 주로 외국인노동자에 대한 규제적인 내용을 담고 있지만, 일부 규정은 「노동법」과 「사회보장법」의 보호에 대해서도 규정하고 있다(조성혜, 2019). 제22조는 외국인근로자라는 이유로 사용자가 부당한 차별을 해서는 안 된다고 명시하고 있다. 근로자는 국민건강보험의 직장가입자가 된다(제14조). 퇴직금 지급 등을 위한 보험과 신탁에도 가입의무가 있다. 외국인근로자를 고용한 사업 또는 사업장의 사용자는 외국인근로자를 피보험자 또는 수익자로 하는 보험이나 신탁에 가입해야 할 의무가 있다(제13조).

6) 난민법

우리나라는 1992년 「난민의 지위에 관한 협약」 및 이 협약의 의정서에 가입한 이래 1993년 「출입국관리법」 및 같은 법 시행령에 난민관련 조항이 최초로 신설되었다. 그리고 2012년에 「난민법」이 제정되어 2013년부터 시행됨에 따라 난민에 관한 인정절차를 규율하게 되었다. 같은 해 6월에는 법무부에 난민과가 신설되었다.

「출입국관리법」에 따르면, 난민은 난민협약의 적용을 받는 자를 지칭하는데(제1조), 난민은 인종, 종교, 국적, 특정 사회집단의 구성원 또는 정치적 의견을 이유로 박해를 받을 우려가 있다는 충분한 근거가 있는 공포로 인하여 자신의 국적국 밖에 있는 자로서, 국적국의 보호를 받을 수 없거나 보호를 받는 것을 원하지 않는 자, 또는 종전의 상주국 밖에 있는 무국적자로서 상주국에 돌아갈 수 없거나 돌아가는 것을 원하지 않는 자를 지칭한다(제2조).

난민의 지위는 '난민신청자' '인도적 체류자' '난민인정자'로 구분된다. 용어는 비슷하지만 어떤 지위에 놓여 있는지에 따라 국내에서 인정받을 수 있는 권리와 처우에 차이가 존재한다. 난민신청자는 출입국항에서 난민인정에 대한 신청이 가능한데, 그 절차는 [그림 4-3]과 같다. 우선, 난민 신청자는 난민 인정 여부에 관한 결정이 확정될 때까지 대한민국에 체류할 수 있도록 허가를 받은 자를 지칭한다. 신청한 난민심사가 종료될 때까지 난민신청자는 체류지 관할 사무소에서 신청서를 제출하여 기타(G-1) 체류 자격으로 6개월을 부여받아 체류할 수 있으며, 심사가 종료될 때까지는 체류기간 만료 전에 연장을 받으면 계속해서 체류가 가능하다. 또한 생계비 등의 지원을 희망할 경우 체류지 관할 사무소장, 출장소장에게 지원신청서를 제출하면 심사를 거쳐 6개월을 초과하지 않는 범위에서 생계비 등을 지원받을

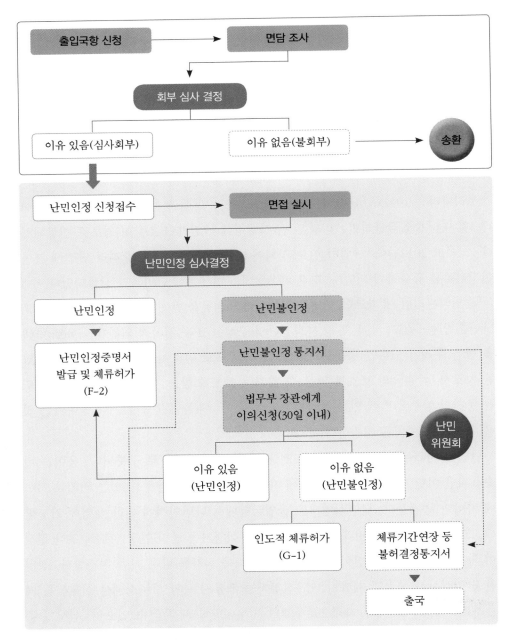

그림 4-3 출입국항 난민인정 신청 및 처리 절차

출처: 법무부 출입국, 외국인정책본부 난민과(2015), p. 14.

수 있다. 그 외에도 주거 시설의 지원, '외국인근로자 등 소외계층 의료서비스 지원 사업'에 따라 의료 서비스를 받을 수 있다. 난민신청자와 그 자녀가 19세 미만인 경우, 국민과 동일하게 초·중등교육도 받을 수 있다.

인도적 체류자는 난민에 해당되지는 않지만 고문 등의 비인도적인 처우나 처벌 또는 그 밖의 상황으로 인해 생명이나 신체의 자유를 현저히 침해당할 수 있다고 인정할 만한 합리적인 근거가 있는 사람으로서 체류 허가를 받은 외국인을 말한다. 인도적 체류자는 기타(G-1) 체류자격으로 매회 1년의 범위 내에서 체류기간을 연장받을 수 있다. 처우와 관련해서는 「난민법」에 규정된 주거시설의 지원, 의료지원, 교육의 보장 등 난민신청자와 동일한 수준의 지원을 받을 수 있다. 또한 본인의 의사에 반하여 강제로 송환되지 않으며, 포괄적 취업활동 허가를 받아 취업이 가능하다.

끝으로, 난민인정자는 난민으로 인정된 사람을 일컬으며, 난민신청자와 마찬가지로 의료 지원, 초·중등교육을 받을 수 있다. 난민인정자는 거주(F-2) 체류자격을 받아 국내에서 안정적인 체류가 가능하며, 별도의 허가 절차 없이 취업활동 또한 자유롭게 할 수 있다. 대한민국 국민과 같은 수준의 사회보장을 받으며, 「국민기초생활 보장법」에 따른 급여를 받을 수 있다.

7) 중도입국 자녀 관련 법령

중도입국 자녀에 대한 개념적 정의는 중앙부처별로 다양하다. 부처별로 근거를 두고 있는 상위법상의 중도입국 자녀에 대한 명칭과 정의 방식이 다양하고 통일되어 있지 않은 것이 원인이다. 행정안전부에서는 '외국인주민 자녀'라는 용어를 사용하며, 여기서 '외국인주민 자녀'는 부 또는 모 중에 한 명 이상이 외국 출신이면서 이 중에 한 명 이상이 한국인(귀화자 포함)인 가구에 속한 미성년 자녀를 뜻한다. 이러한 정의는 「다문화가족지원법」에 근거한 것으로 여성가족부에서 사용하는 '다문화가족 자녀, 다문화 청소년'도 이와 동일한 방식으로 정책대상을 구분한다. 해당 정의에 따르면, 부와 모 모두가 한국 국적을 갖지 않는 외국인인 가정의 자녀는 정책대상에 포함되지 못한다. 정책적 정의에서 '다문화'라는 용어가 본원적인 의미와 달리 '국제결혼'과 비슷한 의미로 사용되다 보니 부모 모두가 외국 국적을 지닌 가정의 자녀가 배제되는 문제가 발생하고 있는 것이다. 교육부에서는 '다문화학생'이라는 용어를 사용하는데, 행정안전부나 여성가족부와 달리 부와 모 모두 한국 국적을 갖지 않는 외국인일 경우도 정책대상에 포함한다. 그러나 이러한 정의 또한 학교에 재학하지 않는 아동·청소년을 포괄하지 못하는 한계를 지닌다(이수인 외, 2019).

〈표 4-4〉는 행정안전부와 교육부에서 사용하는 정책대상의 정의와 이에 따른 아동의 유형을 분류한 표이다. 국내 출생 자녀는 한국인과 결혼이민자 사이에서 태어나 한국에서 성장한 경우에 해당된다. 「국적법」 제2조 제1항에 따라 국내 출생과 동시에 한국 국민이 되므로 교육권을 보장받을 수 있다(한국건강가정진흥원, 2016). 중도입국 자녀는 결혼이민자가 한국인과 재혼한 이후에 본국에서 데려온 경우, 한국인과 결혼이민자 사이에서 태어났으나 결혼이민자 본국에서 성장하다가 입국한 경우 등을 포함한다. 끝으로, 외국인 가정 자녀는 외국인 부부 사이에서 태어난 경우로 조선족, 중앙아시아 고려인, 시리아 난민 등이 포함된다. 중도입국 자녀와 관

표 4-4 부처별 이주배경아동 용어 사용 현황

부처	정책 명칭	정책대상 정의	포함 범주		미포함 집단
행정 안전부	외국인 주민 자녀	부나 모 한 명 이상이 외국 출신이고 이 중 한 명 이상이 한국인 (귀화자 포함)인 가구의 미성년 자녀	귀화 및 외국국적 자녀	중도입국 자녀	부모 둘 다 한국국적을 가지지 않은 외국인
			국내출생 자녀		
교육부	다문화 학생	부나 모 한 명 이상이 외국 출신인(국적 취득 무관) 가구의 재학 중 자녀	국제결혼 가정 자녀	국내출생 자녀	학교에 다니지 않는 국제결혼 혹은 외국인 가정의 자녀
				중도입국 자녀	
			외국인 가정 자녀	외국인 사이에서 출생한 자녀	

출처: 이수인 외(2019), p. 16.

련된 법령은 다음과 같다.

(1) 청소년복지지원법

중도입국 자녀에 대한 지원과 개입의 근거를 구체적으로 명시한 법으로 「청소년복지지원법」을 들 수 있다. 2011년 전면 개정이 이루어지면서 이주배경 청소년에 대한 지원에 관한 법적 근거가 마련되었다. 보다 구체적으로, 이 법 제18조에서 "국가 및 지방자치단체는 다음 각 호의 어느 하나에 해당하는 청소년의 사회 적응 및 학습능력 향상을 위하여 상담 및 교육 등 필요한 시책을 마련하고 시행하여야 한다."고 규정하고 있으며, 지원의 대상을 "「다문화가족지원법」 제2조 제1호에 따른 다문화가족의 청소년", 제2호에 따른 "그 밖에 국내로 이주하여 사회 적응 및 학업 수행에 어려움을 겪는 청소년"으로 규정하고 있다.

(2) 서울특별시 외국인주민 및 다문화가족 지원 조례

서울특별시는 「서울특별시 외국인주민 및 다문화가족 지원 조례」를 두고 있으며, 이는 서울시에 거주하는 중도입국 자녀를 대상으로 하는 지원의 직접적인 근거가 된다. 지원의 범위를 규정한 이 법의 제7조 가운데 제6호에 '외국인주민 자녀 보육, 교육사업'이 중도입국 자녀에 대한 지원의 근거가 된다.

3. 정부 부처별 이주민 관련 정책

(1) 정부 부처

현재 이주민 관련 중앙부처 및 지방자치단체 단위의 사업을 총괄적으로 관리하는 일원화된 컨트롤 타워 내지 허브는 부재한 실정이다. 국내 이주민 관련 정책은 중앙부처 간 상호 협력 없이 경쟁적으로 수행되어 온 경향이 강하다(배성찬, 편성진, 2013). 이주민과 관련한 정책을 추진하는 부처를 살펴보면 다음과 같다.

우선, 국내 다문화 관련 사회통합 추진 기관은 중앙부처와 위원회, 지방자치단체 등 목수의 기관에서 추진하고 있으며, 추진 내용도 다양하다. 우리 정부는 국무총리실 소속의 외국인정책위원회, 외국인력정책위원회, 다문화가족정책위원회, 재외동포정책위원회, 문화다양성위원회를 구성하고 있다. 해당 위원회에서는 관련 중앙부처의 장관 및 차관들이 참여하여 내국인과 외국인의 사회통합과 관련한 정책이 실행·관리·평가된다. 가령, 외국인력정책위원회의 경우 「외국인고용법」 제4조에 의거해 외국인근로자와 관련한 사항을 심의, 의결하고 기본계획을 수립, 외국인근로자를 송출할 수 있는 국가의 지정 등의 사안을 심의, 의결한다. 또한 위원회에서는 매년 외국인근로자의 도입 업종 및 규모 등에 관한 사항에 대한 심의를 한다. 이때 고용허용 업종과 도입규모는 국내 경제상황, 노동시장 동향, 불법체류 추이 등을 종합적으로 고려하여 결정한다. 다문화가족정책위원회에서는 「다문화가족지원법」 제3조의 2 및 제3조의 4에 따라 5년마다 다문화가족정책에 관한 기본계획을 수립하고 정책을 집행한다.

이주민과 관련한 정책 또한 여러 부처에서 나눠서 시행하고 있다. 중앙부처로는 법무부를 포함한 11개의 부처에서 이주민의 사회통합을 총괄하고 있다. 부처별 정책 시행을 위한 법적 근거와 활동 내용을 살펴보면 다음과 같다. 우선, 법무부는 외국인정책의 총괄을 담당하며, 「재한외국인기본법」 「출입국관리법」 「국적법」을 근거로 외국인정책의 기본계획 수립, 외국인관리보호 및 사회통합 프로그램 이수제, 국적 관리 및 난민처우 관련 업무 등을 총괄하고 있다. 법무부는 2018년 제3차 외국인정책 기본계획(2018~2022년)에서 '국민이 공감하는 질서 있는 개방' '이민자의 자립과 참여로 통합되는 사회' '국민과 이민자가 함께 만들어 가는 안전한 사회' '인권과 다양성이 존중되는 정의로운 사회' '협력에 바탕한 미래 지향적 거버넌스'를 정책 목표로 설정하며, 이주민의 초기 사회 적응을 위한 조기적응 프로그램, 한국어·한국사회 이해교육 등을 시행하는 사회통합프로그램을 수준별, 단계별로 제공하고 있다.

한편, 사회통합교육의 대상을 살펴보면 우리나라는 결혼이민자가 주를 이루고 있어, 외국인 노동자가 주요 대상인 유럽과 대조적임을 알 수 있다. 이민자는 법무부에서 제공하는 사회통합 프로그램을 통해 600시간의 한국어 과정을 이수하면 귀화시험을 면제받을 수 있는데, 외국인 노동자는 일정 기간이 지난 후 출국하기 때문에 시험이나 교육의 의무가 부과되지 않는다.

　여성가족부는 「다문화가족지원법」을 근거로 다문화가족 정책 총괄을 맡고 있다. 대표적인 사업으로는 다문화가족위원회 운영 지원, 다문화가족 사회통합정책 수립, 결혼이주여성을 위한 종합정보 제공 및 통역·번역 서비스, 다문화가족 자녀 양육 지원, 가족센터 운영 지원, 국제결혼 중개업 관리, 이주여성의 인권 보호 및 자활 지원 등의 업무를 담당하고 있다. 제2차 다문화가족정책기본계획(2013~2017년)에서부터 이주배경 아동과 관련한 정책들을 도입하였으며, 2018~2022년에 해당되는 제3차 다문화가족정책기본계획에서는 이주배경 청소년 지원이 핵심정책으로 명시되었다(여성가족부, 2020a). 이 중 다문화가족 자녀 대상 정책을 살펴보면, 출생 및 초기 성장 자녀가 많았던 제1·2차 기본계획 추진 시와 달리, 학령기(청소년기) 자녀의 비율이 상승한 변화에 주목하여 '청소년 성장지원 사업'과 '성장배경이 특수한 중도입국자녀 지원 강화'를 중점 세부과제로 두고 있다. 특히 '중도입국자녀 맞춤형 지원 확대'를 위해 '한국어 교육 운영의 내실화, 조기 적응을 위한 레인보우스쿨 확대 및 다양화, 심리·정서 지원 프로그램 운영, 학교 밖 청소년을 위한 내일이룸학교 및 훈련과정 확대' 등의 사업을 추진하고 있다.

　여성가족부는 지자체와의 협력을 통해 가족센터를 운영하고 있으며, 이주배경청소년지원센터(무지개청소년센터) 및 위탁 운영기관에서 이러한 사업들을 운영하고 있다. 2020년 4분기 전국 가족센터 현황(다문화가족지원포털 다누리, 2020. 12. 05. 검색)에 따르면, 전국 228개소(건강가정·가족센터 통합센터 196개소, 가족센터 32개소)의 센터가 운영되고 있으며, 결혼이민자 역량강화 프로그램을 비롯하여 자녀 대상 언어발달 지원사업과 이중언어 환경조성 사업 등을 주요하게 수행하고 있다.

　교육부는 다문화가족 자녀 교육정책을 통해 다문화가족 자녀를 비롯해 미등록 아동, 중도입국 청소년 등에 대한 교육을 지원하고 있다. 교육부는 2006년 '다문화가정 자녀 교육지원 대책' 수립을 시작으로 매년 다문화학생 자녀의 교육기회 보장 및 교육격차 해소를 위한 지원 방안을 강구하고 있다. 2013년도에는 「초·중등교육법 시행령」 제19조 및 제75조가 개정됨에 따라 초·중학교에 다문화 특별학급을 운영할 수 있는 제도적 근거가 마련되었다. 2019년도의 추진과제는 ① 다문화학생 맞춤형 지원 강화, ② 학교 구성원의 다문화 수용성 제고, ③ 다문화교육 지원체계 내실화이다. 이 가운데 첫 번째 추진 과제에 중도입국 자녀의 공교육 진입 지원 방안을 별도로 명시하고 있어, 중도입국 자녀의 교육기회 보장을 도모하고 있음을 엿볼 수 있다. 교육부는 시·도교육청을 통해 다문화교육 정책학교와 중앙·지역다문화교육센터에서 다문화교육 관련 사업들을 진행하고 있다.

행정안전부는 2006년 「거주외국인 지원 표준 조례」 준거안을 통해 지방자치단체가 외국인주민을 대상으로 하는 지원조례를 제정하도록 유도하였다. 이에 각 지방자치단체는 지역적 특성을 토대로 외국인주민의 지역사회 생활정착, 북한이탈주민의 지역사회 생활정착 지원을 담당하고 있다. 해당 조례는 지방자치단체의 외국인정책이 중앙정부의 준거안을 따르되, 주민들의 요구를 반영하는 정책이 결정되고 집행될 수 있도록 허용하였다(정회옥, 박명아, 2018). 2017년부터는 다문화이주민플러스센터를 통해 다문화가족과 외국인을 대상으로 한 정부 서비스를 한 곳에서 제공하고 있다. 센터에서는 출입국 체류관리와 고용허가, 한국어교육, 상담, 통번역 등 다문화가족과 외국인의 한국 생활에 필요한 각종 행정·지원 서비스를 원스톱으로 제공한다.

외교부는 「재외동포재단법」 제1조에 근거하여 재외동포에 대한 외교정책의 수립 및 시행을 담당하고 있다. 크게 세 가지의 정책이 존재하는데, 재외동포의 정체성을 함양하고 역량을 강화시키기 위한 한국학교, 한글학교에 대한 지원, 동포사회의 육성·지원을 통해 한인사회를 활성화하기 위한 지원, 그리고 해외 한인 입양인, 베트남 귀환 한국 국적 자녀, 러·CIS 무국적 고려인 등 소외동포에 대한 지원 사업을 운영하고 있다.

문화체육관광부는 「문화다양성 보호와 증진에 관한 법률」을 근거로 하여 문화다양성위원회를 2021년에 수립하고, 제1차 문화다양성 보호 및 증진 기본계획(2021~2024년)을 발표하였다. 해당 계획에서는 '소수자의 문화참여와 접근성 보장' '문화다양성 가치 확산과 공존기반 형성'을 핵심과제로 선정하여 다양한 문화주체의 참여, 미디어에 대한 접근성 지원, 생애주기별로 문화다양성과 관련한 교육 지원 등을 담당하고 있다.

고용노동부는 「외국인고용법」을 근거로 하여 외국인근로자에 대한 제반 상담 및 취업 알선 사업, 외국인력 도입 및 송출국 선정, 불법고용대책을 지원하고 있다. 고용노동부장관은 외국인근로자 도입계획을 정책위원회의 심의 및 의결을 거쳐 수립하며 매년 3월 31일까지 관보, 일간신문, 인터넷 등에 공표해야 한다. 고용노동부 산하에는 고용노동부 고용센터를 두어 외국인 고용허가(신규 외국인력 신청 및 배정), 고용허가 연장, 취업기간만료자 취업활동기간 연장, 고용변동 신고 등 고용허가제와 관련된 각종 업무를 수행하고 있다. 또한 외국인노동자지원센터를 통해 외국인근로자의 국내 생활적응 및 원활한 취업활동을 촉진하고 사업주가 인력활용을 원활히 하는 데 도움이 되고자 외국인노동자지원센터를 설치 운영하고 있다.

통일부는 「북한이탈주민의 보호 및 정착지원법」을 근거로 북한이탈주민 정책을 총괄한다. 이에 북한이탈주민의 취업보호 및 취업지원 대책 수립, 북한이탈주민 후원지원 협조, 하나원 운영지원 및 관리를 담당하고 있다.

농림수산식품부는 「다문화가족지원법」을 근거로 농촌거주 결혼이주여성들을 위한 양육·언어교육, 영농교육, 결연 사업 등을 담당하고 있다. 산업통상자원부는 「외국인고용법」을 근거로 외국인 근로자 선발 업무를 운영한다.

보건복지부는 「북한이탈주민의 보호 및 정착지원법」「외국인고용법」「다문화가족지원법」을 근거로 북한이탈주민과 외국인과 다문화가족의 복지지원을 맡고 있다.

한편, 개별 부처 및 기관들 간에 제공하는 서비스들이 서로 조정되지 못한 상태에서 개별적이고 산발적인 형태로 제공될 경우 정책의 비효율성 문제가 필연적으로 수반된다(신혜진 외, 2018; 연보라 외, 2019; 장임숙, 2013). 중앙부처, 지자체 단위에서 정책의 중장기 방향성을 함께 수립하고 공유할 필요성이 높으며, 일선 실천현장에서도 유사한 사업의 중복을 줄이기 위해 기관들 간의 네트워크 및 연계를 통해 서비스 제공의 효율성을 제고할 필요가 있다.

참고문헌

국무총리실, 관계부처합동(2010). 다문화가족지원정책 기본계획(2010-2012).

김병록(2020). 이민정책의 법제와 헌법적 과제, 미국헌법연구, 31(2), 1-48.

김종세(2010). 다문화가족의 의의와 규범적 근거에 관한 소고. 법학연구, 37, 1-19.

노법래, 양경은(2020). 한국 다문화 담론 구조와 그 시계열적 변동: 언론 기사문 텍스트 마이닝 분석을 중심으로. 한국사회복지학, 72(3), 33-58.

김동일, 이대식, 신종호(2016). DSM-5에 기반한 학습장애아동의 이해와 교육(3판). 서울: 학지사.

김병록(2020). 이민정책의 법제와 헌법적 과제. 미국헌법연구, 31(2), 1-48.

김태원, 김유리(2011). 다문화가족정책을 통한 사회통합수준 분석: Castles and Miller의 모형을 중심으로. 인문연구, 62, 323-362.

문병효(2018). 한국 출입국관리법의 쟁점과 발전방향. 강원법학, 55, 243-281.

박민지, 이춘원(2019). 이주민의 법적지위와 관련하여 재한외국인처우기본법의 한계와 개선방안에 대한 고찰. 법학논총, 32(1), 187-215.

박세란(2015). 자기자비가 자기조절과정에 미치는 영향: 자기자비 증진 프로그램의 개발 및 효과 검증. 서울대학교 대학원 박사학위논문.

법무부(2018). 제3차 외국인정책 기본계획(2018~2022년).

법무부 출입국, 외국인정책본부 난민과(2015). 난민인정자, 인도적 체류자, 난민신청자를 위한 난민인정절차 가이드북.

송민혜, 양승범(2017). 중앙정부의 이주, 사회통합정책 전달체계 분석: 외국인정책기본계획을 중심으로. 한국공공관리학보, 31(1), 29-53.

신동훈, 양경은(2020). 일상 속 이주민 목격과 대중매체의 이주민 재현이 다문화수용성에 미치는 향. 사회과학연구, 46(1), 111-139.

양경은, 박송이, 고윤정(2020). 초록우산어린이재단 연구보고서.

여성가족부(2018). 제3차 다문화가족정책기본계획(2018~2022년).

이규용(2014). 한국의 이민정책 쟁점과 과제. 월간노동리뷰, 11, 7-31.

이수인, 이순미, 최지훈. (2019). 지역사회 기반 이주배경청소년 지원 네트워크 구축 방안. 전북연구원 정책연구 보고서.

이유진(2009). 캐나다의 이민자 통합정책 레짐에 대한 연구: 온타리오 주를 중심으로. 다문화사회연구, 2(1), 5-31.

이은채(2022). 다문화가족지원법의 문제점과 개선방향: 이주민 삶의 질과 사회통합 관점에서. 법과사회, 69(2), 127-161.

장임숙(2013). 지역의 다문화가족지원을 위한 협력네트워크에 관한 사회네트워크분석(Social Network Analysis). 한국행정논집, 25(3). 693-718.

정경욱(2016). 사회통합을 위한 국적제도 및 이민제도 개선방안. 법학논문집, 40(2), 279-298.

정회옥, 박명아(2018). 지방자치단체 외국인 관련 자치법규의 비교 분석: 외국인 지원 조례를 중심으로. 현대정치연구, 11(1), 5-43.

조성혜(2019). 외국인고용법에 대한 비판적 검토:규제와 보호를 중심으로. 서울법학, 27(3), 233-287.

차용호(2008), 이민자 사회통합을 위한 정책방향, 2008 추계 한국이민학회 발표문.

Banting, K., & Kymlicka, W. (2003). Multiculturalism and welfare Are multiculturalist policies bad for the welfare state?

Diener, E. (1984). Subjective well-being. *Psychological Bulletin, 193,* 542-575.

Sainsbury, D. (2006). Immigrants' social rights in comparative perspective: Welfare regimes, forms of immigration and immigration policy regimes. *Journal of European Social Policy, 16*(3), 229-244.

제 5 장

다문화가족

2000년대 중반부터 본격적으로 증가하기 시작한 다문화가족은 2022년 기준 그 규모가 무려 109만 명으로 추산된다. 다문화가족 규모의 급성장과 더불어 다문화가족 구성원들의 국내 체류 기간이 장기화되면서 우리 사회의 다문화가족 지원의 방향성은 여러 면에서 전환이 요구되고 있다. 결혼이민자의 초기 정착 지원에 초점을 맞추었던 초기 정책과는 달리 이제는 다문화가족의 다양한 형태와 특성, 욕구를 포괄할 수 있는 정책과 서비스가 필요한 시점이다. 이 장에서는 먼저 우리 사회에서 바라보는 다문화가족이란 무엇인지 그 개념과 정의를 알아보고, 다문화가족의 현황과 실태를 파악해 본다. 다음으로, 우리나라에서 다문화가족 정책과 서비스가 추진되어 온 과정을 시대 순으로 살펴보면서 정부 각 부처별로 시행되고 있는 다문화가족 정책과 다문화가족지원센터를 중심으로 수행되어 온 다문화가족 서비스의 전달체계를 살펴본다. 마지막으로, 최근의 다문화가족 서비스 전달체계 재편에 관한 논의를 살펴보고자 한다.

1. 다문화가족의 개념과 정의

우리 사회에서 외국인 배우자와 한국인 배우자와의 결혼, 소위 국제결혼을 통하여 형성되는 가족의 역사는 매우 길지만, 이들을 다문화가족이라는 명칭으로 부르게 된 것은 2000년대에 들어선 이후이다. 다문화가족과 관련한 국내 법률에는 「다문화가족지원법」 「재한외국인 처우 기본법」 「국적법」 등이 있는데, 「다문화가족지원법」에 따르면 다문화가족은 ① 결혼이민자와 국적법에 따른 출생, 귀화, 인지를 통해 대한민국 국적을 취득한 자로 이루어진 가족, 또는 ② 국적법에 따른 귀화나 인지를 통해 대한민국 국적을 취득한 자와 국적법에 따른 출생, 귀화, 인지를 통해 대한민국 국적을 가진 자로 이루어진 가족을 말한다.

다문화가족에 대한 정의는 광의의 개념과 협의의 개념으로 구분할 수 있다. 현행법에서의 다문화가족은 주로 결혼이민자 가족, 즉 가족 구성원 중 최소 한 사람이 대한민국 국민인 경우로 제한하여 규정하고 있기 때문에 협의적 개념의 다문화

> **「다문화가족지원법」 제2조(정의)**
>
> 〈개정 2011. 4. 4., 2015. 12. 1.〉
>
> 1. "다문화가족"이란 다음 각 목의 어느 하나에 해당하는 가족을 말한다.
>
>   가. 「재한외국인 처우 기본법」 제2조 제3호의 결혼이민자와 「국적법」 제2조부터 제4조까지
>   의 규정에 따라 대한민국 국적을 취득한 자로 이루어진 가족
>
>   나. 「국적법」 제3조 및 제4조에 따라 대한민국 국적을 취득한 자와 같은 법 제2조부터
>   제4조까지의 규정에 따라 대한민국 국적을 취득한 자로 이루어진 가족
>
> 2. "결혼이민자 등"이란 다문화가족의 구성원으로서 다음 각 목의 어느 하나에 해당하는
>   자를 말한다.
>
>   가. 「재한외국인 처우 기본법」 제2조 제3호의 결혼이민자
>
>   나. 「국적법」 제4조에 따라 귀화 허가를 받은 자

출처: 국가법령정보센터(http://www.law.go.kr). 「다문화가족지원법」.

가족을 명시한다고 볼 수 있다(김유경, 2011; 이은채, 2022). 「다문화가족지원법」은 결혼이민자와 다문화가족을 보호하기 위한 법률로서 외국인 노동자, 외국 국적 동포, 난민 등과 이들의 가족은 다문화가족의 범위에서 제외되며, 따라서 이들에 대한 지원 또한 배제하고 있다(이은채, 2022). 이처럼 우리나라에서 주로 다문화가족은 광의의 개념보다는 협의의 개념에 더 가까운 의미로 쓰이는 경향이 있다. 「다문화가족지원법」 등과 같이 다문화가족을 결혼이민자로 이루어진 가족으로 한정하는 개념은 학계와 정부 부처, 언론과 일반시민 등이 사용하는 다문화의 개념보다 훨씬 협소한 개념이다(이은채, 2022, p. 143).

반면, 다문화가족의 광의적 개념은 국내에 거주하는 외국인 노동자, 결혼이주여성, 북한이탈주민 등의 가족을 모두 포함한다. 우리 정부가 다문화 구성원으로 분류하는 외국인 주민의 경우에는 결혼이민자, 외국인 노동자, 외국 국적 동포, 기타 외국인이 모두 포함된다. 국내 전체 외국인 주민 중 결혼이민자의 비율은 2020년 기준 10.2%에 불과하고 외국인 노동자(26.9%), 외국 국적 동포(20.4%), 유학생(8.4%) 등이 외국인 주민의 과반을 차지하여 결혼이민자보다 훨씬 큰 비중을 차지한다(행정안전부, 2020). 이 외에도 새로운 유형의 이주자 또한 점차 증가하고 있으며, 국내 외국인 가족들의 욕구와 문제는 더욱 다양해지고 복잡해지고 있다. 이러한 현실을 충분히 반영하여 더욱더 다양한 집단들의 복잡한 욕구 및 문제에 대한 지원을 통해 사회통합으로 나아가야 할 필요성이 대두되고 있다. 외국인 주민이 총 인구의 5% 이상으로 정의되는 다문화사회로 점차 근접해 가고 있는 우리 사회에서 다문화 혹은 다문화가족의 개념을 협의의 개념으로 한정 짓는 것이 과연 시대적 흐름에 적절한지에 대한 논의가 필요하다. 「다문화가족지원법」을 제정할 당시에는 결혼이민자의 국내 정착이 가장 중요한 사안이었으나, 이제는 시대적 변화에 발맞추어 다양한 유형의 외국인 가족이 우리 사회에 잘 통합될 수 있도록 법제, 정책, 서비스의 조정이 필요할 것이다.

2. 다문화가족 실태와 현황

1) 다문화가족 현황과 추이

법무부(2021)가 조사한 출입국자 및 체류 외국인 통계 자료에 따르면, 2021년 기준 결혼이민자 수는 16만 6,771명으로 이는 전년 대비 1.1% 감소한 수치이다. 2019년까지는 결혼이민자의 수가 전년 대비 2% 이상씩 증가해 왔다. 그러나 코로나19의 확산으로 인해 국가 간의 이동이 제한됨에 따라 2020년 이후 신규 입국하는 결혼이민자 수가 감소하였고, 2021년 결혼이민자는 전년과 비슷한 수준으로 유지되고 있다. 결혼이민자 성별로는 여성이 13만 5,019명(80.9%)이고 남성이 3만 1,742명(19.1%)으로 여성이 대부분을 차지한다. 결혼이민자의 국적은 중국(35.4%), 베트남

표 5-1 결혼이민자 현황 (단위: 명)

		2012	2013	2014	2015	2016	2017	2018	2019	2020	2021
	합계	148,498	150,865	150,994	151,608	152,374	155,457	159,206	166,025	168,594	166,771
성별	남자	20,958	22,039	22,801	23,272	23,856	25,230	26,815	28,931	30,716	31,752
	여자	127,540	128,826	128,193	128,336	128,518	130,227	132,391	137,094	137,878	135,019
지역	경인	79,469	79,905	78,802	78,769	78,585	80,570	83,015	87,304	89,351	90,211
	영남	30,642	31,689	32,036	32,506	33,101	33,713	34,299	35,323	35,308	34,787
	호남	15,745	15,852	15,936	16,001	16,145	16,086	16,137	16,388	16,591	16,341
	충청	16,067	16,545	16,528	16,705	16,211	17,161	17,710	18,503	18,685	18,751
	기타	5,668	5,773	5,851	5,981	6,563	6,118	6,257	6,541	6,677	6,681
국적	중국	63,035	62,400	60,663	58,788	56,930	57,644	58,706	60,324	60,072	59,770
	베트남	39,352	39,854	39,725	40,847	41,803	42,205	42,460	44,172	44,058	41,447
	일본	11,746	12,220	12,603	12,861	13,110	13,400	13,738	14,184	14,595	15,074
	필리핀	9,611	10,383	11,052	11,367	11,606	11,783	11,836	12,030	12,002	12,041
	기타	24,754	26,008	26,951	27,745	28,925	30,425	32,466	35,315	37,867	38,439

출처: 법무부(2021).

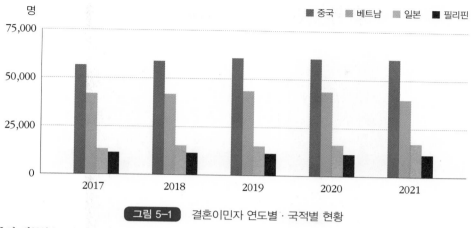

그림 5-1 결혼이민자 연도별 · 국적별 현황

출처: 법무부(2021).

(24.6%), 일본(8.9%), 필리핀(7.1%) 등이 주로 포함된다.

2020년 다문화 인구동태 통계(통계청, 2022)에 따르면, 다문화 혼인은 총 1만 6,177건으로 전년 대비 34.6%(8544건)가 감소하였다. 2020년 우리나라 전체 혼인은 21만 4,000건으로 전년보다 10.7% 감소한 것과 비교할 때, 다문화 혼인의 감소폭이 훨씬 더 크다는 것을 알 수 있다. 전체 혼인 중 다문화 혼인의 비중은 7.6%로

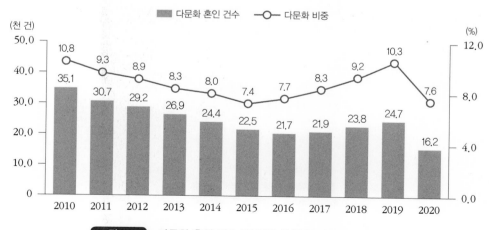

그림 5-2 다문화 혼인 건수 및 전체 혼인 중 다문화 비중 추이

출처: 통계청(2022).

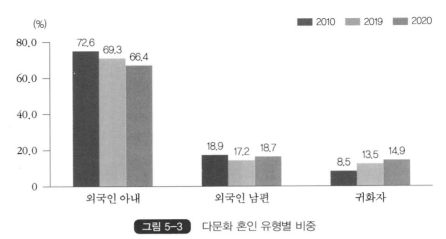

그림 5-3 다문화 혼인 유형별 비중

출처: 통계청(2022).

전년의 10.3%보다 2.7% 감소한 수치이다.

　다문화 혼인의 유형을 살펴보면, 한국인 남편과 외국인 아내의 결혼 유형이 가장 많은 혼인 유형으로 보고되고 있으며(2020년 기준 66.4%), 한국인 아내와 외국인 남편의 결혼(2020년 기준 18.7%), 귀화자(2020년 기준 14.9%) 순이다. 2016년부터 최근까지의 통계에 따르면, 국제결혼 총 건수 중 한국 남자와 외국 여자 간의 국제결혼은 약 70% 이상 혹은 그 수준을 꾸준히 유지해 왔으나(통계청, 2022), 2020년에는 그 비중이 소폭 감소한 것이다. 2020년 기준으로 다문화 혼인 중 외국인 아내의 비

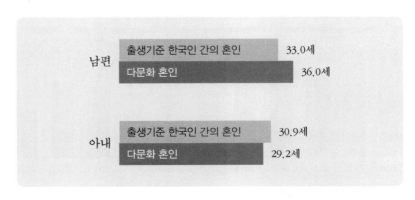

그림 5-4 다문화 혼인 평균 초혼 연령(2020년)

출처: 통계청(2022).

중은 전년에 비해 2.9% 감소하였고, 외국인 남편은 1.5%, 귀화자는 1.4% 각각 증가하였다(통계청, 2022).

[그림 5-4]~[그림 5-6]에 나타난 다문화 혼인을 한 남편과 아내의 나이와 관련한 특징은 다음과 같다. 다문화 혼인을 한 한국인 남편의 평균 초혼 연령은 36.0세로, 한국에서 출생한 한국인 간의 혼인에서 남편의 평균 초혼 연령이 33.0세인 것에 비해 높은 편이다. 다문화 혼인을 한 외국인 아내의 평균 초혼 연령은 29.2세로, 출생 기준 한국인 간의 혼인에서 아내의 평균 초혼 연령이 30.9세인 것에 비해 낮은 편이다. 다문화 혼인을 한 남편의 경우 45세 이상의 비중이 28.6%로 가장 많고, 30대 초반(19.4%), 30대 후반(17.9%) 순이다. 반면, 출생기준 한국인 간의 혼인을 한 남편의 경우 그 연령대가 30대 초반(37.6%), 20대 후반(22.4%), 30대 후반(18.6%)의 순으로 다문화 혼인을 한 남편에 비해 연령대가 낮음을 볼 수 있다.

한편, 다문화 혼인을 한 아내의 경우에는 20대 후반이 26%로 가장 많고, 30대 초반(24.5%), 20대 초반(14.6%)이 그 뒤를 잇는다. 출생 기준 한국인 간의 결혼의 경우에는 아내의 연령대가 20대 후반(35.5%), 30대 초반(31.6%) 순으로 많다는 점에서 다문화 혼인을 한 아내의 연령대와 1, 2순위가 동일하다. 그러나 한국인 간 결혼을 한 아내의 경우에는 20대 초반은 5.1%에 불과하여 다문화 혼인을 한 아내의 20대

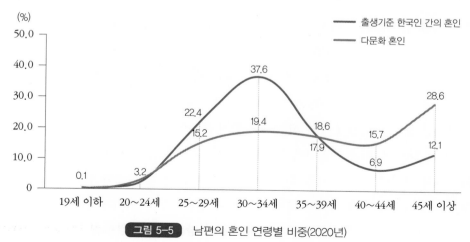

그림 5-5　남편의 혼인 연령별 비중(2020년)

출처: 통계청(2022).

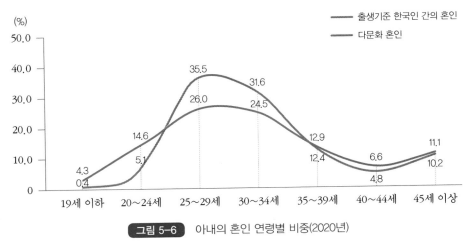

그림 5-6 아내의 혼인 연령별 비중(2020년)

출처: 통계청(2022).

초반 비중(14.6%)과 크게 대비된다.

다문화가족의 규모는 2022년 기준 전체 37만 가구, 가구원 수 109만 명으로 추정되고 있으며, 이는 전체 가구 대비 1.8%, 전체 가구원 대비 2.1%를 차지한다(여성가족부, 2022). 다문화자녀 출생의 경우, 출생 건수 자체는 전년보다 8.5% 감소했지만 2020년 우리나라 전체 신생아 출생이 전년보다 10% 감소한 것에 비해 다문화자녀의 출생은 감소폭이 작았음을 알 수 있다. 또한 전체 신생아 출생 중 다문화자녀 출생 비율이 2010년 4.3%, 2017년 5.2%에서 2020년에는 6.0%(총 16,421명)로 지속적으로 상승하고 있다. 2018년 현재 국내 출생 신생아 100명 중 6명이 다문화 자녀라는 사실을 통해 이들 세대가 성장함에 따라 다문화 배경을 가진 국민의 비중이 급속히 증가할 것이라는 전망이 가능하다(여성가족부, 2018).

이러한 결과들을 통해 우리 사회 구성원의 문화적 배경이 점차 다양해지고 있음을 알 수 있으며, 이는 단일민족과 순혈주의를 강조해 오던 우리 사회가 점차 다문화사회로 근접해 가고 있음을 의미한다. 결혼이민자와 혼인귀화자가 꾸준히 증가하거나 유지되는 추세 속에서, 최근에는 특히 결혼이민자에 비해 혼인귀화자가 급격히 증가하는 등 결혼이민자들의 국내 체류가 장기화되는 경향을 보이고 있다(여성가족부, 2022). 이처럼 다문화가족의 국내 거주기간이 길어지고 이들이 우리 사회

그림 5-7 다문화 출생아 수와 전체 출생아 중 다문화 출생아의 비중

출처: 통계청(2022).

에 장기 정착하게 되면 이들을 위한 정책적 방향 또한 변화가 필요할 것이다. 다문화가족의 정착이 장기화될수록 경제적 어려움, 자녀교육, 편견과 차별 문제 등 이들의 문제와 욕구는 더욱 다양해지고 복잡해질 것이다. 아동기에서 청소년기로 진입하는 다문화자녀들의 수 또한 급격히 증가할 것이기에 다문화청소년, 더 나아가 다문화청년의 현황과 욕구를 파악하는 것 또한 필요할 것이다. 기존의 다문화가족 지원 및 정책들이 다문화가족의 초기적응에 초점을 맞추었다면, 이제는 다문화가족을 둘러싼 환경 변화에 민감하게 대응하여 이들의 장기 정착화를 지원하여야 할 것이다(여성가족부, 2018).

2) 전국 다문화가족 실태조사

여성가족부는 「다문화가족지원법」 제4조에 의거하여 3년마다 전국 다문화가족 실태조사를 실시해 오고 있다. 전국 다문화가족 실태조사는 다문화가족의 일반적 특성뿐만 아니라 결혼이민자 배우자·자녀의 생활실태를 파악하여 다문화가족 정책에 반영하려는 목적성을 띤다. 실태조사의 내용은 결혼이민자 및 귀화자와 그들의 배우자·자녀의 결혼생활 및 가족관계, 자녀 양육, 사회생활 및 지원서비스, 경제활동, 가정생활 및 학교생활, 정서 및 사회생활, 진로 및 교육지원 등을 포함한다. 실태조사를 통해 전국의 다문화가족에 대한 기초자료를 수집하고, 이를 기초로 하여 5년마다 다문화가족정책에 관한 기본계획을 수립하는 등 다문화가족 관련 중장기 지원정책 수립에 활용하고 있다. 가장 최근 실시된 실태조사는 2021년에 수행된 것으로, 전국 다문화가족 1만5,578가구를 대상으로 하였으며, 2022년 상반기에 실태조사 결과가 발표되었다. 여성가족부는 이 결과를 토대로 제4차 다문화가족 정책 기본계획(2023~2028)을 수립할 예정이며, 학령기 자녀 맞춤형 교육 및 돌봄 체계를 포함하여 다문화가족정책의 방향과 비전을 제시할 예정이다.

다음은 2022년에 발표된 2021년 전국 다문화가족 실태조사의 주요 결과(최윤정 외, 2022)를 요약한 내용이다.

(1) 가구 현황

2021년 기준 다문화 가구는 총 34만 6,017가구로, 그중 결혼이민자 가구가 82.4%, 기타 귀화자 가구가 17.6%를 차지한다. 다문화가족의 거주지역은 서울, 경기, 인천 등 수도권이 56.1%이며, 이 지역들의 거주자가 76.8%로 읍·면 지역 거주자(23.2%) 비율의 3배 이상이 된다. 가족 구성은 부부와 자녀 가구가 35.5%, 부부 가구 30.0%, 한부모 가구 10.9%, 1인 가구 8.3% 순으로 많고, 부부 가구의 비중(30%)이 2018년 실태조사 결과 17.0%였던 것에 비하여 13%가 증가하였다. 가구 내에 등록장애인이 있는 비율은 7.3%로 지속적으로 증가하는 추세이다. 가구소득은 과반수(50.8%)가 300만 원 이상인 집단에 속했고 2018년에 비해서 이 집단의 비율이 9.0% 증가하였다. 그러나 총 가구의 51.5%가 코로나 19로 인해 소득이 감소했다고 응답하였다.

(2) 결혼이민자 · 기타귀화자의 일반적 특성

결혼이민자 중 15년 이상 국내에 거주한 집단의 비율이 큰 폭으로 증가하였으며, 결혼이민자들의 연령대도 높아지고 있다. 혼인상태는 배우자가 있는 가구가 84.8%, 이혼하거나 별거 중인 가구 8.6%, 사별한 가구 3.2%이다. 이혼·별거 사유로는 성격 차이가 50.7%로 가장 많고, 그 외에 경제적 문제, 학대·폭력 등이 보고 되었다. 이혼·별거 후 자녀 양육은 결혼이민자가 책임지고 있는 경우가 대부분이 었다(93.3%).

부부관계의 만족도 및 부부 간의 대화시간은 증가하고, 배우자와의 문화적 차이 및 갈등 경험은 감소하는 등 부부관계가 개선된 것으로 보고되었다. 부부 간 갈등은 2018년에 비해 15.5%가 감소한 46.3로 나타났고, 갈등 사유로는 성격 차이 (56.6%), 양육 문제(26.7%), 경제적 문제(24.7%) 순으로 나타났다. 부부 간의 문화적 차이 경험은 52.4%로 2018년에 비해 3.5% 감소한 수치이며, 주로 식습관이나 의사소통 방식에서 문화적 차이를 경험한다고 나타났다.

(3) 자녀양육 관련

만 5세 이하 자녀의 경우 양육의 어려움은 감소한 것으로 나타났는데, 만 6세 이상의 자녀가 있는 가구의 자녀양육의 어려움은 증가하였다. 만 5세 이하 자녀를 가진 부모의 경우에는 한국어 교육을 가장 어렵게 느끼고, 만 6세 이상은 학습지도를 가장 힘들게 느끼는 것으로 나타났다.

(4) 경제활동

결혼이민자와 기타귀화자의 고용률은 60.8%로 2018년 대비 5.6% 감소하였고, 이는 전체 국민의 고용률(62.4%)에 비해 낮은 수치이다. 단순노무 종사자는 32.4%로 2018년보다 4.5% 증가하였는데, 전체 근로자 중 단순노무 종사자의 비율(14.4%)보다 18%나 높은 비율이다. 상용근로자는 2018년보다 5.4% 증가한 47.7%인데, 전체 근로자 중 상용근로자의 비율(54.6%)보다 낮았다. 다시 말해, 일반 근로자들에 비해 결혼이민자와 기타귀화자의 경우 상용근로자보다 단순노무 종사자의 비율이 높음을 알 수 있다.

(5) 사회생활

한국 생활에 어려움이 없다는 비율이 8%가 증가하였다(37.9%). 어려움이 있는 경우는 주로 언어, 경제적 문제, 외로움 등이고 차별받은 경험은 16.3%였으나, 이 수치는 이전에 비해 감소한 것으로 나타났다. 자녀교육 등 개인적 문제에 도움을 받거나 의논할 상대가 없다는 응답 또한 감소하였다. 전반적으로 한국 생활의 어려움과 차별 경험이 감소하고 사회관계는 확대되는 등 결혼이민자나 기타귀화자의 한국 생활 적응도가 높아지고 있다고 볼 수 있다.

(6) 지원 서비스

과반수의 응답자가 다문화가족 서비스 이용 경험이 있다고 답변하였는데(61.9%), 입국 전 교육(36.2%), 한국 사회 적응교육(30.4%) 등 주로 초기적응을 위한 지원 서비스를 이용하고 있다. 한편, 다문화가족들이 지원 서비스가 더 필요하다고 느끼는 영역은 초기 적응을 위한 지원보다는 일자리 소개였다.

(7) 다문화가족 자녀 현황

전체 다문화가족 자녀 중 만 9~24세가 43.9%로 2018년 대비 8.3% 증가했으며, 이 중 대부분이(90.9%) 국내에서만 성장한 자녀였다. 다문화가족 자녀들을 위한 서비스 중에서는 학습지원과 진로상담 및 교육에 대한 수요가 높게 나타났다. 주목할 점은, 다문화가족 자녀들 중 만 15세 이상임에도 학교에 다니지 않고 취업도 하지 않은 비율(14%)이 2018년에 비해 증가했다는 점이다. 이들 중 대부분(49%)은 취업 준비 중인 것으로 나타났다.

(8) 다문화가족 자녀–부모의 관계

다문화가족 자녀들의 부모와의 관계 만족도가 2018년 대비 하락하였는데, 특히 아버지와 전혀 대화하지 않는다는 응답이 2015년 7.0%, 2018년 8.6%, 2021년 10.5%로 지속적으로 증가하고 있고, 어머니와의 대화 시간도 전반적으로 감소하고 있다. 이중언어 사용과 관련하여, 다문화가족 자녀가 외국 출신 부모의 모국어를 한국어만큼 잘하고 싶다고 답한 비율도 크게 감소(2018년 42.4%, 2021년 27.3%)하는 등 다문화가족 자녀들의 이중언어 사용에 대한 의지가 감소하고 있다. 다문화가족으로서의 자긍심과 자아존중감 또한 2018년에 비해 낮게 나타났다.

(9) 다문화가족 자녀의 학교생활

다문화가족 자녀의 취학률은 전체 국민과 비교할 경우 학교 및 학급별에서 모두 낮게 나타났다. 특히 전체 국민과 다문화가족 자녀 간 고등교육기관의 취학률 격차가 매우 크다. 만 13세 이상인 다문화가족 자녀가 희망하는 교육 수준은 2018년에 비해 전반적으로 증가하였다. 예를 들어, 4년제 대학교 이상까지 희망하는 비율이 67.1%였다. 그러나 이 수치는 전체 청소년(80.7%)에 비해서는 여전히 낮은 수준이다.

학교폭력 경험(2.3%)과 차별 경험(2.1%)은 모두 2018년에 비해 크게 감소하였다. 차별 경험 관련해서는 특히 고용주와 직장동료로부터의 차별이 크게 감소하였으며, 고민이 있을 경우 상담을 할 수 있는 상대는 2018년 결과에서는 부모의 비율이 가장 높았으나, 2021년에는 친구나 선배 등 또래의 비율이 가장 높았고, 이는 일반 청소년과 유사한 결과이다.

3. 다문화가족정책 추진 과정

우리나라에서 추진되는 다문화 정책은 크게 두 가지로 구분되는데, 「재한외국인 처우 기본법」을 기초로 하는 재한외국인정책과 「다문화가족지원법」을 기초로 하는 다문화가족정책이 그것이다. 이 절에서는 다문화가족정책 기본계획 및 다문화가족 지원정책을 중심으로 우리나라의 다문화가족정책이 시대별로 어떻게 발달해 왔는지를 살펴보고자 한다.

1990년대부터 2000년대 중반까지만 해도 우리나라의 다문화 정책은 주로 외국인 인력과 관련한 정책들이 대부분이었다. 외국인 인력정책의 성격 또한 외국인을 우리 사회에 정착시키거나 통합하고자 하는 정책과는 거리가 먼 폐쇄적 규제정책이었다(우수명, 주경희, 김희주, 2021). 외국인과 관련하여 보다 사회통합적 성격을 지닌 정책으로 전환하여 다문화가족 관련 지원 및 정책 마련이 시도되기 시작한 것은 2000년대 중반 이후이다. 이 시기는 결혼이민자가 증가하고 국제결혼 비율이 전체 결혼 중 10%를 넘어서기 시작한 시기로서, 외국인과 다문화가족을 위한 사회적 지원의 필요성이 대두되던 시기이다. 이에 따라 이들의 사회적응과 사회통합을 위해 국가의 적극적인 개입이 추진되기 시작하였다. 2005년 여성가족부가 여성발전기금 재원을 활용하여 결혼이민자 방문교육사업을 시행한 것이 결혼이민자 및 다문화가족 지원을 위한 정책과 예산투입의 시초로 볼 수 있다(주성훈, 2010).

이후 정부에서는 2006년 4월 대통령 자문기구인 '빈부격차·차별시정위원회'와 다문화가족에 대한 정부 종합대책인 '여성결혼이민자가족의 사회통합 지원대책'을 마련하였고, 이를 시작으로 다문화가족 지원사업이 본격적으로 실시되었다(주정, 2014). 이를 통해 현재의 다문화가족 지원정책의 기본틀이 마련되었다고 평가되고 있다(우수명 외, 2021). '여성결혼이민자가족의 사회통합 지원대책'의 주요 내용은 [그림 5-8]과 같다. 여성결혼이민자가 우리 사회에 통합될 수 있도록 지원하고 장기적으로는 열린 다문화사회를 실현하는 것을 비전으로 설정하고, 탈법적 결혼중개 방지 및 당사자 보호, 안정적인 체류지원, 조기적응 및 정착 지원, 결혼이민자 자녀의 학교생활 적응 지원, 안정적인 생활환경 조성, 사회적 인식개선 및 업무책임자 교육, 업무 추진체계 및 전달체계 구축 등의 구체적 정책과제들을 수립하여 차별과 복지 사각지대를 해소하고자 하였다. 여성결혼이민자가족의 사회통합 지원대책이 마련된 이후, 이를 근거로 하여 다문화가족을 지원하기 위한 결혼이민자가족 지원센터가 시범 운영되기 시작하였는데, 2006년 21개의 센터가 설립되었고 이듬해 17개의 센터가 추가 개소되어 지원 서비스 제공이 본격화되었다(성정현, 김혜미, 김희주, 박동성, 이창호, 홍석준, 2020).

이후 2007년 「재한외국인 처우 기본법」, 2008년 「결혼중개업의 관리에 관한 법률」과 「다문화가족지원법」, 2009년 「외국인 주민 지원 조례」 등을 제정하여 다문화가족 지원정책 수행을 위한 법적·제도적 기반을 구축하였다. 법적·제도적 근거를 바탕으로 하여 현재는 다문화가족 관련 정책과 서비스를 다양한 정부 부처에서 관할하고 있다.

| 비전 | 여성결혼이민자의 사회통합과 열린 다문화사회 실현 |

| 기본방향 | 차별과 복지 사각지대 해소 |

| 정책과제 | 탈법적인 결혼중개 방지 및 당사자 보호 | • 국제결혼중개업체 관리를 위한 법률 제정
• 국제결혼에 대한 정보 · 교육으로 결혼당사자 보호
• 결혼비자 발급 서류 · 절차 표준화, 국가간 협력체계 구축 |

| | 안정적인 체류 지원 | • 배우자의 신원보증 해지신청 관리 강화
• 혼인파탄 입증 책임 및 간이귀화 입증요건 완화
• 전용 핫라인 설치 등을 통한 가정폭력 피해자 보호 |

| | 조기적응 및 정착 지원 | • 정보제공 시스템 구축 및 다문화교육 실시
• 찾아가는 서비스 제공 및 온라인 정보 활용 지원 |

| | 아동의 학교생활 적응 지원 | • 다문화교육 추진체계 구축, 학교의 여성결혼이민자 자녀 지원기능 강화, 자녀지원을 위한 교사역량 강화
• 집단 따돌림 예방, 복지 및 상담 서비스 제공 |

| | 안정적인 생활환경 조성 | • 산전 · 후 지원 등 자녀출산 및 양육 지원
• 기초생활 보장, 직업상담 및 공공서비스 부문 취업 지원
• 무료건강검진 실시, 방문보건서비스, 무료진료 지원 |

| | 사회적 인식개선 및 업무책임자 교육 | • 일반 국민의 의식제고를 위한 홍보 추진
• 지역사회의 다문화 친화적인 체계구축 및 분위기 조성
• 공무원 등 업무책임자 교육 |

| | 추진체계 구축 | • 시 · 군 · 구 단위로 결혼이민자가족지원센터 운영
• 자원봉사 인프라 구축, 상담 · 강사 · 통역 인력 양성
• 업무 추진체계 및 전달체계 구축, 추진기반 마련 |

그림 5-8 여성결혼이민자가족의 사회통합 지원대책의 비전 및 기본방향

출처: 관계부처합동(2006).

2008년에는 「다문화가족지원법」이 제정되면서 다문화가족 지원정책의 안정적 수행을 위한 추진체계를 확립하고자 하는 방향성이 더욱 확고해졌다. 2009년에는 국무총리실에 다문화가족 정책위원회를 설치하여, 여러 부처에서 다양한 정책과 사업을 추진함으로 인해 정책과 사업의 분절성, 중복성 등의 문제가 발생함에 따른 부처 간의 조정 역할과 다문화가족 지원사업 총괄 역할을 수행하게 되었다. 다문화가족 지원사업을 실질적으로 수행하는 결혼이민자가족 지원센터의 명칭은 다문화가족지원센터로 바뀌어 2006년 총 21개소였던 센터가 2010년에는 159개소로 전국적으로 확대 설치되어 지역별로 통합서비스 전달체계를 확립하였다. 2022년 기준 총 230개의 다문화가족지원센터(통합센터 포함)가 전국에 위치하여 지원 서비스를 제공하고 있다.

우리 정부는 「다문화가족지원법」에 의거하여 2010년부터 5년마다 다문화가족 정책의 기본방향과 발전시책을 담은 다문화가족 지원정책 기본계획을 수립해 오고 있다. 제1차 다문화가족 지원정책 기본계획(2010~2012)을 2010년에 최초로 수립 및 시행하였고, 2011년에 「다문화가족지원법」을 개정하면서 제2차 다문화가족 지원정책 기본계획(2013~2017)을, 2017년에는 제3차 다문화가족 지원정책 기본계획(2018~2022)을 수립 및 시행하였다. 제4차 다문화가족 지원정책 기본계획(2023~2028)은 앞에서 살펴본 2021년 전국 다문화가족실태조사의 결과를 토대로 하여 여성가족부에서 2022년에 수립할 예정으로, 다문화가족정책의 방향과 비전이 제시되고, 학령기 자녀 맞춤형 교육 및 돌봄 체계가 포함될 예정이다.

다문화가족 지원정책 기본계획의 단계별 추진계획을 포함한 다문화가족정책의 발달 전개 내용은 다음과 같다.

❖ **표 5-2** 「다문화가족지원법」에 명시된 다문화가족 지원을 위한 기본계획의 수립

제3조의 2(다문화가족 지원을 위한 기본계획의 수립) 　① 여성가족부 장관은 다문화가족 지원을 위하여 5년마다 다문화가족정책에 관한 기본계획을 수립하여야 한다.

1) 제1차 다문화가족 지원정책 기본계획(2010~2012) 수립

다문화에 대한 사회적 관심이 증가하고 부처·지자체별로 다양한 정책이 추진되면서, 기관 간 역할분담을 통한 체계적 접근의 필요성이 대두되었다. 부처별로 유사 사업의 중복 현상이 발생하여 자원과 예산 낭비의 우려가 생겼고, 지역 간 서비스의 편차가 존재하는 문제가 발생하였다. 다문화가족 지원 서비스 전달체계가 아직은 분산적·단편적이고 지원기관 간 연계도 부족한 상황이었다. 다문화가족의 증가 추세 및 수요 변화를 반영하는 중장기적 지원 대책이 아직은 부족한 시기였으며, 일반 국민의 다문화 이해 제고와 인식개선을 위한 정책도 상대적으로 부족한 단계였다.

이에 따라, 제1차 다문화가족 지원정책 기본계획을 수립하여 다문화가족 지원정책과 관련하여 통합적인 지원체계를 확립하고자 하였다. 분야별로 중점과제를 선정하여 정부의 정책역량을 집중하며, 중장기적 관점에서 수요자의 특성에 맞는 맞춤형 서비스를 확대하고자 시도하였다. 제1차 다문화가족 지원정책 기본계획은 '열린 다문화사회로 성숙한 세계국가 구현'이라는 비전을 설정하고, 다문화가족의 삶의 질 향상 및 안정적인 정착 지원, 다문화가족 자녀에 대한 지원 강화 및 글로벌 인재 육성의 두 가지 목표를 수립하였다. 이를 토대로 추진과제를 크게 5대 영역으로 나누어 ① 다문화가족 지원정책 추진체계 정비, ② 국제결혼중개 관리 및 입국 전 검증시스템 강화, ③ 결혼이민자 정착 지원 및 자립역량 강화, ④ 다문화가족 자녀의 건강한 성장환경 조성, ⑤ 다문화에 대한 사회적 이해 제고로 설정하였다. 구체적으로는 결혼이민자의 한국어 교육 및 의사소통 지원을 강화하고, 결혼이민자의 직업교육 및 취업 지원을 활성화하는 사업이 포함되었다.

2) 제2차 다문화가족 지원정책 기본계획(2013~2017) 수립

2011년에는 「다문화가족지원법」을 개정하여 〈표 5-3〉에 제시된 제3조의2 등을 신설하여 다문화가족의 범위를 확대하고 다문화가족 정책위원회, 기본계획 및 연도별 시행계획 수립의 근거를 마련하였다. 제1차 기본계획 이후 중앙정부 정책의 여러 분야들 중에서 특히 '결혼이민자의 안정적 정착 및 자립역량 강화' 분야에 예산을 가장 많이 투입하였는데, 다문화가족이 초기에 안정적으로 정착할 수 있도록 한국어 교육, 통역·번역 지원, 결혼이민자에 적합한 직업교육훈련 프로그램 개발 등의 맞춤형 서비스를 확대하였다. 사회통합프로그램 운영기관, 이주여성긴급지원센터의 지역센터가 확대되었고 다누리 콜센터가 개설됨으로써 서비스 수혜자가 확대되었다. 다문화가족 자녀의 건강한 성장을 위한 환경 조성에의 지원도 강화하여 다문화 아동의 보육료 전액 지원, 언어발달 지원, 중도입국자녀 등을 위한 특별학급 설치 등이 이루어졌다.

그러나 한국인 배우자와 자녀들의 경우 결혼이민자(외국인 아내와 외국인 어머니)의 출신 국가 문화에 대한 이해가 부족하여 다양한 문제가 생겨나기 시작하였다. 가족 내 의사소통의 어려움, 가족 간 불평등한 관계, 다문화가족 자녀의 정체성 확립의 어려움 및 언어능력 발달 저하 등의 문제들이 대두되었다. 다문화가족의 국내 체류 기간이 늘어나면서 취학 자녀 또한 증가하였으나 취학 자녀를 위한 지원은 부족한 상황이었고, 이에 따라 학습 부진, 학교 부적응 사례들이 발생하였다. 배우자의 문화에 대한 이해 부족, 가족 갈등, 가정폭력피해, 경제적 문제 등의 어려움으로 가족해체 문제가 증가하였다.

결혼이민자가 증가하면서 고학력 결혼이민자 비율도 증가하였으며, 이에 따라 다양한 분야의 노동수요 발생이 가능해졌다. 더 이상 결혼이민자를 지원을 받는 대상으로만 바라볼 것이 아니라 다양한 의사결정 과정에 적극적으로 참여하는 주체로서 바라보는 시각이 요구되는 시점이었다고 할 수 있겠다. 하지만 외국인과 다문화가족의 급속한 증가로 사회적 관심이 증대한 것에 비해, 역차별 논란, 외국인 혐오 등 다문화가족에 대한 부정적 인식 또한 야기되었다. 이 시기는 다양한 인종과 문화를 있는 그대로 존중하고 수용하는 문화가 아직은 부족한 시기로서, 출신국가·인종 등에 대한 차별적·부정적 인식의 개선이 필요한 시기였다.

이러한 상황 속에서 제2차 다문화가족 지원정책 기본계획에서는 인구·가족·사회의 변화에 대응하고 다문화사회로의 진전이 사회발전의 계기가 되도록 패러다임을 재구성하려는 시도를 하였다. 제2차 계획은 '활기찬 다문화가족, 함께하는 사회'라는 비전을 가지고 사회발전 동력으로서의 '다문화가족 역량 강화' '다양성이 존중되는 다문화사회 구현'이라는 두 가지 목표를 설정하였다. 이를 토대로 다양한 문화가 있는 다문화가족 구현, 다문화가족 자녀의 성장과 발달 지원, 안정적인 가족생활 기반 구축, 결혼이민자의 사회경제적 진출 확대, 다문화가족에 대한 사회적 수용성 제고, 정책추진체계 정비를 위한 총 86개의 정책과제를 수립하였다.

3) 제3차 다문화가족 지원정책 기본계획(2018~2023) 수립

제2차 기본계획(2013~2017) 수립 이후, 다문화가족과 관련한 특징적인 변화는 다문화가족의 장기 정착화이다. 결혼이민자가 10년 이상 장기적으로 국내에 정착하는 비율이 2012년 34%에서 2015년에는 48%로 증가하였으나; 이 시기의 다문화가족 정책은 여전히 결혼이민자와 귀화자의 초기 적응 지원 중심으로 운영되어 왔다. 장기정착하는 인구가 증가하면서 다문화가족의 형태도 1인 가구, 한부모가족 등 다양화되어 다양한 형태의 가족을 위한 지원이 필요해졌다. 한편, 다문화가정 내의 폭력피해 등의 문제로 결혼이민자의 인권 보호 방안 마련이 요구되었다. 또한 다문화가족 자녀의 경우, 청소년기 비율이 높아짐에 따라 영유아 중심 정책이 아닌 청소년기 자녀를 위한 정책의 강화가 요구되었다. 우리 사회가 여전히 다문화 수용성이 미진한 상황이라는 문제의식 아래, 중장기적인 관점에서 다문화 수용성을 제고하는 방안을 마련하고자 하였던 시기이기도 하다.

제3차 다문화가족 지원정책 기본계획은 '참여와 공존의 열린 다문화사회'라는 비전 아래 모두가 존중받는 차별 없는 다문화사회 구현, 다문화가족의 사회적·경제적 참여 확대, 다문화가족 자녀의 건강한 성장 도모라는 목표를 수립하였다. 이 목표 아래, 다문화가족 장기정착 지원, 결혼이민자의 다양한 사회참여 확대, 다문화가족 자녀의 안정적 성장지원과 역량 강화, 상호존중에 기반한 다문화 수용성 제고, 협력적 다문화가족정책 운영을 위한 추진체계 강화의 5개 대과제, 17개의 중과제, 70개의 소과제를 구성하였다.

비전	참여와 공존의 열린 다문화사회

목표	• 모두가 존중받는 차별 없는 다문화사회 구현 • 다문화가족의 사회적 · 경제적 참여 확대 • 다문화가족 자녀의 건강한 성장 도모

정책 과제	다문화가족 장기정착 지원	① 결혼이주여성 인권보호 강화(가정폭력 예방 및 대응체계 구축) ② 국제결혼 피해예방 지원 ③ 안정된 가족생활 지원 ④ 서비스 연계 활성화
	결혼이민자 다양한 사회참여 확대	① 자립역량 강화 ② 취업 · 창업 지원 서비스 내실화 ③ 사회참여 기회 확대
	다문화가족 자녀의 안정적 성장지원과 역량 강화	① 안정적 성장을 위한 환경 조성 ② 학업 및 글로벌 역량 강화 ③ 진로준비 및 사회진출 지원 ④ 중도입국자녀 맞춤형 지원
	상호존중에 기반한 다문화 수용성 제고	① 정책환경에 대한 주기적 모니터링 실시 ② 다문화 이해교육 활성화 ③ 다문화수용성 제고를 위한 미디어 환경 조성 ④ 지역환경 조성 및 참여 · 교류 프로그램 활성화
	협력적 다문화가족정책 운영을 위한 추진체계 강화	① 정책추진체계 간 협력 강화 ② 다문화가족 지원체계 내실화

그림 5-9 제3차 다문화가족 지원정책 기본계획의 비전 및 목표

출처: 여성가족부(2018).

4. 부처별 다문화가족정책

다문화가족과 관련한 정책과 서비스는 다양한 정부 부처에서 관할하고 있다. 여성가족부는 다문화가족 지원사업을 총괄하는 부서로서 다문화가족 장기정착 지원, 결혼이민자의 사회경제적 참여 확대, 다문화가족 자녀의 안정적 성장과 역량 강화, 상호존중에 기반한 사회적 다문화수용성 제고, 협력적 다문화가족정책 운영을 위한 추진체계 강화, 귀환여성 및 한국 국적 자녀 현지지원 등을 위한 정책사업들을 추진하고 있다. 주요 사업으로 결혼이주여성의 인권 강화 및 국제결혼 피해예방을 지원하고, 결혼이민자의 자립역량을 강화하고 사회적 참여 기회를 확대하기 위해 직업교육훈련 프로그램을 운영하며, 취업활동 계획부터 취업 후 직장 적응까지 통합 사례관리를 시행하며, 자조모임 등 다양한 다문화가족 참여 프로그램을 추진하고 있다. 다문화가족 자녀를 위해서는 이중언어로 소통하며 사회성과 리더십을 개발하기 위한 프로그램을 시행하고, 진로 진학 지도, 상담을 통한 심리·정서 지원을 제공한다.

보건복지부에서는 다문화가족지원센터를 비롯한 민간복지기관과 지자체 기관과의 정례적 소통 및 협의를 활성화하여 사례관리사업을 내실화하고, 현직 어린이집 원장 및 보육교사 보수교육과정에 다문화가정 영유아보육 및 지원내용을 포함하여 교육을 실시하고 있다. 또한 베트남 귀환 여성의 자녀가 현지에서 건강하게 성장하고 자립할 수 있도록 건강검진 및 치료 서비스 등의 프로그램을 지원하고 있다.

교육부에서는 외국인 가족 자녀를 포함하여 다문화가족 자녀를 대상으로 다양한 교육지원서비스를 총괄하고 있다. 주요 사업으로, 청소년기 다문화 학생의 특성을 고려한 상담이 제공될 수 있도록 진로진학·전문상담교사 대상 맞춤형 원격 연수를 지원하고, 이중언어 말하기 대회 개최를 통해 다문화 학생들의 학습동기 고취 및 재능 개발을 지원하며, 다문화 학생의 학교 조기적응과 기초학습을 지원하기 위한 멘토링 사업을 진행한다. 또한 학교 현장의 다문화교육을 활성화하기 위하여 다문화교육 정책학교를 운영 및 지원하며, 지역 다문화교육 지원센터를 운영·지원하거나 지역 여건에 맞는 자율적인 다문화교육을 추진 및 지원한다.

법무부에서는 결혼이민자 등이 우리 사회 구성원으로 적응·자립할 수 있도록 사회통합 교육, 이민자 네트워크 등의 운영을 활성화할 수 있도록 지원하며 이들의 출입국과 법적 지위 관련 지원을 담당하고 있다. 행정안전부에서는 결혼이주여성의 다양한 사회적 욕구 충족을 위한 정책을 추진하는데, 결혼이민자에게 일자리를 제공하여 안정적 생활기반을 마련할 수 있도록 지원한다. 문화체육관광부에서는 다문화가족 대상 한국어 교육자료를 개발 및 보급하고, 다문화가족과 지역주민 간의 문화 격차 해소 및 지식 정보 공유를 위한 도서관 서비스 개선 사업 등을 시행하고 있다. 농림축산식품부에서는 영농종사 의지가 있는 결혼이민여성을 대상으로 기초 농업교육을 실시하고, 한국 농촌 생활에 어려움을 겪는 신규 결혼이민여성에게 생활상담을 지원하여 농촌 생활 적응 및 안정적 정착을 유도한다. 고용노동부에서는 결혼이민자 여성을 대상으로 하는 창업입문과정을 운영하고, 다문화청소년에 특화된 현장실무중심의 교육훈련 및 인력양성 학교를 운영하고 있다. 국토교통부에서는 다문화가족에 대한 주택 특별공급제도를 운영하고 있다. 그 외에도 방송통신위원회에서는 다문화가족 지원센터와 연계하여 다문화가족을 대상으로 미디어교육을 실시하고 있다.

5. 다문화가족 서비스 전달체계

2006년 4월 범부처 차원에서 '여성결혼이민자 가족의 사회통합 지원방안'이 마련되었고, 이를 시작으로 다문화가족 지원사업이 본격적으로 실시되었다(주정, 2014). 이 대책을 근거로 하여 다문화가족을 지원하기 위한 결혼이민자가족지원센터가 설립되어 지원 서비스를 제공하기 시작하였고, 추후 결혼이민자가족지원센터는 다문화가족지원센터로 명칭이 변경되어 다문화가족 관련 지원사업의 실질적 역할을 하게 된다.

다문화가족지원센터는 결혼이민자와 중도입국자녀를 대상으로 한국어 교육 제공, 통역·번역 서비스 제공, 심리검사·법률상담·위기가족 긴급지원·외부상담기관 연계 등 다문화가족 구성원 간 관계 증진을 위한 상담 및 사례관리, 결혼이민자 대상 사회적응 교육 및 취업교육 지원, 가족관계 향상 프로그램·부모역할교육등 가족 교육 프로그램 운영, 다문화가족 자녀 언어발달 지원, 다문화가족 자녀를위한 방문교육, 이중언어 환경조성 지원 등 종합적인 서비스를 제공하여 다문화가족의 안정적인 정착과 가족생활을 지원한다.

이처럼 우리나라의 다문화가족 서비스는 대부분 다문화가족지원센터를 중심으로 제공되어 왔는데, 최근 다문화가족지원센터 전달체계의 개편이 추진되었다([그림 5-1] 참조). 「건강가정기본법」에 근거한 건강가정지원센터[1]와 「다문화가족지원법」에 근거한 다문화가족지원센터의 기능을 통합·운영하는 건강가정·다문화가족지원센터가 2014년부터 전국 9개 기관이 통합서비스 기관으로서 시범 운영되기시작하였다. 이후 통합센터는 2016년 78개소를 시작으로 2022년 전국 208개소가운영되고 있으며(여성가족부, 2022), 건강가정·다문화통합센터의 명칭은 2021년가족센터로 변경되었다.

건강가정지원센터와 다문화가족지원센터를 통합하는 전달체계 재편에 대하여다양한 의견이 존재한다. 가족서비스 전달체계가 「건강가정기본법」에 근거한 건강가정지원센터와 「다문화가족지원법」에 근거한 다문화가족지원센터로 이원화되어 분리·운영되는 것이 정책대상자 간의 형평성의 문제를 야기한다는 점, 다문화가족 또한 다양한 가족의 한 유형이라는 보편적 대상으로서의 서비스가 제공될 필요성이 있다는 점, 조직과 예산의 통합으로 경제적 효율성과 서비스 제공 효율성이증진된다는 점(박복순, 박선영, 황정임, 이세정, 2016)을 근거로 센터의 통합이 필요하

---

1) 건강가정지원센터는 다양한 가족 형태의 출현, 급격한 출산율 감소, 혼인율 저하, 가족 규모의 축소 등 가족과 관련한 급격한 사회환경 변화로 인해 생겨나는 다양한 가족의 위기 문제에 대처하기 위해 일반 가정을 지원하는 가족 정책 및 서비스 전달체계로(주정, 2019), 2005년 시행된 「건강가정기본법」에 근거하여설립되었다. 요보호 가족뿐만 아니라 모든 가족구성원의 건강하고 원활한 기능을 지원하기 위해 가족교육, 가족상담, 가족돌봄나눔, 다양한 가족지원, 가족역량강화지원, 공동육아나눔터 운영, 아이돌봄지원사업 등의 사업을 수행하고 있다.

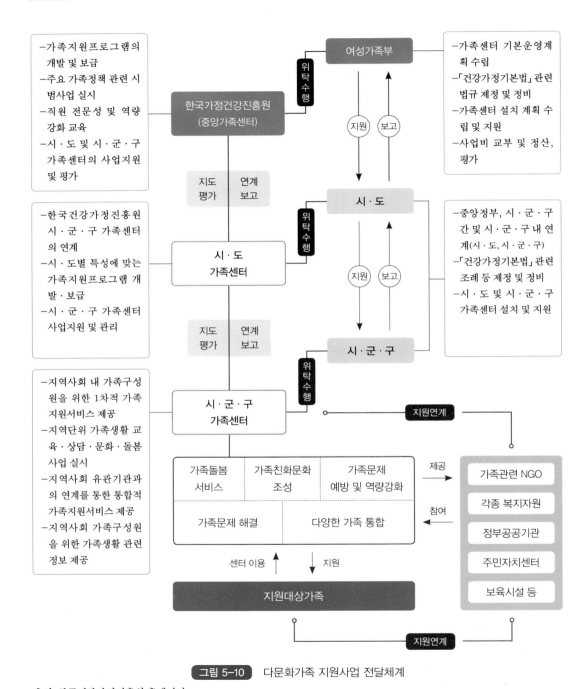

그림 5-10 다문화가족 지원사업 전달체계

출처: 한국건강가정진흥원 홈페이지.

다는 주장이 제기된다.

한편, 통합에 대한 비판도 존재한다. 갑작스러운 통합으로 인해 실천 현장에 혼란과 불만이 가중되고 종사자들의 소진을 야기하고 있다는 점, 물리적인 통합이 이루어졌을 뿐 통합센터의 행정체계는 통합이 이루어지지 않았다는 점, 통합에 대한 명확한 비전과 방향성이 없다는 점, 「건강가정기본법」과 「다문화가족지원법」에 각각 근거한 두 센터를 포괄하는 법적 토대가 마련되어 있지 않다는 점, 결혼이민자들이 다른 가족형태의 구성원과 같은 입장에서 지원을 받을 경우 결혼이민자의 특수성이 고려되지 않아 사각지대에 놓일 가능성이 있다는 점, 사회 전체의 다양성에 대한 인식 변화가 없이 단순히 정책적인 통합이 이루어져 다문화가족의 특수성을 고려한 통합이 아닌 다문화가족을 일반가정에 동화시키려는 융합정책에 더 가깝다는 점(주정, 2019; 우수명 외, 2021) 등이 제기되고 있다.

참고문헌

관계부처합동(2006). 여성결혼이민자 가족의 사회통합 지원대책.

김영란 외(2021). 2020년 가족실태조사 분석 연구. 여성가족부.

김유경(2011). 다문화가족의 변화전망과 정책과제. 보건복지포럼, 175, 45-62.

김종세(2021). 다문화가족지원법의 쟁점과 새로운 방향. 법학연구, 21(2), 31-55.

김현정(2021). 다문화가족지원법 제정 당시 다문화가족의 개념에 관한 논의와 그 한계. 이화
    여자대학교 법학논집, 26(2), 97-125.

박복순, 박선영, 황정임, 이세정(2016). 건강가정 · 다문화가족지원센터 통합서비스 운영을
    위한 법적 기반 마련 연구. 한국여성정책연구원.

법무부(2021). 출입국 · 외국인정책 통계연보.

성정현, 김혜미, 김희주, 박동성, 이창호, 홍석준(2020). **사회복지와 문화다양성**. 공동체.

여성가족부(2009). 제1차 다문화가족정책 기본계획(2008~2012).

여성가족부(2012). 제2차 다문화가족정책 기본계획(2013~2017).

여성가족부(2018). 제3차 다문화가족정책 기본계획(안)(2018~2022).

여성가족부(2019). 2019년 가족사업안내 1권.

여성가족부(2022a). 2021년 전국 다문화가족 실태조사 결과 발표. 2022. 06. 27. https://www.korea.kr/news/policyBriefingView.do?newsId=156513537

여성가족부(2022b). 건강가정지원센터 설치 수. https://www.index.go.kr/potal/main/EachDtlPageDetail.do?idx_cd=1582

여성가족부(2022c). 제3차 다문화가족정책 기본계획('18~'22)에 따른 2022년도 시행계획.

우수명, 주경희, 김희주(2021). 사회복지와 문화다양성(2판). 양서원.

이은채(2022). 다문화가족지원법의 문제점과 개선방향: 이주민 삶의 질과 사회통합 관점에서. 법과 사회, 69, 127-161.

주성훈(2010). 다문화가족지원사업 문제점과 개선과제, 예산현안분석, 38.

주정(2014). 다문화가족서비스 전달체계의 전망과 과제: 다문화가족지원센터를 중심으로. 사회복지경영연구, 1(2), 23-47.

주정(2019). 한국 가족서비스 전달체계의 지속가능한 통합을 위한 제언: 통합운영되고 있는 건강가정다문화가족지원센터 종사자들의 목소리를 중심으로. 코칭연구, 12(4), 187-214.

진미정(2021). 제4차 건강가정기본계획의 비판적 검토와 가족정책의 과제. 가족정책연구, 1(2), 1-13.

최윤정 외(2019). 2018년 전국다문화가족실태조사 연구. 여성가족부.

최윤정 외(2022). 2021년 전국다문화가족실태조사. 여성가족부.

통계청(2022). 2020년 다문화 인구 동태 통계.

행정안전부(2020). 2020 지방자치단체 외국인주민 현황(2020. 11. 1. 기준).

한국건강가정진흥원 홈페이지(2023. 5. 8.). https://familynet.or.kr/web/lay1/S1T309C340/contents.do

제6장

외국인노동자

　다문화사회로서의 우리나라를 이해하기 위해서는 우리 사회를 구성하는 다양한 인구집단에 대한 이해가 선행되어야 한다. 국내 거주 외국인 인구의 다수를 차지하는 집단은 외국인노동자이다. 외국인노동자가 우리나라에 유입되기 시작한 것은 1990년대 초반이며, 이들이 우리 사회 구성원의 일부가 된 지 어언 30년이 되어 간다. 하지만 여전히 이들은 우리 사회 언저리에 위치한 주변인으로 인식되고 있으며, 다문화가족 구성원과는 달리 잠시 머물다 가는 이방인으로만 간주되어 국내 다문화정책, 사회통합정책 등에서 모두 배제되고 있는 현실이다. 이 장에서는 외국인노동자의 개념, 유형, 이들의 체류현황 등을 살펴보고, 이들을 둘러싼 사회 제도 및 서비스를 검토한다. 또한 우리나라에서의 이들의 생활실태 및 복지 관련 욕구 등에 대해 살펴보면서, 이들의 인권 증진을 위한 사회복지실천 방안에 대해 모색해 본다.

1. 외국인노동자의 개념

1) 외국인노동자 정의

외국인노동자는 노동을 위해 자신의 주 거주국을 떠나 다른 국가로 이주하여 근로활동을 하는 사람을 가리킨다(성정현 외, 2020). 외국인노동자에 대한 호칭은 국제협약, 국내 관련법 등에 따라 다르게 사용되고 있는데, 예로 국내법에서는 이들을 외국인근로자로 호칭하는 반면에 일부에서는 외국인노동자, 이주노동자라는 표현을 쓰기도 한다(천정웅 외, 2015). 외국인노동자와 관련된 국제노동기구(International Labor Organization: ILO)와 일부 NGO에서는 이주노동자(migrant worker)라는 호칭을 주로 쓰며 마찬가지로 국제연합(United Nation: UN)에서도 이주노동자라는 호칭을 쓴다. UN은 1990년 '이주노동자권리협약'을 채택하며, 이주노동자를 "개인이 국적을 갖지 않는 나라에서 유급활동에 종사할 예정이거나 종사하고 있거나 또는 종사하러 오는 사람"(제143호 제11조)이라 정의하고 있다.

우리나라 정부에서는 주로 외국인근로자라는 호칭을 사용하며, 이는 「외국인근로자의 고용 등에 관한 법률」(약칭 「외국인고용법」)에 기인한다. 법률 제1장 제2조에 따르면 외국인근로자란 다음과 같다.

> ### 「외국인근로자의 고용 등에 관한 법률」 제2조
>
> 대한민국의 국적을 가지지 아니한 사람으로서 국내에 소재하고 있는 사업 또는 사업장에서 임금을 목적으로 근로를 제공하고 있거나 제공하려는 사람을 말한다. 다만, 「출입국관리법」 제18조 제1항에 따라 취업활동을 할 수 있는 체류자격을 받은 외국인 중 취업분야 또는 체류기간을 고려하여 대통령령으로 정하는 사람은 제외한다.

이를 자세히 살펴보면, 외국인노동자는 국내 체류하며 근로하는 모든 외국 국적의 근로자를 의미하는 것이 아니라 「출입국관리법」과 「출입국관리법 시행령」에 따라 특정한 체류자격을 가진 사람을 가리킨다(김기태 외, 2020). 즉, 국내법에 의한 외국인노동자의 정의는 다소 협소한 범위를 가지고 있다.

이 외 학계, 실천현장, NGO에서는 외국인노동자, 이주노동자 등 다양한 표현을 사용하고 있다. 예로, 외국인근로자는 노동을 하고 다시 본국으로 돌아갈 사람임을 강조하는 표현이며, 이주노동자는 정착을 전제로 이주하여 노동하는 사람임을 의미한다(이홍구, 2011). 다만, 표현과 정의에 대한 통일된 의견은 아직까지 없으며, 이 장에서는 조금 더 포괄적인 의미를 가진 외국인노동자라는 명칭을 사용하고자 한다.

2) 외국인노동자 유형

우리나라에서 일하는 외국인노동자는 크게 합법체류 근로자와 미등록체류 노동자로 구분된다. 합법체류자는 말 그대로 합법적 절차를 밟고 입국하여 유효한 비자(사증)를 가지고 국내에서 근로 및 거주하는 노동자를 의미하며, 미등록체류 노동자는 「출입국관리법」 혹은 「외국인고용법」을 위반한 상태로 국내에 체류하며 근로하는 외국인노동자를 가리킨다(이연옥, 2016). 미등록체류 노동자를 의미하는 용어로는 불법체류자, 미등록 근로자, 미등록 체류자 등 다양하다. 우리나라의 출입국을 관장하는 「출입국관리법」 제12조3에서는 이들을 불법취업 외국인으로 규정하고 있다. 합법체류 노동자는 크게 전문인력과 비전문인력으로 구분되며, 이들이 소지한 사증(비자)에 따라 더 세부적으로 구분된다. 외국인노동자 유형은 [그림 6-1]을 참고할 수 있다.

먼저, 전문인력은 전문기술직 종사자를 가리키는데 교수(E-1), 외국어 강사(E-2), 연구(E-3) 등의 직업을 가지며, 한국에서 체류하며 일을 하는 사람을 의미한다. 이들에겐 E1~E7의 사증이 부여되며 이들은 급여 및 처우에 있어 다른 외국인노동자에 비해 훨씬 좋은 조건을 가진다. 또한 다른 직장으로의 이직 등에 있어서도 다른

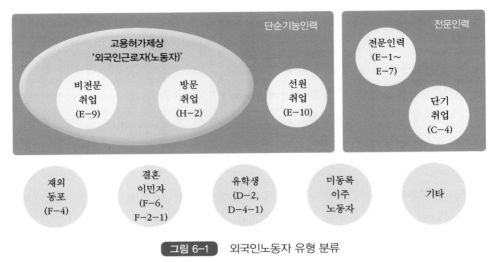

그림 6-1 외국인노동자 유형 분류

출처: 주진우, 신경희, 이영주(2018).

사증을 가진 노동자에 비해 유연한 조건을 가진다. 반면에 비전문인력으로 구분되는 단순기능인력이 있다. 비전문인력은 2004년부터 실시된 고용허가제도를 통해 국내에 입국, 근로하는 사람을 의미한다. 고용허가제(Employment Permit System)에 대해서는 이 장 뒷부분에서 조금 더 자세히 다루겠지만 기본적으로 국내 상시근로자 300인 미만의 중소기업에 해당되는 제조업, 건설업, 농축산업, 어업 등 국내 근로자 고용이 어려워 정부로부터 고용허가서를 발급받아 외국인노동자를 고용할 수 있는 제도로 이해할 수 있다. 고용허가제를 통해 근로하는 외국인노동자는 국내 사업주와 근로계약을 체결하고 입국한다. 2020년을 기준으로 고용허가제를 통해 입국한 외국인노동자의 출신국은 총 16개로 집계된다(김기태 외, 2020).

비전문인력에 해당되는 사증 유형은 비전문취업(E-9)과 방문취업(H-2)이 있다. 비전문취업 외국인노동자는 3D(Dirty, Difficult, Dangerous) 직종이라 일컫는 더럽고, 힘들며, 위험한 업종에서 근무하는 것으로 알려졌으며, 내국인을 대신해서 필요하나 인력이 절대 부족한 업종에 종사한다. 방문취업(H-2) 노동자들은 중국 및 CIS(독립국가연합, 구소련) 등에 거주하는 동포들로 「재외동포의 출입국과 법적지위에 관한 법률」에 근거, 중국 및 구소련 동포를 위해 도입된 고용허가제의 특례제도인 특례고용가능확인제도를 통해 우리나라에 입국, 체류하며 일을 하는 사람들이다. 특례고용가능확인제도는 2007년 3월부터 실시되고 있고, 만 18세 이상의 동포들이 일정한 조건을 갖출 시 우리나라에 쉽게 출입국할 수 있으며, 취업 업종 및 이직 등의 제한 없이 일을 할 수 있다. 단순기능인력에 포함되는 선원취업(E-10)은 국내 어업분야 종사가능 인력 수가 터무니없이 부족한 상황을 해결하고자 별도로 만들어진 제도이다. 어업종사 외국인근로자의 경우 근로업종 및 선종에 따라 요구되는 취업사증이 다른데, 예로 연근해어업을 하는 20톤 미만 국내 어선에서 조업을 하고 육지에서 숙박을 하는 외국인근로자는 고용허가제를 통해 선발되어 비전문취업(E-9-4) 사증을 발급받아 근로한다. 한국국적 내항선, 국제순항여객선 및 연근해어선에서 근로하는 외국인선원의 경우 해양수산부가 주무부처가 되어 선원취업(E-10) 사증이 발급된다. 선원취업 사증을 발급받아 취업하기 위해서는 반드시 본국에서 선박직무 기초안전교육을 수료하고 '선원수업'을 발급받아야 한다. 또한 이들은 한국 「산업안전보건법」이 아닌 「선원법」 적용을 받으며, 선원노동단체와 선박소유자단체 간 협약을 통해 마련된 최저임금을 근거로 급여가 책정된다. 이들의 임금수준은 한국인 선원에 비해 낮게 책정되는 경우가 많으며(최서리, 현채민, 2018), 국내 「근로기준법」에 적용되지 않아 이들의 근로 처우는 사각지대에 놓여 있는 것으로 알려져 있다. 그 외 다른 외국인노동자 유형에 대해서는 〈표 6-1〉을 참고할 수 있다.

표 6-1 국내 외국인노동자 사증별 유형

체류자격	체류자격에 해당하는 사람 또는 활동 범위
단기취업(C-4)	일시흥행, 광고 · 패션모델, 강의 · 강연, 연구, 기술지도 등 수익을 목적으로 단기간 취업활동을 하려는 사람
교수(E-1)	「고등교육법」에 따른 자격요건을 갖춘 외국인으로서 전문대학 이상의 교육기관 또는 이에 준하는 기관에서 전문분야의 교육 또는 연구지도 활동에 종사하려는 사람
회화지도(E-2)	법무부장관이 정하는 자격요건을 갖춘 외국인으로서 외국어전문학원, 초등학교 이상의 교육기관 및 부설어학연구소, 방송사 및 기업체부설 어학연수원 그 밖에 이에 준하는 기관 또는 단체에서 외국어 회화지도에 종사하려는 사람

연구(E-3)	대한민국 내의 공공기관·민간단체로부터 초청되어 각종 연구소에서 자연과학·사회과학·인문학·예체능 분야의 연구 또는 산업상의 고도기술의 연구개발에 종사하려는 사람
기술지도(E-4)	자연과학 분야의 전문지식 또는 산업상의 특수한 분야에 속하는 기술을 제공하기 위해 대한민국 내의 공공기관·민간단체로부터 초청되어 종사하려는 사람
전문직업(E-5)	대한민국의 법률에 의해 자격이 인정된 외국의 변호사, 공인회계사, 의사 그 밖에 국가공인 자격이 있는 사람으로서 대한민국의 법률에 따라 할 수 있도록 되어 있는 법률, 회계, 의료 등의 전문 업무에 종사하려는 사람
예술흥행(E-6)	수익이 따르는 음악, 미술, 문학 등의 예술활동과 수익을 목적으로 하는 연예, 연주, 연극, 운동경기, 광고·패션모델 그 밖에 이에 준하는 활동을 하려는 사람
특정활동(E-7)	대한민국 내의 공공기관·민간단체 등과의 계약에 따라 법무부장관이 특별히 지정하는 활동에 종사하려는 사람
계절근로(E-8)	농작물 재배·수확·원시가공, 수산물 원시가공 분야에서 취업 활동을 하려는 사람으로서 법무부장관이 인정하는 사람
비전문 취업(E-9)	「외국인 고용법」에 따른 국내 취업요건을 갖춘 사람(일정 자격이나 경력 등이 필요한 전문직종에 종사하려는 사람은 제외)
선원취업(E-10)	다음에 해당하는 사람과 그 사업체에서 6개월 이상 노무를 제공할 것을 조건으로 선원근로계약을 체결한 외국인으로서 「선원법」 제2조제6호에 따른 부원(部員)에 해당하는 사람 가. 규제 「해운법」 제3조제1호·제2호·제5호 또는 제23조제1호에 따른 사업을 경영하는 사람 나. 규제 「수산업법」 제8조제1항제1호, 제41조제1항 또는 제57조제1항에 따른 사업을 경영하는 사람 다. 「크루즈산업의 육성 및 지원에 관한 법률」 제2조제7호에 따른 국적 크루즈사업자로서 「크루즈산업의 육성 및 지원에 관한 법률」 제2조제4호에 따른 국제순항 크루즈선을 이용하여 사업을 경영하는 사람
방문취업(H-2)	가. 체류자격에 해당하는 자: 외국국적동포(「재외동포의 출입국과 법적지위에 관한 법률」 제2조제2호)에 해당하고, 다음의 어느 하나에 해당하는 18세 이상인 사람 중에서 나목의 활동범위 내에서 체류하려는 사람으로서 법무부장관이 인정하는 사람 [재외동포(F-4)자격에 해당하는 사람은 제외] 1) 출생 당시에 대한민국 국민이었던 사람으로서 가족관계등록부, 폐쇄등록부 또는 제적부에 등재되어 있는 사람 및 그 직계비속

2) 국내에 주소를 둔 대한민국 국민, 영주(F-5) 제5호에 해당하는 사람의 8촌 이내의 혈족 또는 4촌 이내의 인척으로부터 초청을 받은 사람

3) 국가유공자와 그 유족 등(「국가유공자 등 예우 및 지원에 관한 법률」 제4조)에 해당하거나 독립유공자와 그 유족 또는 그 가족(「독립유공자 예우에 관한 법률」 제4조)에 해당하는 사람

4) 대한민국에 특별한 공로가 있거나 대한민국의 국익증진에 기여한 사람

5) 유학(D-2) 자격으로 1학기 이상 재학 중인 사람의 부모 및 배우자

6) 국내 외국인의 체류질서 유지를 위해 법무부장관이 정하는 기준 및 절차에 따라 자진해서 출국한 사람

7) 1)부터 6)까지에 해당되지 않는 사람으로서 법무부장관이 정하여 고시하는 한국어시험, 추천 등의 절차에 의해 선정된 사람

나. 활동범위

1) 방문, 친척과의 일시 동거, 관광, 요양, 견학, 친선경기, 비영리 문화예술활동, 회의 참석, 학술자료 수집, 시장조사 · 업무연락 · 계약 등 상업적 용무나 그 밖에 이와 유사한 목적의 활동

2) 규제 「통계법」 제22조에 따라 통계청장이 작성 · 고시하는 한국표준산업분류에 따른 다음 산업 분야에서의 활동

출처: 찾기 쉬운 생활법령정보 홈페이지(http://www.easylaw.go.kr), 「출입국관리법 시행령」 제23조

외국인노동자 정의와 유형에 대해 유의할 점은 [그림 6-1]과 같이 이 중에는 재외동포(F-4) 사증으로 국내 거주하면서 일을 하는 사람, 결혼이민자로 국내 거주하는 사람, 유학생 신분으로 우리나라에서 학업과 노동을 병행하는 사람과 이 외 미등록외국인노동자 모두 외국인노동자에 포함된다는 점이다. 하지만 모든 재외동포 사증 발급자가 한국에서 근로활동을 하고 있는 것이 아니며 동시에 모든 결혼이민자, 유학생이 근로활동을 하고 있지 않다. 또한 〈표 6-1〉이나 [그림 6-1]에서는 보이지 않으나 국내 영주권을 취득해서 거주하는 F-5 사증을 가진 외국인은 국내 취업이 자유로우며 이들은 체류외국인으로는 분류되나 외국인노동자로는 분류되지 않는다. 따라서 외국인노동자의 개념과 의미를 사증유형과 함께 살펴볼 때 이를 유의해서 살펴봐야 하며, 사증유형에 따라 이들이 외국인노동자로 분류될 수도 있으나 종종 사증유형에 포함된 모든 외국인이 근로자가 아닐 수도 있음을 고려해야 한다.

2. 외국인노동자의 현황

2021년 10월을 기준으로 우리나라에 체류 중인 외국인은 총 198만557명으로 이는 2020년 10월 시점 집계된 207만7,053명보다 다소 감소한 수이다. 이는 코로나19 감염병의 여파로 세계적으로 이동이 일시적으로 제한된 결과로도 해석 가능하다. 코로나19 발생 이전인 2020년 초 전까지의 국내 체류외국인 인구는 지속적으로 증가하는 추세를 보였으며, 이는 [그림 6-2]와 같다.

이 중 취업자격을 가지고 체류 중인 외국인은 41만4,968명이며, 전문인력은 4만 6,443명, 단순기능인력은 총 36만8,525명으로 집계되고 있다(출입국 · 외국인정책본부, 2021). 이를 조금 더 자세히 살펴보면 전문인력 외국인노동자 중에서는 특정활동(E-7) 사증으로 근로하는 사람이 가장 많은 것으로 나타났다(〈표 6-2〉 참조). E-7 사증은 전문인력에게 발급되는 사증으로 한국 민간 · 공공기업에서 전문인력을 고용할 때 사용하는 유형이다.

그다음으로는 회화지도 사증을 가지고 국내 언어강사로 근로하는 외국인노동자가 많으며, 기술지도 사증을 가진 노동자 수가 가장 적은 것으로 나타났다. 전문인력인이 전체 외국인노동자에서 차지하는 비율은 약 11.1%이며, 전체의 약 89%가 비전문인력 외국인노동자이다. 특히 비전문인력 외국인노동자 중 다수는 비전문

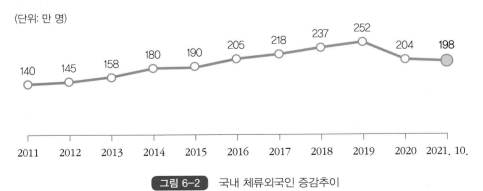

(단위: 만 명)

그림 6-2 국내 체류외국인 증감추이

출처: 법무부 출입국, 외국인정책본부(2021), p. 15.

표 6-2 국내 외국인노동자 체류 현황(2021. 10. 기준)

(단위: 명)

구분	사증유형별 외국인노동자 수		소계
전문인력	단기취업(C-4)	2,761	46,443
	교수(E-1)	2,053	
	회화지도(E-2)	13,456	
	연구(E-3)	3,641	
	기술지도(E-4)	188	
	전문직업(E-5)	270	
	예술흥행(E-6)	3,507	
	특정활동(E-7)	20,567	
비전문인력	계절근로(E-8)	448	368,525
	비전문취업(E-9)	218,165	
	방문취업(H-2)	17,657	
	선원취업(E-10)	132,255	

출처: 법무부 출입국, 외국인정책본부(2021).

취업(E-9) 사증으로 근로하고 있는데, E-9 사증을 발급받아 근로하는 외국인노동자는 국내 체류하는 외국인 전체에서 재외동포를 제외하고 가장 높은 비율을 차지하고 있으며(11%), 이들은 코로나19 발생 이전인 2020년 전까지 지속적으로 증가하는 추세를 보였다. 비전문취업 사증을 받은 외국인노동자의 수가 지속적으로 증가하는 것은 국내 외국인노동자에 대한 수요가 꾸준히 늘고 있다는 것을 의미하기도 한다(성정현 외, 2020).

다음으로 2021년 10월 기준으로 국내에 체류 중인 외국인노동자의 국적별 현황을 살펴보면 〈표 6-3〉과 같다. 이를 살펴보면 전체의 약 30.3%에 해당되는 외국인노동자가 중국 출신으로 가장 많은 것을 볼 수 있으며, 그다음으로 베트남 출신 외국인노동자(9.8%), 캄보디아 출신(8.0%) 외국인노동자가 많은 것을 알 수 있다. 〈표 6-3〉에는 나타나지 않았으나 비전문취업 사증을 가지고 근로하는 외국인노동자의 경우 국가별 분포가 약간 달라지는데, 2021년 11월 기준으로 살펴보면 네

표 6-3 국적별 외국인노동자 수 (단위: 명)

계	중국	베트남	캄보디아	네팔	인도네시아	태국	우즈베키스탄
	125,652	40,539	33,301	29,367	27,579	22,928	22,364
	필리핀	미얀마	스리랑카	미국	방글라데시	카자흐스탄	몽골
414,968	21,680	21,438	16,903	9,876	7,904	5,363	4,710
	파키스탄	인도	영국	동티모르	남아프리카 공화국	캐나다	기타
	2,895	2,636	2,329	2,124	1,869	1,767	11,744

출처: 법무부 출입국, 외국인정책본부(2021).

팔과 캄보디아 출신의 외국인노동자 수가 각각 33,386명, 28,263명으로 집계되며, 그다음으로 베트남, 태국, 인도네시아, 미얀마 등의 순으로 많은 것으로 보고된다 (고용노동부, 2021). 이는 비전문취업사증을 발급받아 근로하는 외국인노동자의 대다수는 동남아시아 출신임을 알려 준다.

지금까지 살펴본 현황은 합법체류 외국인노동자에 대한 내용이다. 이 외에 외국인노동자에 대한 온전한 이해를 위해서는 미등록체류 외국인에 대해서도 살펴볼 필요가 있다. 앞서 설명한 것과 같이, 미등록체류 외국인에 대한 호칭은 많으며, 일부에서는 이들을 불법체류외국인, 미등록외국인 등으로 부른다(이연옥, 2016). 법무부에서는 '불법체류 외국인'이라는 호칭을 사용하는데, 즉 이는 「출입국관리법령」에 따라 체류기간이 지났음에도 합법적 연장허가를 받지 않거나 출국하지 않은 상태에서 국내 체류하는 외국인을 의미한다(법무부 출입국, 외국인정책본부, 2021). 법무부에서는 이들을 더 세분화해서 분류하는데, 먼저 여기서 단기불법체류 외국인은 관광, 친지 방문 등의 목적으로 체류기간 90일 이하의 사증을 받고 입국한 후 체류기간 연장허가 없이 체류하는 외국인을 가리킨다. 또한 91일 이상의 체류기간을 허가받아 국내 거소신고가 되어 있는 장기체류 외국인 중 사증 만료 이후 갱신하지 않거나 체류기간이 만료된 상태로 체류하는 외국인을 가리킨다(법무부 출입국, 외국인정책본부, 2020). 중요한 것은 법무부에서 발표하는 불법체류자 통계가 정확하지 않다는 점이며, 이는 어디까지나 국내에 입국한 외국인 중 출국하지 않은 상태에서 체류하는 것으로 유추되는 외국인에 대한 통계라는 점이다. 즉, 국내 체류하는 많은 미등록 혹은 불법체류 외국인은 미등록체류 외국인노동자뿐 아니라 외국인노동자 가족, 자녀 등도 해당될 수 있으며, 이에 대한 정확한 규모 및 수치는 현재까지 파악하기 어려운 실정이다.

하지만 다수의 미등록체류 외국인이 경제활동에 종사하고 있는 것으로 유추된다(이규용, 2020). 2021년 기준 국내 불법체류자이며 미등록체류 외국인노동자로 추정되는 인구는 전체 체류 외국인의 19.8%에 해당되는 약 3만 9,000명으로 파악되고 있다(법무부출입국, 외국인정책본부, 2021). 미등록체류 외국인노동자의 수는 지속적인 증가 추세를 보이고 있다. 이는 다음과 같은 시사점을 내포한다. 첫째, 국내 외국인노동자에 대한 고용 수요가 증가하고 있음을 알려 준다. 즉, 내국인이 기피하는 산업 영역이 계속해서 확장되고 있으며, 여기서 요구되는 인력 수요를 이들이 채우고 있음을 시사한다. 둘째, 미등록체류 외국인노동자가 많다는 것은 인권과 복지를 보장하고 보호할 수 있는 체계에서 벗어난 노동자가 많음을 의미한다. 동시에 이는 이들의 인권착취가 가능한 근로환경이 늘어날 수 있음을 알린다. 정리하면, 미등록체류 외국인노동자의 증가는 비단 국내 노동시장에 대한 면밀한 조사 및 이해뿐 아니라 이들의 복지, 인권보장을 위한 정책, 서비스 등에 대한 논의의 필요성을 알려 준다.

3. 외국인노동자 관련 정책

우리나라에 외국인노동자들이 유입되기 시작한 것은 1980년대 후반이다. 우리나라는 1980년대 중반까지도 이민자 혹은 노동인력 송출국이었으나, 1980년대 후반부터는 노동을 위해 한국에 입국하는 외국인이 증가하면서 유입국으로 자리매김하기 시작했다. 1970~1980년대는 우리 사회의 급속한 경제발전이 이루어졌던 시기로 이는 국내 노동임금 상승과 노동력 부족의 결과를 가져왔으며, 1988년 올림픽 개최는 한국에 대한 세계의 인식을 변화시키는 계기가 되었다. 이후 우리나라는 새로운 이주의 목적지로 떠오르게 되었으며, 올림픽으로 인한 무사증 입국 허용, 입국심사 간편화, 사증면제협정 체결 등의 출입국 규제 완화는 해외 인구의 입국을 용이하게 만들었다(이정환, 이성용, 2007).

　1980년대부터 중국, 필리핀, 방글라데시 등의 국가에서 다수의 사람이 관광 또는 단기방문 사증으로 입국하여 일을 하기 시작했으며, 이후 1990년대 초반 많은 외국인이 입국하면서 외국인노동자라는 명칭이 공식적으로 등장하게 된다(김범수 외, 2008). 외국인 유입 증가는 정부의 외국인노동자 정책 형성에도 영향을 미쳤으며, 〈표 6-4〉는 이런 외국인노동자 정책의 흐름을 정리한 것이다.

　먼저, 1단계는 앞서 설명한 것과 같이 외국인근로자라는 공식 명칭이나 외국인 인력 관련 정책이 없던 시기로 볼 수 있다. 1980~1990년대 초반까지 한국에 유입된 외국인노동자는 국가의 체계적인 노동시장 정책과 흐름에 따라 입국한 것이 아니며 내국인 인력부족으로 인한 근로자 수요 증가와 일자리를 찾는 외국인노동자 간의 "현실적인 이해관계"(천정웅 외, 2015, p. 73) 속에서 발생한 결과로 볼 수 있다. 이 시기에 단기사증으로 입국한 후 미등록, 불법으로 국내 체류하는 외국인 수가 발생하기 시작했으며 이에 대한 문제제기가 시작되었다.

표 6-4 외국인노동자 정책의 흐름

구분	1단계	2단계	3단계	4단계
시기	~1990년대 초반	1991~2003	2003~2007	2007~현재
정책	없음	산업연수제 시행	• 법률 제정 • 산업 연수제 + 고용허가제 시행	고용허가제 안정화 및 방문취업제 도입
특징	• 외국인 노동인구 유입 시작 • 무분별한 입국 및 노동시장 유입	• 근로자로 미인정, 저임금, 임금체불 및 인권침해 상황 발생 • 「노동법」 및 「근로기준법」 미적용 • 미등록노동자 증가	• 「외국인고용법」 제정 • 2004년부터 고용허가제 실시 • 중소기업중앙회 반발로 산업연수제도 한시적으로 운영	• 2007년 국적동포를 대상으로 한 방문취업제 도입

출처: 이규용(2014), 천정웅 외(2015)의 내용을 재정리함.

2단계에 해당되는 1991~2003년의 시기는 산업연수제 시기로 볼 수 있다. 이전까지 법적 제도가 마련되지 않은 상태였다면, 지속되는 인력난 문제와 이미 만연했던 외국인노동자 불법채용 문제를 해결하기 위해 정부에서는 산업연수제도를 도입했다. 외국인 산업연수생제도란 외국인 '산업연수생'이 국내 업체에서 일정 기간 연수를 할 수 있도록 허용해 주는 제도로 일정 기간 연수 후 검증절차를 거친 후 취업자격을 취득할 수 있고 추후 근로자로 취업할 수 있도록 지원하는 제도이다. 1991년 10월에 '외국인 산업기술연수 사증발급 등에 대한 업무지침' 및 시행세칙이 법무부에 의해 만들어졌고, 초기에 이는 해외투자 기업에만 허용되었으나 국내 중소기업의 반발로 인해 1992년 하반기부터 국내 생산직 등의 내국인 인력채용이 어려운 업종에도 외국인 연수생 파견이 가능하게 되었다. 1993년 12월 '외국인 산업기술연수 사증발급에 대한 업무지침'이 개정되고 정식으로 많은 외국인노동자들이 생산직 업종에 합법적인 절차를 거쳐 투입되기 시작했다. 산업연수생제도는 국내 기업으로 하여금 외국인노동자를 합법적으로 채용할 수 있도록 허용하며, 동시에 외국인노동자가 합법적으로 우리나라에서 취업활동을 할 수 있게 하는 최초의 제도로 볼 수 있으며, 연수생 제도는 이런 의미에서 특히 국내 인력난에 시달렸던 중소기업의 어려움을 해소하는 데 큰 기여를 한 제도로 평가되고 있다(한건수, 설동훈, 2007).

하지만 산업연수생제도는 외국인노동자를 '근로자'가 아닌 학생, 연수생으로 고용하는 제도였기 때문에 「근로기준법」 적용대상이 되지 않았으며, 따라서 연수생제도하에 입국한 많은 외국인노동자는 저임금, 저급 및 장시간 노동 그리고 인권착취 등의 문제에 시달리게 되었다. 임금체불, 열악한 근로환경, 인권침해, 불충분한 제도의 관리 등은 궁극적으로 많은 외국인노동자의 연수업체 이탈로 이어졌으며, 많은 외국인노동자가 미등록, 불법체류 근로자의 신분으로 남게 되었다. 이런 문제가 지속되고 사회적으로 이슈화됨에 따라 정부에서는 1995년 3월부터 산업재해보상보험, 의료보험 적용 및 「근로기준법」의 일부를 연수생제도에 적용했으며, 같은 해 7월부터는 국내 「최저임금법」 역시 연수생제도에 적용하기 시작했다. 연수생제도는 6개월의 연수기간과 1년 고용만을 허용했기 때문에 연수생들은 이 기간

후에 본국으로 돌아가야 했다. 하지만 국내에 지속적으로 체류하며 근로를 원했던 다수의 연수생들이 기간 만료 이후에도 불법, 미등록체류 근로자로 전락하는 상황이 대거 발생하였고, 장기간 이에 대한 문제가 제기되자 정부에서는 1998년 연수기간을 2년으로 확대, 그 후 1년 취업이 가능하도록 조정했으며, 2002년에는 연수기간을 1년, 취업기간을 2년으로 다시 조정했다. 하지만 산업연수생제도 관리 문제, 산재, 인권유린, 사회적 보호 부재 등의 문제는 여전히 제도의 큰 한계로 지적되었다.

3단계는 고용허가제 도입과 외국인노동자에 대한 법률 제정의 시기로 볼 수 있다(이규용, 2014; 천정웅 외, 2015). 2003년에 공포된 「외국인고용법」은 외국인인력의 체계적인 도입과 관리를 위해 제정되었으며, 이를 통해 고용허가제가 도입되었다. 고용허가제는 궁극적으로 중소기업 사업장과 저숙련·단순식 외국인인력 고용에 대한 정책으로 다음과 같은 다섯 가지 원칙을 가지고 시작되었다. 첫째, 보충성에 대한 원칙이다. 즉, 내국인 우선고용이 원칙이며, 내국인 고용이 안 되는 사업장에 한해 외국인 고용을 허용한다. 사업장은 내국인 구인노력의무를 입증해야 하며, 외국인력 고용규모 등에 대한 제한이 있다. 둘째, 투명성의 원칙을 준수한다. 외국인력의 투명한 도입을 위해 송출 비리, 브로커 차단을 위해 우리나라와 송출 국가 간의 양해각서를 체결하고 공공부문에서 외국인노동자 선정, 도입, 알선을 담당한다. 셋째, 시장수요 존중의 원칙을 가진다. 시장수요에 맞는 외국인 선발, 도입을 위해 기능수준평가, 한국어능력시험 등을 활용한다. 넷째, 외국인 정주화 방지 원칙은 외국인노동자가 우리나라에 영구 정착하지 못하도록 한다. 2004년 고용허가제 초기 단계에서 외국인노동자의 취업기간은 3년 미만으로 제한되어 있었으나 2005년부터 3년+3년 제도로 운영되었다. 이후 다시 노동력 공백을 해소하고자 2009년 이들의 취업기간을 3년+1년 10개월로 연장하였다가, 2012년부터 다시 조정되어 성실근로자 재입국제도가 도입되었다. 성실근로자에 해당되는 노동자는 추가적으로 4년 10개월의 체류가 가능하도록 조정되었다. 다섯째, 내외국인 간 균등대우 원칙은 「근로기준법」 「최저임금법」 「산업안전보건법」을 포함한 노동관계법의 동등한 적용을 포함하며, 외국인노동자에 대한 부당한 차별을 방지한다(이규용, 2014; 정기선

외, 2013). 고용허가제 도입에도 불구하고 중소기업중앙회에서의 반발로 인해 2006년
까지는 한시적으로 산업연수생제도가 병행되었으며(천정웅 외, 2015), 2007년에 이
르러서야 산업연수생제도가 폐지되고 고용허가제로 통합되었다.

4단계는 고용허가제의 발전기로 볼 수 있다(이규용, 2014). 2007년 1월부터 산업
연수생 제도가 완전히 폐지되고 모든 외국인 인력 고용은 고용허가제로 일원화되
었다. 고용허가제로의 일원화는 외국인력제도에 대한 국가의 책임성을 공고히 하
기 위한 노력의 일환으로 이해할 수 있으며, 외국인력에 대한 체계적인 제도 마련
및 운영으로 평가되기도 한다(이규용, 2014). 하지만 고용허가제 역시 많은 문제점
을 안고 있는 것으로 나타난다. 예로, 입국 전과 후의 업무가 다르거나 고용주의 요
구조건이 상이하더라도 외국인노동자는 입국 전 근로계약을 체결한 사업장에서
근로해야 하며, 다른 사업장으로의 이동이 제한된다. 사업장 변경은 특수한 조건
하에서만 허용되는데, 예로 1년치 임금의 30% 이상이 체불되었거나 사업장 고용주
의 승인 혹은 동의가 있을 시에만 변경이 가능하다. 즉, 외국인노동자에게는 직업
선택의 자유가 주어지지 않으며, 사업장 변경은 반드시 명확한 근거가 있어야만 허
용된다. 또한 변경 요청이 허용되더라도 사업장 변경 횟수 및 기간이 제한되어 있
어 많은 외국인노동자는 장시간 노동, 저임금, 고강도의 노동 및 열악한 근로환경
을 감내하면서 근로하고 있는 것으로 파악되고 있다(윤자호, 2021). 동시에 이런 제
도는 많은 미등록체류 노동자를 양산해 낸다는 문제도 있다. 사업장에서의 인권침
해 등의 부당행위가 있어도 이를 입증하기 어려운 경우가 많아 외국인노동자는 어
쩔 수 없이 사업장을 이탈하게 되는 상황이 발생하며, 결국 이들은 미등록체류 외
국인으로 남게 된다. 동시에 사업장 변경 신청을 한 후 3개월 내 반드시 구직을 해
야 하는 변경기간 조건은 기간 내 구직이 되지 않는 경우 이들을 미등록체류 노동
자로 내몬다는 점에서 문제로 지적되고 있다(성정현 외, 2020).

2003년부터 적용되기 시작한 「외국인고용법」은 여러 차례 개정을 거치게 되었는
데, 2007년 초반 다시 한번 개정을 거쳐 외국국적 동포 고용을 위한 방문취업제가
도입되었다. 방문취업제는 일정한 조건을 가진 외국국적 동포에게 H-2 사증을 발
급하고 이들의 출입국 및 취업을 허용하는 특례고용허가제이다. 방문취업제가 도

입되기 전에도 외국국적 동포는 특례외국인노동자로 규정되어 이들의 입국 및 고용이 관리되고 있었는데, 2007년 법 개정을 통해 3월부터는 국내에 호적, 친족이 있는 외국국적 동포뿐 아니라 연고가 없는 동포에게도 체류 및 취업이 허가되었다. 다만 무연고 동포에 대해서는 대량입국으로 인한 노동시장의 혼란 및 문제를 방지하기 위해 연간 쿼터제를 적용하여 입국을 허용하고 있다. 방문취업제는 고용허가제보다 완화된 요건을 가지고 있는데, 예로 방문취업제로 입국한 노동자의 경우 사업장 변경이 자유로우며, 이들의 취업이 허용되는 업종 범위도 고용허가제에서 허용되는 범위보다 훨씬 많다는 차이를 가지고 있다. 특히 참고할 점은 방문취업제에서 허용하는 취업업종은 다수의 서비스업을 포괄적으로 포함하며 이 중 사회복지서비스업, 개인 간병 및 유사서비스업, 가사노동과 같은 가구 내 고용활동 역시 포함된다는 점이다. 방문취업제와 고용허가제에 대한 공통점과 차이점은 〈표 6-5〉를 통해 볼 수 있다.

표 6-5 고용허가제와 방문취업제

구분	일반고용허가제	방문취업제
대상	외국인노동자	외국국적동포 (중국·구소련 거주 동포 등)
허용체류기간	동일(4년 10개월; 3년＋재고용 1년 10개월)	
취업허용업종	제조업, 건설업, 어업, 농축산업, 건설폐기물처리업, 냉장,냉동창고업, 인쇄물출판업, 음악 등 오디오출판업, 재생용 재료 수입 및 판매업	좌동＋26개 서비스업: 총 39개 업종
취업절차	한국어시험 → 근로계약 → 비전문취업비자(E-9)로 입국 → 취업 교육 → 사업장 배치	방문취업비자로 입국 → 취업교육 → 구직등록 → 고용지원센터의 알선 또는 자유 구직 선택 → 근로계약 후 취업
사업장 이동	사업장 귀책 사유일 시 3년 내 3회 제한/3개월 내 구직	제한 없음

출처: 성정현 외(2020), 외국인고용관리시스템 홈페이지(https://www.eps.go.kr/eo/EmployPerSystem.eo?tabGb=04)의 내용을 재정리함.

4. 외국인노동자 대상 사회보장제도와 복지서비스

1) 사회보장제도

외국인노동자의 기본권 보호는 「외국인고용법」 제4장에 명시되어 있다. 「외국인고용법」 제4장 제22조는 외국인근로자 차별 금지에 대한 조항으로 "사용자(고용주)는 외국인노동자라는 이유로 부당하게 차별하여 처우하여서는 아니 된다."를 명시하고 있으며, 제23조에는 보증보험 등 가입에 대한 내용을 명시하고 있다. 앞서 설명한 것과 같이 외국인노동자는 내국인과 동등하게 「근로기준법」「최저임금법」「산업안전보건법」을 포함한 노동관계법에 적용된다(이규용, 2014). 또한 외국인노동자 역시 사회보험제도의 적용대상이 된다. 외국인노동자와 관련된 보험은 크게 사회보험제도에 해당되는 산재보험, 고용보험, 건강보험, 국민연금이 있으며, 「외국인고용법」에 명시되어 있는 외국인전용보험이 있다.

(1) 사회보험제도

우리나라 사회보험은 크게 산재보험, 건강보험, 고용보험과 국민연금이 있다. 고용허가제로 우리나라에 입국한 외국인노동자의 경우 산재보험과 건강보험은 당연 적용되며, 고용보험은 2006년 1월부터 임의가입으로 적용받고 있다. 국민연금의 경우 당연 적용을 하고 있으나 상대국에서 국민연금제도가 없는 경우 적용을 제외하고 있다.

① 산재보험

산재보험은 외국인노동자에게 가장 먼저 적용되기 시작한 사회보험으로 업무상 재해에 대한 보상제도이다. 일반적으로 외국인노동자가 고용된 사업장은 산재보험에 의무가입해야 하며, 업무상 재해를 당한 경우 근로자는 보상을 받을 수 있다. 산재보험은 국적과 체류자격과 상관없이 동일 적용되므로 미등록 외국인노동자 역시 적용대상에 포함된다. 하지만 여전히 외국인노동자의 많은 수가 산재보험에 대한 인지를 못하고 있거나 가입되어 있지 않은 것으로 파악되고 있으며, 이는 다수의 외국인노동자가 「산재보험법」이 적용되지 않는 사업장에 종사하거나 보험이 적용되지 않는 가사노동 등의 고용형태에 종사하기 때문인 것으로 보고되고 있다(김기태 외, 2020).

② 고용보험

고용보험은 노동자가 실업할 경우 일정 금액의 급여를 제공하여 생활안정과 구직활동 지원을 도모하는 제도이다. 고용보험은 당연적용 대상자와 임의적용 대상자로 구분되는데, 당연적용은 국내거주(F-2) 및 영주(F-5) 사증을 가진 이들에게 적용되며 내국인과 동일하게 취업활동이 가능한 외국인에게 해당된다. 임의적용은 그 외 사증을 가진 외국인에게 적용되는데, 2019년부터 「고용보험법」 제10조의 2에서 '외국인근로자에 대한 적용'이 의무화됨에 따라 비전문취업(E-9), 방문취업(H-2) 사증을 가진 외국인에게도 적용되기 시작했다. 고용보험은 외국인노동자가 신청해야 가입이 가능하며, 사업주는 외국인노동자가 서명한 '외국인고용보험가입신청서'를 제출해야 한다. 외국인노동자는 사업장에서의 근로계약이 종료되면 출국해야 하는데, 만약 산업재해를 당해 근로는 어려우나 체류기간이 남아 있는 경우, 혹은 사업장 변경횟수 제한으로 인해 체류기간이 남아 있으나 실업상태인 경우 고용보험에 임의가입할 수 있도록 허용하고 있다(성정현 외, 2020).

③ 건강보험

건강보험의 경우 「국민건강보험법」 제109조의 '외국인 등에 대한 특례 규정'하에 외국인노동자를 포함한 국내에 거소신고가 되어 있는 모든 외국인은 가입 대상이 되며, 특히 6개월 이상 장기체류하는 외국인의 경우 의무가입이 된다. E-9이나 H-2 사증을 통해 국내 체류하는 외국인노동자의 경우 당연 직장가입 대상이 되며, 직장가입자에 해당되지 않는 외국인의 경우 지역가입할 수 있다. 다만 직장가입자는 취업 즉시 건강보험 가입이 되나 지역가입자의 경우 입국 후 6개월이 지나야 가입이 가능하다. 한편, 외국인등록이 되어 있지 않거나 체류기간이 만료되었거나 강제퇴거명령서 발급을 받은 외국인의 경우 건강보험 가입이 허용되지 않는다(이연옥, 2016).

④ 국민연금

「국민연금법」제126조에 의거하여 국내에 거주하는 외국인 혹은 법의 적용을 받는 사업장에 근로하는 외국인인 사업장 혹은 지역을 통해 가입이 가능하다. 다만 외국인의 국민연금은 상호주의 원칙에 따라 운용되는데, 외국인의 본국에서 국민연금에 상응하는 연금제도가 대한민국 국민에게 적용되지 않을 경우 해당 국가 외국인 역시 국민연금 당연가입 대상에서 제외된다. 2022년 1월을 기준으로 사업장·지역 당연가입적용국은 총 65개국으로 집계되며, 사업장 당연적용에 해당되나 지역가입은 안 되는 국가는 베트남, 콩고 등을 포함한 35개국이고 사업장 혹은 지역가입 모두 적용제외국가는 나이지리아, 미얀마 등을 포함한 총 22개 국가이다(국민연금 홈페이지). 건강보험과 마찬가지로 미등록체류 외국인, 강제퇴거명령을 받은 외국인 등은 국민연금 대상자에서 제외된다.

(2) 외국인전용보험

4대보험 외 외국인전용보험은 외국인노동자와 이들을 고용한 사업주가 가입해야 하는 네 가지 보험을 가리킨다. 이는 출국만기보험, 보증보험, 귀국비용보험, 상해보험을 포함하며, 보험은「외국인고용법」에 의거하여 근로자와 이들의 사업주가 의무가입해야 하는 보험이다. 출국만기보험과 보증보험이 사업주가 가입해야 하는 보험인 것에 비해, 귀국비용보험과 상해보험은 외국인노동자가 직접 가입해야 하는 보험이다.

① 출국만기보험

출국만기보험은「근로자퇴직급여보장법」에 근거한 퇴직금일시지급 부담을 완화하기 위한 보험으로 외국인노동자를 고용하는 사업주는 근로계약 효력 발생일로부터 15일 이내 반드시 보험에 가입해야 한다. 미가입 사업주에게는 일정 금액의 벌금이 부과된다. 보험료는 월 통상임금의 8.3%이며, 외국인노동자가 1년 이상 근무 후 본국으로 출국한 후 혹은 체류자격 변경 시 보험금 수령이 가능하나 외국인노동자가 사업장을 이탈하거나 1년 미만 근무 후 퇴사 혹은 근로계약을 해지하면 보험금은 사업주에게 귀속된다(성정현 외, 2020). 보험료 신청은 신청일 기준 14일 이내로 지급되며, 출국 당일 공항에서 혹은 출국 후 현지 은행에서 직접 수령 가능하다. 최근 연구에 따르면, 비전문취업(E-9)과 방문취업자(H-2) 사증을 가진 외국인노동자의 약 61%만이 출국만기보험에 가입된 것으로 나타났으며, 여전히 많은 수의 외국인노동자들이 보험에 대해 인지하지 못하고 있는 것으로 보고되었다(곽윤경, 김기태, 2021).

② 보증보험

보증보험은 임금체불 발생을 대비해서 사업주가 가입해야 하는 보험이다. 사업주는 외국인노동자의 근로계약 효력 발생일부터 15일 이내 가입해야 하며, 고용한 외국인노동자 1인당 연 15,000원을 납부하면 사업의 휴업·폐업, 부도 등 기타 사유로 외국인노동자의 임금체불 발생 시 최대 200만 원 정도까지 임금을 보장받을 수 있다. 사업주의 보험 미가입은 출국만기보험과 마찬가지로 500만 원 이하의 벌금이 부과된다.

③ 귀국비용보험

귀국비용보험은 근로계약 만기 후 귀국경비를 충당하기 위한 보험이며, 외국인노동자는 사업주와 근로계약 효력발생일[1]로부터 3개월 이내 보험에 가입해야 한다. 비전문취업(E-9) 및 방문취업(H-2) 사증을 가진 외국인노동자는 의무가입대상이며 미가입시 과태료가 부과된다. 보험료는 출신국가별로 다르고, 국가별 납부

---

1) 비전문취업자의 경우 한국 입국일이 근로계약 효력발생일로 간주되며 방문취업자 및 사업장변경자의 경우 근로계약개시일부터 효력이 발생된다.

금액은 한 번에 혹은 3회 이내로 나누어 납부하게 되어 있으며, 중국, 필리핀, 인도네시아, 태국, 베트남 국적인은 40만 원을, 스리랑카 국적인은 60만 원을, 기타 국가 출신 근로자의 경우 50만 원을 납부해야 한다(한국산업인력공단 홈페이지).

④ 상해보험

상해보험은 외국인노동자가 업무상 재해 이외의 사망 혹은 질병 등에 대비해서 근로자가 가입해야 하는 보험으로 근로계약 효력발생일로부터 15일 이내 가입해야 한다. 귀국비용보험과 마찬가지로 비전문취업, 방문취업 사증을 가진 외국인노동자는 필수 가입해야 하며, 미가입 시 과태료가 부가된다. 상해보험료는 연령, 성별 및 보험기간에 따라 다르며, 최대 3년의 근로계약기간을 보험기간으로 상정한다. 외국인노동자가 업무상 재해 이외의 사유로 사망 혹은 후유장애가 발생한 경우 외국인노동자의 유족이 보험금을 신청할 수 있다. 상해보험이 의무가입임에도 불구하고 여전히 외국인노동자의 가입률은 낮은 것으로 나타나며, 최근 연구에 따르면 비전문취업, 방문취업 근로자의 약 50%만이 상해보험에 가입한 것으로 보고되고 있다(곽윤경, 김기태, 2021).

2) 외국인노동자 지원 복지서비스

외국인노동자와 그 가족을 위한 복지 관련 서비스는 오랜 기간 전무했다고 해도 과언이 아니다. 외국인노동자 인력이 유입되기 시작한 시점부터 2000년대 초반까지는 주로 민간기관과 NGO 단체에서 외국인노동자를 위한 복지ㆍ보건ㆍ적응 지원 서비스를 제공한 것으로 파악된다. 2002년 조사ㆍ발표된 자료에 따르면, 외국인노동자를 위한 대다수의 기관은 수도권 지역에 위치했으며, 이중 절반 이상이 종교단체에 의해, 나머지 약 20%는 사회복지단체에 의해 운영되는 것으로 나타났다. 기관의 다수는 자원봉사자와 소수의 상근인력으로 운영되었으며, 제공되는 서비스로는 의료상담, 무료진료, 노동 관련 상담, 문화(언어)교육 등이 주를 이룬 것으로 보고되었다(김진순, 2002). 지역사회 내 NGO와 종교단체 등이 외국인노동자의 복지 증진과 한국생활 적응에 매우 중요한 역할을 수행했음에도 불구하고 지속되는 외국인노동자의 노동, 건강, 보건 및 한국 사회 적응의 어려움은 이들의 지원만으로는 해결이 어려운 상황이 되었다. 이에 대한 사회적 관심이 증가하면서 2004년 고용노동부의 지원하에 한국외국인근로자센터가 운영되기 시작했으며, 이는 2018년 한국외국인노동자지원센터라는 이름으로 변경되어 현재까지 운영되고 있다. 이를 시작으로 외국인노동자지원센터는 전국 여러 지역에 걸쳐 설립되기 시작했으며, 2022년을 기준으로 9개의 거점센터와 36개의 지역지원센터가 운영되고 있다(고용노동부 홈페이지). 지원센터에서 제공하는 공통 서비스는 외국인노동자와 사업주에 대한 고충상담, 갈등 중재, 고용사업주 노무관리 지원, 외국인노동자의 국내체류 관련 상담 및 편의 제공, 외국인노동자 한국어 교육 및 한국생활 적응 지원프로그램 운영, 생활 · 법률 관련 정보 및 컨설팅 제공, 농축산 · 어업 외국인노동자및 고용사업주 대상 방문상담 및 체류지원 서비스 등이 있다(〈표 6-6〉 참조).

표 6-6 외국인노동자지원센터 주요사업

구분	주요사업 내용
상담	• 외국인노동자(E-9, H-2) 및 고용사업주 대상 내방 · 방문 · 전화상담 수행 • 체류지원 서비스 및 사각지대에 위치한 농축산 · 어업 외국인노동자 및 고용사업주 방문상담서비스 제공 • 외국인노동자 본국 재정착 취업 · 창업 계획상담 • 초기입국자 체류 멘토링 및 진로상담 • 폭행 · 성희롱 피해 전담 상담서비스 제공 • 법률상담 등
교육	• (필수) 한국어, 산업안전, 귀국의식교육(기초/심화/특별 · 재입국특례) • (자율) 법률, EPS정보화, 건강 · 정신건강증진교육
특성화	• 무료진료 및 예방접종(무료진료 월 1회, 접종 연 1회) • 한국문화(태권도)
기타	• 귀국지원통합서비스 • 국가별 전통명절 및 기념행사 • 스포츠대회 등 문화행사

출처: 한국외국인노동자지원센터(2021).

또한 관할지역 외국인노동자의 특성 및 욕구에 맞는 특성화 서비스 역시 제공되는데, 예로 서울글로벌센터의 경우 생활 전반 지원을 위한 상담 서비스 제공 외, 외국인노동자를 포함한 외국인주민 대상 심리정서 상담서비스, 민주시민 아카데미, 외국인주민 운전면허 취득 필기시험 대비반 등의 다양한 사업을 운영 중에 있다(서울글로벌센터 홈페이지).

이런 움직임과 더불어 2006년 행정자치부는 외국인지원표준조례를 만들었으며, 이후 여러 지자체에서 외국인 관련 조례 법률을 제정하기 시작했다. 그 첫 주자로 2007년 부산, 울산, 대전 등에서 '거주외국인 지원조례' 법안을 제정했으며, 이는 지자체가 지원하는 외국인노동자 지원사업의 법적 토대가 되었다. 이런 조례는 또한 지자체로 하여금 외국인 지원 전담부서 및 팀을 설치하고 외국인 지원 사업을 직영하거나 혹은 민간기관에 위탁운영할 수 있는 근거를 마련했다는 점에서 의의를 가진다. 현재 다수의 지역에서 시·군·구별로 외국인주민 지원조례를 제정하고 외국인노동자를 포함한 외국인주민을 지원하는 기관이 복지센터, 지원센터 등 다양한 이름하에 운영되고 있다.

5. 외국인노동자가 경험하는 어려움 및 문제

외국인노동자가 국내 유입되어 근로 및 체류하기 시작한 지 30년 이상이 되었으나 여전히 많은 외국인노동자는 인권침해의 대상이 되고 있으며, 이들이 우리 사회에서 경험하는 문제와 어려움은 다층적이며 복합적인 것으로 보고되고 있다. 특히, 이들이 근무하는 사업장에서의 문제는 여전히 심각한 것으로 나타나고 있다. 외국인노동자 유입 초기부터 지금까지 지속적으로 지적되는 문제점은 이들의 열악한 근로환경과 조건, 사업장에서의 폭행, 폭언과 같은 인권침해 문제이다. 많은 외국인노동자들이 종사하는 직종은 3D(difficulty, dirty, dangerous) 직종으로 불릴 만큼 강도 높은 노동과 위험 요소가 많은 직종이다. 또한 이들은 장시간 노동에 시달린다. 최근 한국보건사회연구원에서 진행된 조사에 따르면, 외국인노동자는 평균

주당 50시간 이상을 근무하며, 주당 60시간 이상 근무를 한 비율도 조사 참여자의 약 20%를 상회하는 것으로 나타났다. 특히 비전문취업(E-9) 근로자의 근로시간이 더 긴 것으로 나타났는데, 주목할 점은 근로시간과 임금에 있어 성별 차이가 있다는 점이다. 여성 외국인노동자의 경우 남성 근로자에 비해 근로시간도 더 긴 경우가 많으며, 임금 역시 상대적으로 더 낮은 수준인 것으로 드러났다. 또한 이들의 열악한 근로환경으로 인해 산재경험이 높은 것으로 보고되고 있는데, 외국인노동자 5명 중 1명은 작업 중 부상을 입은 경우가 있고 또 약 15%는 작업으로 인해 아팠던 적이 있다고 보고했으며, 그 사유는 과도한 업무와 스트레스, 유해한 물질 사용 등으로 나타났다(김기태 외, 2020). 그 외 임금체불 등의 문제 역시 지속적으로 보고되고 있으며, 이는 특히 미등록체류 외국인노동자가 더 빈번히 경험하는 것으로 나타나며, 미등록체류 외국인노동자의 경우 법적 테두리 안에 보호받지 못하고 있어 이들의 인권침해, 임금차별, 장시간 노동, 임금체불 등의 문제가 지속적으로 보고되고 있다. 최근 외국인노동자의 열악한 주거지에 대한 보도가 잇따르면서 외국인노동자의 근로여건 및 생활환경에 대한 문제 역시 제기되고 있다. 하지만 이런 심각한 문제가 발생하더라도 많은 수의 외국인노동자들은 이를 신고하기 꺼리고 있다. 특히 미등록 외국인노동자의 경우 단속, 추방에 대한 두려움으로 인해 이를 신고하지 못하고 있으며, 신고하더라도 이들의 권리구제가 잘 이루어지지 않아 이들의 근로 사업장에서의 인권침해 문제는 매우 심각한 것으로 나타난다(성정현 외, 2020).

이런 구조적인 문제와 더불어 다수의 외국인노동자들은 사업장에서 지속적인 인격모독, 무시, 폭행, 폭언에 시달리고 있다(최명민 외, 2015). 특히 여성 근로자의 경우 성희롱과 성폭행 피해 경험 역시 계속해서 보고되고 있는데, 최근 조사에 따르면 연구에 참여한 비전문취업(E-9) 여성 외국인노동자 중 약 7.1%가 성희롱, 성폭행 피해경험이 있다고 보고한 것으로 나타났다(김기태, 2021). 정리하면, 외국인노동자들이 근무하는 사업장의 근로환경은 여전히 위험하고 열악하며 노동자 다수가 장기간 근무, 산업재해와 같은 위험에 노출되어 있다. 특히 여성의 경우 근로 관련 위험 및 차별에 더 쉽게 노출이 되어 있다. 이에 외국인노동지원센터, 지원센터, 인권센터 등 다수의 기관에서는 이들의 노무 관련 지원과 상담, 민형사상 지원 서비스를 계속해서 지원하고 있으나 사업장에서의 이들의 인권보장과 증진은 여전히 큰 과제로 남아 있다.

인권침해 문제와 더불어 다수의 외국인노동자들은 건강 및 정신건강 관련 어려움을 경험하고 있는 것으로 보고되고 있다. 최근 한국이주민건강협회에서 진행한 조사에 따르면, 외국인노동자들은 우울, 자살위험 등 정신건강 측면에서 취약한 상태를 보이고 있으며, 특히 자살 사고 같은 경우 이들이 근로현장에서 경험하는 어려움, 경제적 불안정 상태 및 한국생활 적응과 밀접한 관계가 있는 것으로 보고된다(한국이주민건강협회, 2021). 특히 외국인노동자의 업무 외 재해로 인한 사망 유형 중 자살은 높은 비중을 차지하며, 과중업무, 스트레스, 근로환경에서의 차별 등이 이런 자살생각을 높임을 보고했다. 외국인노동자의 자살을 연구한 노지현(2015) 역시 외국인노동자가 우리나라에서 경험하는 차별과 무시, 횡포가 이들의 정신건강에 부정적 영향을 미치며 지지를 제공할 수 있는 가족 및 주변체계가 부재한 이들의 경우 자살위험이 높다고 설명했다. 외국인노동자에 대한 우리 사회의 부정적 인식과 불안정한 고용환경, 지지체계의 부족은 외국인노동자의 신체적 · 심리적 건강 저하에 큰 요인으로 작용하며, 동시에 이들에게 필요한 보건의료 및 정신건강 관련 서비스는 여전히 매우 부족한 상황이다. 지역사회 내에 갖춰져 있는 정신건강복지센터 및 자살예방센터 모두 내국인을 중심으로 서비스가 기획되고 제공되고 있어 한국어 사용이 서툴고 문화적 배경이 다른 외국인노동자 등의 이주배경 구성원은 여전히 서비스의 사각지대에 머물러 있다. 외국인노동자를 포함한 이주배경 구성원의 의료 · 정신건강 문제가 지속적으로 보고되고 있는 만큼 이들의 정신건강 욕구와 어려움에 대응할 수 있는 지원체계 마련이 필요하며, 특히 자살과 같은 위기개입을 위한 서비스 마련이 필요하다.

🔖 참고문헌

곽윤경, 김기태(2021). 이주노동자의 사회보험과 4대 전용보험 정책과제. 보건복지포럼, 5, 41-56.

김기태(2021). 이주노동자의 노동 여건 및 정책 과제. 보건복지포럼, 295, 8-24.

김기태 외(2020). 사회배제 대응을 위한 새로운 복지국가 체제 개발. 한국보건사회연구원.

김범수, 서은주, 손병돈, 정재훈, 조석연(2008). 다문화사회복지론. 양서원.

노지현(2015). 이주노동자 자살 사례 연구: 자살원인분석을 중심으로. 한국사회복지연구, 46(1), 247-281.

법무부 출입국, 외국인정책본부(2021). 출입국 · 외국인정책 통계월보. 10월호. 법무부.

성정현 외(2020). 사회복지와 문화다양성. 공동체.

윤자호(2021). 한국 이주노동자 실태와 고용허가제의 현황-비전문취업자(E-9), 방문취업자(H-2)를 중심으로. KLSI Issue Paper (1). 한국노동연구원.

이규용(2014. 8. 14.). 고용허가제 10주년 성과 및 향후 정책과제. 고용노동부 고용허가제 10주년 평가토론회 자료.

이규용(2020). 외국인 비합법 체류 및 고용실태. 월간노동리뷰, 4, 30-49.

이연옥(2016). 미등록외국인근로자의 법적 지위와 관련 정책의 문제점. 다문화콘텐츠연구, 21, 7-42.

이정환, 이성용(2008). 외국인 노동자의 이주 특성과 연구동향. 한국인구학, 30(2), 147-168.

이홍구(2011).

정기선, 김석호, 고지영, 이규용, 이혜경, 이창원, 최서리(2013). 2013년 체류외국인 실태조사: 고용허가제와 방문취업제 외국인의 취업 및 사회생활. 법무부 출입국 · 외국인 정책본부.

천정웅, 남부현, 김태원, 한승희, 박주현(2015). 현대사회와 문화다양성 이해. 양서원.

최명민, 이기영, 김정진, 최현미(2015). 다문화사회복지론. 학지사.

최서리, 현채민(2018). 국내 외국인선원(E-10) 체류관리의 문제점과 개선방안. IOM이민정책연구원 이슈브리프. 2018-3. IOM이민정책연구원.

한건수, 설동훈(2007). 이주자가 본 한국의 정책과 제도. 한국여성정책연구원.

한국이주민건강협회(2021). 이주민지원단체용 이주노동자 정신건강 현황. http://www.wefriends.org/bbs/board.php?bo_table=cardnews&wr-id=21

고용노동부. 외국인대상 정책. https://www.moel.go.kr/policy/policyinfo/foreigner/list6. do

고용노동부. e-고용노동지표. http://eboard.moel.go.kr/indicator/detail?menu_idx=75&mng_data_idx=1455&inflow_type=M#

국민연금. 2022 국가별 가입대상 여부. https://www.nps.or.kr/jsppage/info/easy/easy_02_07.jsp

외국인고용관리시스템. https://www.eps.go.kr/eo/EmployPerSystem.eo?tabGb=04

찾기쉬운 생활법령정보. 출입국관리법 시행령. https://easylaw.go.kr/CSP/CnpClsMain.laf?popMenu=ov&csmSeq=3&ccfNo=1&cciNo=1&cnpClsNo=1&search_put=

한국산업인력공단. 외국인근로자 지원. https://www.hrdkorea.or.kr/1/3/3/3/2

제7장

북한이탈주민

이 장에서는 대한민국에 거주하고 있는 북한이탈주민에 대해 살펴본다. 먼저, 북한이탈주민이 누구를 의미하는지 살펴보고, 현재 우리나라에서 거주하고 있는 북한이탈주민의 삶이 어떠한지 그 현황을 파악한다. 다음으로, 이들이 정착하면서 경험하는 어려움과 이들의 정착과 적응을 돕기 위한 지원정책을 살펴본다. 마지막으로, 앞으로 북한이탈주민이 우리나라에서 잘 적응을 할 수 있기 위해 해결해야 할 향후 과제에 대해 논의한다.

1. 북한이탈주민의 개념

1) 북한이탈주민의 정의

「북한이탈주민의 보호 및 정착지원에 관한 법률」(약칭 「북한이탈주민법」) 제2조 제

1호에 따르면, **북한이탈주민**은 "군사분계선 이북지역(이하 "북한"이라 한다)에 주소, 직계가족, 배우자, 직장 등을 두고 있는 사람으로서 북한을 벗어난 후 외국 국적을 취득하지 아니한 사람"을 의미한다. 이 정의에 따르면, 북한이탈주민은 북한을 벗어나서 남한에 입국한 사람뿐만 아니라, 중국 등의 해외에 거주하고 있는 사람들까지도 모두 포괄한다. 그러나 통상적으로 북한이탈주민은 북한지역을 벗어나서 남한에 성공적으로 입국하여 생활하는 사람들을 일컫는다(이원종, 백남설, 2021).

「북한이탈주민법」이 제정되기 이전에도 북한을 이탈하여 남한에 정착한 사람들이 있었으며, 시간에 따라 이들을 지칭하는 용어가 변화되어 왔다. 1993년 이전에는 북한 국경을 넘어 남한에 입국한 사람을 귀순자 혹은 귀순용사로 불렀으며, 1994년 이후에는 탈북자, 북한이탈주민, 새터민 등의 용어를 사용하였다. 2005년에 통일부는 이들의 공식명칭을 새터민으로 공표하였으나, 새터민은 조어법상 문제가 많고,[1] "북한 체제를 거부하고 자유를 찾아온 사람을 경제 난민 취급"한다는 비판을 받아, 공식명칭에서 빠지게 되었다(배상복, 2022). 반면, 탈북자라는 표현은 일반적으로 많이 쓰이고 있으나, 북한 주민이 북한을 이탈하여 남한뿐만 아니라, 외국에 거주하고 있는 모든 경우를 포괄하는 광의의 의미와 북한을 이탈하여 남한에 입국한 사례만을 포함하는 협의의 의미로 모두 사용하고 있어 혼란을 일으키는 경우가 있다. 따라서 이 장에서는 이러한 혼란을 막고, 현재 정부 정책에서 사용되고 있는 공식 명칭을 활용하여 남한에 거주하고 있는 사람들을 북한이탈주민이라는 명칭으로, 북한지역을 이탈하여 외국에 거주하고 있는 사람들을 탈북자라는 명칭을 사용하여 이들에 대해 살펴보고자 한다.

2) 북한이탈주민의 특성

북한이탈주민은 자신들의 삶의 터전에서 이탈하여 남한 사회에 편입되었다는

---

1) '새로운 터전에 정착한 주민'을 의미하나 새(관형사)+터(터전)+민(民)으로 이루어져, 일반적으로 순우리말+순우리말, 혹은 한자어+한자어로 이루어지는 한국어 단어의 조합 방식을 따르지 않고 있다는 비판을 받고 있다(신하영, 김영지, 2019).

측면과 오랫동안 다른 사회적 환경에서 생활하여 남한 사회에 대한 이해와 적응이 필요하다는 측면에서 이주민이 갖는 보편적인 특성을 가지고 있다. 그러나 북한이탈주민은 다른 나라에서 이주한 대상자들과는 다른 특수성도 지닌다. 먼저, 대한민국 「헌법」 제3조에 따르면, "대한민국의 영토는 한반도와 그 부속 도서로 한다." 라고 명시되어 있다. 즉, 대한민국 「헌법」에 따르면, 북한도 대한민국의 영토에 속한다. 이를 근거로 하여, 북한이탈주민은 대한민국 국민으로 인정되며, 남한에 입국했을 때 바로 대한민국 국적을 가지고, 국가의 보호를 받게 된다(김현정, 박선화, 2016). 또한 북한이탈주민은 해방 이전까지 공통의 전통과 문화, 역사와 언어 등을 공유해 왔으며, 한국인이라는 민족 동질성을 함께 가지고 있다(박영자, 2011). 지금까지 남북통일에 대한 당위성도 남한과 북한이 민족 공동체로서 하나의 국가를 형성해야 한다는 논리로 강조되어 왔다(김병연 외, 2021). 그러나 한국전쟁 이후 남한과 북한의 대립적인 관계, 한반도의 안보를 위협하는 북한의 핵실험 및 군사 도발, 분단 이후 70년 동안의 단절, 북한의 국제 사회로부터의 고립 등은 북한이탈주민에 대한 인식과 이들의 남한 사회에서의 정착을 더 복잡하게 만든다(김현정, 박선화, 2016). 즉, "분단체제하 적대국 출신이며 동시에 「헌법」상 대한민국 국민"(박영자, 2011, p. 8)이라는 이중적인 지위는 북한이탈주민이 갖는 특수성이라고 볼 수 있다. 북한이탈주민의 이러한 보편성과 특수성은 남한 사회 정착의 여러 가지 어려움으로 나타나고 있다.

2. 북한이탈주민의 현황

1) 북한이탈주민 입국 현황

통일부에 따르면, 2022년 6월까지 국내에 입국한 누적 북한이탈주민 수는 33,804명으로 집계되고 있으며, 이 가운데 여성 입국자는 24,335명으로 전체 입국자의 72%를 차지하고 있다(통일부, 2022c). 북한이탈주민의 입국 현황을 시계열적으로 살펴보면, 1998년 이전까지 남한에 입국한 북한이탈주민의 수는 947명이었으며, 남성이 831명으로 압도적으로 높은 비율을 차지하였다. 그러나 2000년대부터는 북한에서 넘어오는 여성의 비율이 높아졌다(〈표 7-1〉 참조). 이는 1990년대 초반까지는 북한의 엄격한 주민 통제 등으로 인하여 탈북이 매우 드물게 발생하였으며, 탈북자들은 주로 정치적 혹은 사상적인 이유로 탈북한 경우가 많았다. 반면에 1990년대 후반 북한의 '고난의 행군' 이후에는 극심한 식량난과 경제적 어려움을 해결하기 위해 국경을 넘는 북한 주민의 수가 증가하였으며, 제3국을 통해 남한으로 입국하는 수가 급증하게 되었다. 특히 북한의 경제난 이후에 북한 남성들은 여전히 조직생활을 통해 통제를 받고 있었던 반면에, 여성들은 상대적으로 자유로워서 적극적으로 장사 및 부업 등을 통해 가계 생계를 책임지게 되었으며, 북한 사회 내에서 여성의 역할 변화는 궁극적으로 더 많은 여성 탈북민의 발생을 야기하였다(이미경, 2004). 또한 이 당시에는 비교적 방관자적인 국경수비대의 분위기와 탈북자에 대한 낮은 처벌 수위 등으로 인하여 탈북하고 국내에 입국하는 북한이탈주민의 수가 꾸준한 증가세를 보였다(김혜림, 2016).

그러나 2011년에 김정은 체제로 바뀌면서 탈북에 대한 북한의 정책이 바뀌었으며, 이는 2012년 국내에 입국하는 북한이탈주민의 급격한 감소로 이어졌다. 특히 김정은 체제 이후 중국과 북한의 국경지역 경비 강화, 중국 공안과의 공조로 중국 내에 거주하고 있는 탈북민의 적극적인 북송, 탈북자에 대한 처벌 강화, 재입북(역탈북)자[2]를 활용한 탈북차단 및 재입북 유인 등의 변화가 나타났으며(김효정, 2022), 이

표 7-1 북한이탈주민 입국 현황(2012~2021) (단위: 명)

구분	~1998	~2001	2014	2015	2016	2017	2018	2019	2020	2021
남	831	565	305	251	302	188	168	202	72	40
여	116	478	1,092	1,024	1,116	939	969	845	157	23
합계	947	1,043	1,397	1,274	1,418	1,127	1,137	1,047	229	63
여성 비율(%)	12.2%	45.8%	78.2%	80.3%	78.7%	83.3%	85.2%	80.7%	68.6%	36.4%

출처: 통일부(2022a).

는 김정은 정권하에서 북한의 체제 유지를 위한 하나의 정책적 방안으로 여겨지고 있다(김혜림, 2016). 이에 따라, 이전에 꾸준히 입국하던 탈북민의 수는 현격하게 줄었다. 코로나 팬데믹 이후에는 중국을 비롯한 각 국가의 국경 지역 경비 강화 등으로 인하여 탈북민 구출 사업이 원활하게 이루어지지 못하고 있다. 그 결과, 2021년에 남한에 입국한 탈북민은 63명이었다(통일부, 2022a).

북한이탈주민의 입국 당시의 인구통계적 특성을 살펴보면, 입국 당시 30대가 9,711명(28.7%)으로 가장 많았으며, 그 다음으로 20대가 9,590명(28.4%) 입국하였다(〈표 7-2〉 참조). 이들의 북한 학력 수준을 살펴보면, 북한의 12년제 의무교육을 받은 다수의 북한이탈주민은 중·고등학교 학력을 가졌으며(69.4%), 전문대 10.4%(3,532명), 그리고 대학 이상의 학력을 가진 사람은 2,336명으로 전체 북한이탈주민의 6.9%를 구성하고 있다(통일부, 2022c).

표 7-2 연령대별 유형표

(단위: 명)

구분	0~9세	10~19세	20~29세	30~39세	40~49세	50~59세	60세 이상	계
남	651	1,705	2,623	2,157	1,395	586	352	9,469
여	646	2,106	6,967	7,554	4,607	1,460	995	24,335
합계(명)	1,297	3,811	9,590	9,711	6,002	2,046	1,347	33,804

주: 입국당시 연령 기준이며, 최근 입국하여 보호시설 등에 있는 일부인원은 제외된 수치로 입국 인원과 차이가 있음.
출처: 통일부(2022c).

이들이 북한에서 생활할 때, 직업을 갖지 않은 '무직부양'이 44.9%(15,167명)로 다수를 차지하였으며, 특히 여성이 '무직부양'에 포함되어 있는 비율이 높다(〈표 7-3〉 참조). 결혼하여 직업을 갖지 않았던 여성이나, 장마당 등에서 비공식적인 경제활동을 한 여성들이 이 항목에 포함된다(이윤진, 2021). 그다음으로 '노동자'가 많았으며, 특히 남성은 노동자 비율이 가장 높았다.

---

2) 실제로 2012년 이후에 북한으로 다시 돌아간 탈북자는 29명인 것으로 파악되고 있다(김효정, 2022).

표 7-3 재북 직업별 유형표

구분	관리직	군인	노동자	무직부양	봉사분야	예술체육	전문직	비대상 (아동등)	계
남	412	720	4,166	3,215	93	84	233	546	9,469
여	139	161	9,216	11,952	1,454	221	527	665	24,335
합계(명)	551	881	13,382	15,167	1,547	305	760	1,211	33,804

주: 최근 입국하여 보호시설 등에 있는 일부 인원은 제외된 수치로 입국인원과 차이가 있음(과거자료 정비 등으로 일부 인원이 조정될 수 있음).
출처: 통일부(2022c).

2021년 북한이탈주민 정착실태조사(하나재단, 2022b)에 따르면, 이들이 탈북한 동기로는 '북한 체제의 감시·통제가 싫어서'(22.8%)와 '식량이 부족해서'(21.6%)가 가장 높은 빈도로 꼽혔다. 반면에 20대 미만의 북한이탈주민들은 '먼저 탈북한 가족을 찾거나 함께 살기 위해'라는 이유를 꼽고 있어 젊은 북한이탈주민들은 상대적으로 남한에 먼저 정착한 가족을 찾아서 오는 경우가 많은 것을 알 수 있다. 이러한 경향성은 1995년 이전에는 정치적인 요인으로 인한 탈북, 그리고 1995년 이후에는 경제적인 요인으로 인한 탈북에서 탈북 동기가 점차 다양해지고 있음을 알 수 있다.

표 7-4 탈북 동기

(단위: 명)

		북한 체제의 감시·통제가 싫어서 (자유를 찾아서)	식량이 부족해서	가족(자녀 등)에게 더 나은 생활 환경을 주려고	돈을 더 많이 벌고 싶어서	먼저 탈북한 가족을 찾거나 함께 살기 위해
	2021년	22.8	21.6	10.7	10.7	10.4
연령대	15~19세	5.2	2.3	7.5	0.7	16.0
	20대	15.0	6.3	6.8	6.5	21.6
	30대	25.3	20.5	9.1	125.2	10.4
	40대	24.7	26.5	12.5	14.0	6.0
	50대	24.89	23.4	13.4	11.4	6.5
	60대	20.8	28.7	9.7	4.2	15.8

출처: 하나재단(2022b).

2) 북한이탈주민의 남한 생활

통일부 자료에 따르면, 2021년 5월 현재 남한 거주 북한이탈주민은 29,880명으로 이 가운데 25,123명(84.1%)이 5년 이상 남한에서 거주하고 있으며, 다수인 19,357명(64.8%)이 수도권 지역에 살고 있다(하나재단, 2022b). 또한 현재 남한 거주 북한이탈주민 가운데 22,723명(76%)은 여성이며, 이 가운데 30대가 7,314명, 40대가 8,515명, 그리고 50대 이상이 9,673명으로 30대부터 50대 이상까지 고른 연령 분포를 보이고 있다. 반면에 20대는 3,672명, 그리고 10대 미만은 706명으로 상대적으로 적은 비중을 차지하고 있다(〈표 7-5〉 참조).

표 7-5 2021년 5월 통일부 등록자료 기준 북한이탈주민 현황

구분		명(%)
성별	남성	7,157 (24%)
	여성	22,723 (76%)
연령대	10대 미만	706 (2.4%)
	20대	3,672 (12.3%)
	30대	7,314 (24.5%)
	40대	8,515 (28.5%)
	50대 이상	9,673 (32.4%)
거주 기간	5년 미만	4,757 (15.9%)
	5년 이상	25,123 (84.1%)
거주 지역	수도권	19,357 (64.8%)
	비수도권	10,523 (35.2%)
합계		29,880 (100%)

출처: 하나재단(2022b).

북한이탈주민의 거주 형태를 살펴보면, 응답자의 약 43.1%는 미혼 자녀와 함께 거주하고 있으며, 41.0%는 배우자와 함께 거주하고 있어 평균 가구원 수는 약 2.3명이다. 그러나 60대 이상의 1인 가구 비율은 63.3%로 다른 연령대에 비해 높은 것으로 나타났다. 북한이탈주민 남성의 배우자 출신지역은 84.7%가 북한이라고 응답한 반면에, 여성은 44.7%가 남한이라고 응답하였으며, 30.1%가 중국으로 응답하여 성별에 따른 배우자의 출신지역의 차이가 매우 큰 것으로 나타났다. 탈북자들이 많아짐에 따라 가족이주 또한 많아지고 있는데, 특히 남한에 먼저 온 미혼 자녀가 부모나 형제의 탈북을 돕거나, 기혼자가 자신의 자녀와 배우자의 탈북을 돕는 경우가 많은 것으로 나타났다(진미정, 김상하, 2018). 미성년 자녀를 포함한 가족이 함께 살고 있는 북한이탈주민 가구가 그렇지 않은 가구에 비해 사회적응이 높게 나타난다는 선행연구(이인희, 최희정, 2017)의 결과는 가족과의 동거가 북한이탈주민에게는 강점이 될 수 있다는 점을 시사하고 있다.

3. 북한이탈주민이 경험하는 어려움

1) 북한이탈주민의 외상경험과 정신건강

북한이탈주민은 북한에 거주하면서 혹은 탈북하는 과정에서 여러 가지 정신적인 외상을 입게 되며, 이로 인한 정신건강상의 취약성을 가지고 있다. 또한 이들은 남한 사회라는 새로운 환경에 적응하면서 겪는 여러 가지 스트레스로 인하여 심리적·정서적 어려움을 경험한다. 북한이탈주민이 경험하는 정신건강의 문제는 대표적으로 외상후 스트레스 장애, 우울, 불안 등이다. 특히 우울이나 불안 증상은 북한이탈주민이 경험하는 대표적인 정신건강 문제로 많게는 절반 이상의 북한이탈주민이 우울이나 불안 증상을 경험하는 것으로 나타났다(Lee et al., 2017). 남한 입국 후 3년간 북한이탈주민의 우울 수준을 살펴본 연구에서는 우울증상이 꾸준히 증가하는 것으로 나타났다(조영아 외, 2005). 북한이탈주민의 외상후 스트레스 장애의 유병률은 연구에 따라 큰 편차를 보이나(Lee et al., 2017), 지난 3년 동안 남한에 정착한 북한이탈주민을 대상으로 외상후 스트레스 장애의 유병률을 측정한 이경은 등(2018)에 따르면, 약 15.3%의 북한이탈주민이 외상후 스트레스 장애를 경험한 것으로 보고되었다. 남한 사람들의 유병률인 1.7%와 비교했을 때 매우 높은 수치임을 알 수 있다. 여성 북한이탈주민이 남성에 비해 우울, 불안 등의 내재화된 문제를 더 많이 경험하며, 남성 북한이탈주민은 알코올 중독을 포함한 외재화된 문제를 더 많이 경험하는 것으로 나타났다(Lee et al., 2017).

북한이탈주민의 정신건강 문제는 이들이 북한에 살면서, 그리고 제3국에 체류하면서 비롯된 다양한 외상경험으로 발생하는 경우가 많다. 구체적으로, 북한에서 거주하는 동안 북한이탈주민은 타인의 공개 처형 목격, 심한 구타 목격 등의 신체적인 외상을 경험하며, 때로는 타인의 정치과오로 인한 처벌을 목격하는 등의 정치적 혹은 이데올로기적 외상을 경험하기도 한다(홍창형 외, 2005). 또한 다수의 북한이탈주민은 주변의 가족, 친척 또는 가까운 이웃의 굶주림으로 인한 사망 목격, 가족이나 친척이 질병으로 큰 고통을 받았거나 질병으로 사망했는데 도움을 주지 못함으로 인해 괴로워하는 등 가족 관련 외상도 경험하는 것으로 나타났다(홍창형 외, 2005). 또한 북한에 거주하면서 본인도 식량 부족, 질병, 정치과오로 인하여 생명의 위협을 느낀 경험이 이후 정신건강에 영향을 미친다(김병창, 2010; 장문선, 손의정, 2014).

탈북 과정에서 북한이탈주민은 식량 부족으로 인한 생명의 위협 등의 신체적 외상, 발각에 대한 공포, 낯선 외국생활로 인한 불안과 긴장, 북한과 중국의 국경 경비대의 검문·검색으로 인한 불안 등의 발각 및 체포로 인한 외상, 아는 사람 혹은 믿었던 사람으로부터의 배신과 관련된 외상, 그리고 함께 탈출한 가족과의 이별 등의 가족 관련 외상을 경험한다(김병창, 2010; 홍창형 외, 2005). 또한 탈북한 이후에 북한에 강제 송환되었는지도 정신건강에 부정적인 영향을 미치는 위험 요인인 것으로 밝혀졌으며, 이러한 외상 경험은 제3국에서 오래 머물수록, 나이가 더 많을수록 더 많아지는 것으로 나타났다(Lee et al., 2017; Park et al., 2015). 또한 여성 북한이탈주민은 성폭력으로 인한 외상 경험이 있는 것으로 파악되었는데, Kim 등(2017)

에 따르면, 여성 북한이탈주민 4명 중 1명은 일생 동안 성폭력 피해를 한 번 이상 경험한 것으로 나타났다.

2) 남한 정착 과정의 어려움

남한 정착 과정에서 북한이탈주민은 여러 가지 어려움을 경험한다. 첫째, 북한 이탈주민은 새로운 사회적·문화적 환경에 적응하면서 비롯되는 문화적응 스트레스를 경험한다. 북한이탈주민과 남한 주민은 한반도에서 같은 역사를 공유해 왔으나, 오랜 기간 동안 서로 다른 체제하에서 교류 없이 지내 왔기 때문에 북한이탈주민이 남한에서 경험하는 문화 충격은 상당하며, 이러한 경험은 정체성의 혼란으로 이어지기도 한다(강동완, 2020). 특히 북한이탈주민은 폐쇄적인 공산주의 사회인 북한에서 살아온 반면, 남한은 해방 이후 짧은 시간 동안 고도의 산업화를 이룩하여 세계화된 자본주의 사회이다. 따라서 북한이탈주민은 언어적 이질성, 대인관계 및 의사소통 방식의 차이, 사고방식의 차이 등으로 인하여 상당한 문화적응 스트레스를 경험한다(정진경, 조정아, 2008).

먼저, 북한이탈주민은 같은 한국어를 사용하지만, 남한 사회에서 사용하는 외래어와 외국어, 신조어 및 한자어, 억양, 발음, 어휘 등의 언어적 차이에 놀라게 되며, 실제로 남한 사람들과 의사소통을 하는 데 있어서 어려움을 경험한다(정창윤, 2020). 남한에서는 영어 능력이 매우 중요하여 초등학교 때부터 학교에서 영어를 배우고 이후에도 지속적인 영어교육을 받게 된다. 따라서 일상적인 대화 속에서 남한 사람들은 외래어나 영어 단어들을 많이 쓰게 된다. 반면에 이러한 교육을 상대적으로 적게 받은 북한이탈주민은 남한에서 자주 쓰는 외래어나 외국어 단어들을 잘 알지 못하기 때문에 상대방이 하는 말의 의미를 해석하는 데 어려움을 경험하게 된다.

또한 북한이탈주민은 의사소통 방식의 차이로 인한 어려움도 겪는다. 북한이탈주민은 남한 사람들과 비교했을 때, 의사표현이 상대적으로 직선적이고 솔직하다. 반면에 남한 사람은 상대방의 감정을 고려하여 간접적으로 감정을 표현하는 경우가 많으며, 이런 차이로 인한 대인관계의 어려움, 더 나아가 사회생활에 어려움을 경험하게 된다(성정현, 2016; 정진경, 조정아, 2008). 언어와 소통방식의 차이로 인해 발생하는 북한이탈주민과 남한 사람 간의 오해는 북한이탈주민에게는 사회적 고립과 외로움을, 그리고 남한 사람들에게는 편견과 부정적인 고정관념을 줄 수 있다.

대부분의 사람은 새로운 지역으로 이주를 하면 일정 정도의 적응 기간이 필요하다. 특히 남한 사회처럼 급격하게 변화하는 곳으로 이주를 했을 때, 사람들은 대중교통 이용 방법, 생활 편의 이용 등 일상생활에서의 어려움을 경험하게 된다. 남한 사람들도 외국에서 오래 생활을 하다가 다시 귀국했을 때 변화된 환경으로 인하여 다시 적응하는 데에 꽤 시간이 걸린다. 이러한 일상생활의 적응문제는 북한이탈주민에게는 더 큰 스트레스로 작용할 수 있다. 또한 북한이탈주민은 지금까지 북한과 제3국에서 구축했던 자신의 삶의 방식을 대부분 바꾸고, 남한의 삶의 방식을 익히며 남한에 동화되기를 요구받는데, 오랜 기간 유지해 온 삶의 방식을 전부 바꾸는 일은 거의 불가능하며, 이러한 문화적 차이를 잘 인정하지 않는 남한 사회의 분위기로 인해 더 힘든 적응 과정을 경험하게 된다(김미영, 변은경, 2019). 특히 지원체계가 많지 않은 북한이탈주민은 상대적으로 많은 부분을 스스로 해결해야 하며, 이 과정에서 이들은 다양한 시행착오뿐만 아니라 정체성의 혼란도 경험하게 된다.

북한이탈주민은 남한 사회에 적응하면서 차별도 경험하게 된다. 북한이탈주민은 남한에 입국하면서 남한 국적을 가지며, 한민족이라는 민족적 동질성도 가지고 있다. 그러나 남한과 북한과의 긴장관계, 오랜 분단의 역사로 인한 문화적 이질성, 상이한 사회 체계 등으로 인하여 남한 사람들은 북한이탈주민에 대한 편견을 가지고 있다. 2021년 북한이탈주민 사회통합조사에 따르면, 북한이탈주민 가운데 16.1%는 지난 1년간 차별이나 무시를 당한 경험이 있으며(하나재단, 2022a), 주로 말투, 생활방식, 태도 등 문화적 소통방식을 차별의 원인으로 꼽을 수 있다(윤인진 외, 2014). 또한 남한과 북한의 관계가 비교적 원만할 때는 북한이탈주민에 대한 친근감이나 수용성이 증가하나, 관계가 악화될 때는 이 또한 감소하는 등 북한이탈주민에 대한 남한 주민의 태도는 남북관계의 영향을 받는 것으로 파악된다(김범수 외, 2022). 특히 북한이탈주민이 경험하는 다수의 차별경험은 채용, 승진, 임금 등 경제활동과 관련된 차별경험이 가장 많으며(서울시 여성가족재단, 2009), 학교나 직장 등의 사회공동체에서 수행하는 여러 가지 사회적 활동에 북한이탈주민을 끼워 주지 않는 사회적 배제도 빈번하게 일어나고 있다(정윤경 외, 2015).

3) 경제적 적응의 어려움

많은 북한이탈주민이 탈북한 동기 중에는 경제적인 원인이 크며, 북한 혹은 제3국에 남겨진 가족을 남한에 데려오기 위해서는 상당한 비용을 지불해야 한다. 그렇기 때문에 북한이탈주민은 경제활동에 대한 관심이 높으며, 이들이 남한 사회에 적응하는 데 있어서 경제적 안정은 매우 중요하다. 북한이탈주민이 남한에 입국하여 지역사회에 편입이 되면, 이들의 생활안정을 위하여 정착금, 주거지원, 취업지원, 교육지원 및 사회보장 지원 등을 받게 된다(이지영, 최경원, 2021). 이들이 처음 받는 주거지원 및 정착금은 삶의 터전을 꾸리고, 남한 사회에서의 기본적인 생활을 꾸려 나아가는 데 도움이 된다. 또한 이들에게 제공되는 직업 교육 및 취업 지원은 남한 노동시장에 참여할 수 있는 기회를 제공함과 함께 이들의 경제적인 자립을 독려한다는 취지를 가지고 있다.

그러나 북한이탈주민의 경제적인 상황은 취약한 편이다. 〈표 7-6〉에서 보는 바와 같이, 북한이탈주민의 생계급여 수급률은 2021년 현재 22.8%로 점차 낮아지고 있는 추세이기는 하나, 일반 남한 국민(4.6%)과 비교했을 때 상대적으로 높은 비율을 유지하고 있다. 북한이탈주민의 경제활동참가율은 61.3%로 일반국민(62.8%)과 거의 유사한 수준이기는 하나, 북한이탈주민의 고용률은 56.7%로 일반국민보다 약간 낮은 반면, 실업률은 7.5%로 일반국민보다 상당히 높은 것으로 나타나 이들의 경제활동에 대한 욕구에 비해 안정적인 경제활동을 하지 못하고 있다. 또한 이들의 대다수가 단순노무(26.8%)나 서비스(17.8%) 직종에 종사하고 있고, 평균 임금 수준은 일반국민의 약 70%인 것으로 나타나 이들의 직업 안정성은 일반국민과 비교했을 때 더 열악하다. 성별에 따른 차이를 살펴보면, 북한이탈주민 여성의 경제활동지표가 남성보다 더 안 좋은 것으로 보고되고 있어, 상대적으로 많은 수를 차지하고 있는 여성 북한이탈주민의 경제적인 안정을 위한 더 많은 노력이 필요한 상

표 7-6 북한이탈주민 경제관련 지표(2021)　　　　　　　　　　　　　　(단위: %, 만 원)

구분	전체	남성	여성	일반 국민
생계급여 수급률	22.8	–	–	4.6
경제활동 참가율	61.3	73.9	57.4	62.8
고용율	56.7	70.7	52.3	60.5
실업율	7.5	4.4	8.7	3.7
임금근로자 평균 임금	227.7	306.7	196.2	320

출처: 통일부(2022c), 하나재단(2022b), 통계청(2021)의 내용을 재구성함.

황이다(하나재단, 2022b).

　남한의 노동시장에서 경쟁력을 확보하기 위해서는 인적 자본의 축적이 매우 중요하다. 인적 자본이란 노동시장에 참여하는 근로자의 지식, 교육 수준, 기술 숙련도 등 노동의 생산성에 영향을 미치는 요인들을 의미한다(김선재 외, 2010). 초경쟁주의 사회인 남한에 사는 주민들은 인적 자본을 축적하기 위해서 좋은 대학에 가려고 노력하고, 자격증 공부를 하며, 그 밖에 노동시장에서 인정받을 수 있는 능력을 갖추기 위해 다양한 활동에 참여한다(예, 외국어 능력 함양, 인턴십 및 자원봉사 참여 등). 그렇기 때문에 상대적으로 이러한 인적 자본 축적의 기회가 적고, 자신의 출신 배경에 따라 정해진 직업에 수동적으로 참여했던 북한이탈주민이 경쟁적인 남한의 노동시장에서 좋은 직업을 '선택'하고, 안정적인 일자리를 확보하기는 쉽지 않다(이지영, 최경원, 2021). 그럼에도 불구하고, 자신의 능력을 배양하여 직업적응을 잘하는 북한이탈자들의 특징을 살펴보면, 주로 북한 거주 당시 높은 학력수준과 안정적인 직장생활을 했던 사람들이며, 자신의 가치를 높이기 위해 남한에서 추가적인 교육을 받거나 자격증을 획득한 경우들이 많다(조인수 외, 2020). 이러한 결과는 북한이탈주민의 다양한 배경을 고려한 취업지원이 이루어져야 하며, 이들의 다양한 욕구를 충분히 반영할 수 있는 유연한 지원 정책이 필요함을 의미하기도 한다.

4) 교육 및 자녀 양육의 어려움

북한이탈주민 가운데 상대적으로 어린 북한이탈주민도 많으며, 이들 가운데 가족이 먼저 남한에 입국하여 자녀 혹은 나이 어린 가족을 남한에 오도록 지원하는 사례도 있으며, 어린 북한이탈주민이 먼저 남한에 입국한 무연고 북한이탈 청소년 사례들도 상당히 많다. 연령대가 낮은 북한이탈 아동 · 청소년이 장기적으로 남한 사회에 잘 적응하기 위해서는 이들이 학교에 잘 적응하여 교육을 받고 성공적으로 상급학교에 진학하는 것이 중요하다. 다수의 북한이탈 아동 · 청소년은 처음에 학교에 입학하여 언어의 차이, 학업의 어려움, 학업스트레스, 남한 학생들의 편견과 차별 등으로 인하여 적응에 어려움을 경험하기도 하지만(김연희, 2009; 신미영, 김병수, 2014), 긍정적 사고, 친구 혹은 교사의 지지, 멘토링, 다양한 교육지원 정책 등은 북한이탈 청소년의 학교적응에 도움을 준다(김애진, 정원철, 2011). 통일부는 북한이탈주민 학생들을 위하여 북한이탈 청소년 특성화 학교인 한겨레 중고등학교를 운영하고 있으며, 그 밖에 다양한 민간 대안학교들을 지원하고 있으나, 장기적인 관점에서 이들이 남한 사회에 통합되기 위해서는 일반 학교에 편입하여 더 성공적으로 적응할 수 있는 지원체계의 확립이 필요하다.

탈북학생 통계 현황을 살펴보면, 2021년 현재 학교에 재학 중인 탈북학생의 수는 2,287명이며, 이 가운데 북한출생이 34.5%, 그리고 제3국 출생이 65.5%로 점차 제3국 출신 탈북학생이 증가하고 있다(교육부, 2021). 이 가운데 탈북학생의 수가 5명 미만인 학교에 다니는 학생이 약 67%인 것으로 나타나, 대다수의 탈북 학생들은 주변에 탈북 학생이 많지 않은 학교에 주로 다니고 있다. 또한 이들의 학업중단율은 약 3%이며, 학교급이 올라갈수록 학업중단율도 증가하고 있다(초등학교 1.5%, 중학교 2.7%, 고등학교 4.8%). 일반 학생들의 학업중단율이 약 1.0% 내외라는 점을 감안한다면, 탈북 학생들 특히 중고등학생의 학업중단율이 매우 높다는 것을 알 수 있다(김지수 외, 2021).

북한이탈 아동 · 청소년이 성공적으로 남한 학교에 적응하기 위해서는 가족의 지지가 반드시 필요하나, 이들에게 필요한 지원을 주기에는 북한이탈주민 가족이 경험하는 남한의 자녀 양육환경은 매우 생소하며, 교육환경은 더 낯설다. 특히, 가부장적인 사회에서 자란 북한이탈주민의 자녀 양육 방식은 남한의 양육 방식과는 크게 다르며, 생소한 교과 내용, 경험해 보지 못한 남한 사회의 교육 체계, 사교육에 대한 이해 부재 등은 북한이탈주민 가족의 자녀 지원을 더 어렵게 한다. 더욱이 북한이탈주민의 자녀[3]는 출생 지역에 따라서 욕구가 다르기 때문에 유연한 지원 정책이 필요하다. 한 예로, 제3국에서 출생한 자녀들은 한국어를 잘 모르는 경우가 많아서 기본적인 의사소통의 어려움으로 일반 학교에서의 학교 적응이 매우 어려울 뿐더러, 제3국 출생 자녀는 탈북학생 교육 지원 대상에는 해당되지 않기 때문에, 탈북학생들이 받는 교육 혜택 등을 받기 어려운 상황이다(김지수 외, 2021).

4. 북한이탈주민 지원정책

1) 북한이탈주민 지원 정책의 변화

북한이탈주민에 대한 보호 및 지원은 현재 「북한이탈주민법」에 의거하여 제공하고 있다. 그러나 1997년에 이 법률이 제정되기 이전에도 북한이탈주민의 보호 및 지원에 대한 법적 근거는 존재하였다. 가장 먼저 1962년에 「국가유공자 및 월남귀순자 특별원호법」을 제정하여 애국지사, 4·19혁명 관련자와 유족 등의 국가유공자 및 월남귀순자를 지원할 수 있는 법적 체계를 마련하였다(1962~1978년 원호처). 이 법에 따르면, 월남귀순자는 국가유공자와 동등한 지위로 우대하여 지원을 하였으며, 이 때에는 보훈차원에서 이들에 대한 지원을 제공하던 시기로 볼 수 있다(한명진, 2020). 1978년에는 「월남귀순용사특별보상법」을 제정하여 '귀순용사'에 대한 지원을 체계화하였으며, 이들이 남한에서 안정된 생활을 할 수 있도록 보상금

---

3) 북한이탈주민의 자녀는 북한에서 태어난 북한이탈 아동·청소년, 제3국에서 출생한 자녀, 그리고 북한이탈주민이 한국에 입국한 이후에 태어난 한국 출생을 모두 포함한다.

지급, 신분보장, 그리고 주택, 직업, 가족 지원 등에 대한 법적 근거를 마련하였다 (1978~1993년 원호처). 이 당시에 남한에 입국한 북한이탈주민은 종전 이후 지속되었던 냉전체제하에서의 정치적인 선전 수단으로 활용되는 등 체제선전 차원에서 북한이탈주민을 지원했던 시기로 꼽힌다(길준규, 2009; 한명진, 2020).

그러나 1990년대에 발생했던 북한의 연이은 홍수와 북한의 경제난으로 인하여 남한에 입국하는 북한이탈주민의 규모가 점차 늘어나자, 1993년에는 「귀순북한동포보호법」을 제정하였다(1993~1997 보건사회부). 이 법률의 제정을 통해서 북한이탈주민에 대한 인식은 국가유공자나 '용사'가 아닌 정착을 지원해야 하는 생활보호대상자로 변화하였다. 이때를 사회복지 차원에서의 지원 시기로 꼽고 있으나(한명진, 2020), 실질적으로 이들에 대한 물질적 지원과 사회복지적 혜택을 축소하게 되

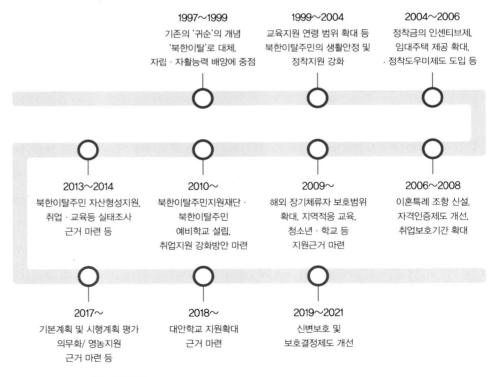

그림 7-1 북한이탈주민의 보호 및 정착지원에 관한 정책의 변천

출처: 통일부(2022b).

었다(이우영 외, 2000).

1997년에는 「북한이탈주민의 보호 및 정착지원에 관한 법률」(약칭 「북한이탈주민법」)을 제정하였으며(1997~현재, 통일부), 이 법률의 제정 이후에 북한이탈주민의 정착지원은 통일대비 차원에서의 지원으로 분류하고 있다(한명진, 2020). 「북한이탈주민법」의 제정 이유를 살펴보면, "대한민국의 보호를 받고자 하는 북한이탈주민이 급증함에 따라 이들에 대한 종합적인 보호 및 정착지원에 관한 제도적인 기반을 확립하여 북한이탈주민이 자유민주주의 체제에 적응할 수 있도록 각종 보호 · 혜택을 부여하는 등 우리 국민의 일원으로서 정착하여 보람된 삶을 영위할 수 있도록 지원하려는 것임"으로 명시되어 있어, 점차 늘어나는 북한이탈주민이 남한의 국민으로서 잘 적응하여 살 수 있도록 다각적인 지원을 가능하게 하는 법적 근거를 마련하였다. 이 법률은 1997년에 처음 제정된 이래 약 19회 일부개정되었으며, 각 시기마다 다양한 현안들을 법률에 반영하고자 하는 노력들이 있었다. 1997년에 제정되었을 때에는 북한이탈주민에 대한 보호 및 지원에 초점을 맞추었으나, 점차 지원 대상자가 늘어남에 따라 이들의 자립 및 자활을 지원할 수 있는 제도적 장치를 강화하였으며, 이들이 지역사회 내에서 필요한 상담 및 사회서비스를 받을 수 있도록 지역적응센터(하나센터) 설립에 대한 법적 근거를 마련하였다(최은석, 2017). 보다 최근에는 해외에서 10년 이상 장기체류를 하다가 국내에 입국하는 북한이탈주민도 보호조치 대상으로 포함하였고, 북한이탈주민 중 아동 · 청소년이 남한의 교육체계에 적응할 수 있는 대안학교 설립에 대한 근거 마련, 무연고 청소년이 보다 안정적으로 살 수 있는 보호체계 마련, 그리고 직업훈련 및 취업알선을 위한 관계기관 협력 및 북한이탈주민 고용 모범사업주 생산품 우선 구매 노력 등에 대한 법적 근거를 마련하는 등 보다 세부적인 제도적 개선이 이루어지고 있다.

2) 북한이탈주민 정착지원 체계

북한이탈주민의 정착지원은 중앙정부, 지방자치단체, 민간단체들이 협력하여 추진하고 있다([그림 7-2] 참조). 「북한이탈주민법」을 주관하고 있는 부처는 통일부

이다. 통일부에서는 북한이탈주민 보호 및 정착 지원을 구체화시키는 기본계획을 3년마다 수립하여 북한이탈주민 대책협의회의 심의를 받은 후 수행해야 한다. 대다수의 지원 정책들은 통일부에서 직접 수행하기보다는 다양한 부처·기관·지자체의 협력을 통해 수행해야 하기 때문에, 범부처 간의 협력이 필수적이다. 북한이탈주민 대책협의회(위원장: 통일부차관)에서는 북한이탈주민에 관한 정책을 협의·조정하고, 보호대상자의 보호 및 정착지원에 대한 여러 가지 사항 등을 심의하고 있다. 북한이탈주민지원재단(이하 하나재단)은 북한이탈주민의 실태를 조사하고, 정책을 제안하며, 사업을 기획·실행하는 정책 기구라고 볼 수 있다(나영주, 2016). 북한이탈주민이 지역사회 내에서 잘 정착하고, 자립 생활이 가능하기 위해서는 지자체를 비롯한 지역사회 자원의 적극적인 활용이 필수적이다. 지역사회에 편입된

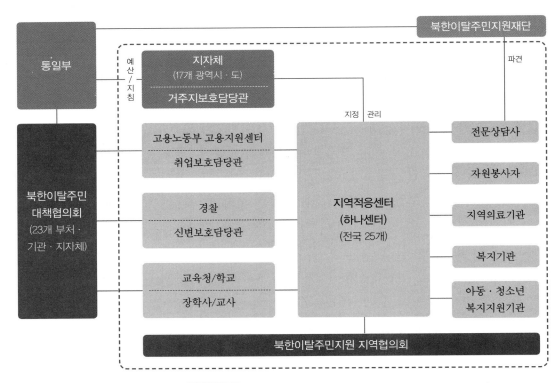

그림 7-2 북한이탈주민 정착지원 체계

출처: 통일부(2021a).

북한이탈주민은 거주지보호담당관(지자체), 취업보호담당관(종합고용지원센터), 신변보호담당관(관할 경찰서)을 지정받아 이들의 보호 및 관리를 받게 된다. 또한 북한이탈주민의 지역사회 내에서의 적응을 지원하기 위해 지역적응센터(하나센터)를 민간단체가 위탁을 받아서 운영하고 있으며, 북한이탈주민이 거주지에 잘 도착할 수 있도록 신변을 보호하고, 그곳에서의 생활 안내를 돕기 위해 민간 자원봉사를 파견하는 정착도우미 제도가 있다. 그 밖에 지역사회 복지관을 비롯한 다양한 민간단체들은 북한이탈주민에게 필요한 상담·지원 서비스를 제공하고 있다(통일부, 2021b).

3) 북한이탈주민 정착지원 과정

북한이탈주민의 정착지원 과정은 [그림 7-3]과 같다. 북한이탈주민이 재외공관이나 그 밖의 행정기관에 대한민국의 보호와 지원을 희망한다는 보호요청을 할 경우, 우리 정부는 이들을 전원 수용한다는 원칙을 가지고 이들이 대한민국에 입국할 수 있도록 신변안전을 위해 필요한 조치를 비롯하여 입국에 필요한 지원을 하게 된다(통일부, 2020a). 이들이 국내에 입국한 이후에는 국가정보원에서 운영하는 북한이탈주민 보호센터에서 생활하게 되며, 최장 90일의 기간 동안 조사를 받게 된다(정유진, 2021). 이때, 탈북의 이유, 탈북의 진정성, 범죄 이력, 제3국의 체류자격 획득 등을 파악하고, 여기서 수집된 정보를 토대로 보호 결정을 하게 된다.

조사가 종료된 이후에 북한이탈주민은 북한이탈주민정착지원사무소(이하 하나원)에서 남한 사회에서 살기 위해 필요한 기본적인 사회적응교육을 12주 동안 400시간 정도 받게 된다. 사회적응 교육은 '정서 안정과 심리지원' '직업교육의 심화' '우리 사회 이해' '초기 정착지원' 등 4개 영역을 중심으로 교육 프로그램이 구성되어 있다(통일부, 2020a). 특히 북한이탈주민이 하나원을 퇴소했을 때, 보다 빨리 자신의 적성에 맞는 직업을 찾아서 경제적인 자립을 할 수 있도록 자격증 취득, 진로교육, 취업연계 등에 초점을 맞춘 교육 프로그램을 운영하고 있다. 반면에 아동·청소년을 위해서는 이들이 남한의 교육체계에 적응할 수 있도록 하나둘 학교를 하나원 내

보호요청 및 국내이송	• 보호요청 시 외교부, 관계 부처에 상황 보고 및 전파 • 해외공관 또는 주재국 임시보호시설 수용 • 신원 확인 후 주재국과 입국 교섭 및 국내 입국 지원

――――――――――――――― 국내입국 ―――――――――――――――

조사 및 임시 보호 조처	• 입국 후 국정원이 보호 여부를 결정하기 위한 조사 및 긴급한 치료 등 임시 보호조치 실시 • 조사 종료 후 사회적응 교육시설인 하나원으로 이송

보호결정	• '북한이탈주민대책협의회' 심의를 거쳐 보호 여부 및 세대 단위 결정

하나원 정착 준비	• 사회적응교육(12주, 400시간): 심리안정, 우리 사회 이해 증진, 진로지도 상담, 기초 직업훈련 • 초기 정착지원: 가족관계 창설, 주거알선, 정착금·장려금 지원 등

――――――――――――――― 거주지 전입 ―――――――――――――――

거주지 보호 (5년)	• 사회적 안전망 편입(생계·의료급여 지급) • 취업지원: 고용지원금, 무료 직업훈련, 자격인정 등 • 교육지원: 특례 편입학 및 등록금 지원 • 보호담당관: 거주지·취업·신변보호담당관 제도 운영

민간참여	• 북한이탈주민지원재단을 통한 종합서비스 제공 • 지역적응센터(전국 25곳) 지정·운영 • 정착도우미 제도: 민간자원봉사자 연계 • 북한이탈주민 전문상담사 86명(정원 기준): 종합상담 및 애로사항 해결 등 찾아가는 상담 서비스 제공

그림 7-3 북한이탈주민 정착지원 과정

출처: 통일부(2020a).

에 설치하여 수준별 맞춤형 교육을 실시하고 있다. 또한 하나원 내에 하나의원과 마음건강센터를 운영하여 북한이탈주민의 신체 및 정신건강을 위한 의료 및 상담 지원을 실시하고 있다(통일부, 2020a).

하나원의 교육을 이수한 북한이탈주민은 앞으로 살아갈 거주지에 편입을 하게 되며, 이제부터 본격적인 남한사회에의 적응기를 맞이하게 된다. 「북한이탈주민법」 제5조에 따르면, 북한이탈주민을 위한 거주지 보호기간은 5년이며, 이 기간 동안 해당 거주지로 전입하여 자립 생활을 하는 데 필요한 여러 가지 지원 및 보호를 받을 수 있다. 이 기간 동안에 정부로부터 공식적으로 받을 수 있는 지원은 〈표 7-7〉에 나타난 바와 같이 정착금 지원, 취업 지원, 사회보장 특례, 교육지원, 자산형성

표 7-7 북한이탈주민 정착지원

구분	항목	내용
사회적응 교육	기본교육(하나원)	하나원 12주, 400시간 교육
	지역적응교육 (지역적응센터)	전국 지역적응센터 8일, 50시간 초기 집중교육 및 지역적응지원
정착금	기본금	1인세대 800만 원, 2인세대 1,400만 원, 3인세대 1,900만 원, 4인세대 2,400만 원, 5인세대 2,900만 원, 7인세대 이상 3,900만 원
	지방거주 장려금	지방 2년 거주 시 광역시(인천 제외)는 주거지원금의 10%, 기타지역은 주거지원금의 20%
	취약계층 보호 가산금	• 고령가산금(만 60세 이상인 자): 800만 원 • 장애가산금: 1,540만 원(중증), 360만 원(경증) • 장기치료가산금(중증질환으로 3개월 이상 연속 입원 시): 1개월에 80만 원(최대 9개월까지) • 한부모가정아동보호가산금(보호결정 당시 만 13세 미만 아동): 세대당 400만 원 • 제3국 출생 자녀 양육가산금: 만 16세 미만 아동 1인당 450만 원
	주택알선	한국토지주택공사(LH)·서울주택도시공사(SH)와 연계하여 임대주택 알선
	주거지원금	1인 세대 1,600만 원, 2~4인 세대 2,000만 원, 5인 이상 세대 2,300만 원(보증금의 잔액은 거주지 보호기간 종료 후 지급)

취업	직업훈련비 및 훈련수당	훈련비 전액 지원 및 훈련기간 중 훈련수당 지급
	직업훈련장려금, 자격취득장려금	• 직업훈련 500시간 이수 시 120만 원 　－120시간 당 20만 원 추가, 최대 740시간 이수 시 160만 원(국가기간전략산업 지원종훈련 시 200만 원 추가) • 자격취득 시 200만 원 　※ 자격취득장려금 및 직업훈련 장려금은 2014. 11. 29. 이후 폐지. 다만 2014. 11. 28. 이전 입국하여 보호결정된 자에게는 적용
	취업장려금	3년간 근속 시 최대 수도권 1,800만 원, 지방 2,100만 원
	고용지원금 (채용기업주에 지급)	급여의 1/2을 50만 원 한도에서 기본 3년, 최대 4년간 지원 ※ 고용지원금은 2014. 11. 28. 이전 입국하여 보호결정된 자에게 적용
	자산형성제도 (미래행복통장)	근로소득 중 저축액에 대해 정부가 동일한 금액을 매칭하여 지원 －적립 목적: 주택구입비 또는 임대비, 교육비, 창업자금, 결혼 등 －지원 기간: 2년(1년 단위로 2회까지 연장 가능, 최대 4년) －적용대상: 2014. 11. 29. 이후 입국하여 보호결정된 자 －약정 금액: 근로소득의 30% 범위 내, 월 최대 50만 원
	기타	취업센터 운영, 사회적 기업 설립, 영농정착, 취업지원 바우처
사회보장	생계급여	국민기초생활보장 수급자
	의료보호	의료급여 1종 수급자로서 본인 부담 없이 의료 혜택
	연금특례	입국 당시 50세 이상~60세 미만 시 국민연금 가입 특례
교육 교육	특례 편입·입학	대학진학 희망 시 정원 외 특례입학
	학비지원	중·고교 및 국·공립대 등록금 면제, 사립대 50% 보조
상담	－	지역적응센터, 전문상담사, 정착도우미 등을 통한 지원

출처: 통일부(2021a).

지원 등이 있다(통일부, 2022a).

　하나원에서 수료한 북한이탈주민은 희망 거주지에 임대주택을 배정받아 입주하게 된다. 이때 하나원에서 거주지까지 민간 자원봉사자인 정착도우미가 안내를 하게 되며, 이후에 아파트에 입주하여 주거환경을 구성하고, 필요한 물품들을 구입하는 등의 초기 거주 지원 활동, 그리고 분리수거 등의 생활안내를 비롯한 일상생활

적응 지원 등의 활동을 하게 된다(통일부, 2009). 정착도우미 지원을 비롯하여 지역사회 적응에 필요한 교육 및 지원은 북한이탈주민 지역적응센터가 주관하고 있다(강동완, 임성욱, 2017). 현재 전국에 25개의 하나센터가 있으며, 통일부와 지자체가 민간법인에게 위탁하는 방식으로 운영되고 있다. 처음 거주지 지역으로 전입한 북한이탈주민은 하나센터를 통해 지역맞춤형 적응교육인 초기집중 교육을 8일, 50시간 동안 받게 되며, 그 이후에는 최소 5년 동안 진학지원, 진로 및 취업지원, 사회보장제도교육, 심리ㆍ정서 안정지원, 법률지원, 지역통합사업 등의 사업에 참여할 수 있으며, 지원 방법은 개인별 맞춤형 사례관리, 상담, 교육 및 프로그램 운영, 자원연계 등을 통해서 이루어지고 있다(통일부, 2020b).

이처럼 북한이탈주민에게 중앙정부, 지자체, 공공기관, 민간기관 등이 협력하여 다양한 지원을 제공하고 있음에도 불구하고, 북한이탈주민은 남한 사회에서 적응하는 데 여전히 많은 어려움을 경험하고 있으며, 일반국민과 비교했을 때 생활수준이 낮은 등의 취약성을 여전히 가지고 있다(통일부, 2021c). 이에 대한 정확한 실태를 파악하고, 이를 근거로 정부에서는 3년마다 북한이탈주민 정착지원 기본계획을 3년마다 수립하여 시행하며, 이에 대한 평가를 진행하도록 법적으로 규정하고 있다.

제3차 북한이탈주민 정착지원 기본계획(2021~2023)의 기본 방향은 생활밀착형 정책을 구현하고자 했던 제2차 기본계획을 보완하고 내실화하여 발전적으로 계승을 한다는 것이다. 제3차 기본계획에서는 ① 북한이탈주민에 대한 포용적인 우리 사회 환경 조성, ② 생산적 기여자로서 탈북민의 우리 사회 안정적 정착, 그리고 ③ 통일 미래를 지향하는 우리 사회 구성원으로의 안착을 목표로 관련된 정책과제를 수립하여 추진하고 있다. 특히 지자체의 특성을 반영한 북한이탈주민과 지역주민 간의 소통ㆍ교류 사업, 북한이탈주민 지원사업에서 지자체의 책임 및 역할 강화 등을 통해 지자체의 참여를 높일 수 있도록 방향성을 잡고 있다. 정착지원체계와 일반 복지체계의 연계 강화, 복합적 고위험 탈북민을 위한 통합사례관리 신설, 심리ㆍ법률 등의 전문적인 상담 지원 등 지금까지 제공하고 있던 지원 서비스의 내실화를 지향하고 있다(통일부, 2021c).

5. 앞으로의 과제

지금까지 북한이탈주민에 대해 살펴보았다. 북한이탈주민은 같은 한국 사람으로서 또 미래의 통일주역으로서 이들의 남한에서의 안정적인 적응 및 정착은 중요한 의미를 갖는다. 그러나 '같은' 한국 사람이라는 인식으로 인하여 이들의 문화적 다양성을 충분히 인정하지 못하고 있으며, 동화주의에 입각한 이들의 적응문제에 대한 접근은 북한이탈주민의 정체성의 혼란을 초래해 왔다. '다문화'의 관점을 활용하여 북한이탈주민을 대하는 것에 대해서는 북한이탈주민 및 관련 학계에서도 다양한 논란이 있으나, 이들이 경험했던 북한 사회의 이질성을 수용하고, 이들의 문화다양성을 인정하는 방향의 정책 및 제도 개선은 반드시 필요하다.

지금까지 북한이탈주민 지원정책들은 북한이탈주민의 초기 적응에만 초점을 맞추고 있다. 또한 본격적으로 북한이탈주민이 남한 사회에 입국한 지도 20년이 훨씬 넘어가고 있음에도 불구하고, 오랜 기간 동안 남한에서 생활하고 있는 북한이탈주민에 대한 이해가 부족한 상황이다. 예를 들어, 북한이탈 청소년으로 입국한 사람들이 성인기로 넘어가면서 나타난 적응상의 문제는 없었는지, 오랜 기간 기근과 탈북 후유증을 경험했던 북한이탈주민이 노인이 되면서 나타나는 추가적인 욕구는 없는지 등, 이들이 가지고 있는 장기적인 욕구에 대한 이해가 매우 부족하며, 이러한 욕구를 충족시켜 줄 수 있는 서비스는 거의 전무한 상황이다. 따라서 보다 장기적인 관점에서 이들에 대한 지원 정책 및 서비스를 재조정할 필요가 있다.

북한이탈주민 정책 및 서비스에 대한 보다 세분화된 전략이 필요하다. 북한이탈주민 가운데 혼자 남한에서 생활하는 가구, 가족과 함께 생활하고 있는 가구, 혼합가정(blended family)의 형태를 띠고 있는 가구 등 북한이탈주민의 가구 형태도 점차 복잡해지고 있다. 각 가구 형태에 따라 북한이탈주민들이 필요로 하는 서비스는 매우 다를 수 있다. 예를 들어, 혼자 남한에서 생활하고 있는 북한이탈주민은 외로움과 사회적 고립 등을 예방할 수 있는 적극적인 사회 참여형 프로그램들이 필요할 수 있다. 반면에 혼합 가정의 경우에는 흩어져 살던 가족이 재결합하는 과정에서 나타나는 가족의 적응 문제를 원만하게 해결하고, 새로운 가족으로서 구성원들이 안정적인 삶을 살 수 있도록 도와주는 가족 개입 프로그램이 필요할 수 있다. 따라서 이들의 다양성을 충분히 인식하고, 이에 맞는 서비스를 전달할 수 있는 서비스 체계의 개선이 필요하다.

참고문헌

강동완(2020). 북한이탈주민의 문화적응 과정과 정착지원 방안. 접경지역통일연구, 4(2), 163-183.

강동완, 임성옥(2017). 북한이탈주민 지역적응센터 역할 및 개선방안: 지역적응센터와 전문상담사 간의 협업사례를 중심으로. 정치 · 정보연구, 20(2), 1-26.

교육부(2021). 2021년 탈북학생통계('21. 4. 기준).

길준규(2009). 북한이탈주민 정착지원제도의 법적 검토. 공법학연구, 10(4), 249-275.

김미영, 변은경(2019). 북한이탈주민의 남한사회 적응 경험. 한국산학기술학회논문지, 20(2), 593-604.

김범수, 김병로, 김병연, 김학재, 이성우, 최은영, 황수환, 최현정(2022). 2021 통일의식조사. 서울대 통일평화연구원.

김병연, 정승호, 김성희(2021). 남한 · 북한이탈주민의 국민정체성: 통독 사례와의 비교. 통일과 평화, 13(1), 293-335.

김병창(2010). 북한이탈주민의 정신건강. 정신건강정책포럼, 4(1), 19-37.

김선재, 이영화, 임광혁(2010). 인적자본형성으로서의 교육투자와 경제성장과의 관계: OECD 비영어권 국가들을 중심으로. 한국콘텐츠학회논문지, 10(3), 315-325.

김연희(2009). 북한이탈청소년의 학교중도탈락 의도에 영향을 미치는 요인. 한국사회복지학, 61(4), 191-215.

김지수, 안경식, 윤현희, 정재훈, 주승아, 함희재, 박진아, 김지나, 박사무엘, 안우림(2021). 탈북청소년교육지원센터 운영 사업 12차년도 결과보고서. 교육부.

김애진, 정원철. (2011). 북한이탈청소년의 학교적응 과정에 대한 근거이론 연구: 차이와 차별을 넘어 융화되기. 학교사회복지, 21, 217-242.

김현정, 박선화(2016). 다문화정책 관점에서 본 북한이탈주민 문제. 통일인문학, 66, 161-196.

김혜림(2016). 김정은 시대 탈북현상과 북한이탈주민 지원제도에 대한 고찰. 민족연구, 66, 46-72.

김효정(2022. 1. 4). 월북: 10년간 최소 30명 월북… 탈북민들 국경 두 번 넘는 이유는? BBC NEWS KOREA. https://www.bbc.com/korean/news-59856610

나영주(2016). 북한이탈주민 정착 지원체계 검토. 민족연구, 66, 24-45.

박영자(2011). 기획논단 : 북한이탈주민의 정체성과 민족가치의 성찰, 그리고 사회통합. 미드리, 5, 6-21.

배상복(2022. 2. 28). [우리말 바루기] 강새벽은 '탈북자'인가, '새터민'인가? 중앙일보. https://www.joongang.co.kr/article/25051594#home

서울시 여성가족재단(2009). 서울시 북한이탈주민여성 실태조사 및 지원정책방안 연구. 서울시 여성가족재단.

성정현. (2016). 탈북여성들에 대한 남한 사회의 '종족화된 낙인(ethnicized stigma)'과 탈북여성들의 공동체 형성 및 활동. 한국가족복지학, 53, 79-115.

신미영, 김병수(2014). 북한이탈청소년의 학교적응에 관한 질적 연구: 대안학교와 일반학교 비교를 중심으로. 담론201, 17(2), 63-93.

신하영, 김영지(2019). 이주관점의 북한이탈여성 정책지원방안 연구. 서울시 여성가족재단 연구사업보고서.

윤인진, 김춘석, 김석향, 김선화, 김화순, 윤여성, 이원웅, 임순희(2014). 북한이탈주민에 대한 국민인식 및 차별 실태조사. 국가인권위원회.

이경은, 안지현, 김다은, 문승연, 홍진표(2018). 북한이탈주민의 외상후 스트레스장애의 임상적 특성. 대한불안의학회지, 14(2), 80-87.

이미경(2004). 경제난 이후 북한여성의 삶과 의식의 변화: 탈북 여성과의 심층면접을 중심으로. 아세아연구, 47(2), 183-212.

이우영, 이금순, 서재진, 전현준, 최춘흠(2000). 북한이탈주민 문제의 종합적 정책방안 연구. 통일연구원.

이원종, 백남설(2021). 북한이탈주민 탈남 실태분석 및 대응방안 연구. 한국경찰학회보, 23(3), 49-76.

이윤진(2021). 북한이탈주민 정착지원정책, 여성과 육아에 초점 맞춰야. 육아정책 Brief, 88.

이인희, 최희정(2017). 북한이탈주민의 사회적응에 미치는 영향요인. 한국보건간호학회지,

31(2), 341-351.

이지영, 최경원(2021). 북한이탈주민 직장적응 실태 분석과 제언. 대한정치학회보, 29(1), 55-87.

장문선, 손의정(2014). 북한이탈주민의 복합 외상 후 스트레스 증상과 심리적 문제. 한국심리학회지: 건강, 19(4), 973-996.

정유진(2021. 6. 24). '합동신문센터' 간판 바꾸고 공개까지...국정원은 달라질 수 있을까. KBS NEWS. https://news.kbs.co.kr/news/view.do?ncd=5217111

정윤경, 김희진, 최지현(2015). 북한이탈주민의 차별경험과 적응의 관계. 사회과학연구, 31(2), 157-182.

정진경, 조정아(2008). 새터민과 남한주민을 위한 문화통합교육의 과제. 한국심리학회지: 문화 및 사회문제, 14, 487-518.

정창윤. (2020). 제3국을 거쳐 입국하는 북한이탈주민의 탈북 과정을 통한 사회문화 적응 과정 탐색. 한국동북아논총, 25(3), 73-93.

조영아, 전우택, 유정자, 엄지섭(2005). 북한이탈주민의 우울증 예측요인: 3년 추적 연구. 한국심리학회지: 상담 및 심리치료, 17(2), 467-484.

조인수, 손민정, 최정은(2020). 북한이탈주민의 직업문화충돌과 직업적응에 관한 연구. 한국산학기술학회논문지, 21(1), 354-372.

진미정, 김상하(2018). 북한이탈주민의 가족이주 특성과 유형. Family and Environment Research, 56(3), 317-330.

최은석(2017). 북한이탈주민의 정착지원 제도 변천과 사회적응교육의 개선 방향. 국립통일교육원.

통계청(2021). 경제활동인구조사.

통일부(2009). 북한이탈주민 정착도우미 매뉴얼.

통일부(2020a). 2020 북한이탈주민 정착지원 실무편람.

통일부(2020b). 2020년 지역적응센터 업무매뉴얼.

통일부(2021a). 2021 북한이탈주민 정착지원 실무편람.

통일부(2021b). 2021 통일백서.

통일부(2021c). 제3차 북한이탈주민 정착지원 기본계획(2021~2023).

통일부(2022a). 2022 통일백서.

통일부(2022b). 북한이탈주민의 보호 및 정착지원에 관한 법률 변천. https://www.unikorea.go.kr/unikorea/business/NKDefectorsPolicy/status/history/

통일부(2022c). 주요사업통계: 북한이탈주민정책 (2022. 6. 기준).

하나재단(2022a). 2021 북한이탈주민 사회통합조사.

하나재단(2022b). 2021 북한이탈주민 정착실태조사.

한명진(2020). 북한이탈주민의 사회통합을 위한 법정책적 고찰: '북한이탈주민의 보호 및 정착지원에 관한 법률'의 내용을 중심으로. 공법학연구, 21(1), 4-31.

홍창형, 전우택, 이창호, 김동기, 한무영, 민성길(2005). 북한이탈주민들의 외상경험과 외상후 스트레스장애와의 관계. 신경정신의학, 44(6), 714-720.

Kim, J. Y., Kim, H. J., Choi, K., & Nam, B. (2017), Mental Health Conditions Among North Korean Female Refugee Victims of Sexual Violence. *International Migration, 55*, 68-79. https://doi.org/10.1111/imig.12300

Lee, Y., Lee, M., & Park, S. (2017). Mental health status of North Korean refugees in South Korea and risk and protective factors: a 10-year review of the literature. *European Journal of Psychotraumatology, 8* (sup2), 1369833.

Park, J., Jun, J. Y., Lee, Y. J., Kim, S., Lee, S. H., Yoo, S. Y., & Kim, S. J. (2015). The association between alexithymia and posttraumatic stress symptoms following multiple exposures to traumatic events in North Korean refugees. *Journal of Psychosomatic Research, 78*(1), 77-81.

제**8**장

난민

2018년 제주도에 예멘 난민이 대거 입국하면서, 우리 사회에 난민에 대한 인식과 논쟁이 확대되기 시작하였다. 그러나 우리나라는 이미 1993년 유엔의 「난민협약」과 「난민 의정서」에 가입하고, 2013년 아시아에서 최초로 「난민법」을 제정했을 정도로 난민과의 역사가 깊다. 해마다 국내 난민 신청자 수가 증가하고 있으나 실질적으로 난민 인정을 받는 수가 적고, 난민 대상 정책도 난민 인정 심사와 절차에 초점이 맞춰져 있어서, 난민 인정 이후 정착지원에 대한 정책이나 프로그램은 부족한 상황이다. 이 장에서는 난민의 정의와 발생 원인을 알아보고, 난민 유형에 따른 현황을 파악해 본다. 또한 「난민법」 제정 과정과 난민 대상 정책들을 살펴보고, 민간 NGO들을 중심으로 난민을 대상으로 지원되는 복지서비스에 대해 소개한다. 마지막으로, 난민이 우리나라에 정착, 거주하면서 경험하는 어려움과 정책의 개선방안에 대해 논의하고자 한다.

1. 난민의 개념

1) 난민의 정의

제2차 세계대전 이후 난민의 문제를 해결하기 위해 1951년 유엔(UN)에서 채택한 「난민의 지위에 관한 협약(Convention Relating to the Status of Refugees)」(약칭 「난민협약」)에서는 처음으로 난민의 정의를 규정하고 있다. 이 협약에 근거하여 난민을 정의하면, "인종, 종교, 국적, 특정 사회집단의 구성원 신분 또는 정치적 의견을 이유로 박해를 받을 우려가 있다는 합리적 근거가 있는 공포(well-founded fear of being persecuted)로 인하여 자신의 국적국 밖에 있는 자로서, 국적국의 보호를 받을 수 없거나 이러한 공포로 인하여 국적국의 보호를 받는 것을 원하지 아니하는 자" 또는 "이들 사건의 결과로서 상주국 밖에 있는 무국적자로서 종전의 상주국으로 돌아갈 수 없거나 이러한 공포로 인하여 종전의 상주국으로 돌아가는 것을 원하지 않는 자"이다. 즉, 「난민협약」에 따른 난민은 다음의 세 가지 요구 조건을 충족시키는 자를 의미한다(권한용, 2016; 박선욱, 2013).

- 박해받을 합리적인 근거가 있는 공포가 있는 자
- 이러한 공포의 발생 원인이 인종, 종교, 국적, 특정 사회집단의 구성원 신분 또는 정치적 의견에서 기인하는 자
- 자신의 국적국 밖에 있어야 하며, 국적국의 보호를 받을 수 없거나, 이러한 공포로 인하여 국적국의 보호받는 것을 원하지 아니하는 자이거나 상주국 밖에 있는 무국적자로서 종전의 상주국으로 돌아갈 수 없거나 이러한 공포로 인하여 돌아가는 것을 원하지 않는 자

우리나라의 경우 2012년 「난민법」을 제정하면서 이 법 제2조 제1호에서 난민을 "인종, 종교, 국적, 특정 사회집단의 구성원인 신분 또는 정치적 견해를 이유로 박

해를 받을 수 있다고 인정할 충분한 근거가 있는 공포로 인하여 국적국의 보호를 받을 수 없거나 보호받기를 원하지 아니하는 외국인 또는 그러한 공포로 인하여 대한민국에 입국하기 전에 거주한 국가(이하 "상주국"이라 한다)로 돌아갈 수 없거나 돌아가기를 원하지 아니하는 무국적자인 외국인"으로 정의하였다. 「난민법」에서는 난민에 대한 보호와 정착지원 대상에 난민 인정자, 인도적 체류자, 난민 신청자를 포함하고 있어, 광의의 개념에서 난민은 이 세 유형을 모두 포함한다(김기태 외, 2019).

「난민법」에서는 난민과 관련된 용어들로 '난민으로 인정된 사람' '인도적 체류 허가를 받은 사람' '난민인정을 신청한 사람' '재정착 희망난민' '외국인'을 구분하여 사용하고 있다.

- 난민으로 인정된 사람(이하 난민 인정자): 「난민법」에 따라 난민으로 인정을 받은 외국인
- 인도적 체류 허가를 받은 사람(이하 인도적 체류자): 「난민법」 제2조 제1호에는 해당하지 아니하지만 고문 등의 비인도적인 처우나 처벌 또는 그 밖의 상황으로 인하여 생명이나 신체의 자유 등을 현저히 침해당할 수 있다고 인정할 만한 합리적인 근거가 있는 사람으로서 대통령령으로 정하는 바에 따라 법무부장관으로부터 체류허가를 받은 외국인
- 난민인정을 신청한 사람(이하 난민 신청자): 대한민국에 난민인정을 신청한 외국인으로서 다음 어느 하나에 해당하는 사람을 말함. ① 난민인정 신청에 대한 심사가 진행 중인 사람, ② 난민 불인정 결정이나 난민 불인정 결정에 대한 이의신청의 기각결정을 받고 이의신청의 제기 기간이나 행정심판 또는 행정소송의 제기 기간이 지나지 아니한 사람, ③ 난민 불인정 결정에 대한 행정심판 또는 행정소송이 진행 중인 사람
- 재정착 희망난민: 대한민국 밖에 있는 난민 중 대한민국에서 정착을 희망하는 외국인
- 외국인: 대한민국의 국적을 가지지 아니한 사람

2) 난민 발생 원인

난민은 비자발적인 사유로 인해 자국 내 주거지를 떠나 다른 나라로 이주하는 강제 이주자로서 개인의 경제적 이익이나 삶의 질 향상을 위해 자발적으로 이주한 이주자와는 차이가 있다. 이러한 난민은 세계화가 가속화된 1980년대 이후부터 꾸준히 증가하고 있고, 난민 발생 국가 또한 대부분 전쟁이나 경제 발전의 실패로 인해 국가의 통제력이 약화된 저개발국가들을 중심으로 변화하는 양상을 보이고 있다(박종일 외, 2013). 전통적으로 난민이 발생하는 원인은 종교적 탄압, 정치적 박해, 인종차별 등으로 알려져 있으나, 최근에는 경제적 어려움이나 환경적 문제로 인해 난민이 발생하면서 전통적인 난민 기준이 모호해지고 있다(박종일 외, 2013). 난민이 발생하는 원인은 크게 전통적 이유인 정치적 원인과 최근 새롭게 제기되는 경제적 원인, 환경적 원인 등 세 가지로 구분할 수 있다.

(1) 정치적 원인

UN의 「난민협약」은 난민 유입의 주요 근원으로 인종이나 국적, 특정 사회집단의 구성원 신분이나 종교 또는 정치적 의견에 따른 박해를 지목하였다. 이러한 박해는 일반적으로 누가 국가를 통치하고, 사회가 어떻게 조직되며, 권력이나 특권, 특혜를 누가 차지할 것인지와 같은 정치적 논쟁의 맥락에서 발생한다. 이러한 논쟁은 정권의 변화나 새로운 국가 출현과 같은 격동적인 변화의 시기에 더욱 거세어지는데, 대부분 국가나 무장 집단에 반대하는 정치적 견해를 가진 전체 사회 계급이나 민족 집단이 박해의 대상이 된다(UNHCR, 1993). 1990년 이후 전 세계적으로 난민을 발생시킨 대부분의 분쟁은 국가 간이 아닌 국가 내 분쟁에서 발생하였다. 국가 권력과 기능이 약한 국가는 분쟁을 평화적으로 해결하거나 공권력을 행사하기 위한 능력이 부족하기 때문에 내부 폭력에 취약하다. 이와 함께 주변의 강대국가로부터의 외부적인 정치적 개입은 내부 갈등을 더욱 복잡하게 만들고, 폭력과 핍박을 더욱 심각하게 만들 수 있다. 제2차 세계대전 기간 중 발생한 홀로코스트나 냉전 시대 기간의 대리전, 냉전 종식 이후 중동과 아프리카 지역의 대규모 내

전과 분쟁은 많은 사람의 삶을 위험에 빠뜨리면서 강제 이주를 강요하였고(권한용, 2016), 오늘날 대다수의 난민은 여전히 일상생활을 위협하는 폭력으로부터 탈출하고 있다.

(2) 경제적 원인

경제적 갈등은 난민 유입의 주요 원인 중 하나이지만 이 둘의 관계를 설명하는 것은 쉽지 않다. 경제적 이유로 난민이 된 사람을 경제 난민이라고 하는데, 이들은 자국 내 경제적 빈곤이나 어려움을 피해 생존을 위해 타국으로 이주한 자를 의미한다(정동재, 허준영, 2020). 난민의 정의를 이주의 비자발성 여부로 놓고 볼 때 경제적 이익을 위해 본국을 떠나 다른 나라로 이주하는 이주자와 경제적 난민 간의 자발적/비자발적 경계를 구별하기가 어려워진다(박종일 외, 2013). 경제 난민은 환경 난민과 함께 21세기 이후 새롭게 등장하는 난민의 유형으로 아직까지 「난민협약」에는 난민으로 포함되지 않고 있다.

경제 난민이 발생 또는 유입되는 이유는 단순히 자국의 경제적 빈곤만으로 설명하기는 어렵다. 그 이유는 경제적 빈곤은 국가 내 민족이나 공동체 간의 갈등, 분배의 불평등과 같은 다른 상황과의 상호작용을 통해 사회적 불안정성을 높이고 갈등을 악화시키며, 결과적으로 경제적 불균형을 초래함으로써 일부 계층이나 지역, 민족 그룹이 불균형적으로 경제적 혜택을 받게 된다(UNHCR, 1993). 따라서 이러한 경제적 불균형은 계층이나 공동체 간의 긴장과 갈등을 악화시키고, 혜택에서 배제되는 계층이나 지역, 집단은 생존에 위협을 받으며 어쩔 수 없이 삶의 터전을 떠나 다른 국가로의 이주를 선택할 수밖에 없다.

(3) 환경적 원인

환경 난민은 산업화 이후 무분별한 경제개발로 인한 환경오염, 지구촌의 이상기후, 지진, 홍수, 가뭄, 사막화와 같은 대규모의 자연재해와 체르노빌 원전 사고와 같은 인재 등으로 인하여 거주지를 떠나야 하는 난민을 의미한다(정동재, 허준영, 2020). 경제 난민과 함께 환경 난민 또한 이주의 비자발성 여부를 놓고 정의할 때 난민으로 인정해야 할 것인지에 대한 논란이 제기된다. 그러나 국제난민기구(UNHCR)는 난민에 대한 보다 정확한 정의는 '국제사회의 보호가 필요한 대상'이라고 지적한다. 이러한 관점에서 환경문제나 자연재해 등으로 정착지를 잃은 사람은 당연히 보호가 필요한 대상이나, 일차적으로 보호를 제공해야 할 주체는 이들이 살고 있는 사회나 국가이기 때문에 국제사회의 보호가 필요한 대상이라고 할 수는 없다. 그러나 만성 빈곤과 함께 천연자원의 고갈과 같은 환경문제는 정치적·사회적·경제적 긴장을 유발하거나 악화시켜 결국 사람들을 거주국으로부터 강제로 탈출시키는 문제를 초래할 수 있다(UNHCR, 1993). 1990년 이후 라틴 아메리카 국가에서 홍수와 가뭄으로 최대 1,200만 명이 환경 난민이 되었고, 아프리카 국가의 경우 가뭄, 토양침식, 기타 환경문제의 영향으로 무력 충돌과 반복적인 기근 및 그에 따른 난민 이동이 지속되고 있다.

2. 난민 현황

우리나라에 거주하는 난민 현황을 살펴보면, 2012년 「난민법」이 시행되기 전까지 난민 신청 건수는 5,069건에 불과하였으나, 법 시행 이후 꾸준히 증가하여 2018년 이후에는 매년 1만 5천 건 이상으로 신청 건수가 급증하였다. 이에 비해 난민이나 인도적 체류자 인정 건수는 여전히 매우 적은 것으로 보고된다(장주영 외, 2021). 우리나라가 난민업무를 시작한 1994년부터 2022년 6월 말까지 누적 난민 인정신청 건수는 7만 6,280건이며, 난민 인정심사를 완료한 4만 4,148건 중 인정은 1,230건, 인도적 체류 허가는 2,465건, 불인정은 40,453건으로 나타났다(법무부, 2022). 난민 신청자와 난민 인정자 수를 토대로 난민 인정률을 계산한 결과 2022년 6월 기준 2.31%로 나타났고, 2017년부터 2021년까지 5년간의 난민 인정률은 1.34%로 나타났다. 2000년부터 2017년까지 18년간 우리나라의 난민 인정률은 3.5%로 OECD 37개 회원국의 평균 인정률인 24.8%보다 낮고, 세계 평균 인정률 29.9%에 비하여도 낮은 수준이다(SBS, 2018).

표 8-1 난민 신청자, 난민 인정자, 인도적 체류자 현황 (단위: 명, %)

	1994~2014	2015	2016	2017	2018	2019	2020	2021	2022. 6.
난민 신청자	9,539	5,711	7,541	9,942	16,173	15,452	6,684	2,341	2,897
난민 인정자	475	105	98	121	144	79	69	72	67
인도적 체류자	710	198	252	316	507	230	154	52	46
난민 인정률	4.98	1.84	1.30	1.22	0.89	0.51	1.03	3.03	2.31

출처: 법무부(2022)의 내용을 재구성함.

국적별 난민 현황을 살펴보면, 1994년부터 2021년까지 누적 난민인정 신청자 중 중국 국적자(7,151명, 10.1%)의 신청이 가장 많았고, 카자흐스탄(7,145명, 10.1%), 러시아(6,878명, 9.7%), 파키스탄(6,482명, 9.1%), 이집트(4,946명, 7.0%)의 순으로 나타났다. 2021년 기준 국적별 누적 난민 인정자의 경우 미얀마 국적자가 355명(30.5%)으로 가장 많았고, 그다음으로 에티오피아(145명, 12.5%), 방글라데시(121명, 10.4%), 파키스탄(86명, 7.4%), 이란(60명, 5.2%)의 순으로 많았다. 인도적 체류자는 2021년 기준 시리아 국적자가 1,245명(51.6%)으로 가장 많았고, 예멘 773명(32.0%), 미얀마 41명(1.7%), 중국 39명(1.6%), 파키스탄 32명(1.3%)의 순으로 많았다.

표 8-2 국적별 난민 신청, 난민인정, 인도적 체류 현황(1994~2021) (단위: 명)

	중국	카자흐스탄	러시아	파키스탄	이집트	기타	계
난민신청	7,452	7,181	6,923	6,613	5,063	40,151	73,383
	미얀마	에티오피아	방글라데시	파키스탄	이란	기타	계
난민인정	355	145	121	86	60	396	1,163
	시리아	예멘	미얀마	중국	파키스탄	기타	계
인도적 체류	1,245	773	41	39	32	282	2,412

출처: 법무부(2022).

난민인정 신청과 난민인정, 인도적 체류 등 유형별 사유들을 살펴보면, 2021년까지 누적된 난민인정 신청자 중 종교적 사유로 신청한 경우가 1만 7,382명(23.7%)으로 가장 많았고, 뒤를 이어 정치적 사유 1만 3,402명(18.3%), 특정 사회집단의 구성원 신분 7,430명(10.1%), 인종 3,924명(5.3%), 가족 결합의 사유 2,869명(3.9%), 국적 385명(0.5%)의 순으로 나타났다. 난민 인정자들의 인정 사유는 가족 결합을 사유로 인정을 받은 경우가 426명(36.6%)으로 가장 많았고, 다음으로 정치적 사유 323명(27.8%), 인종 250명(21.5%), 종교적 사유 113명(9.7%)의 순으로 나타났다. 인도적 체류자들의 경우 본국 정황 등을 고려한 인도적 차원에서 인도적 체류 허가를 받은 경우가 2,163명(89.7%)로 가장 많았고, 다음으로 가족결합을 사유로 인도적 체류 허가를 받은 체류자가 249명(10.3%)으로 많았다.

표 8-3 사유별 난민 신청, 난민인정, 인도적 체류 현황(1994~2021) (단위: 명)

	종교	정치	특정 집단	인종	국적	가족 결합	기타
난민 신청	17,382	13,402	7,430	3,924	385	2,869	27,991
	종교	정치	특정 집단	인종	국적	가족 결합	기타
난민 인정	113	323	47	250	4	426	0
	본국 정황	가족 결합					
인도적 체류	2,163	249					

출처: 법무부(2022).

2021년까지 누적된 난민 신청자와 난민 인정자, 인도적 체류자들의 성별 및 연령별 특성을 살펴보면, 남성 난민 신청자 55,994명(76.3%), 여성 난민 신청자 17,389명(23.7%)으로 나타났고, 연령의 경우 18~54세의 난민 신청자 70,228명(95.7%), 18세 미만 2,939명(4.0%), 60세 이상 215명(0.3%)의 순으로 나타났다. 난민 인정자의 경우 남성 684명(58.8%), 여성 479명(41.2%)이었고, 연령에 있어서는 18~59세가 759명(65.3%)으로 가장 많았고, 다음으로 18세 미만 402명(34.6%), 60세 이상 2명(0.2%)의 순으로 나타났다. 마지막으로, 인도적 체류자 중 남성은 1,861명(77.2%), 여성은 551명(22.8%)이고, 연령의 경우 18~59세가 1,898명(78.7%)으로 가

표 8-4 성별·연령별 난민 신청, 난민인정, 인도적 체류 현황(1994~2021)　　(단위: 명)

	0~4세		5~17세		18~59세		60세 이상		계	
	남	여	남	여	남	여	남	여	남	여
난민 신청	820	797	755	567	54,282	15,946	137	79	55,994	17,389

	0~4세		5~17세		18~59세		60세 이상		계	
	남	여	남	여	남	여	남	여	남	여
난민 인정	117	124	93	68	474	285	0	2	684	479

	0~4세		5~17세		18~59세		60세 이상		계	
	남	여	남	여	남	여	남	여	남	여
인도적 체류	139	140	119	99	1,596	302	7	10	1,861	551

출처: 법무부(2022).

장 많고, 18세 미만 497명(20.6%), 60세 이상 17명(0.7%)의 순으로 많았다.

3. 난민 관련 정책

　난민의 인권 보호를 위한 법 제도는 국제사회, EU 등 지역, 개별 국가, 지방으로 구분하여 볼 수 있는데, 구체적으로 「난민협약」「헌법」「난민법」의 구조로 파악할 수 있다. 「난민협약」은 협약국의 난민에 대한 공적 원조와 사회보장 등의 내용을 추상적으로 규정하고 있고, 「헌법」을 통해 체결/공포된 국제법과 조약은 국내법과 같은 효력을 가지게 되며, 「난민법」에서 보장 내용들이 구체화되면서 난민에 대한 보호와 지원이 이루어진다(정동재, 허준영, 2020).

　우리나라는 1992년 「난민지위에 관한 협약」과 「난민지위에 관한 의정서」에 가입하고, 1993년 「출입국관리법」과 「출입국관리법 시행령」에 난민인정에 관한 조항을 신설하여 난민인정심사 절차와 체류 등에 관한 규정을 마련하였고, 1994년 7월부터 난민신청 접수를 시작하였다(정동재, 허준영, 2020). 그러나 실제로 처음 난민 지위를 인정한 시기는 2001년으로, 본국에서 반정부 활동 혐의로 우리나라로 입국한

표 8-5 「난민협약」「헌법」「난민법」과의 상관성

- 「난민협약」
  - (제23조, 24조) 체약국은 합법적으로 그 영역 내에 체재하는 난민에게, 공공구제와 공적 원조, 사회보장에 관하여 자국민에게 부여하는 대우와 동일한 대우를 부여한다.

- 「헌법」
  - (제6조) 「헌법」에 의하여 체결·공포된 조약과 일반적으로 승인된 국제법규는 국내법과 같은 효력을 가지면, 외국인은 국제법과 조약이 정하는 바에 의하여 그 지위가 보장된다.

- 「난민법」
  - (제2조2항) '난민으로 인정된 사람'(이하 '난민인정자'라 한다)이란 이 법에 따라 난민으로 인정을 받은 외국인을 말한다.
  - (제30조2항) 국가와 지방자치단체는 난민의 처우에 관한 정책의 수립·시행, 관계 법령의 정비, 관계 부처 등에 대한 지원, 그 밖에 필요한 조치를 하여야 한다.

출처: 정동채, 허준영(2020)의 표 내용(p. 75)을 재정리함.

후 난민 신청을 한 에티오피아 출신자에 대해 난민지위를 인정한 경우였다(장주영 외, 2021).

  이후 국내외 시민단체들은 「출입국관리법」이 국경관리를 우선으로 다루는 법률이기 때문에 난민인정과 보호를 위한 제도적 보장을 충분히 제공하지 못한다는 점과 난민인정심사 절차를 위한 독립된 결정 기구의 부재로 인한 공정성과 전문성에 대해 문제제기를 하였고, 이로 인해 난민 심사기간이 장기화되는 것에 대해 비판하였다(난민인권센터, 2019; 정정훈, 2011). 2004년 난민지원 단체인 피난처와 민주사회를 위한 변호사 모임이 국가인권위원회로부터 지원받은 '국내 외국인 난민 인권실태 조사보고서'를 발간하면서 '난민인정과 처우에 관한 법률(가칭)' 제정에 대한 논의를 이끌었다. 「난민법」 제정 운동은 난민활동가와 변호사들을 중심으로 추진되었고, 법무부도 난민실을 중심으로 2005년 9월 난민법제·개정위원회를 만들어 난민법안을 만들었고, 2009년 독자적인 단일 난민법으로 '난민 등의 지위와 처우에 관한 법률안'이 국회에 발의되었다(난민인권센터, 2019). 마침내 2012년 2월 아시아

에서 최초로 「난민법」을 제정하였고, 2013년 7월부터 시행하고 있다.

우리나라의 「난민법」 제정은 기존의 「출입국관리법」의 일부분에서 다루었던 난민 인정을 독립적으로 다룰 수 있게 되었고, 난민 행정도 별도의 정책 영역에서 다룰 수 있다는 점에서 의미가 있다. 무엇보다도 난민의 처우에 관한 내용을 법적으로 보장했다는 점에서 의의가 있다. 「난민법」은 난민 인정자에 대한 처우(제30조~제37조)와 인도적 체류자(제39조), 난민 신청자(제42조~제43조)에 대한 처우를 별도로 규정하고 있다(정동재, 허준영, 2020). 또한 이 법 제3조에서는 난민의 강제송환 금지의 원칙을 구체적으로 명시하면서 "난민 인정자와 인도적 체류자 및 난민 신청자는 「난민협약」 제33조 및 「고문 및 그 밖의 잔혹하거나 비인도적 또는 굴욕적인 대우나 처벌의 방지에 관한 협약」 제3조에 따라 본인의 의사에 반하여 강제로 송환되지 아니한다."라고 규정하였다.

난민 인정자에게는 사회보장과 기초생활보장, 교육보장, 사회적응교육, 외국에서 이수한 학교 교육의 정도에 상응하는 학력인정, 외국에서 취득한 자격에 상응하는 자격인정, 배우자 또는 미성년자 자녀의 입국허가 등이 보장되는 반면, 인도적 체류자에게는 법무부 장관의 허가에 따른 취업 활동만 보장된다. 난민신청자의 경우 생계비, 주거시설, 의료, 교육 등을 지원받을 수 있으나 이는 법적으로 강제되기보다는 법무부 장관의 재량에 따른 지원으로 규정하였다는 한계가 있다(장주영 외, 2021). 또한 「난민법」 제30조 이하의 난민인정자의 처우에 대한 규정들이 추상적이고 포괄적이어서 각 조항들이 난민인정자의 처우에 실질적인 영향을 미치는지는 규정만 보고서는 알 수 없다는 문제가 지적된다(김기태 외, 2019).

우리 정부는 「난민법」 제정을 통해 난민을 수용하고 보호하기 위한 법적 근거를 마련하고, UN 회원국으로서 책임과 의무를 다하고자 노력하고 있으나, 난민에 대한 사회적 인식과 수용 태도는 여전히 부정적인 경우가 많다. 특히 난민에 대한 편견으로 인해 국내 난민들은 여러 가지 사회적 차별을 경험하고 있는 것으로 보고된다(안영빈, 김정원, 2017). 한 예로, 법무부는 「난민법」에 근거하여 2013년 9월 영종도에 난민센터를 개소하려고 하였으나 주민들의 반대로 센터명을 '출입국·외국인 지원센터'로 변경한 후 11월에 센터를 설립할 수 있었다. 또한 2015년에 김포시에서는 '김포시 난민지원조례'를 발의하여 통과시켰으나 경기도와 시민들의 반발로 결국 폐기되었다(장주영 외, 2021). 2018년 제주도에 예멘 난민 500명이 입국하면 서 난민수용에 대한 논란이 거세지면서 이후부터 「난민법」 개정안에 대한 방향이 바뀌기도 하였다. 즉, 2018년 이전까지 국회에 제안된 「난민법」 개정안의 내용들은 대부분 난민지원을 강화하는 것에 초점이 맞춰져 있었지만, 2018년 이후로는 난민 인정과 처우를 축소하거나 「난민법」을 폐지하는 방향으로 개정안이 추진되고 있다 (장주영 외, 2021). 기존의 우리나라의 난민 정책은 난민 제도를 정립하는 것에 초점 을 맞추어 왔기 때문에 난민의 처우개선과 이들의 사회통합을 도모하는 제도의 방 향성 논의가 필요하지만, 현실적으로 「난민법」과 제도의 개선이 쉽게 이루어지기 는 어려운 상황이다.

4. 난민 대상 사회보장제도[1]

우리나라 「사회보장기본법」 제8조에 따르면, "국내에 거주하는 외국인에게 사회 보장제도를 적용할 때에는 상호주의의 원칙에 따르되, 관계 법령에서 정하는 바에 따른다."라고 규정하고 있다. 그러나 「난민법」 제38조는 "난민 인정자에 대하여는 다른 법률에도 불구하고 상호주의를 적용하지 아니한다."라고 규정하여, 난민 인 정자에 한해서는 대한민국 국민과 같은 수준의 사회보장을 받는다. 또한 난민의 체 류 지위, 즉 난민 인정자, 인도적 체류자, 난민 신청자에 따라 사회보험과 공공부조 를 포함한 사회복지와 주거, 교육, 고용, 취업 등 다양한 영역에서 제도의 지원 여 부가 다를 수 있음을 시사한다. 이 절에서는 사회보장제도의 영역별 내용들을 검토 하고, 난민의 유형에 따라 제도의 내용이 적용되는 양상들을 살펴본다.

---

[1] 난민 대상 사회보장제도의 일부 내용은 김기태 등(2019)의 연구 중 '6장 「난민법」 및 기타 법제를 통해 본 한국의 난민인정자 정착 지원 실태'의 내용을 수정 · 보완한 것이다.

1) 사회보험제도

(1) 국민연금

국민연금 대상은 18세 이상 60세 미만의 국내 거주국민을 원칙으로 하지만, 당연 적용 대상 외국인이 국민연금에 가입한 사업장에 근무하면 사업장 가입자가 되고, 그 외에는 지역가입자가 된다. 난민의 경우 거주(F-2) 체류자격을 받은 난민 인정자만 「난민법」 제31조에 의해 상호주의의 적용 없이 당연 적용 대상자로서 국민연금의 혜택을 받을 수 있고, 기타(G-1) 체류자격을 받은 인도적 체류자와 난민 신청자는 당연 적용에서 제외되어 국민연금의 혜택을 받을 수 없다. 또한 외국인은 체류자격에 상관없이 임의 가입 대상에서 제외되기 때문에 난민 인도적 체류자와 난민 신청자는 국민연금에 가입할 수가 없다.

표 8-6 난민 대상 국민연금

난민 인정자	인도적 체류자	난민 신청자
당연 적용 대상	당연 적용 배제	당연 적용 배제
	임의 가입 불가	

출처: 김종철 외(2018)의 표 내용(p. 134)을 재정리함.

(2) 건강보험

건강보험 중 직장 가입의 경우 난민의 체류자격에 관계없이 「출입국관리법」에 따라 외국인 등록이 되어 있고, 「국민건강보험법」 적용 대상 사업장의 노동자인 경우 직장가입자의 형태로 보험에 당연 가입할 수 있다. 난민 신청자의 경우 난민 인정 신청 이후 6개월이 지난 이후에 취업 허가를 받아 취업한 경우 직장가입자 형태로 건강보험의 혜택을 받을 수 있다. 반면에 지역 가입의 경우 난민 인정자와 인도적 체류자만 가입을 할 수 있다.

건강보험에 가입이 가능하더라도 가입절차나 적용범위 등 보험제도에 대한 정보 접근의 어려움으로 보험에 가입하지 못하는 경우가 많다. 또한 우리나라에서 구직 활동이 어려워 직장을 구하지 못한 난민 인정자나 인도적 체류자들은 지역가입을 해야 하는데, 경제적으로 어려운 상황에서 기본적인 보험료 외에 피부양자에 대한 추가 보험료가 합산되어 부과되는 보험료 액수가 높아 보험료 납부에 대한 부담은 물론이고, 가입마저 망설이는 경우가 많다(한국난민인권연구회, 2018). 또한 건강보험 가입자가 가족을 피부양자 또는 세대원으로 등록하려면 국적국에서 발급받은 가족관계 증명서류를 제출해야 하지만, 국적국의 재외공관에 접근이 불가능한 난민은 해당 서류를 구비 및 제출에 따르는 어려움이 큰 것으로 나타난다(김희주, 2020; 한국난민인권연구회, 2018).

표 8-7 난민 대상 건강보험

	난민 인정자	인도적 체류자	난민 신청자
직장가입	○	○	○
지역가입	×	○	○

출처: 김기태 외(2019)의 표 내용(p. 166)을 재정리함.

(3) 산업재해보상보험

산업재해보상보험은 가입 대상 사업장에서 일하는 난민 인정자, 인도적 체류자, 난민 신청자가 산업재해를 당한 경우 체류자격과 상관없이 모두 보상을 받을 수 있다. 단, 「산업재해보상보험법」 제63조 "그 근로자가 사망할 당시 대한민국 국민이 아닌 자로서 외국에서거주하고 있던 유족은 제외한다."라는 규정에 의하여 난민이 산업재해로 사망에 이른 경우 해외에 있는 유족은 보상을 받을 수 없다.

표 8-8 난민 대상 산업재해보상보험

난민 인정자	인도적 체류자	난민 신청자
○	○	○

출처: 김종철 외(2018)의 표 내용(p. 136)을 재정리함.

(4) 고용보험

고용보험가입 대상 사업장에서 일하는 난민의 경우 체류자격에 따라 적용 여부

표 8-9 난민 대상 고용보험

난민 인정자	인도적 체류자	난민 신청자
○	×	×

출처: 김종철 외(2018)의 표 내용(p. 137)을 재정리함.

가 달라진다. 거주(F-2) 체류자격을 받은 난민 인정자는 고용보험의 적용을 받을 수 있지만, 기타(G-1) 체류자격을 받은 인도적 체류자와 난민 신청자는 적용에서 제외된다.

2) 공공부조

생활 능력이 없거나 생활이 어려운 저소득층에게 최저생활을 보장하고 자립을 지원하는 공공부조의 대표적인 제도인 기초생활보장과 긴급복지지원을 중심으로 난민에게 적용되는 내용을 살펴보면 다음과 같다.

(1) 기초생활보장

「난민법」 제32조는 난민 인정자에 한해서 "(외국인에 대한 특례를 규정하고 있는) 「국민기초생활 보장법」 제5조의2에도 불구하고 본인의 신청에 따라 같은 법 제7조부터 제15조까지에 따른 보호를 받을 수 있다."라고 규정하고 있다. 즉, 특례 대상 외국인의 범주는 대한민국 국민과 혼인하여 본인 또는 배우자가 임신 중이거나 대한민국 국적의 미성년 자녀를 양육하고 있는 사람 또는 배우자의 대한민국 국적인 직계존속과 생계나 주거를 같이 하는 사람과 같이 외국인이라도 대한민국 국적의 배우자나 배우자의 자녀, 미성년 자녀와 주거를 같이하고 있는 사람을 포함하고 있다. 그러나 난민 인정자는 「난민법」 제32조에 의거하여 기초생활수급을 신청할 수 있고, 자격 기준을 충족하면 생계급여, 주거급여, 의료급여, 교육급여, 해산급여, 장제급여, 자활급여를 받을 수 있다. 그러나 인도적 체류자와 난민 신청자는 기초생활수급 지원 대상에서 제외된다. 다만 난민 신청자의 경우 「난민법」 제40조에 따

표 8-10 난민 대상 기초생활보장 제도

난민 인정자	인도적 체류자	난민 신청자
○	×	×

출처: 김종철 외(2018)의 표 내용(p. 137)을 재정리함.

라 난민인정 신청일부터 6개월간 법무부 장관이 정하는 별도의 생계비를 지원받을 수 있다.

난민 인정자는 기초생활수급 신청을 할 수 있지만 제도에 대한 홍보나 정보의 부족, 언어 장벽으로 인해 기초생활수급을 신청하는 과정에서 많은 어려움을 경험한다. 또한 난민 인정자들을 대부분 우리나라에서 안정된 직장을 구하기가 어려워 경제적으로 어려운 상황이지만 근로 능력이 있다는 이유로 기초생활수급에서 탈락하는 경우가 많아 실제로 수급권자로 인정받기가 어렵다(김기태 외, 2019).

(2) 긴급복지지원

긴급복지지원제도는 갑작스러운 생계곤란 등의 위기상황에 처해 도움이 필요한 사람에게 생계, 의료, 주거, 교육지원 등의 서비스를 신속하게 지원하는 제도이다. 「긴급복지지원법 시행령」 제1조의 2 제3호에서 난민으로 인정된 사람, 즉 난민 인정자를 긴급지원대상자로 명시하고 있다. 인도체류자는 제도의 대상자에서 제외되었으나, 2012년 12월 6일 국가인권위원회가 결정을 통해 보건복지부 장관에게 "인도적 체류자의 경우 취업할 수 있는 자격만 있을 뿐 생계비 지원을 받지 못하고 있어서 생계의 위험을 받고 있는바, 긴급 지원 대상자에 해당하는 외국인의 범위에 포함"하도록 권고하였다(김종철 외, 2018). 이에 따라 보건복지부는 6년 후인 2018년 5월 「긴급복지지원법 시행령」 제1조의2 제5호 "그 밖에 보건복지부 장관이 긴급

표 8-11 난민 대상 긴급복지지원 제도

난민 인정자	인도적 체류자	난민 신청자
○	○	×

출처: 김종철 외(2018)의 표 내용(p. 138)을 재정리함.

한 지원이 필요하다고 인정하는 사람"에 인도적 체류자도 포함하였다(보건복지부, 2022a).

3) 난민 대상 취업 지원 제도

난민의 안정적인 정착을 위해서는 경제적 안정이 중요한데, 이를 위해서는 난민이 합법적으로 취업활동을 할 수 있도록 법적인 보장이 필요하다. 통상 외국인이 우리나라에서 취업을 하려면 취업활동이 가능한 체류자격을 받아야 하는데, 난민 인정자들이 받는 거주(F-2) 체류자격은 취업활동에 제한을 받지 않는다. 따라서 난민 인정자는 별도의 취업 허가 없이 취업 활동을 자유롭게 할 수 있다. 반면에 인도적 체류자와 난민 신청자는 취업활동이 허용되지 않는 기타(G-1)의 체류자격을 받기 때문에 '체류자격 외 취업활동'을 위한 별도의 허가를 받아야 한다. 난민 신청자의 경우 난민 인정 신청일로부터 6개월이 지난 후에도 난민 인정 여부가 결정되지 않은 상태이거나 장애 등으로 인해 근로 능력이 없는 피부양자를 부양해야 하는 경우 체류 기간 범위에서 1회 6개월 기간으로 체류 자격외 활동 허가를 받아 취업을 할 수 있고, 취업 분야는 취업 제한 분야를 제외한 단순 노무 분야로 한정된다. 인도적 체류자의 경우 「난민법」 제39조에 따라 법무부 장관의 허가 아래 취업활동을 할 수 있지만, 난민 신청자와 마찬가지로 체류자격 외 취업활동으로 출입국사무소에 취업 신청을 한 후 1회 1년 기간으로 활동 허가를 받으면 취업을 할 수 있다. 난민 신청자와 인도적 체류자가 전문 분야에 취업하기를 원하는 경우 「출입국관리법」이 정하는 자격을 갖추어 체류자격 외 활동 허가를 받아야 한다. 단, 난민 신청자는 체류자격 외 취업활동 허가를 받기 위해 매번 고용계약서와 고용주의 사업자등록증을 먼저 제출해야 해서 실제로 취업하는 것 자체가 매우 어렵다(김종철 외, 2018). 또한 인도적 체류자와 난민 신청자는 체류기간(최대 1년)을 연장할 때마다 취업허가를 다시 받아야 하는데, 이를 위해 새로운 고용계약서를 계속 발급받다 보니, 구조적으로 단기 고용을 강요받거나 취업 자체가 힘들어지면서 노동권이 제한된다(김기태 외, 2019).

표 8-12 난민 대상 취업활동 지원

난민 인정자	인도적 체류자	난민 신청자
• 신청일로부터 6개월 경과 후 취업활동 가능 • 취업 제한 분야(건설업, 사행행위영업, 유흥영업, 개인과외 교습 등)를 제외한 단순 노무 분야 • 전문 분야 취업을 희망할 경우 「출입국관리법령」이 원하는 자격을 갖추어 체류자격 외 활동 허가를 받아야 함	• 취업 제한 분야(건설업을 제외하고 난민 신청자와 동일)를 제외한 분야 • 전문 분야 취업을 희망할 경우 「출입국관리법령」이 원하는 자격을 갖추어 체류자격 외 활동 허가를 받아야 함	별도 제한 없음

출처: 김종철 외(2018)의 표 내용(p. 132)을 재정리함.

난민 인정자는 「난민법 시행령」 제15조에 의거하여 직업훈련을 받을 권리가 있으나, 실제로 고용노동부에서 운영하는 취업 훈련 프로그램인 취업성공 패키지의 경우 결혼이민자와 결혼이민자의 외국인 자녀를 제외하고는 대한민국 국적이 없는 외국인은 참여가 불가하여 난민 인정자에게는 제공되지 않고 있다. 즉, 난민 인정자는 법적으로 취업활동이 허가되어 있으나 안정적인 취업에 필요한 직업교육이나 취업 알선 및 정보 지원 등에 대한 접근은 제한되어 있어 대부분 단순 노무 및 일용직에 종사하고 있다(김기태 외, 2019).

4) 난민 및 이주배경 아동 대상 사회보장제도

(1) 난민 아동 관련법[2]

난민의 자녀들은 부모를 따라 한국으로 이주하였거나, 이주 경험이 있는 난민 부모 사이에서 태어난 국내 출생 자녀를 의미한다. 이들은 넓은 의미에서 이주배경 아동·청소년이라고 불리는데, 이주배경 아동·청소년의 정의는 "만 24세 이하의 부모 또는 본인이 이주 경험을 가진 자"로 정의할 수 있다(양계민 외, 2020). 이주배

---

2) 난민 아동 관련법의 일부 내용은 김희주 등(2021)의 내용을 수정·보완한 것이다.

표 8-13 이주배경 아동 유형

부모배경 \ 본인출생지	국내출생	국외출생
부모 중 한 명이 외국인	국내 출생 국제결혼가족 자녀	국외 출생 국제결혼가족 자녀
부모 모두 외국인	국내 출생 외국인가족 자녀	국외 출생 외국인가족 자녀
부모 중 한 명 이상이 북한이탈주민	남한 출생 탈북배경 아동	북한 출생 탈북배경 아동
북한이탈주민과 외국인 결혼 가족	남한 출생 탈북배경 아동	제3국 출생 탈북배경 아동

출처: 양계민 외(2020)의 표 내용(p. 22)을 재구성함.

경 아동의 유형은 부모의 배경과 본인의 출생지에 따라 일곱 가지로 구분되는데, 이주 난민 아동은 부모 모두 외국인이면서 국내 또는 국외에서 출생한 외국인가족 자녀에 포함된다.

1991년 우리나라가 비준한 「유엔 아동권리협약」은 아동에 대한 비차별적 원칙과 아동 최상의 이익 원칙 등을 포함하여 아동의 실질적인 권리 보장을 위한 원칙과 구체적인 권리 내용들을 41개 조항으로 규정하여 제안하였다. 협약의 비준 국가로서 우리나라는 아동 관련 법률들에서 비차별적 원칙 등을 적용하여, 인종이나 출생지에 상관없이 모든 아동을 보호할 것을 법에서 규정하고 있다. 아동·청소년 대상 관련 대표적인 국내법으로는 「영유아보육법」과 「아동복지법」이 있다. 먼저, 「영유아보육법」은 6세 미만의 취학 전 아동을 대상으로 어린이집 이용, 양육수당 등 보육 지원에 관한 조항들을 규정하고 있다. 이 법의 보육 이념(제3조)에 따르면, "영유아는 자신이나 보호자의 성, 연령, 종교, 사회적 신분, 재산, 장애, 인종 및 출생지역 등에 따른 어떠한 종류의 차별도 받지 아니하고 보육되어야 한다."라고 규정하여 인종이나 출생지에 따른 비차별 원칙을 적용하고 있다. 이에 따라 미취학 난민 인정, 인도적 체류, 난민 신청 아동들은 어린이집을 이용할 수 있으나, 보육의 우선 대상이나 무상보육 지원대상에 있어서는 다문화가족의 자녀만 언급하고 있어 난민 아동을 포함한 이주배경 아동의 지원대상 여부는 명확하지 않다.

> **영유아보육법 제3조(보육 이념)**
>
> ③ 영유아는 자신이나 보호자의 성, 연령, 종교, 사회적 신분, 재산, 장애, 인종 및 출생지역 등에 따른 어떠한 종류의 차별도 받지 아니하고 보육되어야 한다.

「아동복지법」은 국내법 중 아동보호의 기초가 되는 법으로, 법의 대상을 국민에 국한하지 않고 18세 미만인 사람으로 폭넓게 정의하고 있고, 제2조 기본 이념에서 "아동은 출생지역, 인종 등에 따른 차별을 금지"하고 있다. 또한 제4조에서는 "국가와 지방자치단체는 아동이 자신 또는 부모의 성별, 연령, 종교, 사회적 신분, 재산, 장애 유무, 출생지역 또는 인종 등에 따른 어떠한 종류의 차별도 받지 아니하도록 필요한 시책을 강구"하도록 규정하고 있다.

> **아동복지법 제2조(기본 이념)**
>
> ① 아동은 자신 또는 부모의 성별, 연령, 종교, 사회적 신분, 재산, 장애 유무, 출생지역, 인종 등에 따른 어떠한 종류의 차별도 받지 아니하고 자라나야 한다.

(2) 난민 아동 대상 사회보장 서비스

「영유아보육법」에 근거하여 6세 미만의 모든 미취학 난민 아동은 어린이집을 이용할 수 있다. 그러나 보육료(보육기관 이용 대상)와 가정양육수당(보육 기관 미이용 대상)은 원칙적으로는 대한민국 국적 및 주민등록번호를 보유한 영유아를 대상으로 하기 때문에 한국 국적이 없는 외국인 아동은 대상에서 제외된다. 그러나 구체적인 보육료와 가정양육수당 사업 지침서에 따르면, 난민과 아프간특별기여자는 "예외적으로 보육료와 양육수당의 지원대상에 포함"되는 것으로 명시되어 있다. 단, 보육료와 양육수당 신청 시 아동의 난민인정증명서 또는 부모의 난민인정증명서와 가족관계 입증서류를 제출하도록 요구하고 있어, 인도적 체류자와 난민 신청자는 포함하지 않고 있다(보건복지부, 2022b). 이에 따라 어린이집을 이용하는 0~5세 난민 인정자 아동은 월 49만 9,000~26만 원을 지원받을 수 있고, 가정에서 양육되는 만 86개월 미만의 난민 인정자 아동은 1~20만 원을 지원받는다. 인도적 체류자와 난민 신청자의 경우 생계를 위해 부모가 취업활동을 유지해야 하는 경우가 많은데, 보육료 지원을 받지 못할 경우 어린이집 이용에 대한 비용 부담이 커지고, 경제적 어려움으로 어린이집을 보내지 못할 수도 있어서 보육료 지원은 난민 아동에게 중요한 사업이라고 할 수 있다.

아동수당은 만 8세 미만의 아동에게 최대 96개월간 수당을 지급하여 아동 양육에 따른 경제적 부담 경감과 아동의 건강한 성장 환경조성을 목적으로 제공되는 아동 지원 사업이다. 지원대상은 부모의 국적과 상관없이 대한민국 국적을 보유한 아동을 대상으로 하지만 「난민법」에 따른 난민 인정자는 예외적으로 포함하고 있다(보건복지부, 2022c). 이에 따라 난민 인정 아동은 1인당 월 10만 원의 아동수당을 지원받을 수 있다.

표 8-14 난민 아동 대상 양육 지원 제도

	난민 인정자	인도적 체류자	난민 신청자
보육료 지원	○	×	×
가정양육수당	○	×	×
아동수당	○	×	×

출처: 김종철 외(2018)의 표 내용(p. 140)을 재구성함.

난민 아동의 교육과 관련해서 초등교육과 중등교육을 의무교육으로 규정한 「교육기본법」에서는 의무교육의 대상을 '국민'으로 한정하고 있어, 법령상 국민의 범주에 속하지 않는 이주배경 아동의 학습권은 명시적으로 보장되어 있지 않다(김희주 외, 2021). 그러나 「난민법」에서 미성년인 난민 인정자 또는 그 자녀는 국민과 동일하게 의무교육인 초중등교육을 받을 수 있고, 초·중·고등학교, 특수학교 등에 입학하거나 편입학할 수 있다고 규정하고 있어 난민 인정자는 고등학교까지 교

표 8–15 난민 아동 대상 양육 지원 제도

	난민 인정자	인도적 체류자	난민 신청자
초등학교, 중학교	○	○	○
고등학교	○	학교장 재량에 따라 입학 가부 결정	학교장 재량에 따라 입학 가부 결정

출처: 김종철 외(2018)의 표 내용(p. 141)을 재구성함.

육권을 보장받고 있다. 인도적 체류자나 난민 신청자의 자녀들은 「초·중등교육법 시행령」에 따라 체류자격이나 외국인등록 여부에 관계없이 초등학교와 중학교 입학 및 전학이 가능하다. 그러나 고등학교의 경우 학교장의 재량에 따라 입학과 전학이 가능하도록 되어 있어, 고등학교 이후의 난민 아동의 교육권은 법으로 보장받지 못하고 있다(김희주 외, 2021).

5. 난민 지원 복지서비스

「난민법」이 제정되었음에도 불구하고, 이와 관련해서 정책을 수립하고 시행하기 위한 별도의 기본계획이나 프로그램과 서비스를 제공하는 전달체계가 부재한 상황이다. 그러다 보니 난민을 대상으로 하는 지원 서비스는 주로 민간 NGO를 중심으로 제공되고 있다.

법무부에 소속된 출입국·외국인지원센터는 국내 유일한 난민지원시설로 「난민법」 제45조(난민지원시설의 운영) 규정에 따라 난민 인정자와 난민 신청자에게 숙식 제공과 의료지원 등 기초생계 지원과 한국어, 한국사회 이해, 법질서 교육 등 한국사회 적응을 위한 각종 프로그램을 운영하고 있다. 이 시설은 2013년 11월 1일 신설되었고, 운영지원팀, 복지지원팀, 교육운영팀 등 3개의 부서에서 업무를 수행하고 있다.

민간 NGO에서 운영하는 난민지원시설로는 대표적으로 난민인권센터(NANCEN)

표 8-16 출입국 · 외국인지원센터 주요 업무

운영지원팀	인사, 서무, 보안, 정보공개, 국민신문고 접수 등 일반 행정 물품, 국유재산의 관리, 회계업무, 각종행사, 민원처리, 청사유지 · 관리업무 등
복지지원팀	이용자 입 · 퇴소관리, 면회업무, 생활편의 및 생활지도 업무 등
교육운영팀	교육프로그램 편성 및 운영, 교육운영평가 및 보고 등

출처: 법무부 출입국, 외국인정책본부(https://www.immigration.go.kr/immigration/1673/subview.do).

와 피난처가 있다. 난민인권센터(NANCEN)는 국내 난민의 권리 보호를 위해 활동하는 단체로 2009년도부터 난민에 대한 사회적 인식과 제도의 개선, 권리 침해 사례 대응, 난민 권리 상담, 시민연대 활동을 통해 한국 사회에서 배제되고 있는 난민의 권리를 되찾기 위해 권리 중심의 제도개선 활동을 수행하고 있다(난민인권센터 홈페이지, 2022). 난민인권센터에서 수행하는 주요 업무는 다음과 같다.

- 연간 난민현황 분석/난민 관련 예산, 행정 감시/입법운동 및 정책 시정 요구/난민 권리 상담/자원 연계 및 지원/권리 침해 사례 대응
- 세계 난민의 날 등 비폭력 행동/언론 대응/한국사회와 난민인권 등 시민 교육 프로그램/난민 당사자 활동참여 연계/난민인권네트워크, 소수자난민인권네트워크, 차별금지법제정연대 등 국내외 연대/프로보노 변호사 네트워크/회원, 자원활동가 프로그램 운영

피난처는 국내의 난민에게 피난처를 제공하는 법무부 등록 비영리법인으로 국내외 난민과 북한난민의 구호, 재난 및 분쟁의 방지와 국제협력, 국제평화와 인권의 증진 및 안전보호 사업을 수행한다(피난처 홈페이지, 2022). 피난처의 주요 사업들은 다음과 같다.

- 난민보호: 난민인정절차를 위한 안내 및 상담, 통역 · 번역 지원, 시민교육 및 홍보 캠페인

- 난민쉘터운영: 난민임시숙소 및 커뮤니티센터
- 생활지원: 생계지원, 의료기관 연계, 심리상담 연계, 가정방문 및 케어, 아동교육 지원
- 잡멘토링: 난민 오리엔테이션 및 잡멘토링, 직업 개발, 산업체 취업 지원
- 개발협력: 국내 유입 난민 또는 난민 커뮤니티의 전인적 개발 협력, 아시아와 아프리카의 난민 발생지역의 인권 상황 조사 및 난민촌 지원, 해외 난민단체 및 지원단체와 네트워크

안산시 글로벌청소년센터는 이주배경 청소년들을 대상으로 한국어 교육, 심리정서, 학습, 진로상담 및 교육 등 아동·청소년의 생애주기에 따른 맞춤형 지원을 제공하고 있다. 난민가정의 아동·청소년과 가족이 우리 사회에 정착하여 공동체를 형성하고 자립기반을 마련할 수 있도록 다양한 사회통합 프로그램들을 지원하

표 8-17 안산시 글로벌청소년센터 난민 대상 사업

사업명	세부사업
Spirit of Togetherness	• 난민가정 대상 • 맞춤형 사례관리 및 위기 지원: 의료, 생계, 주거, 법률, 임신 및 출산 긴급 지원 • 공동체 활동 지원: 소공동체 형성 및 활동지원, 전체 공동체성 강화 • 자아실현 및 자립기반 마련 지원: 자립기반을 위한 기초역량강화교육 및 협동양육 경제 공동체를 통한 소득 창출, 재능 역량강화를 통한 자립기반 마련, 사회참여기회확장
난민아동 지원	• 18개월 이하 난민아동 양육비 지원 • 미취학 난민아동 보육비 지원 • 난민아동 의료비 지원
부모교육	• 자녀양육, 진로·진학, 청소년 심리 관련 교육, 양육자들의 건강한 공동체 만들기를 위한 교육
통합사례관리	• 집중사례관리 및 당사자 사례회의 • 사례관리 업무지원회의

출처: 안산시글로벌청소년센터 홈페이지(http://www.globalansan.com/).

고 있다(안산시 글로벌청소년센터 홈페이지).

6) 난민이 경험하는 어려움 및 문제

우리나라는 「난민법」에 근거하여 난민 인정자, 인도적 체류자, 난민 신청자로 난민의 유형이 구분되는데, 이 중 난민 인정자는 사회보장부터 취업, 교육 등 다양한 영역에서 국민과 같은 수준의 대우를 받을 수 있다. 반면에 인도적 체류자는 취업활동, 초·중등학교 의무교육, 난민 신청자는 생계비와 주거시설, 제한된 취업활동, 초·중등학교 의무교육 등 일부만 처우가 보장된다. 이로 인해 체류자격에 따른 난민의 어려움과 정책의 개선방안들이 제기되고 있다. 특히 관련법과 함께 구체적인 기본계획과 시행계획이 수립되어 입국 초기부터 지역사회 정착까지 다양한 상황에 대한 정책 및 프로그램이 지원되는 다문화가족과 북한이탈주민과는 달리, 난민은 「난민법」이 제정되었음에도 불구하고 난민 인정이나 인도적 체류를 인정받은 이후의 정착 지원에 대한 별도의 기본계획이 수립되어 있지 않다(장주영 외, 2021). 특히 난민 인정자는 초기 사회적응에 대한 정보나 교육이 부재하여, 난민 인정자를 위한 정책과 서비스에 대해 잘 알지 못하고, 한국 사회에 대한 이해가 부족해 초기 정착 과정에서 많은 어려움을 경험한다(김희주, 2020). 법무부에서는 난민 인정을 받은 사람들에게 2페이지 분량의 난민인정자 처우 안내문을 제공하는데, 안내문의 내용만으로는 난민 인정자가 받을 수 있는 서비스의 종류나 내용, 신청방법 등을 이해하기가 어렵다. 난민 인정자는 영주권이나 국적취득을 위한 사전 단계로 법무부에서 운영하는 사회통합 프로그램에 참여할 수 있지만, 대부분 초기 정착을 지원하기 위한 내용들이고, 난민으로서 받을 수 있는 각종 지원에 대한 안내는 포함되지 않아 한국에 입국 후 난민 인정을 받기까지 상당 기간 한국에 거주한 난민 인정자들에게는 도움이 되지 않는 경우들이 많다(장주영 외, 2021). 따라서 「난민법」에서 규정하는 난민을 위한 처우 내용과 우리 사회 이해를 도모하는 내용을 담은 초기정착 프로그램 또는 사회적응 프로그램을 제공하여, 난민이 우리나라에 입국 후 참여할 수 있도록 참여를 독려하는 것이 필요하다.

인도적 체류자는 기타(G-1) 체류자격이자 임시적 체류자격을 가지고 우리나라에서 체류하고 있는데, 정착 과정에서 여러 어려움들에 직면하는 것으로 보고된다. 인도적 체류자는 영주권 신청을 할 수 없고, 난민의 권리인 가족결합 또한 불가능한 상황이다. 난민 인정자는 여권이 만료되면 이를 대신하여 여행증명서를 발급받을 수 있지만, 인도적 체류자는 증명서 발급이 허용되지 않아 가족이 보고 싶어서 해외에서 만나려고 해도 여행을 갈 수가 없다. 또한 「난민법」에 의거하여 인도적 체류자는 취업이 가능하지만, 6개월에서 1년마다 체류자격을 갱신해야 하는 임시 비자의 특성으로 인해 고용주의 입장에서 채용을 선호하지 않아 취업이 어려운 경우가 많다. 인도적 체류자는 비인도적인 처우나 처벌 등으로 생명이나 신체의 자유를 침해당할 것을 우려하여 본국으로 돌아가지 못하고 우리나라에 거주하고 있다. 이는 난민 인정자와 마찬가지로 본국의 상황이 나아지거나 생명이나 신체적 자유의 위협이 사라질 때까지는 우리나라에서 거주해야 함을 의미한다. 따라서 인도적 체류자는 '난민에 준하는' 보호가 필요한 대상이라는 관점을 가지고 체류자격 및 처우개선에 대한 논의가 진행되어야 한다(정동재, 허준영, 2020).

마지막으로, 난민 아동을 위한 적극적인 사회보장제도가 필요하다. 먼저, 난민 아동을 포함하여 외국국적 이주배경 아동은 우리나라에서 출생하였어도 부모가 한국국적이 없으면 출생등록을 할 수 없다. 이는 「가족관계등록법」에서 출생등록의 적용 대상을 국민으로 한정하고 있기 때문이다. 따라서 우리나라에서 태어난 외국인 아동은 부모의 국적국에 영사적 지원을 통해 출생등록을 해야 한다. 그런데 박해받을 우려가 있다는 공포로 인해 국적으로 돌아가지 못하는 난민 아동은 국적국의 정부 기관인 재외공관에 방문하는 것이 불가능하기 때문에 출생 신고를 할 수 없게 되어 결국은 무국적자가 될 가능성이 높다. 이렇게 무국적자가 된 이주배경 아동은 우리나라에서 정상적으로 일상을 누리기가 매우 어렵다(한국난민인권연구회, 2018). 이러한 이유로 2019년 유엔 아동권리위원회는 우리 정부에 '보편적 아동 등록제' 도입을 권고하였고, 2022년 3월 우리 정부는 출생통보제 도입을 위한 '가족관계의 등록 등에 관한 법률' 개정안을 국무회의에서 의결하고 국회에 제출하였다. 우리 사회에서 난민의 사회통합이 긍정적으로 이루어지기 위해서는 난민 자녀 세대의 교육이 중요하다. 난민 인정자를 제외하고 인도적 체류자나 난민 신청자 가정의 자녀(미등록 자녀 포함)는 현재 초·중등교육까지는 입학이 가능하지만 고등학교는 학교장 재량에 따라 전입학이 가능하고, 학교장이 전입학을 거부하여도 이를 금지하는 조항이 관련법에 규정되어 있지 않아 고등학교 진학에 대한 어려움이 많다. 또한 난민 인정자나 인도적 체류자의 자녀가 국내에서 출생해 미등록된 상태인 경우 대학 진학 시 출입국 사실증명이나 외국인등록 사실증명을 제출해야 하는데 이러한 증명서가 없어서 대학진학이 어려울 수 있다(장주영 외, 2021). 따라서 난민 아동을 포함하여 이주배경 아동이 고등교육 과정을 마칠 수 있도록 학습권과 교육권을 보장하는 법적 지원이 필요하다.

참고문헌

권한용(2016). 난민문제에 대한 국제적 논의와 한국난민 정책에 대한 시사점. 아주법학, 10(1), 213-249.

김기태, 정세정, 최준영, 강예은, 정용문, 이주영, 김희주, 장주영, 박민정, 이승현(2019). 사회배제 대응을 위한 새로운 복지국가 체제 개발. 한국보건사회연구원.

김종철, 김연주, 김지림, 신고운, 이일(2018). 난민사건 법률지원 매뉴얼. 서울지방변호사회.

김희주(2020). 국내 난민인정자의 사회적 배제경험. 사회복지정책, 47(3), 339-370.

김희주, 김영미, 김혜미, 김수경(2021). 2021년 이주배경 아동·청소년정책 전문영향평가. 아동권리보장원.

난민인권센터(2019). 한국의 난민법은 어떻게 가고 있을까. https://nancen.org/1963

박선욱(2013). 난민보호에 관한 국제법의 국내적 이행: 국내이행법률로서의 난민 법에 관한 논의. 가천법학, 6(3), 21-46.

박종일, 이태정, 유승무, 박수호, 신종화(2013). 난민의 발생과 국민국가의 대응: 난민수용 논란을 통해 본 한국의 이주자정책. 민주주의와 인권, 13(1), 199-235.

법무부(2022). 2021 출입국외국인정책 통계연보.

법무부(2022). 출입국외국인정책 통계월보 2022년 6월호.

보건복지부(2022a). 2022년 긴급복지지원사업 안내.

보건복지부(2022b). 2022년도 보육사업안내.

보건복지부(2022c). 2022년 아동수당 사업안내.

심영구(2018. 7. 7.). '난민 문제, 이것부터 보고 보자'…최초 공개 대한민국 난민 보고서. SBS 뉴스. https://news.sbs.co.kr/news/endPage.do?news_id=N1004829820&plink=COPY PASTE&cooper=SBSNEWSEND

양계민, 변수정, 조혜영, 김이선, 이민영 외(2020). 포용사회구현을 위한 이주배경 아동·청 소년 성장기회격차 해소방안 연구: 통계구축방안을 중심으로. 경제·인문사회연구회.

장주영, 김수경, 김희주(2021). 난민 정착지원 정책개발을 위한 북한이탈주민 정착지원 정책 과의 비교 연구. 입법과 정책, 13(1), 89-116.

정동재, 허준영(2020). 글로벌 환경변화 대응을 위한 난민행정 개선방안 연구. 한국행정연구원.

정정훈(2011). 외국인 인권, 한국 이민정책의 이해. IOM 이민정책연구원, 372-392.

한국난민인권연구회(2018). 한국에서 난민으로 살아가기. 난민인정자 처우 현황보고대회 자 료집.

UNHCR(1993). The State of the World's Refugees 1993: The Challenge of Protection. https://www.unhcr.org/3eeedcf7a.html/

난민인권센터. https://nancen.org.

피난처. http://www.pnan.org.

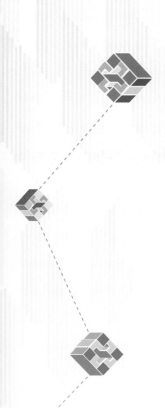

제**3**부

다문화 사회복지실천과 문화적 역량

제9장
다문화 사회복지실천

　행정안전부가 2006년부터 매년 발표해 온 외국인 주민 현황 통계에 따르면, 우리나라에 거주하는 외국인 주민의 수는 2006년 이래로 지속적으로 증가해 왔다. 총 인구 대비 외국인 주민 비율은 2006년 1.1%에서 꾸준히 증가하여 2020년 4.1%로 그 사이 약 4배가 되었다. 외국인 주민의 자녀 수 또한 꾸준히 늘어나고 있어 2020년 약 25만여 명에 이르고 있다(행정안전부, 2021). 2020년 외국인 주민 수는 약 215만 명으로 2019년 약 222만 명에 비해 감소한 수치인데, 2006년부터 외국인 주민 현황 통계를 발표해 온 이래 외국인 주민 수가 감소한 것은 이번이 최초로, 2019년 12월부터 발생한 코로나19로 인해 외국인 노동자, 유학생 등의 입국이 감소한 것이 주요 원인일 것으로 분석되고 있다. 따라서 2020년 외국인 주민 수의 감소는 일시적일 것으로 추정된다.

　경제협력개발기구(OECD)에서는 한 국가의 총 인구에서 외국인, 이민 2세, 귀화자 등 이주배경인구가 차지하는 비중이 5% 이상인 경우 다문화·다인종 국가로 분류하고 있다. 이 기준에 따르면 우리나라는 다문화·다인종 국가에 점차 근접해 가고 있다 할 수 있다. 단일민족주의 및 순혈주의를 강조해 온 우리 사회에서 이러한 사회 구성원의 다양화로 인한 변화는 불가피해졌다. 다문화 배경을 가진 인구가 경험하는 다양하고 복잡한 문제의 해결을 돕고, 이들의 사회적응과 삶의 질 향상을 이끌어 낼 수 있는 문화적 역량을 갖춘 전문가의 필요성이 더욱 대두되고 있으며, 다문화 사회복지실천을 위한 전문적 지식과 기술의 중요성 또한 점차 커지고 있다. 사회복지 학계와 현장은 이러한 우리 사회의 다문화적 변화에 적극적으로 대응하여야 할 것이다. 기존의 전통적인 민족중심적 단일문화주의에 기반하여 이루어져 왔던 사회복지실천 경향에서 탈피하여 다문화적 관점의 사회복지실천으로 거듭나야 할 것이다. 이 장에서는 다문화 사회복지실천의 필요성을 바탕으로 다문화 사회복지실천의 개념과 이론적 관점을 살펴보고, 다문화 사회복지실천을 수행하는 데 있어 고려해야 할 가치들에 대해 알아본다.

1. 다문화 사회복지실천의 개념

우리나라에 다문화 사회복지실천이라는 개념이 등장하고 그 필요성을 인식하기 시작한 것은 2000년대 중반 이후부터로, 우리 사회에 인종적·민족적 다양성이 증가하게 되면서부터이다. 이 시기에는 결혼이민자와 국제결혼 비율이 증가하고 다문화가족 자녀와 외국인 노동자, 북한이탈주민 등이 증가하면서 이들을 위한 사회적 지원의 필요성이 대두되기 시작하였다. 다문화사회에서 다양한 문화적 배경을 지닌 사회 구성원들의 사회복지적 욕구는 다양할 수밖에 없다. 이러한 현상은 단일 민족, 순혈주의를 고수해 온 우리 사회를 급격히 변화시켰다. 오랜 기간 동안 우리 나라의 사회복지 이론과 실천은 민족중심적 단일문화주의를 토대로 이루어져 왔으나, 다문화사회로 근접해 가게 되면서 다문화 사회복지실천의 필요성이 점차 증가하였고 그 경향은 앞으로 더 가속화될 것이다.

다문화 사회복지실천은 인종, 민족, 국적 등 다양한 문화적 배경을 지닌 사람들이 결혼, 근로, 학업 등의 다양한 목적으로 우리나라에 이주하여 살면서 사회적 기능의 어려움을 겪거나 소외되거나 배제되는 경우 전문적 지식과 기술을 바탕으로 하는 사회복지서비스를 제공하는 것을 의미한다(성정현, 김혜미, 김희주, 박동성, 이창호, 홍석준, 2020, p. 234). 이 정의에 따른 다문화 사회복지실천보다 좀 더 포괄적인 정의를 내리자면, 다문화 사회복지실천은 미시적으로는 문화다양성의 관점을 견지한 채 다양한 문화적 배경의 클라이언트들을 위한 사회복지를 실천하는 것이라 할 수 있으며, 거시적으로는 성별, 나이, 인종, 민족, 국적, 장애 여부, 성적 지향, 계층 등에 의한 사회 구조적인 억압, 편견, 차별을 극복하고, 더 나아가 인간의 존엄성과 사회정의를 지향하는 적극적인 실천이다(우수명, 주경희, 김희주, 2021). 학자들은 다문화 사회복지실천의 대상이나 다문화 사회복지실천이 이루어지는 현장이 특정 범위로 한정되는 것이 아니라고 주장한다(최명민, 이기영, 김정진, 최현미, 2015). 다문화 사회복지실천은 기존의 사회복지실천의 근간 위에 문화적 다양성의 관점을 고려하는 것이므로 기본 요소적인 측면에서 볼 때 사회복지실천과 다르지 않으며, 오히려 사회복지실천을 발전적으로 해석하고 확장시키는 것이라고 볼 수 있다.

앞에서 언급하였듯이, 다문화 사회복지실천이 기존의 사회복지실천에 문화다양성 관점을 포함한 접근방식이라고 본다면, 다문화 사회복지실천을 위해서는 기존의 사회복지실천에서 추구하는 전문적 지식, 기술, 가치와 윤리는 필수적이고 기본적인 토대가 될 것이다(성정현 외, 2020, p. 234). 그에 더하여 사회복지사 자신의 문화적 한계와 편견을 인식하고, 다양한 문화적 배경의 클라이언트의 세계관을 이해하며, 적절한 개입 전략과 기술을 개발하는 문화적 역량이 필요하다(Sue, Rasheed, & Rasheed, 2016).

수(Sue, 2010)는 다문화 사회복지실천을 정의함에 있어 몇 가지 중요한 핵심적 특징을 다음과 같이 제시하였다. 첫째, 다문화 사회복지실천은 사회복지사의 다양한 문제해결 기술들을 포괄한다. 다문화 사회복지실천을 수행하는 사회복지사는 클라이언트의 문제해결을 위해 오로지 단 한 가지의 원조 기술만을 사용한다거나, 클라이언트에게 오직 임상 상담만 제공한다거나 하지 않는다. 다문화 사회복지실천에는 클라이언트를 교육하기, 조언하기, 자문하기, 옹호하기 등의 활동도 모두 포함된다. 즉, 사회복지사는 교육자, 옹호자, 사례관리자, 조직가, 지역사회 연결자 등 다양한 역할을 수행하는 것이다.

둘째, 효과적인 다문화 사회복지실천은 다양한 문화적 배경의 클라이언트들의 인종, 문화, 민족, 성별, 성적 지향 등에 적합한 개입 목표와 방식을 설정한다. 따라서 클라이언트마다 효과적인 개입방식이 다를 수 있다.

셋째, 다문화 사회복지실천에서는 다양한 소수집단에 적절한 문화 특수적인 전략이 가장 바람직하다. 인종, 민족 등 클라이언트가 속한 집단에 따라 선호하는 소통 방식과 사회복지사의 특성 등이 다르고 효과적인 치료적 접근방법이 다르므로 문화 특수성을 고려하여 클라이언트에게 가장 적절한 개입을 선택하는 것이 중요하다. 이를 위해서는 클라이언트가 속한 문화에 적합한 원조기술을 배워야 할 것이다.

넷째, 다문화 사회복지실천에서는 개인의 정체성이 개인적 · 집단적 · 보편적 차원으로 구성되어 있음을 인정한다. 모든 개개인은 어떤 면에서는 유사하기도 하지만, 다른 어떤 면에서는 완전히 다르기도 하다. 우리 중 어느 누구도 다른 사람과 완전히 똑같은 사회적 경험을 하지는 않는다. 즉, 누구나 개별적인 독특성을 갖는다는 점에서 개인적 차원의 정체성을 갖는다(개인적 차원). 또한 같은 문화적 배경 집단에 속한 구성원은 동일한 혹은 유사한 경험과 특성을 공유하므로 집단적 차원의 정체성을 갖기도 한다(집단적 차원). 개인은 보통 한 가지 이상의 문화적 집단에 속해 있고, 어떤 집단의 정체성이 다른 집단의 정체성보다 더 현저하게 나타나기도 한다. 마지막으로, 모든 사람은 어떤 면에서 모든 다른 사람과 같은 보편성을 지닌다는 점에서 보편적 차원의 정체성을 갖기도 한다(보편적 차원).

다섯째, 다문화 사회복지실천에서 개인은 단순히 개인이기도 하지만, 사회적 · 문화적 맥락 속에서의 개인이기도 하다. 즉, 다문화 사회복지실천에서는 개인주의적 실재와 집단주의적 실재의 균형을 맞추며 원조 관계의 관점을 넓혀 준다.

여섯째, 다문화 사회복지실천에서는 클라이언트 개인뿐만 아니라 클라이언트의 체계에도 집중한다. 이 특징은 생태체계적인 관점과 일치하는 부분이기도 하다. 클라이언트 개인에 초점을 맞추어 그들을 지원함과 동시에, 클라이언트가 속한 체계에 문제가 있는 경우에는 클라이언트 개인에게만 집중하기보다는 클라이언트의 체계에 초점을 맞춰 체계의 변화를 시도해야 할 것이다. 다문화 사회복지실천에서 실천의 대상은 개인, 가족, 집단, 지역사회, 기관, 더 큰 사회체계 등이 될 수 있다. 특히, 사회정의 추구는 다문화 사회복지실천에서 가장 근본적인 원칙이 된다.

미국 사회복지사협회(The National Association of Social Workers: NASW)의 윤리강령에는 다문화 사회복지실천을 수행하는 과정에서 사회복지사가 지켜야 할 가치와 윤리를 포함하고 있다. 사회정의와 다양성이라는 가치는 윤리강령의 전문에서부터 언급되고 있는데, 사회복지사는 문화적 다양성과 인종의 다양성에 민감하여야 함을 명시하고 있으며, 사회정의와 사회변화의 촉진을 사회복지사의 책무이자 역할로 규정하고 있다. '윤리강령 4.02'는 차별금지 원칙으로서, 어떠한 경우에도 사회복지사는 클라이언트의 성별, 인종, 종교, 장애 여부 등 수많은 사회적 범주에의 소속을 이유로 클라이언트를 차별해서는 안 된다는 원칙을 사회복지사의 윤리적 책임으로 명시하고 있다. 또한 '윤리강령 1.05'는 사회복지사의 문화적 역량과

표 9-1 NASW 윤리강령 전문

사회복지 전문직의 주요 임무는 취약하고 억압받으며 빈곤한 계층의 욕구 및 역량강화에 특별한 관심을 두면서, 인류의 복지를 증진시키고, 모든 이들의 기본적인 욕구를 충족시킬 수 있도록 돕는 것이다. 역사적으로 사회복지를 규정짓는 중요한 특징은 사회복지 전문직의 초점이 사회적 환경 속 개인의 복지와 사회의 복지에 있다는 것이다. 사회복지에서 근본적인 것은 삶의 문제를 야기하고 기여하고 해결하는 환경적 힘에 관심을 둔다는 것이다.

사회복지사는 클라이언트를 위하여 그리고 클라이언트와 함께 사회정의와 사회변화를 촉진한다. '클라이언트'는 개인, 가족, 집단, 기관, 지역사회를 포괄한다. 사회복지사는 문화적 다양성과 인종의 다양성에 민감하며, 차별, 억압, 빈곤 및 기타 유형의 사회적 불의를 근절하기 위해 노력한다. 이러한 활동은 직접적 실천, 지역사회 조직, 수퍼비전, 상담, 행정, 옹호, 사회적·정치적 활동, 정책 개발과 시행, 교육, 연구와 평가 등의 형태로 행해질 수 있다. 사회복지사는 개인적 욕구와 사회 문제에 대한 조직, 지역사회, 그리고 기타 사회단체의 반응을 증진시키고자 한다.

출처: National Association of Social Workers (2021).

관련한 윤리적 원칙으로서, 사회복지사는 클라이언트를 어떤 이유에서든 차별하지 않는 것에서 더 나아가, 다양한 문화에 대한 지식을 쌓고 각 문화들의 강점을 인식하여 문화에 민감한 서비스를 제공할 수 있어야 하며, 문화다양성과 억압의 사회정치적 함의를 이해하여야 한다고 제시하고 있다.

사회복지 전문직의 주요 임무는 취약하고 억압받으며 빈곤한 계층의 욕구 및 역량강화에 특별한 관심을 두면서, 인류의 복지를 증진시키고, 모든 이들의 기본적인 욕구를 충족시킬 수 있도록 돕는 것이다. 역사적으로 사회복지를 규정짓는 중요한 특징은 사회복지 전문직의 초점이 사회적 환경 속 개인의 복지와 사회의 복지에 있다는 것이다. 사회복지에서 근본적인 것은 삶의 문제를 야기하고 기여하고 해결하는 환경적 힘에 관심을 둔다는 것이다.

사회복지사는 클라이언트를 위하여 그리고 클라이언트와 함께 사회정의와 사회변화를 촉진한다. '클라이언트'는 개인, 가족, 집단, 기관, 지역사회를 포괄한다. 사회복지사는 문화적 다양성과 인종의 다양성에 민감하며, 차별, 억압, 빈곤 및 기타 유형의 사회적 불의를 근절하기 위해 노력한다. 이러한 활동은 직접적 실천, 지역사회 조직, 수퍼비전, 상담, 행정, 옹호, 사회적 정치적 활동, 정책 개발과 시행, 교육, 연구와 평가 등의 형태로 행해질 수 있다. 사회복지사는 개인적 욕구와 사회 문제에 대한 조직, 지역사회, 그리고 기타 사회단체의 반응을 증진시키고자 한다.

표 9-2 NASW 윤리강령에 명시된 차별금지원칙

4.02 차별
사회복지사는 인종, 민족, 국적, 피부색, 성별, 성적 지향, 나이, 결혼 여부, 정치적 신념, 종교, 이민 여부, 정신적 또는 신체적 능력 등을 근거로 하여 어떠한 형태의 차별도 행하거나 묵과하거나 조장하거나 협조해서는 안 된다.

출처: National Association of Social Workers (2021).

표 9-3 NASW 윤리강령에 명시된 문화적 역량

1.05 문화적 역량

(a) 사회복지사는 인간의 행동과 사회 안에서 문화 및 문화의 기능을 이해하며, 모든 문화에 존재하는 강점을 인식해야 한다.

(b) 사회복지사는 다양한 문화적 배경의 클라이언트를 위한 실천에 관한 지식을 갖춰야 하고, 소외받는 개인과 집단의 역량을 강화시킬 수 있는 문화적으로 민감한 서비스를 제공하는 기술을 갖춰야 한다. 사회복지사는 억압, 인종차별주의, 차별, 불공정에 반하여 행동해야 하며, 특권에 대해 인식해야 한다.

(c) 사회복지사는 비판적인 자기성찰(자기 자신의 편견을 이해하고 자기 교정을 하는)을 통해 문화적 겸손과 인식을 갖춰야 한다.

(d) 사회복지사는 인종, 민족, 국적, 피부색, 성별, 성적 지향, 나이, 혼인 상태, 정치적 신념, 종교, 이민 지위, 정신적 또는 신체적 능력에 관한 사회적 다양성과 억압의 본질에 대한 교육을 받고 그것을 이해하도록 노력하여야 한다.

(e) 전자 장비를 이용한 사회복지 서비스를 제공하는 사회복지사는 클라이언트들이 전자기술을 이용하고 접근하는 데 있어 문화적·사회경제적 차이가 있음을 알아야 하고 그러한 잠재적 장벽을 예방하려 해야 한다. 사회복지사는 문화적, 환경적, 경제적, 정신적 또는 신체적 능력, 언어적 능력, 기타 서비스 이용과 전달에 영향을 미치는 사안들을 평가해야 한다.

출처: National Association of Social Workers (2021).

2. 다문화 사회복지실천의 이론적 관점

사회복지는 실천기반 학문으로서 심리학, 사회학, 인류학 등 다양한 타 학문의 영향을 받아 왔다. 다양한 학문에서 발전된 이론과 개념들은 사회복지와 통합되어 다양한 사회복지실천모델의 이론적 틀을 이루고 있다. 다양한 문화적 배경의 클라이언트를 대상으로 하는 사회복지사가 다문화와 관련된 가치와 관점에 대한 이해를 바탕으로 실천에 임하는 것은 매우 중요하다. 이 절에서는 다문화 사회복지실천과 관련된 주요 사회복지의 이론적 관점을 살펴본다. 사회복지실천에서 중요하게 활용되는 관점들 중 생태체계관점, 강점·회복탄력성 관점, 여성주의 이론 등 일

반적인 사회복지실천에서 도움이 되는 이론적 관점들은 제11장에서 다루며, 이 절에서는 다문화 사회복지실천의 이론적 토대가 되는 포스트모더니즘과 사회구성주의, 상호교차성 이론 등을 살펴본다. 이 관점들을 이해함으로써 다문화 사회복지실천에 임하는 사회복지사가 클라이언트들의 삶의 방식과 세계관 등의 차이, 다양성, 특수성 등을 이해하고, 인종적·문화적으로 소수집단에 속한 클라이언트가 겪는 억압, 배제, 차별 등을 확인하며, 사회적·정치적·경제적으로 취약한 계층의 현실을 더욱 심도 있게 이해할 수 있을 것이다.

(1) 포스트모더니즘과 사회구성주의

사회구성주의(social constructionism) 관점은 추구하는 가치 및 철학 등에 있어 다문화 사회복지와 많은 부분이 일치한다. 사회구성주의적 관점은 다문화 사회복지 실천방식의 발전 가능성을 제시할 수 있는 관점으로서 매우 주목할 만하다. 사회구성주의 개념은 포스트모더니즘의 영향을 받아 1990년대부터 다양한 분야의 이론가와 실천가들 사이에서 보편화되기 시작하였다.

모더니즘과 포스트모더니즘의 핵심적인 차이는 모더니즘 사상이 인간의 본질과 진리를 추구한다면, 포스트모더니즘 사상은 사회적으로 서술된 삶에 초점을 맞춘다는 점이다(Corey, 2016). 기존의 모더니즘 관점에 따르면, 객관적인 실재란 정확하게 기술할 수 있으며, 과학적 방법을 통해 관찰하여 체계적으로 이해할 수 있는 대상이다. 즉, 실재라는 것은 그것을 관찰하려는 의도와는 무관하게 객관적으로 존재하는 것이다. 이에 따라, 사회복지실천에 있어 모더니즘 관점에 따르면 클라이언트는 객관적 준거에서 너무 벗어났을 때 문제를 지닌 존재가 되고, 그 문제해결을 위해 상담과 치료를 받게 된다. 이러한 객관주의 인식론이 문화에 대해서 적용이 되는 경우, 어떤 특정 문화가 다른 문화보다 더 우월하거나 바람직하다고 하는 객관적인 기준을 주장할 수 있게 되어 자칫 문화적 절대주의를 초래할 수 있다(최명민 외, 2015).

반면, 포스트모더니스트들은 실재가 관찰 과정 및 언어체계(실제가 설명되는 방법)와 독립해서 존재한다고 보지 않는다. 언어 과정을 중시하므로 이야기에서 언어의 형식과 사용법이 의미를 창조한다고 본다. 상황에 관계된 모든 사람은 그 상황이 제시하는 '실재'에 대한 관점을 갖게 되는데, 진리의 범위는 특정 역사적 사건의 영향과 특정 사회 맥락을 지배하는 언어 사용의 제한을 받는다는 것이다.

사회구성주의는 포스트모더니즘 세계관을 심리학적으로 표현한 접근법으로서, 이 관점에 따르면 현실, 진리, 실체 등은 객관적이고 변하지 않는 사실이 아니다. "지식은 사회적 과정을 통해 구성된다."는 전제를 기초로 한다. 사람이 경험하는 현실이라는 것은 객관적 현실일 수 없고, 역사와 맥락에 따라 인간들 간의 관계에 의해 구성되는 특정 관점을 나타내는 것으로 이해한다. 즉, 우리가 진리라고 생각하는 것은 일상생활에서 사람들과 상호작용한 결과이다. 따라서 개인의 삶과 세상을 이해하는 데 단일한 옳은 방법이란 없다. 이 관점에 따르면, 문화 또한 객관적으로 더 우월하고, 옳은 문화란 존재하지 않으며, 다양한 문화에 대하여 개방적이고 융통성 있는 입장을 취하게 된다(최명민 외, 2015).

사회구성주의적 관점은 사회복지실천가들에게 있어 커다란 사고의 전환을 가져왔다. 이전의 사회복지실천에서는 경험주의적 사회복지실천모델이 주류를 이루었다. 정신분석치료, 행동치료, 인지치료 등 심리학 이론을 기반으로 한 사회복지실천에서는 가설을 세우고, 객관적인 검증을 통해 결과를 예측하는 경험적·실증적 관점을 강조하였다(최종혁, 2004). 그러나 이러한 경험주의에 대한 비판으로 사회구성주의적 사회복지실천모델이 등장하였는데, 이들은 문화적·역사적·사회적 문맥을 간과한 채 행해지는 관찰은 정당성을 얻을 수 없다고 주장하였다(최종혁, 2004). 사회구성주의 접근법에 따르면, 실천가는 클라이언트의 실제를 있는 그대로 존중하고 그것이 정확한지 또는 합리적인지 따지지 않는다. 실제에 대한 이해는 언어 사용에 기반하며, 사람들이 살고 있는 상황의 영향을 받는다. 예를 들어, 실제에 대한 이해는 사회적으로 구성되기 때문에 클라이언트가 자신을 우울한 사람이라는 정의를 내린다면 우울한 사람이 되는 것이다. 자신에 대한 정의를 일단 받아들이면 그것에 반대되는 행동을 지각하기가 매우 어렵다고 보았다. 실천의 장에서도 '이해'라고 하는 것은 사회복지사와 클라이언트와의 대화 그 자체에 있다(최종혁, 2004).

사회구성주의 접근법을 사회복지실천 영역에서 받아들이면서 생겨난 접근법들로는 다문화 사회복지실천 영역 외에도 협력적 언어체계 접근, 해결중심 단기치료, 해결지향 치료, 이야기 치료, 여성주의 치료 등이 있다. 이 접근법들을 활용하는 사회구성주의 실천가와 상담자는 클라이언트의 세계에 대하여 '알지 못한다'는 태도, 즉 클라이언트가 살아온 세계에 대한 '무지의 자세'를 토대로 한 대화로 실천에 임한다. 이들은 스스로 전문가의 역할을 거부하고 협력적 역할 또는 자문을 제공하는 입장을 취하게 된다. 사회복지사는 클라이언트의 문제를 과학적으로 평가하고 개입하는 전문가가 아니며, 클라이언트가 문제를 스스로 해결할 수 있도록 적절한 질문을 던지면서 클라이언트가 스스로 변화하고자 하는 동기를 가질 수 있도록 고취시키는 역할을 한다(Bannick, 2011). 클라이언트야말로 문제를 해결할 방법을 찾을 수 있는 자기 삶의 전문가로 인정받는다.

다문화 사회복지실천의 과정에서도 사회복지사는 자신의 문화적 역량의 한계를 인식하고 클라이언트를 조력하는 입장에 서게 된다. 사회복지사는 다문화 사회복지실천에 소수집단에 속하는 클라이언트의 세계관을 포함시키는 것이 중요하다(최명민 외, 2015 재인용). 또한 상담 과정에서 사회복지사와 클라이언트와의 협력적 동반자 관계를 형성하는 것이 평가나 기법보다 더 중요하다고 여겨진다. 클라이언트 개인을 이해하고 바람직한 변화를 이루기 위해 이야기를 이해하고 언어 과정을 해체하는 것에 초점을 맞추기도 한다.

포스트모더니즘 및 사회구성주의를 기반으로 하는 다문화 사회복지실천에서 중요한 것은 단일성, 전체성, 통일성이 아니라 차이와 다양성이다(최명민 외, 2015). 따라서 차이와 다양성을 인정하고, 지금까지 우리 사회에 이어져 온 문화 간의 위계질서에 도전하며, 문화 간의 억압, 배제, 차별 혹은 그러한 요소들을 지니는 제도와 관습 등에 저항한다(김기덕, 2011; 최명민 외, 2015).

(2) 교차성 이론

프레이블(Frable, 1997)은 개인의 정체성이란 개인의 특정 사회적 범주체계들과의 심리적 관계라고 정의하면서, 사람들이 성별, 인종, 민족, 성적 지향, 사회적 계층 등 주요 사회적 범주체계와 관련하여 어떠한 방식으로 다양한 정체성을 형성하는지에 대하여 논하였다. 동시에, 각각의 사회적 범주체계와 관련한 정체성(예: 성정체성, 인종 정체성, 민족 정체성 등)을 논한 선행연구들이 파편화되어 있고 통합적이지 못함을 지적하였다. 예를 들어, 성 정체성 관련 연구들은 인종적·민족적 소수집단이나 사회경제적 취약계층을 포괄하지 못하였고, 인종적·민족적 정체성 관련 연구들은 흔히 성별이나 성적 지향을 간과하곤 하였다는 것이다. 성 정체성 연구들은 주로 빈곤층이 아닌 중산층 성적 소수자들만을 대상으로 수행되어 온 경향이 있어 왔다. 이러한 분석을 바탕으로 이중 혹은 다중 사회집단 소속에 대한 연구가 매우 부족함을 비판하였다.

모든 사람은 누구나 인종, 민족, 성별, 장애 여부, 성적 지향, 사회경제적 계층, 종교, 이민자 또는 난민 여부, 교육 정도, 그리고 기타 다양한 사회적 범주와 심리적인 관련성을 지닌다(Sue et al., 2016). 이와 더불어, 정치적 성향, 직업, 개인적·사회적 관계, 가족체계 내에서의 역할 등에 기반한 사회적 정체성 또한 존재한다(Deaux, 2001). 대부분의 사람은 다양한 사회적 범주체계 중 단일한 집단에만 소속되는 것이 아니라 다중적으로 소속되어 있다. 이러한 다양한 사회적 집단들은 우리 사회에서 종속적이거나 낙인적인 집단에 속하기도 하고, 경제적 주변화, 사회적 비가시성, 사회적 배제, 사회적·문화적·정치적 억압을 받는 집단에 속하기도 한다. 이러한 사회적 집단으로서의 정체성을 가진 개인은 사회적 위계질서 속에서 권력과 사회적 지위, 혜택 등을 박탈 당하게 되고, 이로 인해 심리적·사회적인 영향을 받을 수밖에 없다. 프레이블이 지적하였듯이, 기존의 선행연구들은 다양성을 논할 때 단일한 사회적 집단에의 소속에만 초점을 맞춰 왔으나, 사실 대부분의 사람은 수많은 사회적 세계에서 살고 있으며 다중적인 사회범주체계 속에 속해 있다. 여러 집단에 속해 있는 개인에게 있어 어떤 특정 집단에의 소속이 다른 범주체계보다 현저히 중요하게 받아들여질 수 있다. 또한 개인이 다양한 집단에 소속되어 있더라도, 개인에게 감정적으로 가장 중요하고 개인의 인생에 가장 큰 영향을 주는 단 하나의 범주체계가 개인의 정체성을 형성하는 데 기여할 수도 있다.

교차성 이론은 흑인 여성에 관한 여성주의 연구가 시초로서, 크렌쇼(Crenshaw)

가 1980년대 말 미국에서 흑인 여성들이 겪는 차별적 경험을 분석하면서 주장하였다. 그 당시 주류 여성주의 이념은 주로 백인 여성의 경험만을 반영하였고, 백인 여성이 백인 남성과 평등한 권력을 쟁취할 수 있도록 하는 데에만 집중을 한다는 비판이 흑인 여성들 사이에서 제기되었다. 성차별과 가부장제에 도전하여 여성의 권한을 강화하고자 하는 목적을 위하여 백인 여성과 흑인 여성이 함께 공유할 여지가 있음에도 불구하고, 그 당시 여성주의는 흑인 여성이 겪는 성차별주의와 계층 차별주의의 현실을 간과한 것이다. 흑인 여성은 여성임과 동시에 유색인종이었기에 성별과 인종이라는 이중 집단의 교차적인 영향을 받으므로 흑인 여성이 겪는 차별과 억압은 백인 여성의 차별 경험과는 다른 성격을 지닐 것이다. 이에 더하여, 만일 흑인 여성이 빈곤하기까지 하다면, 성별, 인종, 사회계층이라는 삼중 집단이 교차함으로 인한 위기를 겪게 될 것이다. 이처럼 여성과 남성 사이뿐만 아니라 여성 사이에서도 상대적인 종속-지배 관계가 발생할 수 있으며, 다양한 사회적 범주체계는 서로 복합적으로 교차하면서 작동한다는 것이 교차성 이론의 주장이다.

다문화 사회복지실천에 있어 교차성 이론은 매우 유용한 관점을 제공해 준다. 교차성 이론을 토대로 다문화 사회복지사는 클라이언트의 다양한 정체성을 인식하는 노력을 하여야 할 것이다. 만일 다양한 정체성을 간과하여 클라이언트를 협소한 시각으로 바라본다면, 클라이언트의 경험의 복잡성, 유동성 등을 제대로 이해하지 못할 가능성이 높다(Sue et al., 2016).

최근 2022년 미국 사회복지교육협의회(Council on Social Work Education: CSWE)가 제시한 교육정책 및 인가 기준 또한 다양성과 사회정의와 관련된 사회복지역량을 포함하고 있는데, 이는 사회복지사가 교차성 개념을 이해하는 것의 중요성을 보여 준다.

교차성 이론을 토대로 다양한 클라이언트들의 경험을 이해하는 데 있어서 가장 핵심적인 부분은 개인은 다양한 사회적 집단에 소속됨으로써 다양한 형태의 차별과 불이익에 노출된다는 것이다. 교차성 이론을 통하여 다문화 사회복지사는 정체성은 다차원적인 특성을 가지므로 개인의 사회적 정체성은 다중적이고 구조적·체계적인 불평등이 존재하는 사회정치체계 속에서 연동되고 내재되어 있음을 이

표 9-4 CSWE에서 제시한 사회복지사의 역량

역량 3: 실천에서 반인종차별주의, 다양성, 공정, 포용에 집중할 것

사회복지사는 인종차별주의와 억압이 인간의 경험을 어떻게 형성하는지, 이 두 개념이 실천 영역에서 개인, 가족, 집단, 조직, 지역사회, 정책과 연구 측면에서 어떤 영향을 주는지를 이해한다. 사회복지사는 다양성과 교차성(intersectionality)이 사람의 경험과 정체성 발달에 어떠한 영향을 주는지, 공정과 포용성에 어떠한 영향을 주는지를 이해해야 한다. 다양성의 차원은 나이, 계층, 피부색, 문화, 장애 여부, 민족, 성별, 성적 지향, 세대 지위, 이민자 지위, 법적 지위, 혼인 상태, 정치적 이념, 인종, 국적, 종교, 그 외 기타 다양한 요인의 교차성으로 이해되어야 한다. 사회복지사는 교차성이란 개인의 삶의 경험 속에 억압, 빈곤, 주변화, 소외, 그 뿐만 아니라 특혜와 권력 등이 포함될 수 있다는 것을 의미함을 이해해야 한다. 사회복지사는 또한 사회적 인종적 불의의 사회역사적 근원, 억압과 차별의 형태와 작동기제를 이해한다. 사회복지사는 문화적 겸손을 이해하고, 사회적 · 경제적 · 정치적 · 인종적 · 기술적 · 문화적 배제를 포함하는 문화의 구조와 가치가 권력과 특혜를 형성할 수 있고 그것은 제도적 억압을 초래함을 인식하여야 한다.

출처: Council on Social Work Education (2022).

해할 수 있을 것이다. 이 개념은 다양한 클라이언트가 자기 자신을 어떻게 바라보는지, 타인에 의해 어떠한 영향을 받는지를 이해하는 데 도움이 될 수 있다. 클라이언트 개인의 다양하고 복잡한 정체성이 어떻게 교차하고 또 서로를 강화하는지를 관찰할 수 있을 것이며, 그러한 정체성이 개인의 독특한 경험에 어떤 영향을 미치는지도 이해할 수 있을 것이다. 교차성 개념이 다문화 사회복지실천에서 가치가 있는 또 다른 중요한 이유는, 교차성 개념이 클라이언트 개인 수준에서뿐만 아니라 거시적인 사회적 수준에서도 논해질 수 있는 강력한 이론이라는 점이다. 교차성 개념을 통해 억압과 차별을 일차원적으로 접근하는 것을 방지하고 억압과 차별을 만들어 내는 사회적 · 경제적 · 정치적 요인을 파악하여 사회정의와 사회변화를 증진하는 데 기여를 할 수 있을 것이다(Symington, 2004).

3. 효과적인 다문화 사회복지실천의 장벽

일반적으로 사회복지실천은 사회문화적 준거 틀의 영향을 받는다(Sue et al., 2016, p. 203). 서구 사회, 가령 미국에서의 사회복지실천 과정에는 백인 유럽계 미국의 문화적 가치가 반영이 된다. 우리가 사회복지실천을 위해 세우는 실천의 목표, 개입의 기법, 클라이언트의 적응적·부적응적 문제의 정의 등은 모두 이론가가 만든 이론들(예, 정신분석 이론, 인간중심 이론, 행동이론, 인지이론 등)을 기반으로 하는데, 이러한 다양한 이론들은 주로 백인 이론가들이 발전시켜 왔고, 이 이론들의 주요 신념과 가치에는 대부분 서구 사회 백인 문화의 요소들이 반영되어 있다. 그 이론들을 활용하여 수행되는 사회복지실천에는 자연스럽게 백인 유럽계 미국의 문화적 가치가 반영되기 마련이고, 이는 사회복지서비스의 과정에 실질적인 영향을 미치게 된다.

서구 이론을 기반으로 하는 일반적인 사회복지실천의 주요 특징은 다음과 같다. 전통적으로 사회복지실천과 상담은 일대일 개인 상담으로 이루어져 왔으며, 개방성과 친밀감을 중시하여 클라이언트가 자신의 내적인 측면을 사회복지사에게 이야기하는 방식으로 진행된다. 상담의 목표를 설정하는 데 있어 장기적인 목표를 세워 오랜 기간에 걸쳐 일정 시간에 지속적으로 상담을 진행하는 경향이 있다. 상담 시에는 클라이언트가 사회복지사에게 언어를 통해, 특히 표준 영어를 사용하여 적극적인 의사소통을 하기를 기대한다. 대부분의 서구 이론들과 실천은 그 사회의 중류층을 중심으로 개발되고 수행되어 왔다는 특징을 지니므로 클라이언트가 기본적으로 자신의 내적 측면을 탐색하고 표현할 수 있는 통찰력을 갖고 있기를 기대하는 경향이 있다. 또한 문제의 원인을 탐색하여 그 원인을 제거함으로써 문제를 해결하려는 원인-결과의 선형적인 관계를 지향한다.

전통적인 주류 이론을 기반으로 하는 사회복지실천은 과연 다양한 문화적 배경을 지닌 클라이언트에게도 효과가 있을까? 다문화사회에서 사회복지사는 다양한 문화적 배경을 지닌 클라이언트를 대상으로 서비스를 전달하고 개인 상담 등을 수행한다. 이 과정에서 다양한 다문화적 이슈들을 경험하게 된다. 다문화적 사회복지실천을 효과적으로 수행하기 위해서는 많은 도전이 있기 마련인데, Sue 등(2016)은 일반적인 사회복지실천 및 상담의 일반적 특징을 ① 문화 연계 가치(culture-bound values), ② 계층 연계 가치(class-bound values), ③ 언어장벽(language barriers)의 세 가지 범주로 나누어 설명하고, 이러한 특징들이 효과적인 다문화적 사회복지실천에 어떻게 잠재적인 장벽으로 작동하는지를 설명하였다. 효과적인 다문화적 사회복지실천에 영향을 주는 세 가지 주요한 잠재적 장벽을 살펴보면 다음과 같다.

1) 문화 연계 가치

(1) 주류문화 동화 강조

앞에서 언급하였듯이, 사회복지실천 및 상담에서 활용되는 주류 전통이론들은 그 시대, 그 사회의 준거 틀의 영향을 받는다. 그러다 보니 자칫 클라이언트에게 서구 사회적 가치가 담긴 실천을 강요하게 되고, 사회복지실천은 그 사회의 주류 문화와 권력을 대변하여 사회에서 서구 사회적 가치를 전승하는 도구로 전락해 버릴 수 있다. 다문화 사회복지실천에서 다양한 문화적 배경을 지닌 클라이언트는 주류 문화와 소수집단 문화를 동시에 경험하는 이중문화적 지위에 놓여 있는 경우가 많다. 그러나 전통적인 상담이론들은 대체로 클라이언트가 주류문화에 동화하는 것을 바람직한 목표로 삼으며, 주류문화와 다른 인종적·문화적 소수집단의 문화의 특징들은 역기능적이라고 보는 경향이 있다. 소수집단 클라이언트의 이중문화적 지위는 존중하지 않으며, 오히려 극복해야 하는 장애물이 되어 버리는 것이다.

(2) 개인주의 강조

사회복지실천의 기반이 되는 서구 이론들 대부분은 개인 중심적인 가치를 지향한다. 서구 사회의 기초적인 가치는 개인주의라고 볼 수 있다. 많은 심리상담 이론은 개인의 분리와 개별화, 자율성의 획득, 스스로 할 수 있는 능력을 키우는 것 등을 정상적인 발달이자 바람직한 목표로 본다(Walsh, 2013). 그러나 모든 문화가 개인주의를 긍정적으로 보는 것은 아니며, 개인보다도 가족이나 집단을, 개인의 개별성보다도 대인관계의 조화 등을 더 중시하는 문화도 존재한다. 아시아나 라틴 아메리카 문화에서는 가족주의와 집단주의를 중시하며, 아프리카식 세계관 또한 집단성을 중시한다(Sue et al., 2010).

(3) 언어, 감정, 행동의 표현 중시

일반적인 사회복지실천에서는 클라이언트가 자신의 감정, 생각, 행동, 문제 등을 언어적으로 명확하게 표현하기를 기대한다. 임상실천 또는 상담은 종종 대화치료로 이루어지는데, 클라이언트가 적극적이고 개방적인 자세로 자신의 감정을 언어로 표현하고 행동을 나타내는 것을 선호한다. 사회복지실천에서의 이러한 경향은 소수민족 클라이언트에게 적절하지 않을 수 있다. 서구 문화 중심의 실천에서는 감정 표현을 바람직하게 보지만, 오히려 감정의 절제와 억제를 바람직하게 보는 소수집단도 많기 때문이다. 가령, 전통적인 동양 문화에서는 침묵을 긍정적으로 보거나, 감정을 적절히 통제하는 것을 성숙하고 지혜로운 특성으로 보기도 한다. 사회복지사가 다문화적인 지식이 충분하지 않을 경우, 감정 표현이 적은 클라이언트를 부정적으로 평가하는 오류를 범할 수 있다. 다문화 사회복지실천에서 클라이언트의 문화적 특수성을 이해하고, 사회복지사 자신의 문화적 가치를 클라이언트에게 강요하지 않는 것은 매우 중요하다.

(4) 통찰 중시

많은 상담 이론이 클라이언트가 통찰을 얻는 것을 매우 중요한 부분으로 간주한다. 예를 들어, 정신분석이론은 클라이언트가 무의식적 과정을 탐색함으로써 억압된 내용들을 인식하고 통찰력을 얻는 것을 분석적 성장 과정의 기초라고 본다(Corey, 2016). 인지 이론 또한 클라이언트가 자신의 비합리적 신념, 인지적 왜곡을 깨달아 그것의 수정을 통해 행동과 정서를 변화시키고자 한다(Walsh, 2011). 일반적으로 서구의 관념에 따르면, 문제를 해결하기 위해서는 통찰을 통해 그 문제를 완전히 탐구하고 드러내고 밝혀야 한다고 본다. 즉, 통찰을 통해 문제의 모든 원인과 역학관계를 이해해야 변화를 일으킬 수 있다고 보는 것이다. 그러나 자기 내면의 통찰이 누구에게나 절대적으로 중요하게 여겨질지 고려해 볼 필요가 있다. 당장 생존적 문제에 당면했거나 위기에 처한 클라이언트에게 통찰적 과정을 사용하는 것은 부적절할 것이다. 다문화 사회복지실천에서의 클라이언트는 이민자, 난민, 불법체류자 등 불안정한 지위에 처해 있거나, 생계 유지 및 가족 부양 등의 부담을 겪는 경우가 많다. 이러한 절박하고 긴급한 위기에 처한 클라이언트에게 오랜 기간에 걸쳐 통찰하고 심사숙고하는 상담의 과정은 적절하지도 효과적이지도 않을 것이다.

(5) 개방성과 친밀성 중시

대부분의 사회복지실천과 상담에서 클라이언트의 자기 개방을 바람직한 특성으로 여긴다. 클라이언트 자신의 깊은 내적 측면을 사회복지사에게 개방하고 친밀성을 유지하는 것이 건강한 성격의 특징이라고 보는 것이다. 그러나 친밀하지 않은 타인에게 사적인 부분을 드러내는 것을 바람직하지 않게 보는 문화를 가진 집단이 있을 수 있고, 가족 등 소속 집단에 영향을 미치는 것을 꺼려서 자기 개방을 하지 않는 클라이언트도 있을 수 있다. 이렇듯 문화적으로 개방성과 친밀성 정도에 차이가 있을 수 있음을 사회복지사는 고려하여야 하고, 클라이언트에게 자신의 생각, 느낌, 신념을 개방할 것을 강요해서는 안될 것이다.

(6) 과학적 경험주의

역사적으로 서구 이론들은 객관적 · 합리적 사고, 원인−결과의 선형적 사고를 중요시해 왔다. 20세기 전반부터 사회과학 분야에서 두드려졌던 행동주의는 과학 분야의 논리적인 경험주의의 발전과 밀접하게 연관되어 있었다(Walsh, 2011). 즉, 지식이 주장되기 위해서는 검증과 시험을 견뎌야 한다는 것이다. 이 영향으로 사회복지사들 또한 증거기반 실천을 추구하도록 교육받아 왔으며, 심리진단평가와 같은 양적 평가 방법을 활용하여 클라이언트 문제의 원인을 탐색하고 문제해결 방법을 모색하는 방식을 추구해 왔다. 그러나 다문화 사회복지실천에서는 과학적 경험주의뿐만 아니라 직관적이고 전체적인 접근 또한 중요하게 고려된다. 모든 인간사가 명확한 인과관계로 일반화되기 어려운 경우가 많고, 문화에 따라 전체론적·조화론적 접근을 중요시하는 문화도 존재하기 때문이다.

2) 계층 연계 가치

다문화 사회복지실천을 수행하는 데 있어 계층 연계 가치를 인식하는 것 또한 매우 중요하다. 다양한 문화적 배경을 가진 소수집단 클라이언트는 사회적 계층이나 경제적 지위 측면에서 미국 사회 주류 백인 유럽계 인구보다 불리한 경우가 많다. 이 소수집단은 주류 사회에서 평균적으로 낮은 사회경제적 계층을 대표하는 경향이 있으므로 계층 연계 가치는 중요하게 고려해야 한다.

코로나19의 확산으로 인한 미국 내 인종별 사망률을 비교하는 연구들에서는 공통적으로 흑인의 사망률이 다른 인종들, 특히 백인의 사망률보다 훨씬 높다는 결과들을 보여 주고 있다. 이러한 연구들은 인종과 사회경제적 지위 등의 요인들의 교차성의 영향을 극명하게 보여 준다(Khanijahani & Tomassoni, 2022). 미국 내의 거주 지역들은 사회계층 또는 사회경제적 지위를 기준으로 구분되는 경향이 강한데, 결과적으로 많은 거주지역이 인종적으로 고립되어 특정 지역에 유색인종 인구와 빈곤층이 밀집되는 현상이 발생한다. 즉, 흑인 밀집 지역은 빈곤율이 높은 지역이기도 하므로 분단노동시장(segmented labor market) 현상으로 인해 지역 내에서 좋은 일거리를 찾기란 매우 어려우며, 일거리를 구하더라도 위험하고 불법적인 일들에 관여될 위험성이 높아진다. 이러한 현상들은 한편으로는 흑인 밀집 지역에 대한 대중의 부정적인 편견과 선입견을 더욱 강화하고, 다른 한편으로는 흑인 밀집 지역에 대한 차별적 정책과 제도 및 실천에 대한 비판을 눈감아 버리는 상황을 초래하게 된다. 앞서 교차성 이론에서 이미 설명하였듯이, 계층, 인종, 민족 등의 다양한 요소들은 서로 교차성을 가지며, 계층의 인종화, 즉 계층 차별과 억압이 인종으로 인해 가려지는 현상이 발생하고, 종국에는 계층 차별과 억압이 영속적으로 지속되는 결과로 이어지게 된다.

일반적인 서구 관점의 상담이론들이 강조하는 가치들, 가령 클라이언트의 자발성, 클라이언트와 사회복지사의 활발한 언어 상호작용을 통한 자기 통찰 등의 개념과 가치들은 중산층의 가치를 반영하고 있다고 볼 수 있다. 이러한 가치는 빈곤층의 가치와 일치하지 않는 경향이 있다. 문화적 소수집단은 주류 사회에서 사회경제적 지위가 낮은 집단에 속하는 경우가 많다. 그들에게는 자기 성찰보다는 저임금, 실직, 경제적 어려움, 음식 부족, 의료적 치료 부족 등의 기본적 욕구문제를 즉각적으로 충족하는 것이 훨씬 중요할 수 있다. 이러한 열악한 환경은 클라이언트의 정신건강에도 영향을 미칠 가능성이 높다. 사회복지사는 계층 연계 가치를 염두에 두고, 클라이언트의 정서적 문제가 열악한 생활환경의 결과일 수도 있음을 인식하여야 할 것이다.

3) 언어장벽

서구 사회에서 사용되는 언어는 표준 영어이며, 그 외의 언어를 사용하는 것에 차별적인 경향이 있다. 이중언어를 사용하는 소수집단에게 영어는 모국어가 아니기에 상담 과정에서 언어장벽으로 인한 오해가 생길 수 있다. 이중언어적 배경을 지닌 클라이언트는 자신의 생각, 감정, 상황에 대해 영어로 상세히 묘사하는 데 어려움이 있을 수 있으므로 다문화 사회복지실천에서 이러한 언어장벽은 매우 중요하게 다루어질 필요가 있다. 단일언어적인 문화는 이중언어뿐만 아니라 흑인영어, 액센트가 강한 영어 등을 사용하는 클라이언트를 긍정적으로 보지 않는 경향이 있다. 일반 사회복지실천과 상담에서 사회복지사는 클라이언트와의 라포 형성을 위해 언어적 상호작용을 중요시한다. 기본적으로 언어적 상호작용이 충분히 잘 일어날 수 있는 교양 있고 능력 있는 클라이언트를 가정하고 있는 것이다. 그러나 다문화 사회복지실천 영역에서 사회복지사는 이중언어를 사용하는 소수민족 클라이언트, 교육 수준과 경제적 지위가 낮아 언어적 기술이 부족한 클라이언트, 흑인 영어를 구사하는 흑인 클라이언트 등 다양한 클라이언트와 만나게 된다. 다양한 클라이언트를 위한 다문화 사회복지실천에서 단일언어적인 일반 상담의 가정과 가치는 결코 도움이 되지 않으며, 매우 편협할 수 있음을 인식하여야 한다.

역사적으로 서구 중심적인 심리상담 이론들은 사회복지실천 영역에 지대한 영향을 끼쳐 왔다. 백인 남성들에 의해 주로 개발되고 발전되어 온 주류 심리상담 이론들은 개인 중심적이고, 개인의 개별성과 자율성을 중시하며, 적극적인 언어적 표현을 통해 클라이언트의 생각과 느낌을 표현하는 것을 선호하며, 클라이언트가 내적 통찰을 할 수 있는 능력을 어느 정도 기대한다는 특징을 지닌다. 이러한 일반적인 실천과 상담의 특징이 다문화 사회복지실천에서는 잠재적인 장애물이 될 수 있다. 소수집단이 중요시하는 가치와 서구 중심적인 상담 이론의 가치가 불일치하는 경우가 많음에도 불구하고 일반적 상담 이론을 소수집단 클라이언트에게 적용한다면 효과적인 다문화 사회복지실천에 방해가 될 수밖에 없을 것이다. 다양한 문화적 배경을 지닌 클라이언트를 대상으로 서비스를 제공하는 사회복지사는 문화 연계 가치, 계층 연계 가치, 언어장벽 등의 측면에서 클라이언트가 속한 집단을 파악할 것이 요구된다.

다문화 사회복지실천을 수행하는 사회복지사는 유럽계 백인의 문화 가치가 반영된 상담과 실천의 일반적 특징을 이해함과 동시에 다양한 소수집단의 특수한 문화적 가치 또한 이해하는 것이 중요하다. 그러나 자칫 소수집단의 문화적 특수성을 이해하는 것이 과잉일반화 또는 고정관념으로 연결될 위험이 있다는 점 또한 인식하고 주의하여야 할 것이다. 다양한 소수집단의 특징에 대한 지식을 갖추는 것은 중요하지만 그것이 절대적 특성이 될 수는 없다. 수(2010)가 제시한 다문화 사회복지실천의 정의에서 언급되었듯이, 정체성에는 개인적 · 집단적 · 보편적 차원이 공존한다. 같은 소수집단에 속하는 구성원들이 공유하는 특성이 있지만, 같은 집단에 속한다고 하여 그 구성원 모두가 같은 특징을 갖는 것은 아니며, 개별적 독특성을 지닐 수 있는 것이다. 따라서 특정 소수집단의 일반화된 지식이 어느 정도 수준에서 필요하지만, 그 일반화된 지식은 새로운 상황에서 얼마든지 반박되고 변화될 수 있는 개방성을 지녀야 한다. 문화적 특수성을 이해하는 것은 그 특정 집단에 속하는 클라이언트를 이해하는 데에 큰 도움이 된다. 문화적 특수성과 개별적 독특성의 균형 잡힌 이해야말로 다문화 사회복지실천에 필수적인 문화적 역량일 것이다.

🔖 참고문헌

김기덕(2011). 문화적 역량 비판 담론에 관한 사회철학적 분석. 한국사회복지학, 63(3), 239-260.

성정현, 김혜미, 김희주, 박동성, 이창호, 홍석준(2020). **사회복지와 문화다양성**. 공동체.

신경아(2017). 비정규직 여성노동자의 교차적 차별 경험에 관한 연구. 한국여성학, 33(4), 77-118.

우수명, 주경희, 김희주(2021). **사회복지와 문화다양성(2판)**. 양서원.

최명민, 이기영, 김정진, 최현미(2015). **다문화사회복지론**. 학지사.

최종혁(2004). 사회복지실천에 있어서 사회구성주의 접근법 연구: 아동학대 예방 프로그램을 중심으로. 강남대학교 논문집, 44, 1-34.

Bannink, F. P. (2007). Solution-Focused brief therapy. *Journal of Contemporary Psychotherapy 37*, 87-94.

Corey, G. (2016). *Theory and practice of counseling and psychotherapy* (10th Ed.). Cengage Learning.

Corey, G. (2017). *Theory and practice of counseling and psychotherapy*. 천성문, 권선중, 김인규, 김장회, 김창대, 신성만, 이동훈, 허재홍 공역. **심리상담과 치료의 이론과 실제**. 학지사.

Crenshaw, K. (1989). Demarginalizing the intersection of race and sex: A black feminist critique of anti discrimination doctrine, feminist theory and antiracist politics. *University of Chicago Legal Forum, 140*(1), 139-167.

Crenshaw, K. (1991). Mapping the margins: Intersectionality, identity politics, and violence against women of color. *Stanford Law Review, 43*(6), 1241-1299.

Council on Social Work Education(2022). *2022 Educational policy and accreditation standards for baccalaureate and master's social work programs(EPAS)*.

Deaux, K., & Philogène, G. (Eds.). (2001). *Representations of the Social: Bridging theoretical traditions*. Blackwell Publishing.

Frable, D. E. S. (1997). Gender, racial, ethnic, sexual, and class identities. *Annual Review of Psychology, 48*, 139-162.

Khanijahani, A., & Tomassoni, L. (2022). Socioeconomic and racial segregation and

COVID-19: Concentrated disadvantage and black concentration in association with COVID-19 deaths in the USA. *Journal of Racial and Ethnic Health Disparities, 9*(1), 367–375.

National Association of Social Workers(NASW)(2021). *NASW Code of Ethics of the National Association of Social Workers.* https://www.socialworkers.org/About/Ethics/Code-of-Ethics/Code-of-Ethics-English

Sue, D. W. (2010). *Multicultural social work practice.* 이은주 역. **다문화 사회복지실천.** 학지사. (원저는 2006년에 출판).

Sue, D. W., Rasheed, M. N., & Rasheed, J. M. (2016). *Multicultural social work practice* (2nd ed.). John Wiley & Sons, Inc.

Symington, A. (2004). Intersectionality: A tool for gender and economic justice. *Women's Rights and Economic Change, 9,* 1–8.

Walsh, J. (2013). *Theories for direct social work practice* (3rd ed.). Cengage Learning.

제**10**장

문화적 역량

　최근 20여 년간 우리 사회는 결혼이민자, 외국인노동자, 북한이탈주민 등 외국인의 유입 증가로 인종, 민족, 국적, 종교 등 여러 측면에서 다양성이 증대하여 왔다. 다문화사회로 향해 가고 있는 시점에 사회복지실천 현장에서 문화적 역량의 중요성은 더욱 강조될 수밖에 없다. 이에 따라 사회복지사와 사회복지조직에게는 문화적 역량을 증진하기 위한 적극적인 노력이 요구된다. 그러나 사회복지실천 현장에서의 문화적 역량에 대한 인식과 수준은 우리 사회의 다문화 속도를 따라가지 못하고 있는 것이 현실이다(최혜지, 2013). 이 장에서는 다문화사회로 전환되어 가고 있는 이 시대에 사회복지실천 현장에서 핵심 능력으로 강조되는 문화적 역량에 대해 알아본다. 또한 문화적 역량의 개념과 정의를 다차원적인 차원에서 알아보고, 사회복지사 개인뿐만 아니라 조직의 문화적 역량이 발달하는 단계 및 과정, 사회복지사로서 문화적 역량을 기르기 위한 전략과 목표에 대하여 살펴본다.

1. 문화적 역량의 개념과 정의

사회복지사는 사회복지실천 현장에서 인종, 민족, 성별, 나이, 계층, 장애 여부, 국적 등이 다른 다양한 문화적 배경의 클라이언트들을 만난다. 이때 사회복지사는 흔히 문화적 다양성을 이해하고 인정하도록 요구받는다. 문화적 역량(cultural competence)은 다양한 문화적 배경의 클라이언트에게 효과적인 서비스를 제공하기 위해 사회복지사가 갖추어야 하는 필수적인 요소로 인식되고 있다.

"문화적 역량이란 무엇인가?"라는 질문에 문화적 역량을 단일한 개념으로 정의 내리기는 쉽지 않다. 문화적 역량은 사회복지, 심리, 상담, 교육, 의료 등 다양한 학문 분야에서 여러 학자들에 의해 논의되어 왔으며, 학자에 따라 그리고 학문 분야에 따라 문화적 역량이 조금씩 다르게 정의되어 왔다. 미국 사회복지교육협의회(Council on Social Work Education: CSWE, 2015)는 사회복지 학사와 석사 과정을 통해 개발해야 하는 사회복지 역량의 하나로 '다양성과 차이에 대해 개입할 수 있는 역량'을 제시하고 있다. OECD(2003)에서는 문화적 역량을 다양한 문화적 배경을 가진 사람들과 효과적으로 상호작용할 수 있는 능력이라고 보면서, 급변하는 현대 사회 환경에 적극적으로 대처하기 위해 필요한 핵심 역량들 중 하나로 포함시키고 있다.

수(Sue, 2010)는 문화적 역량을 내담자와 내담자의 체계의 발달을 최대화할 수 있는 조건을 만드는 능력이라고 정의하였다. 문화적 역량을 갖춘 사회복지실천이란 다원주의적 · 민주적 사회에서 효과적으로 기능하는 데에 필요한 인식, 지식, 기술 등을 습득하여 다양한 배경의 클라이언트를 위해 소통하고 개입하는 능력을 포함하며, 뿐만 아니라 모든 집단에 좀 더 반응적인 새로운 이론, 실천, 정책, 기관조직 등의 발전을 위한 옹호 활동까지 포함한다고 보았다.

데이비스와 도널드(Davis & Donald, 1997)는 문화적 역량을 조작적으로 정의하였는데, 개인과 집단에 대한 지식을 적절한 문화적 환경에서 사용되는 구체적인 기준, 정책, 실천, 태도로 바꾸고 통합시켜 서비스의 질을 향상시키고 좋은 결과를 내

1. 문화적 역량의 개념과 정의

는 것이라고 하였다. 갈레고스(Gallegos, 1982)는 민족적 역량(ethnic competence)이라는 개념을 최초로 개념화하였는데, 소수집단 클라이언트의 문제에 대해 문화적으로 적절한 통찰력을 얻고, 그 통찰력을 통해 클라이언트에게 문화적으로 적절한 개입 전략을 개발하는 일련의 과정과 활동을 민족적 역량이라고 정의하였다.

학자들은 조직적인 관점에서 문화적 역량을 논의하면서 문화적으로 역량 있는 조직 및 체계의 필수 요소를 제안하기도 하였다. 문화적으로 역량이 있는 체계는 ① 다양성을 중시하고, ② 문화적으로 자기평가를 하는 능력이 있으며, ③ 문화들이 상호작용할 때의 역동을 알아차려야 하고, ④ 문화적 지식을 제도화하며, ⑤ 문화 내, 문화 간 다양성의 이해를 반영하는 프로그램과 서비스를 개발한다(Cross, Bazron, Dennis, & Isaac, 1989). 이 요소들은 서비스 전달체계의 모든 단계에 명확히 드러나야 하며, 정책과 서비스, 태도, 구조에도 반영이 되어야 한다.

오랜 기간 동안 문화적 역량은 소수집단을 위한 실천에서 매우 가치 있고 중요한 전략으로 여겨져 왔으나, 일부 학자들은 문화적 역량을 비판적으로 평가하기도 한다. 문화적 역량을 비판하는 학자들에 따르면, 문화적 역량은 민족적·문화적 집단 정체성을 측정하는 데 '문화'를 이용함으로써 문화를 소수민족과 소수인종 집단의 개인적 특성처럼 보이게 한다는 것이다. 이에 따라 특정 문화에 속한 사람들에 대한 선입견과 고정관념을 오히려 강화하는 결과가 초래되고, 정체성의 교차성(intersectionality)[1]은 간과된다(Abe, 2020). 문화적 역량에 대한 또 다른 비판은 다양한 문화를 이해함에 있어서 문화적 역량이 '아는 것'과 '유능함'을 너무 강조한다는 것이다. 또한 문화적 역량은 구조적 불평등이나 권력 관계를 간과하는 경향이 있어 변혁적인 사회정의 어젠다가 부족하다는 비판을 받기도 한다.

이후 문화적 역량에 대한 비판의 대안으로 문화적 겸손이라는 개념이 등장하였다. 일부 학자들에 따르면, 문화적 역량을 갖춘 사회복지사는 클라이언트 집단에 대한 사회복지사 자신의 권력적 지위를 알고 문화적 겸손을 실천하여야 한다(Tervalon & Murray-Garcia, 1998). 문화적 겸손은 일생에 걸친 자기평가와 자기비판

---

1) 교차성(intersectionality) 이론에 대한 설명은 '제9장 다문화 사회복지실천'을 참조하길 바란다.

노력이며, 사회복지사와 클라이언트 간 관계의 권력 불균형을 바로잡고 상호 이익이 되고 가부장적이지 않은 동맹 관계를 발전시키기 위한 노력으로 정의된다(Abe, 2020). 문화적 겸손과 문화적 역량은 '문화'의 중요성을 인식한다는 점에서 공통점이 있지만, 문화적 겸손은 문화적 역량의 '과정 모델'로 평가되며, 문화적 겸손이 억압, 특권, 사회정의 등의 문제를 더욱 강조한다는 점에서 문화적 역량과 차별성을 지닌다.

사회복지실천에서의 문화적 역량과 문화적 겸손은 문화적 배경이 다양한 인구가 그들의 독특성을 어떻게 경험하며 거시적인 사회적 맥락 속에서 다름과 유사함에 어떻게 대응하는지에 대한 높은 의식을 의미한다. 동시에 사회복지사는 교차성의 개념을 이해하여, 인종과 민족, 이민자와 난민 지위, 종교 등의 다양성 요소들을 통해 억압, 차별, 지배 등의 형태를 파악할 수 있어야 할 것이다.

이러한 다양한 문화적 역량에 관한 논의들을 종합하여 미국 사회복지사협회(National Association of Social Workers: NASW)는 문화적 역량을 〈표 10-1〉과 같이 정의하고 있다.

표 10-1 NASW의 문화적 역량의 정의

> 문화적 역량이란 개인과 체계가 개인, 가족, 지역사회의 가치를 인정하고 지지하고 중시하며 존엄성을 보호하는 태도로 모든 문화, 언어, 계층, 인종, 민족적 배경, 종교, 그 외에 다른 다양성 요소를 지닌 사람들에게 정중하고 효과적으로 반응하는 과정이다.

출처: National Association of Social Workers (2015), p. 13 재인용.

또한 NASW(2021) 윤리강령에서는 문화적 역량에 관하여 〈표 10-2〉와 같은 윤리적 원칙을 규정하고 있다.

표 10-2 NASW 윤리강령에 명시된 문화적 역량

1.05 문화적 역량

(a) 사회복지사는 인간의 행동과 사회 안에서 문화 및 문화의 기능을 이해하며, 모든 문화에 존재하는 강점을 인식해야 한다.

(b) 사회복지사는 다양한 문화적 배경의 클라이언트를 위한 실천에 관한 지식을 갖춰야 하고, 소외받는 개인과 집단의 역량을 강화시킬 수 있는 문화적으로 민감한 서비스를 제공하는 기술을 갖춰야 한다. 사회복지사는 억압, 인종차별주의, 차별, 불공정에 반하여 행동해야 하며 특권에 대해 인식해야 한다.

(c) 사회복지사는 비판적인 자기성찰(자기 자신의 편견을 이해하고 자기 교정을 하는)을 통해 문화적 겸손과 인식을 갖추어야 한다.

(d) 사회복지사는 인종, 민족, 국적, 피부색, 성별, 성적 지향, 나이, 혼인 상태, 정치적 신념, 종교, 이민 지위, 정신적 또는 신체적 능력에 관한 사회적 다양성과 억압의 본질에 대한 교육을 받고 그것을 이해하도록 노력하여야 한다.

(e) 전자 장비를 이용한 사회복지 서비스를 제공하는 사회복지사는 클라이언트들이 전자기술을 사용하고 접근하는 데 있어 문화적 · 사회경제적 차이가 있음을 알아야 하고 그러한 잠재적 장벽을 예방하고자 해야 한다. 사회복지사는 문화적, 환경적, 경제적, 정신적 또는 신체적 능력, 언어적 능력, 기타 서비스 이용과 전달에 영향을 미치는 사안들을 평가해야 한다.

출처: National Association of Social Workers (2021).

미국 사회복지사협회 윤리강령 원칙에 따르면, 문화적 역량은 문화가 인간과 사회에 미치는 기능을 알고 모든 문화의 강점을 인식하는 것, 클라이언트의 다양한 문화에 관한 지식을 갖추어 문화적으로 민감한 서비스를 제공하는 기술을 갖추는 것, 억압과 차별 등에 반대하여 행동하는 것, 자기 자신의 문화적 한계를 인식하고 문화적 겸손을 갖추는 것, 다양성과 억압의 본질에 관하여 이해하는 것, 전자 장비를 활용한 서비스에서 클라이언트의 능력과 접근성에 차이가 있음을 인식하는 것 등을 포함한다. 2021년에 개정된 윤리강령에는 몇 가지 특징이 있다. 첫째, 자기성찰을 통한 문화적 겸손의 중요성을 포함시켰다. 둘째, 클라이언트의 문화적 · 사회경제적 지위에 따라 전자 기술 능력과 접근성이 다를 수 있음을 인식해야 한다는 내용이 새롭게 추가되었다. 2021년 개정안에는 코로나19를 비롯한 다양한 사회적

재난환경 속에서 전통적인 취약계층이 확대·재생산되고 있을 뿐만 아니라 새로운 형태의 취약계층이 생겨나고 있는 현실이 반영되었으며, 사회복지사는 새롭게 생겨나는 잠재적 불평등을 예방하는 노력을 하여야 함을 강조하고 있다.

문화적 역량을 갖춘 사회복지사는 다양한 문화적 배경을 가진 클라이언트를 위해 보다 효과적으로 적절한 서비스를 제공할 수 있을 것이다. 문화적 역량을 갖추어 가고 있는 사회복지사가 그렇지 않은 사회복지사보다 더 효과적인 서비스를 제공할 수 있을 것이라는 점에는 누구나 동의할 것이다. 하지만 문화적 역량을 완벽히 갖추는 것이 과연 가능할까? 사실상 우리 사회의 모든 다양한 집단에 대해 완벽한 이해와 전문성을 갖추는 것은 불가능할 것이다. 즉, 문화적 역량을 완벽하게 갖춘다는 것은 사실상 불가능하다. 우리 사회에는 수많은 다양함이 존재하기에, 사회복지사가 클라이언트의 성별, 인종, 민족, 사회경제적 지위, 성적 지향, 장애 여부 등 수많은 다양성을 모두 전문적으로 고려하는 것은 분명 사회복지사에게 큰 도전일 것이다. 세상의 모든 다양한 집단에 대해 완벽한 지식을 갖춘다는 것은 불가능에 가까운 일이므로 완성된 문화적 역량이라는 개념은 존재하지 않는다고 보는 것이 더 적확할 것이다. 다시 말해, 문화적 역량은 어떤 완성된 최종 상태를 설명하는 정태적인 개념이 아니다(최명민 외, 2015: 373). 문화적 역량은 완성형이 아니라 과정형에 가깝다고 볼 수 있다. 다문화사회에서 다양한 클라이언트들과 새로운 상황을 늘 접하는 사회복지사에게 있어 문화적 역량은 필수적으로 갖추어야 할 역량이지만, 문화적 역량을 갖추는 것은 최종 목표라기보다는 클라이언트의 문화적 특수성에 적절한 효과적인 서비스를 제공하기 위해 노력하는 지속적인 과정이라고 보아야 할 것이다. 사회복지사에게 있어 문화적 역량을 갖추는 것은 일생이 걸린 끝없는 여정인 것이다(Sue, 2010, p. 54).

2. 문화적 역량의 다차원적 모델

수(2010)는 문화적 역량은 다차원적인 개념이라고 주장하면서 문화적 역량의 다차원적 모델(Multidimensional model of Cultural Competence: MDCC)을 제시하였다. 그는 효과적인 다문화 서비스 전달과 관련된 세 가지 주요 차원을 통합시켰는데, ① 나이, 인종, 성별, 성적 지향, 종교, 장애 등의 집단과 연관된 집단 특수적 세계관(group-specific worldview), ② 문화적 역량의 구성요소(components of cultural competence), ③ 문화적 역량의 관점 및 초점(foci of cultural competence) 등이다.

1) 차원 1: 집단 특수적 세계관(인종, 성적 지향, 성별, 종교 등)

문화적 역량을 정의하기 위한 첫 번째 차원은 인종, 민족, 성적 지향, 성별, 나이, 신체적 능력 그 외의 다른 중요한 준거집단과 관련된 차이로부터 집단 특수적 세계관의 차이가 발생함을 나타낸다. 수(2010)가 제시한 [그림 10-1]과 [그림 10-2]에서는 준거집단 범주를 다섯 개의 예(종교, 장애, 성적 지향, 성, 인종)로 나누었다. 이 차원은 인종 및 민족과 관련한 준거집단 혹은 이 다섯 개의 준거집단 범주의 예로

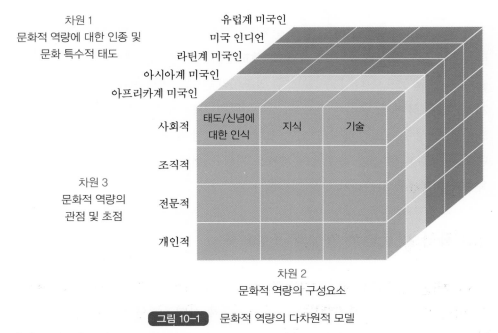

그림 10-1 문화적 역량의 다차원적 모델

출처: Sue (2006/2010).

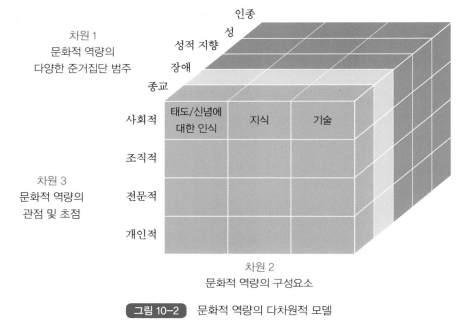

그림 10-2 문화적 역량의 다차원적 모델

출처: Sue (2006/2010).

국한되는 것이 아니라 훨씬 다양한 준거집단으로 넓혀질 수 있다. 예를 들어, 장애라는 기준에서는 장애 유무로 나뉘고, 종교라는 기준에서는 개신교, 가톨릭교, 이슬람교, 불교 등으로 나뉠 수 있으며, 인종이라는 기준에서는 아시아계, 아프리카계, 유럽계, 북미계, 남미계 등으로, 성적 지향이라는 기준에서는 이성애, 게이, 레즈비언, 양성애 등으로 나뉠 수 있을 것이다. 이처럼 각 기준에 의해 구분된 준거집단들은 서로 다른 집단 특수적 세계관을 지닐 것이며, 사회복지사는 그러한 집단 특수적 세계관을 고려해야 함을 의미한다.

2) 차원 2: 문화적 역량의 구성요소

NASW는 문화적 역량의 주요 구성요소로 인식, 지식, 기술 부문을 언급하고 있다. 이에 따르면, 사회복지사는 인간행동에 대해 사회복지사 자신이 가지고 있는 편견과 가정을 인식하고 있어야 하고, 자신이 개입하는 특정 집단에 대한 지식을 습득하고 있어야 하며, 다양한 배경의 클라이언트들에게 문화적으로 적절한 개입 전략을 사용해야 한다.

(1) 인식

문화적 역량을 구성하는 요소 중 인식의 측면은 사회복지사 자신이 속한 문화와 타 집단 문화와의 차이를 존중하는 것, 사회복지사 자신이 속한 문화 속에서 사회화됨으로 인해 생겨난 편견과 고정관념을 인식하는 것 등을 포함한다.

첫째, 문화적 역량을 갖춘 사회복지사는 자신의 문화적 배경, 사회적 정체성, 문화 및 전통 등을 민감하게 인식하고 탐색하여 다른 집단과의 문화적 차이를 받아들이고 존중할 줄 안다. 즉, 자신이 속한 집단의 문화적 전통에 대한 우월성을 믿는 것이 아니라, 다른 집단의 문화 또한 자신이 속한 문화와 동등하게 가치가 있다고 여기고 존중하여야 한다는 의미이다. 사회복지사가 문화적으로 다름을 받아들이지 못하고 그 차이를 일탈로 받아들인다면, 자칫하면 자민족중심주의에 빠져 다른 문화적 배경의 클라이언트에게 자신의 가치와 기준을 강요하는 행동을 할 수 있다.

둘째, 문화적 역량을 갖춘 사회복지사는 자신의 가정, 가치, 편견 등을 인식하고, 이러한 것들이 클라이언트와의 관계나 서비스에 어떤 영향을 끼치는지 인식해야 한다. 자신의 지식 부족, 편견(인종차별주의, 성차별주의, 민족차별주의, 연령차별주의 등), 고정관념 등이 자신의 태도, 신념, 감정에 영향을 준다는 것을 알아야 한다. 문화적으로 다른 클라이언트에 대해 편견이나 고정관념을 갖지 않기 위해 자신의 해로운 태도, 믿음, 감정 등을 변화시키려는 노력을 해야 할 것이다. 이를 위해 끊임없이 자신의 가정과 활동을 점검하는 전략과 노력이 필요하다. 자기 인식(self awareness)을 증진시키기 위해 수퍼바이저, 멘토, 동료들과의 관계를 통해 도움을 받을 수도 있다. 또한 문화적 역량을 갖춘 사회복지사는 사회복지실천을 수행함에 있어 자신의 한계를 잘 알고, 클라이언트의 욕구를 더 잘 충족시킬 수 있는 다른 기관이나 전문가나 자원을 연결해 줄 수 있어야 한다.

(2) 지식

문화적 역량의 구성요소 중 지식의 측면은 다양한 문화에 대한 지식과 전문성, 문화적 억압과 차별의 영향에 대한 이해 등을 포함한다.

첫째, 문화적 역량을 갖춘 사회복지사는 방대한 문화적 지식과 전문성을 갖추기 위해 노력해야 한다. 다양한 문화적 배경을 지닌 클라이언트를 상대하기 때문에 사회복지사는 클라이언트가 속한 특정 집단의 역사, 경험, 문화적 가치, 생활방식 등의 문화적 지식과 정보를 깊이 있게 알고 있을수록 더욱 효과적인 서비스를 제공할 수 있을 것이다.

둘째, 문화적 역량을 갖춘 사회복지사는 우리 사회에 만연한 억압과 차별이 우리 사회적·정치적 체계와 사회복지에서 어떻게 작동하며 어떠한 영향을 끼치는지에 대해 잘 이해하고 있어야 한다. 인종차별, 성차별, 동성애 혐오 개념 등을 이해하고 우리 사회의 자민족중심적인 단일문화주의가 소수집단의 삶에 어떠한 영향을 미칠지에 대해 생각해야 한다. 지금까지 우리가 배워 온 사회복지 이론과 실천의 대부분은 서구 사회의 학자들에 의해 발전되어 온 경향이 있기 때문에 서구 중심적 가치와 가정이 내재되어 있을 수 있다. 이러한 서구 중심적 이론과 실천을 다양한 문화적 집단의 클라이언트에게 적용하는 것이 어떠한 결과를 초래할지에 대하여 생각해 보아야 할 것이다. 또한 다양한 문화적 배경을 가진 클라이언트가 사회복지 서비스를 제공받는 데 있어 우리 사회에 존재하는 제도적 장애물에 대해 알아야 한다.

(3) 기술

사회복지사는 다양하고 광범위한 문화적 배경의 클라이언트들과 상호작용을 한다. 이 과정에서 사회복지사는 서로 다른 문화적 경험을 존중하며, 문화적 감수성 높은 여러 기술을 배워야 한다. 문화적으로 다른 집단들은 문제를 정의하는 방식이 다르고 이에 따라 자연히 사회복지 서비스나 상담 및 치료에 대한 반응 또한 다르다. 따라서 사회복지사가 다양한 집단들에 대해 적절하고 다양한 기술 목록을 많이 가질수록 이들에게 더 효과적인 서비스를 제공할 수 있을 것이다.

문화적 역량을 갖춘 사회복지사는 클라이언트와 언어적·비언어적 메시지를 정확하고 적절하게 주고받을 수 있다. 사회복지사와 클라이언트 간의 의사소통은 일방적인 방향이 아니고 양방향 과정이므로 사회복지사 자신의 생각과 감정을 클라이언트에게 전달하는 것도 중요하지만, 클라이언트의 메시지를 잘 읽는 것 또한 매우 중요하다. 특히, 클라이언트의 메시지에서 문화적인 단서를 잘 고려하는 능력이 필요하다. 가령, 문화마다 선호하는 의사소통 방식이 다를 수 있다. 어떤 특정 문화에서는 간접적이고 우회적인 의사소통 방식이, 또 다른 어떤 문화에서는 직접적이고 대면하는 방식이 선호될 수 있다.

사회복지사에게 있어 자신의 원조 및 실천 유형을 잘 알고 그 방식이 다양한 문화적 배경의 클라이언트에게 어떠한 영향을 미칠 수 있는지 예상을 해 보는 작업 또한 의미가 있을 것이다. 사회복지사가 문화적으로 다양한 모든 클라이언트에게 완벽하게 맞추는 것은 사실상 불가능하다. 아무리 숙련된 사회복지 전문가라도 모든 다양한 문화 집단의 클라이언트에 대응하는 데에는 한계가 있기 때문에, 사회복지사 자신의 한계를 알 필요가 있다. 실천 과정에서 클라이언트와 조정이 제대로 잘 안 될 경우, 사회복지사 자신의 한계를 인정하고 클라이언트에게 사회복지사 자신이 어떤 영향을 줄지에 대해 예측해 볼 필요가 있다. 사회복지사 자신의 한계나 방식에 대해서는 숨기지 않고 클라이언트에게 솔직하게 전달하며, 사회복지사 자신의 방식이 클라이언트에게 부정적인 영향을 미칠 수도 있다는 것을 전달할 수도 있다. 사회복지사로서 한계가 있음에도 불구하고 클라이언트를 돕고자 하는 열망이 있음을 보여 주는 것이 중요할 것이다. 사회복지사와 클라이언트 간의 이러한 투명성은 라포 형성에 오히려 도움이 될 수 있다.

3) 차원 3: 개입의 관점 및 초점

문화적 역량을 갖춘 사회복지사는 치료의 초점을 개인 치료에만 국한하기보다는, 전문적·조직적·사회적 수준에서도 효과적으로 개입할 수 있어야 한다. [그림 10-3]은 문화적 역량을 갖춘 개입의 네 가지 관점, 즉 개입의 미시체계(개인적 관점), 중간체계(조직적 관점), 거시체계(사회적 관점), 추가적으로 전문적(professional) 관점을 나타낸다.

(1) 관점 1: 개인적 관점(미시체계)

사회복지사는 미시적인 관점의 문화적 역량을 개발할 수 있다. 이는 문화적 역량의 개념과 정의를 논의할 때 가장 일반적으로 고려되는 관점이다. 사회복지사는 문화적으로 다양한 배경의 클라이언트들에게 효과적이고 문화적으로 민감한 서비스를 제공하기 위해, 자신의 편견, 선입견, 다양한 문화적 배경의 집단에 관한 잘못

그림 10-3 문화적 역량의 네 가지 관점 및 초점

출처: Sue (2006/2010).

되거나 충분하지 않은 정보 등을 잘 다루어야 한다.

(2) 관점 2: 전문적 관점

전문적 관점에서의 문화적 역량은 사회복지협회나 사회복지교육협의회, 사회복지대학원과 같은 사회복지 관련 전문직 기구가 갖추어야 할 문화적 역량이다. 사회복지라는 학문과 실천 분야가 일반적으로 억압, 차별, 사회정의 등을 중요시하는 특성을 지니기는 하지만, 사회복지사라는 전문직은 서구 유럽 관점 중심으로 발전되어 왔다는 점을 주목해야 한다. 서구 중심적인 가치와 관점을 바탕으로 발전이 되어 온 사회복지 전문직이므로 그 가치관 속에 다른 소수 문화집단에 대한 편견과 괴리가 포함될 수 있다. 사회복지의 전문직 가치는 문화적 역량과 다문화적 세계관을 반영할 수 있도록 수정되어야 할 것이다. 전문직 기구의 윤리강령이나 대학·대학원 교과과정 등에 문화적 역량의 중요성을 포함시키고자 하는 노력이 필요하다.

(3) 관점 3: 조직적 관점(중간체계)

모든 개인은 그들이 속한 기관 및 조직의 영향을 받는다. 만약 기관과 조직의 문화가 단일문화중심적이라면, 조직의 문화와 다른 문화적 배경을 지닌 소수집단에게는 억압적인 사회복지실천, 정책, 프로그램 등이 수행될 수도 있다는 점을 인식하여야 한다. 만일 주류 집단이 아닌 소수집단에게 동등한 접근 기회를 부정하거나 억압하는 정책 및 실천이 조직 내에서 행해진다면 그것은 변화되어야 하며, 소수집단에게도 서비스에의 접근 기회가 동등하게 주어져야 한다.

(4) 관점 4: 사회적 관점(거시체계)

거시체계 측면에서의 문화적 역량 또한 논의의 대상이 될 수 있다. 우리 사회의 정책이나 제도가 특정 소수 집단에게 해롭거나 불리하게 작용한다면(예, 건강보험의 불공평한 수급, 교육 정책에서의 차별, 인종차별 등), 사회복지사는 이에 대한 변화를 적극적으로 옹호하고 주장하며 행동으로 추진할 책임과 의무가 있다. 사회복지사가 서비스를 제공하는 클라이언트는 주로 사회적 체계 내에서 희생이나 억압을 당해 온 취약한 개인 또는 집단인 경우가 많다. 사회정의의 측면에서, 사회복지사는 좀 더 체계적이고 거시적 차원의 변화를 이룰 수 있는 전략에 관심을 가져야 한다.

3. 사회서비스 조직 및 기관의 문화적 역량

1) 다문화 조직 발달 모델

다문화 조직이 발달해 가는 과정에 대해 많은 학자들의 논의가 진행되어 왔고, 수 외(Sue et al., 2016)는 많은 다문화적 조직 발달 모델을 비교한 후 각 모델들에서 공통적인 주장을 발견하였다. 그것은 바로 조직이 초기의 단일문화적 조직에서 좀 더 다문화적인 조직으로 이동해 간다는 것이다. 많은 학자들이 주장한 조직의 발달 단계적 특징은 다음과 같다.

(1) 단일문화적 조직
가장 초기의 극단적 조직 유형은 단일문화적 조직이다. 단일문화적 조직은 주로 유럽 중심적이거나 인종 중심적인 특징을 지닌다. 인종적 소수집단, 여성 등 사회에서 억압받는 다양한 소수집단을 음성적으로 혹은 표면적으로 배제하고 차별하는 경향을 보인다. 소수집단에 속한 개인은 조직의 높은 지위에 오르는 것이 불가능하고, 주로 지배적인 주류집단의 개인들만이 높은 지위를 대부분 차지하고 있으며, 조직 내에서 주류집단은 특권을 갖는다. 이러한 조직은 조직의 행정 및 관리, 서비스 전달 등에 있어서 다양성이 없어 오직 한 가지의 최고의 방법만이 존재하고 다른 방식들은 존중받지 못한다. 따라서 그 조직의 구성원들은 그 조직에 동화되어야 한다는 용광로(melting pot) 개념을 따른다. 구성원들의 문화적 특수성이 인정받지 못하고 문화의 다름과 상관없이 모든 사람은 동일하게 다루어져야 한다고 믿는다.

(2) 비차별적 조직

단일문화적 조직보다 문화적 인식이 조금 높아지면 비차별적 조직 단계로 진입하게 된다. 비차별적 조직은 다문화적인 사안에 있어 일관성이 없는 상태이다. 특정 부문에서는 다문화적 주제에 민감하지만, 다른 부문에서는 문화적 다양성을 전혀 중시하지 않을 수 있다. 혹은 개별 사회복지사나 조직의 구성원들은 다문화적 주제에 민감하고 문화적 인식이 높으나, 그들이 조직에서 우선권이나 권력이 없는 경우도 있을 수 있다. 조직의 관리자 및 지도층은 조직이 문화적 다양성을 존중하는 방향으로 변화하여야 한다는 필요성은 인식할 수 있지만, 다문화적 사안에 있어 체계적인 정책이나 프로그램을 갖고 있지 않은 경우가 포함된다. 즉, 조직의 분위기나 서비스에 있어 다양성을 인정하는 분위기로 만들고자 하는 의향은 있으나, 아직까지 피상적인 변화에 불과하고 좀 더 적극적인 이해와 시도가 필요한 단계라고 할 수 있다. 조직 내 소수집단에 대한 고용평등 기회도 아직 부족한 단계이다.

(3) 다문화적 조직

조직이 점진적으로 다문화적인 조직으로 변화해 가면 그 조직은 다양성을 중시하게 되고 다문화주의를 반영하는 관점하에 서비스를 제공하게 된다. 다양성을 중시하는 문화는 그 조직의 자산이 된다. 조직을 운영하거나 서비스를 제공하는 등의 과정에서 다양한 문화적 배경에 속한 소수집단의 기여와 공헌을 반영하고 인정한다. 클라이언트의 문제를 해결하는 방식에 있어서 누구에게나 동일한 접근법을 사용하기보다는 다양성을 중요시하고 문화적 특수성을 반영하는 방식을 택한다.

이처럼 Sue가 제시한 다문화 조직 발달 모델들의 공통점은 조직이 어떠한 방식으로 점차 다문화적인 조직, 문화적 역량을 갖춘 조직으로 변화하는지를 보여 주었다는 점이다. 그러나 이 모델들은 변화 단계만을 제시할 뿐 문화적으로 역량이 있는 조직이 되기 위해 구체적으로 어떻게 해야 하는지에 대한 제시가 없다는 점이 한계로 지적된다.

2) 크로스(Cross)의 서비스 조직의 문화적 역량 발달 단계

다양한 문화적 배경에 속한 소수집단의 욕구를 충족시키는 것은 사회복지서비스 기관 및 조직의 매우 중요한 책무이다. 그러나 모든 집단이 만족하는 효과적인 다문화 사회복지실천을 수행하기란 실질적으로 매우 어려운 과제이다. 다양한 클라이언트의 수많은 욕구를 충족시키는 서비스를 제공하는 조직이 되기 위해서는 조직에서 문화적 역량이 뛰어난 개인들을 고용해야 할 뿐만 아니라, 조직 자체도 문화적 역량을 갖추어야만 한다. 크로스 외(Cross et al., 1989)는 사회복지기관과 같은 조직의 문화적 역량이 어떻게 발달되어 가는지를 분석하여 문화적 역량의 연속적·단계적 특징을 다음의 6단계로 자세히 기술하고 있다.

(1) 1단계: 문화적 파괴

문화적 파괴(cultural destructiveness) 단계는 문화적 역량이 가장 낮고 부정적인 단계로서, 표면상으로만 인종적·민족적 소수집단을 돕는 것으로 고안된 조직에서 주로 보이는 단계이다. 조직 내에 문화적·인종적 억압에 동조하는 태도와 시스템, 정책 및 프로그램이 팽배해 있다. 주류집단의 인종이나 문화가 더 우월하고 비주류집단은 열등하다고 인식하므로, 소수집단에게 주류집단 문화에 동화되기를 강요하며 때로는 소수집단을 고의적으로 억압하고 파괴하기도 한다. 문화적 파괴의 대표적인 예로는 미국 정부가 역사적으로 미국 원주민에게 자행한 정책을 들 수 있다. 미국 원주민들을 유럽계 백인 문화에 강제적으로 동화시키거나 고립시키고 조직적으로 대량학살을 행하기도 했던 역사적 행위가 그 예이다. 또 다른 악명 높은 문화적 파괴의 예로는 터스키기(Tuskegee) 매독 연구를 들 수 있다. 1932년부터 1972년까지 미국 앨라배마주 터스키기에서 행해진 매독 연구는 매독을 앓고 있던 수백 명의 가난한 아프리카계 미국인 남성들을 대상으로 수행되었는데, 참여자들에게는 매독을 앓고 있다는 의학적 사실을 전혀 알리지 않고 악성혈액에 관한 치료를 받을 것이라는 허위사실을 알린 채 40여 년 동안 연구가 진행되었다. 이 연구의 목적은 매독이 진행되는 과정을 알아내는 것이었으며, 참여자들의 매독을 치료할 의도는 없었다. 심지어 매독 치료가 가능한 페니실린이 발견된 이후에도 매독에 걸린 참여자들에게 페니실린을 제공하지 않은 채 연구를 진행하였다. 1972년 이 문제가 언론에 누설된 이후 1970년대 중반에 이르러서야 참여자들을 대상으로 항생제 치료가 이루어지게 되었다. 터스키기 연구는 문화 파괴적이고 비윤리적인 연구의 대표적인 예라고 할 수 있다.

(2) 2단계: 문화적 무능력

문화적 무능력(cultural incapacity) 단계의 조직은 의도적으로 문화적 파괴를 행하지는 않지만, 문화적 파괴 단계의 조직과 유사하게 주류집단의 인종적 · 문화적 우월성에 편향되어 있다. 이에 따라 이 단계의 조직은 소수민족 클라이언트 및 지역사회를 도울 능력이 부족하다. 고정관념적 신념에 근거하여 소수인종 및 소수민족에 대한 차별과 불균등한 자원 분배 등이 행해진다. 조직 내 차별적 고용이 이루어진다든지, 소수민족 클라이언트에게는 일반적으로 더 낮은 기대를 하거나 소수집단의 가치를 인정 또는 환영하지 않는다는 메시지를 암시적이고 미묘한 방식으로 표현하는 등의 예를 들 수 있다.

(3) 3단계: 문화적 무지

문화적 무지(cultural blindness) 단계의 조직은 모든 사람이 인종, 문화, 민족성 등에 차이가 없이 동일하다고 본다. 따라서 주류 문화에서 전통적으로 사용하는 실천방법 및 접근법이 모든 집단에게 보편적으로 적용 가능하다는 철학을 가진다. 조직 스스로를 평가할 때 편견과 선입견이 없고 인종차별을 하지 않는다고 보지만, 선한 의도에도 불구하고 이 단계의 조직은 다양한 문화의 특수성을 고려하지 못한 채 자민족중심적인 서비스들을 제공하는 결과를 초래한다. 다양한 문화적 배경의 집단들마다 문화적 특수성을 고려한 적절한 서비스가 필요함에도 불구하고, 이 단계의 조직은 결과적으로 각 문화의 문화적 특수성과 강점을 무시한 채 동일하고 보편적인 서비스를 제공하고 있는 경우가 많다. 결국 이러한 조직에서는 소수집단의 동화를 조장하게 되어 클라이언트의 문제를 제대로 해결하지 못하며 오히려 피해자로 만들게 된다. 문제를 정의내리고 진단하는 기준뿐만 아니라 성과와 결과 또한 클라이언트가 주류집단 중심적인 기준에 얼마나 부합하는지를 측정함으로써 얻어진다. 이 단계의 조직은 소수집단에 대한 적대심을 제거하려는 선한 의도가 있고, 주류집단이 이익을 불평등하게 많이 얻거나 특권을 가지는 상황이 개선되어야 한다는 기대가 있기는 하지만, 적극적이고 혁신적인 시도는 이루어지지 못한다. 주류집단이 가지는 특권에 직면하고 도전하여 그 권력을 개혁적으로 분배하는 등의 혁신적인 방법을 시도하지 못하는 단계이다.

(4) 문화적 전역량

문화적 전역량(cultural precompetence) 단계의 조직은 조직의 구조와 가치를 살피고, 소수민족에게 서비스를 제공하는 데 있어 부족함과 약점이 있음을 인식하며, 조직 내에 다문화적 직원의 필요성을 인식한다. 문화적 역량을 갖추기 위한 최소한의 요건을 충족하는 것을 넘어서서 서비스의 질 측면을 향상 시키려는 시도를 한다. 예를 들어, 더 많은 소수집단 직원을 고용하거나, 서비스를 제공할 때 소수집단의 욕구평가를 수행하여 적극적으로 반영하고, 문화적 감수성에 대한 직원훈련과 관리를 실시한다. 그러나 조직의 문화적 역량의 향상이라는 기대하에 단순히 소수집단 직원의 수만을 늘린 경우라면 서비스 접근법이 효과적이지 못하다고 인식하게 될 수 있다. 고용된 소수집단 직원이 효과적인 상담을 할 수 있는 상담기술 및 지식, 훈련이 부족함에도 소수집단이라는 이유만으로 고용이 되었다면, 그 직원은 조직 내에서 무능력하다는 평가를 받게 되거나, 혹은 성과 압력 때문에 과도하게 일하게 되는 등의 부작용이 생기게 될 것이며, 도리어 소수집단에 대한 문화적 억압이 지속되는 현상이 나타날 수 있다.

(5) 문화적 역량

문화적 역량(cultural competence) 단계에 도달한 조직에서는 다름과 차이에 대한 수용과 존중, 조직문화에 대한 지속적 평가, 문화적 지식과 자원의 지속적 확장, 다양한 소수집단의 욕구를 충족시키기 위한 다양한 서비스 모델 적용 등이 이루어진다. 이 단계의 조직은 조직 내의 모든 직급에 다양한 문화적 배경의 직원들이 존재한다. 문화적 역량 단계에 있는 조직이나 직원은 자신의 문화적 정체성, 가치, 문화적 다양성에 대한 태도를 명료하게 인식하는 능력이 있다. 이러한 조직 내의 직원들에게는 다문화적인 지식과 기술을 향상시키기 위한 기회가 충분히 제공된다.

(6) 문화적 숙달

문화적 숙달(cultural proficiency) 단계의 조직은 문화적 역량 단계 중 가장 최상위이자 진일보한 다문화적 상태에 다다른 매우 보기 드문 조직이다. 조직과 개인 모두 문화적으로 최고 수준의 다문화적인 역량을 갖춘 상태이다. 이 단계의 조직에서는 문화적으로 역량 있는 실천 방법을 개발하고 수행하는 것을 넘어서서 그 지식을 널리 알리고 축적하려는 노력 또한 수행한다. 이러한 노력은 그 사회의 인종차별, 편견, 억압 등 많은 장벽을 극복하는 데에 기여할 수 있다. 사회적 차별에 대항하여 싸우고 다양성을 옹호하는 사회적 책임감을 가진다. 이러한 조직의 구성원은 문화적 역량을 갖추기 위한 다양한 훈련과 지도를 받게 된다. 조직의 전략이 문화적 다양성을 존중하고 추구하는 가치 및 신념과 일관되게 통합이 되는 단계이다.

4. 사회복지사의 문화적 역량

사회복지실천의 핵심요소 중 하나인 문화적 역량을 갖춘 사회복지사는 어떤 특별한 가치와 태도를 가지고 있어야 할까? 다양성을 존중하고, 사회복지사 자기인식의 중요성을 자각하며, 클라이언트의 문화에 대한 지식을 쌓고, 그 지식과 자신의 가치 및 태도를 개입 전략에 통합시킴으로써 문화적으로 적절하고 효과적인 개입 전략을 개발하는 등 문화적 역량을 높이기 위한 다양한 목표를 고려할 수 있을 것이다. 문화적 역량을 갖춘 사회복지사가 되기 위해서는 구체적인 목표와 전략을 수립할 필요가 있다. 이는 문화적 역량이 완성된 정태적 개념이 아니라, 능동적이고 발전적이며 끊임없이 계속되는 과정이라는 점을 전제로 하는데, 일반적으로 사

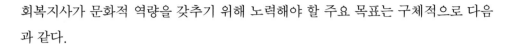

회복지사가 문화적 역량을 갖추기 위해 노력해야 할 주요 목표는 구체적으로 다음과 같다.

1) 역량 1: 인간 행동에 대한 자신의 가정, 가치 및 편견 인식하기

다양한 문화적 배경의 집단들을 클라이언트로 만나는 사회복지사에게 '나 자신을 아는 것'은 기본 중의 기본이라 할 수 있다. 다양한 문화적 배경의 집단에 대해 사회복지사 개인적·직업적으로 어떤 고정관념과 신념을 가지고 있는지, 자신의 세계관이 클라이언트와의 작업동맹관계에 어떠한 영향을 끼칠지, 클라이언트의 문제와 문제해결 방식을 어떻게 정의하는지, 사회복지실천, 지역사회복지, 교육, 행정 등 사회복지사가 하는 일에 사회복지사 자신의 어떤 가치체계가 깃들어 있는지, 사회복지사의 전략이나 기술에는 어떤 가치가 내재되어 있는지 등을 신중하게 탐색할 필요가 있다. 사회복지사가 자기 자신의 세계관에 대해 제대로 이해하지 못한다면, 모든 집단이 자신과 같은 생각을 갖고 있을 것이라고 섣불리 가정해 버리는 오류를 범할 수 있다. 즉, 사회복지사 자신의 가치관 또는 옳고 그름, 선과 악, 정상과 비정상에 대한 자신만의 기준을 클라이언트에게 강요할 수 있고, 결과적으로 클라이언트를 문화적으로 억압하게 될 수도 있다. 다시 말해, 사회복지사 자신의 고정관념과 신념을 제대로 탐색 및 인식하고, 자신의 편견, 가치 등을 클라이언트나 클라이언트 체계에 끌어들이지 않는 것이 중요하다고 할 수 있다.

문화적인 차이에 대해서 갖는 사회복지사의 태도, 개인적인 신념, 감정, 느낌 등은 사회복지실천에 많은 영향을 미치며, 이는 무의식적으로 인종차별주의, 성차별주의, 성소수자 차별, 연령 차별 등 이 사회의 거시적인 차별과 문화적 억압을 초래할 수 있다. 사회복지사 자신이 주류집단에 속함으로써 지금까지 특권을 누려 왔다는 사실을 인식하지 못하면 무의식 중에 다른 소수집단에 대한 억압에 기여하게 될 수도 있음을 알아야 한다.

2) 역량 2: 문화적으로 다양한 클라이언트의 세계관 이해하기

일반적으로 개인이 인종, 성별, 성적 지향 등으로 구분되는 다양한 문화적 집단에 소속된다는 것은 그 집단 구성원으로서의 세계관과 정체성에 큰 영향을 미친다. 사회복지사는 자신과 다른 세계관을 가진 클라이언트의 세계관을 이해하고 공유할 수 있어야 한다. 특히, 수(2010)는 문화적 역할 수용(cultural role taking)을 강조하였는데, 이것은 자신과 다른 세계관을 비판단적인 자세로 바라보고 있는 그대로 수용해야 한다는 개념이다. 그러나 이는 사회복지사가 클라이언트와 반드시 동일한 세계관을 가져야 한다는 것을 의미하지는 않는다. 예를 들어, 북한이탈주민이 아닌 사회복지사가 북한이탈주민인 클라이언트와 똑같이 생각하고 느끼고 반응한다거나 동일한 세계관을 가지기는 힘들다. 다만, 나 자신과 타인의 다름을 인식하고, 정신적인 유연성을 지니며, 감정을 조절하는 등 인지적 공감(cognitive empathy)을 하는 것은 가능할 수 있을 것이다. 다양한 문화적 배경에 속한 클라이언트의 일상생활, 희망, 두려움, 열망 등에 대한 실질적인 지식을 습득하여 그 클라이언트를 이해하는 과정이 필요하다. 더 나아가 그들이 사회정치적 시스템 안에서 겪는 불평등과 차별, 억압 등을 밝혀 내고 적극적으로 사회정의와 사회변화에 영향을 미칠 수 있도록 노력하는 것이 중요할 것이다.

3) 역량 3: 적절한 개입 전략과 기술 개발하기

사회복지사는 다양한 집단의 개인, 집단, 지역사회와 일할 때 효과적인 원조, 교육, 의사소통, 개입 전략 등을 개발해야 한다. 이 역량은 치료뿐만 아니라 예방을 포함하며, 전통적인 일대일 방식의 개입뿐만 아니라 클라이언트의 체계에의 개입까지 포괄한다. 또한 클라이언트가 속한 지역사회에 이미 존재하는 자원, 고유의 원조 및 치료 접근 방식이나 구조를 이용하는 능력을 갖추는 것이 중요한데, 이는 결국 그 지역사회 구성원들의 자립 및 자조 능력을 강화하는 데에도 도움이 될 것이다. 사회복지사가 클라이언트의 삶의 경험과 문화적 가치에 일치하는 개입 방식과 목표를 설정할 때 비로소 클라이언트를 더 효과적으로 도울 수 있을 것이다.

클라이언트의 배경과 문화는 매우 다양하므로 그들의 문화적 특수성에 적절한 서비스가 필요하다. 사회복지사는 클라이언트가 자신과 비슷한 배경이나 문화적 유산을 가지고 있다고 가정한다거나 모든 클라이언트에게 동일한 접근법이 동일하게 효과적일 것이라고 가정해서는 안 된다. 모든 개인과 집단은 각기 다르므로, 클라이언트의 삶의 경험에 맞는 차별화된 접근이 필요할 것이다. 소수집단 클라이언트에게는 주류집단과 동일한 치료가 필요한 것이 아니라, 개입에의 동등한 권리, 동등한 접근 기회가 필요한 것이다. 차별화된 접근법이야말로 진정으로 비차별적이라고 볼 수 있다.

4) 역량 4: 문화적 역량을 고취하거나 부정하는 조직적·제도적 힘 이해하기

문화적 역량을 개인에게만 적용할 것이 아니라 조직적·제도적 관점에서도 살펴볼 필요가 있다. 사회복지사는 자신이 속한 조직 또는 사회의 조직적·제도적 힘이 과연 문화적 역량을 증진 시킬지 억압할지를 파악할 수 있어야 한다. 만약 사회복지사가 일하는 기관에서 단일문화중심적인 실천과 정책을 추구한다면 아마도 그 기관에서는 사회복지사가 다문화적인 지식과 기술을 사용하는 것을 용인하지 않거나 가치 있게 여기지 않을 것이다. 오히려 다문화적인 지식과 기술의 사용을 강력하게 저지하거나 부정할 수도 있으며, 심지어 처벌하려 할지도 모른다. 많은 사회복지기관이 관습적으로 다문화적 지식과 기술을 중요시 여기지 않으며, 일부 기관은 오히려 더 부정하거나 못하게 막는 것이 현실이다.

그럼, 문화적 역량을 갖춘 지원체계란 과연 어떻게 만들어지는가? 사회의 전체적인 분위기가 다문화적이고 문화다양성을 중시한다면, 그 사회에 속한 조직과 기관들 또한 다문화적인 방향으로 향해 나아갈 수 있을 것이다. 즉, 다문화주의를 고취 시키는 새로운 규칙, 정책, 실천, 구조 등이 거시적인 사회에서부터 조직 안으로까지 확장되는 것이 사실상 중요하다.

　인종, 문화, 민족, 성별 등의 다양성 이슈가 클라이언트와 사회복지사에 어떤 영향을 미치는지에 대하여 조직마다 각기 다르게 인식을 하곤 한다. 다양성을 중시하는 조직일수록 문화적으로 다양한 사람들에게 문화적 특수성을 고려한 적절한 서비스를 제공할 수 있을 것이고, 사회복지사가 처벌받을 두려움 없이 다문화적인 활동을 할 수 있도록 허용할 것이다.

　조직적 · 제도적 힘은 문화적 역량을 촉진할 수도 위축시킬 수도 있다. 따라서 사회복지사는 자신이 속한 조직의 문화가 어떠한지, 어떤 정책이나 관행이 문화다양성을 촉진하거나 저해하는지 등을 이해하여야 한다. 더 나아가 사회복지사는 조직의 변화를 이끄는 주체가 되어야 하며, 조직의 변화를 어떻게 시행할지 등을 강구하여야 할 것이다.

❖ 참고문헌

김기덕(2011). 문화적 역량 비판 담론에 관한 사회철학적 분석. 한국사회복지학. 63(3), 239-260.

도미향, 주정, 최순옥, 이무영, 송혜자, 장미나(2019). **건강가정론**. 신정.

최명민, 이기영, 김정진, 최현미(2015). **다문화사회복지론**. 학지사.

최혜지(2013). 다문화가족을 위한 사회복지실천가의 문화적 역량에 대한 도전과 과제. **다문화가족연구**. 8, 63-79.

Abe, J. (2020). Beyond cultural competence, toward social transformation: Liberation psychologies and the practice of cultural humility. *Journal of Social Work Education*, *56*(4), 696-707.

Council on Social Work Education (2015). *Educational policy and accreditation standards for baccalaureate and master's social work programs (EPAS)*.

Cross, T., Bazron, B., Dennis, K., & Isaacs, M.(1989). *Towards a culturally competent system of care*, Vol. I. Georgetown University Child Development Center,

CASSP Technical Assistance Center. Retrieved from http://nccccurricula.info/culturalcompetence.html

Davis, P., & Donald, B. (1997). *Multicultural counseling competencies: Assessment, evaluation, education and training, and supervision.* Sage Publications.

Gallegos, J. S. (1982). *The ethnic competence model for social work education.* In B. W.

National Association of Social Workers (NASW). (2015). *Standards and Indicators for Cultural Competence in Social Work Practice.*

National Association of Social Workers (NASW). (2021). *NASW Code of Ethics of the National Association of Social Workers.* https://www.socialworkers.org/About/Ethics/Code-of-Ethics/Code-of-Ethics-English

Rychen, D. S., & Salganik, L. H. (Eds.). (2003). *Key competencies for a successful life and a well-functioning society.* Hogrefe & Huber Publishers.

Sue, D. W. (2010). *Multicultural social work practice.* 이은주 역. 다문화 사회복지실천. 학지사. (원저는 2006년에 출판).

Sue, D. W., Rasheed, M. N., & Rasheed, J. M. (2016). *Multicultural social work practice* (2nd ed.). John Wiley & Sons, Inc.

White, B. W. (Ed.). *Color in a white society* (pp. 1-9). National Association of Social Workers.

제11장

다문화가족 및 이주배경 구성원을 위한 사회복지실천과정

　다문화가족과 이주배경을 가진 구성원을 대상으로 하는 사회복지실천은 일반 선주민 가족을 대상으로 하는 실천과 크게 다르지 않다. 일련의 실천 과정은 동일하나 각 단계에서 요구되는 문화적 역량과 더불어 실천의 대상자가 어떤 이주배경을 가지고 현재 삶을 살아가는지에 따라 고려되어야 할 요소 혹은 특성이 다를 수 있다. 특히 중점적으로 고려해야 하는 부분은 실천 기술적 요소보다는 이주배경 구성원과 그들의 어려움을 바라보는 관점이다. 이 장에서는 먼저 다문화 사회복지실천에 대해 살펴보고, 다문화가족과 이주배경 구성원을 대상으로 하는 사회복지실천과정에서 필요한 관점을 검토한 후, 실천의 각 단계에서 고려해야 할 요소를 살펴본다.

1. 다문화 사회복지실천의 개념

사회복지실천이론과 모델은 서구를 중심으로 발전되어 왔다. 따라서 전통적인 사회복지실천이론과 모델은 해당 주류 사회 구성원 중심으로 개발되었으며, 이론 가들 다수는 백인 남성으로 알려져 있다. 시간이 흐르면서 다양한 인종과 민족적 · 문화적 배경을 가진 사람들이 사회복지실천의 대상자가 되고, 특히 이주배경 대상 자가 증가하면서 클라이언트의 문화적 배경과 요소를 고려한 사회복지실천에 대 한 논의가 시작되었다. 사회복지가 사회 내 억압된 인구집단을 위해 종사하는 전문 직이며 사회정의 구현과 인권 증진에 앞서는 분야임을 고려할 때 사회적 소수자를 위한 실천에 대한 논의는 사회복지실천 발전의 필연적인 과정으로 인식되었다. 이 에 문화기반 사회복지실천(culturally grounded social work practice)은 중요한 사회 복지실천의 영역이자 요소로 인정되기 시작했다(Marsiglia, Kulis, & Lechuga-Pena, 2021).

문화기반 사회복지실천은 문화적 민감성(cultural sensitivity)과 문화적 역량 (cultural competence)을 내포하는 개념이며, 동시에 대상자를 대상자의 문화적 맥 락과 가치 내에서 이해하려는 실천을 의미한다. 다문화 사회복지실천의 방향성과 밑그림을 제시한 Sue와 Sue(2008)는 다문화상담과 치료는 조력하는 역할과 과정으 로 구성된다고 설명한다. 이는 대상자의 인생 경험과 문화적 가치와 일관된 개입양 식을 사용하고, 개입목표를 수립하며, 대상자의 정체성을 개인, 집단, 보편적 차원 에서 인식하는 것을 의미한다. 또한 원조과정에서 보편적인 전략과 더불어 문화 특 수적인 전략을 사용하며, 개입의 전반적인 과정에서 대상자와 대상자 체계를 평가 하고 개인주의와 집단주의 간의 균형을 맞춰야 한다(Sue & Torino, 2005: Sue & Sue, 2011 재인용). 문화기반 사회복지실천에 내포되어 있는 함의는 총 6개로 정리될 수 있으며, 이는 다음과 같다(Sue & Sue, 2008).

• 원조자의 역할과 과정: 사회복지사 및 상담자는 대상자의 상황에 적합한 다양한

문제해결, 치료기술의 목록을 가지고 이를 지속적으로 확대하는 노력을 기울여야 한다. 즉, 다문화 사회복지실천과정에서 사회복지사는 하나의 역할만 수행하는 것이 아니라 상담자, 교육자, 옹호자, 조직가, 중개자 등 다양한 역할을 수행하며, 대상자의 상황에 적합한 다양한 개입기술과 상담기술을 활용할 수 있어야 한다.

- 개인경험과 문화적 가치의 조화: 문화적으로 다양한 배경을 가진 대상자를 만나 진행하는 사회복지실천에서는 이들의 인종, 민족, 문화, 성별, 성적 지향, 종교 등을 고려하고 이와 일치하는 개입방법과 목표를 설정해야 한다. 예로, 어떤 대상자에게는 교사의 역할을 수행하며 교육, 충고, 제언 기술을 활용하는 것이 문화적 가치와 부합하고 더 효과적일 수 있으나, 다른 대상자에게는 직언, 제언 등의 기술이 반감을 불러일으킬 수 있다.

- 존재의 개인적·집단적·보편적 특성: 개인의 정체성이 여러 영역에 걸쳐 발달됨을 고려하여 개입을 진행한다. 대상자의 정체성이 개인적 특성과 더불어 인종, 사회경제적 지위, 민족, 장애 여부, 종교, 문화 등을 내포하는 집단적 특성과 인간의 보편적 특성을 모두 아우르며 발달한다는 점을 염두에 두어야 하며, 보다 총체적이고 포괄적인 관점에서 대상자를 이해하도록 노력해야 한다.

- 문화 특수적 전략의 활용: 대상자의 문화적 배경을 고려한 문화 특수적 전략 활용이 가장 효과적인 실천으로 이어질 수 있다. 예로, 기존 연구에서는 아시아계 미국인은 적극적이고 직접적인 전략에 더 반응하는 것으로 보고되며, 아프리카계 미국인의 경우 진정성 있게 자기노출을 하는 실천가를 더 선호하는 것으로 나타났다(Pedersen, Draguns, Lonner, & Trimble, 2002).

- 개인주의와 집단주의: 다문화 사회복지실천은 대상자를 이해함에 있어 대상자를 한 개인으로서만 바라보지 않고 문화적·사회적 맥락의 산물로 바라본다. 이는 사회복지실천의 생태체계 관점과 유사하다. 즉, 대상자를 바라봄에 있어 개인적 특성과 환경적 특성, 개인과 환경 간 관계, 적합성 모두를 총체적으로 고려하는 관점을 취한다.

- 대상자와 대상자 체계: 다문화 사회복지실천가와 상담사 및 치료사는 대상자를

원조하는 데 있어 이중역할을 수행한다. 이는 사회복지실천의 이중 초점과 동일한 개념으로 개입에 있어 개인의 역량과 문제해결 능력을 향상시키는 것과 더불어 대상자가 경험하는 문제가 기관, 제도 내 존재하는 편견과 차별에 기인한 것이라면 이에 적극적으로 대응할 수 있어야 한다. 즉, 개인과 환경 체계에 대한 이중 개입이 요구된다.

Sue와 Sue(2008)의 다문화상담 · 실천의 정의와 요소는 다양한 배경을 가진 대상자와 함께하는 실천과정에서 실천가가 어떤 관점을 가지고 대상자를 만나고 이해하며 개입과정에 관여해야 하는지 알려 준다. 이러한 여섯 가지 요소는 사회복지실천의 기본적 이론 틀로 활용되는 생태체계 관점과 맥락을 같이하며, 다문화 및 이주배경을 가진 대상자를 이해하기 위해서 이들이 가진 문화적 특수성과 더불어 사회구조 내 이들이 차지하는 위치와 지위, 그리고 이것이 만들어 내는 독특한 경험에 대해 살펴보는 것의 중요성을 알린다. 다음 절에서는 다양한 문화적 배경을 가진 이주민을 대상으로 하는 실천 과정에서 유용하게 쓰이는 이론적 관점에 대해 소개하고 각 관점의 쟁점을 설명한다.

2. 다문화 사회복지실천의 이론적 틀

1) 생태체계 관점

사회복지실천에 있어 가장 기본적인 이론 틀로 활용되는 것은 생태체계이론이다. 생태체계이론은 생태학적 관점과 체계이론이 결합된 것으로 사회복지실천에서 대상자를 이해하는 데 매우 유용한 틀로 여겨지고 있다. 생태체계이론은 사회복지의 환경 속 인간 관점과 그 맥락을 같이 한다(최해경, 2017). 대상자를 둘러싼 가족, 지역사회 등 여러 수준의 체계와 체계 간 관계의 맥락에서 이해하고 대상자와 주변체계 간 적응, 적합, 부합하지 않는 욕구를 살펴본다. 또한 생태체계이론에서는 주변체계를 미시체계, 중간체계, 외부체계, 거시체계, 시간체계, 자연체계로 구분한다. 그리고 이런 체계 내 속한 다양한 요소들이 대상자에게 주요 자원과 같은 보호요인으로 작용하는지 혹은 스트레스와 어려움으로 작용하는지 살펴보도록 돕는다. 생태체계이론은 상황 속에서 대상자의 변화 가능성을 제시하고 대상자와 주변체계의 강점을 강조하며 대상자와 환경 간의 밀접한 교류관계를 통한 상호 영향에 대해 알려 준다는 점에서 매우 의미 있다(양정민 외, 2020). 특히 다문화가족 및 이주배경 구성원을 대상으로 하는 사회복지실천에서 생태체계이론은 더욱 유용한 이해의 틀로 작용한다. 문화는 환경과 사회적 환경의 핵심 요소이다(Marsiglia, Kulis, & Lechuga-Pena, 2021). 생태체계이론은 대상자의 삶 속에 어떤 문화적 특성이 존재하며 어떤 문화 체계와 상호작용하는지, 그리고 이런 문화적 특성, 가치관, 관습, 생활양식(life style)이 대상자의 삶에 어떻게 영향을 미치며 또 영향을 받는지 살펴볼 수 있게 해 준다. Meyer(1983: 최혜지 외, 2013, p. 125 재인용)는 생태체계이론이 대상자와 대상자가 직면한 상황을 볼 수 있는 '눈'을 확대시켜 준다고 설명한다. 즉, 생태체계이론은 이주배경을 가진 구성원의 삶과 상황을 이해함에 있어 문화적 특성과 가치, 체계의 맥락에서 이들을 볼 수 있는 관점을 제공해 주며, 주류사회 내 존재하는 다양한 체계가 이들의 이주배경과 문화적 특성과 얼마큼 부합하는지, 혹은 그렇지 않은지를 볼 수 있도록 돕는다. 특히 이주배경 구성원을 이해하기 위해서는 '이주 전의 삶' '이주 과정에서의 경험' '이주 후의 삶과 경험' 탐색이 중요한 만큼 사회복지사는 생태체계이론을 통해 이들이 출신 국가와 사회 내에서 어떻게 성장해 왔으며 이들의 삶이 시간의 흐름에 따라 어떻게 변화했는지 살펴볼 수 있다. 동시에 사회복지사는 우리 사회 내 이주민으로서 이들이 주변체계와 어떻게 관계를 맺고 어떤 사회구조적 상황을 경험하는지, 경험 속에 두드러지는 적합성, 적응의 어려움은 무엇인지 탐색할 수 있다.

2) 강점 · 회복탄력성 관점

회복탄력성(resiliency) 관점으로도 알려져 있는 강점관점은 대상자가 어려운 환경 속에서도 불구하고 기능적으로 삶을 살아가는 개인적 · 사회적 과정에 대한 이해에 초점을 두는 이론적 관점으로, 인간은 태생적으로 무한한 잠재력과 성장하고 변화할 수 있는 역량을 갖고 있다는 믿음에 전제를 둔다(Marsiglia et al., 2021). 기존 사회복지실천에서 활용되었던 문제중심, 병리적 관점에서 벗어나 대상자의 역량, 장점, 가능성, 가치, 희망에 초점을 두고 대상자와 그 상황을 바라보는 관점이 강점관점이며(Saleebey, 1996), 어려운 환경에도 불구하고 건강하게 기능할 수 있는 개인의 역량, 즉 회복탄력성을 중요하게 고려한다는 점에서 회복탄력성 관점으로도 불린다. 강점 · 회복탄력성 관점은 특히 이주배경 구성원을 대상으로 하는 실천에서 매우 중요하다. 특히 강점관점은 문화를 중요한 회복탄력성의 자원으로 바라본다. 즉, 이주배경 구성원이 가진 문화적 특성과 역사, 이주를 가능케 한 내재된 힘과 동력 등은 모두 이들에게 중요한 자원이 되며, 어려운 상황을 극복하는 과정에서 유용한 보호요인으로 작용한다는 것이다. 이런 강점 · 회복탄력성 관점은 사회복지사로 하여금 다양한 문화적 배경을 가진 대상자와 일할 때 이들의 이야기를 경청하며 이들의 삶 속에서 이들이 가진 강점과 보호요인, 역량을 탐색하도록 안내한다. Benard(2002)는 강점 · 회복탄력성 관점에 기반한 사회복지실천에 있어 다음과 같은 내용을 참고하라고 설명한다.

- 대상자의 이야기(story)를 경청하라.
- 이들의 고통을 인정하라.
- 이들의 강점을 찾으라.
- 생존, 지지, 긍정적인 인생사와 시간, 관심사, 꿈, 목적 그리고 자긍심의 원천이 무엇인지 질문하고 탐색하라.
- 이들의 강점을 알리라.
- 대상자의 목표와 꿈을 강점과 연결하라.
- 대상자의 목표와 꿈 실현을 위해 주변 자원과 이들을 연계하라.
- 대상자가 '교사'가 될 수 있는 기회를 찾고 이를 확대하라.

이러한 실천지침은 사회복지사로 하여금 대상자의 강점과 꿈, 미래 등에 초점을 두고 개입할 것을 요구한다. 이들의 인생 이야기를 경청하고 이들이 간과할 수 있는 이들의 힘과 잠재력에 집중하며 이들 주변체계에서 주요 자원으로 활용 가능한 것을 찾아내고 연결하는 것을 강조한다. 즉, 사회복지사는 결핍보다는 이미 클라이언트가 가지고 있는 자원과 역량, 힘을 중심으로 개입을 진행해야 한다(엄명용 외, 2020). 특히 주류 사회의 언어, 관습, 규정, 생활양식 등을 배우고 적응 중에 있는 이주배경 구성원을 대함에 있어 사회복지사는 이를 대상자의 결핍으로 보지 않고, 이들 스스로 문화적응 과정을 자신의 부족함, 이해 부족, 결핍으로 인식하지 않도록 지원하는 것이 중요하다.

3) 여성주의 이론

다문화 사회복지실천에 있어 반드시 고려되어야 할 또 하나의 이론은 여성주의 이론(feminist theory)이다. 오랜 기간에 걸쳐 사회복지실천이론과 모델 발달에 많은 영향을 준 여성주의 이론은 사회구조와 가족 내 위계 및 가족구조가 여성에게 어떤 영향을 미치는지 살펴보도록 하며, 성인지적, 성인지 감수성에 기반한 사회복지실천의 필요성을 강조하기도 한다. 다문화사회복지실천에 있어 여성주의 이론에 대한 이해 및 적용은 매우 중요하다. 특히 이주의 여성화(feminization of migration)라는 현상이 우리 사회 이주 흐름에도 역시 명확히 관찰되기 때문이다. 이주의 여성화는 국가 간 이동의 다수가 먼저 여성으로 구성되었다는 현상을 의미하며, 동시에 많은 여성이 남편을 혹은 가족을 따라 이동하는 동반 이주자가 아닌 자신의 의지에 기반한 주체적 이주자라는 뜻도 내포한다(이혜경 외, 2006). 국내 이주 흐름과 현황을 보더라도 이를 알 수 있다. 예로, 우리나라 「다문화가족지원법」 정의에 근거한 다문화가족을 살펴보더라도 외국출신 배우자는 여성이 훨씬 많으며, 북한이탈주민의 경우 2018년에 남한에 입국한 북한이탈주민의 85%가 여성인 것으로 나타난다(남북하나재단, 2022). 외국인노동자의 경우 입국 비자 유형에 따라 성비는 다르게 나타나는데, 예로 비전문취업인력 비자(E-9)와 방문취업 비자(H-2)를 통해 우리나라에 입국하는 노동자의 경우 남성이 훨씬 더 많은 것으로 나타나나(각 90%, 62%), 재외동포 비자(F-4)로 우리나라에 이주해 근로하는 이주민의 경우 절반 정도가 여성인 것으로 보고되고 있다(통계청, 2019: 김기태 외, 2020 재인용).

특히 이주민을 대상으로 서비스가 주로 제공되는 가족센터(구 건강가정다문화가족지원센터)의 이용자가 여성인 것을 감안할 때, 여성이 가족 내에서, 또한 사회 내에서 가지는 독특한 위치와 경험에 주의를 기울 필요가 있다. 이런 부분에 있어 여성주의 이론에 기반한 사회복지실천은 환경 속 인간, 생태체계 이론과 맥락을 같이하며, 여성과 그 가족을 위한 실천에 있어 이들을 더 큰 사회구조적 틀과 체계 간 맥락 속에서 이해할 수 있도록 안내한다.

지금까지 이론을 통해 다문화 사회복지실천을 위해 고려해야 할 부분에 대해 검토해 보았다. 생태체계, 강점·회복탄력성 관점, 여성주의 이론 외에도 교차성(intersectionality) 이론, 해방교육학(liberation pedagogy) 등 다양한 이론들이 다문화 사회복지실천에 많은 영향을 미쳤다. 문화기반 사회복지실천, 다문화 사회복지실천을 위해서는 이런 다양한 이론을 통합적으로 그리고 절충하여 사용할 수 있는 노력이 요구된다. 또한 문화중립적 실천이 아닌 문화에 기반한 사회복지실천으로서의 변화를 위해 노력해야 한다. 이를 다시 설명하면, 대상자의 인종·민족적 배경, 문화적 특성을 특별히 고려하지 않고 선주민과 동일하게 제공되는 중립적 사회복지실천이 아닌 대상자의 '문화적 특성'에 기반한 실천과 서비스를 할 수 있도록 노력해야 한다는 것이다. 대다수의 사회복지사들은 전통적 사회복지실천이론과 모델, 표준화된 개입 방법과 평가도구 활용에 익숙하다. 하지만 사회복지실천현장에서 사회복지사가 접하는 많은 대상자는 이런 표준화된 개입과정, 방법, 기술 및 평가도구에 적합하지 않을 수 있으며, 안타깝게도 이런 간극은 대상자의 '문제'나 '결핍'으로 인식되기도 한다. 따라서 다문화 사회복지실천은 문화적 중립성이 아닌 문화에 기반한 실천이어야 하며, 그러기 위해서는 먼저 사회복지사 스스로 자신의 문화적 뿌리와 환경에 대해 탐색하며 정상과 건강한 기능을 구분하는 기준에 대해 검토할 필요가 있다(Marsiglia et al., 2021).

3. 실천과정: 단계별 과업과 기술

Ridely 등(2021)은 다문화상담역량 과정모델을 제시하며, 다양한 문화적 배경을 가진 대상자와 함께하는 상담 · 치료과정에서 필요한 상담자의 역량을 단계별, 요소별로 제시하였다. [그림 11-1]은 Ridely 등이 제시한 과정모델을 사회복지실천 현장에 적용할 수 있도록 필자가 일부 수정 · 보완한 것으로 Ridely 등이 제시한 원모델 내 '상담의 핵심 구조 내 문화 결합'을 문화기반 사회복지실천으로 대체한 것이다.

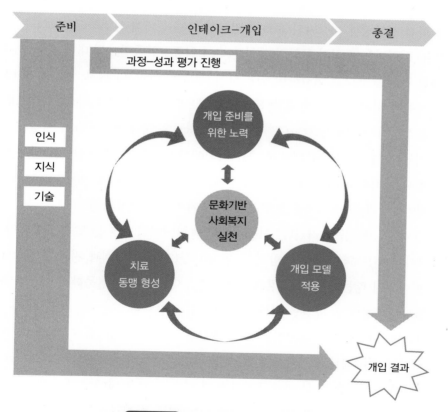

그림 11-1 다문화상담역량 과정모델

출처: Ridely et al. (2021), p. 541의 내용을 수정함.

Ridely 등의 상담 과정모델은 기본적인 틀에서 사회복지실천 개입과정과 크게 다르지 않으며, 다문화 사회복지실천가가 실천과정의 각 단계에서 고려해야 할 점에 대해 구체적으로 안내한다는 점에서 매우 유용하다. 이를 사회복지실천단계에 접목시켜 정리하면 다음과 같다.

1) 준비단계

준비단계는 사회복지사가 대상자를 만나기 전에 이루어지며, 준비단계의 궁극적인 목적은 대상자와 다문화사회실천에 대한 기본 지식, 인식, 기술을 정비하고 발달시키는 것이다(Ridley et al., 2021). 여기서 인식(awareness)이란 실천가가 자신의 문화적 정체성과 대상자의 문화적 정체성 모두에 대해 인정하고 이해하는 것을 말한다. 실천가는 자신의 문화적 가치관, 소수인종 · 민족집단에 대한 생각, 이주민에 대한 관점을 스스로 점검하며 주류 사회 내에서의 자신의 위치, 사회복지현장에서의 자신의 위치와 더불어 대상자와 형성하는 관계에서의 자신의 위치를 모두 살펴보고 성찰하는 것을 포함한다. 지식(knowledge)은 대상자의 문화적 배경과 집단이 가지는 특성, 가치관과 더불어 주류 사회에서 대상자가 속한 집단이 가진 역사적 경험과 사회적 위치, 이슈 등을 모두 포함하는 개념이다(Sue, 2001: Ridley et al., 2021 재인용). 기술(skills)이란 문화 감수성을 가지고 대상자의 문화적 특성을 반영한 상담 개입 기술을 가리킨다. 이는 언어적 · 비언어적 소통을 모두 포함하며, 사회복지사의 태도 역시 이에 포함된다. Ridely 등(2021)은 인식과 지식이 반드시 기술로 이어지지 않는다는 점을 강조하며 인식, 지식과 더불어 문화적 특성과 문화 감수성에 기반한 기술 함양을 위해 노력해야 함을 알린다.

정리하면, 준비단계는 대상자의 기본 정보를 토대로 대상자를 이해하려는 노력과 더불어 사회복지사 스스로 자기점검 및 자기성찰이 이루어지는 단계이며, 생태체계이론에서 설명하는 큰 사회구조적 틀과 다층적 체계 내에서 대상자의 생활과 경험을 이해하려는 노력이 시도되는 단계이다. 예로, 사회복지사가 만나기로 한 대상자가 북한이탈주민이라면 지역 내 북한이탈주민 규모 및 거주 지역의 특성, 북한이탈주민과 관련된 기본 정보 및 욕구, 어려움 등을 여러 기초 자료 및 보고서 등을 미리 검토하고 대상자를 만날 필요가 있다. 동시에 북한이탈주민에 대한 자신의 관점과 생각, 그리고 적절한 상담기술과 방법에 대해 검토하고 점검하는 시간을 가져야 한다. 또한 준비단계는 개입 전 단계로만 국한되지 않으며, 자기성찰, 대상자 이해, 기술 탐색 및 연마는 개입 과정 전체에 걸쳐 이루어지기 때문에 사회복지사는 지속적으로 학습자의 자세로 실천에 접근해야 할 필요가 있다. 마지막으로, 준비단계에서 반드시 파악해야 하는 것은 통역사의 필요 여부이다. 대상자와의 첫 만남인 접수과정 전에 대상자의 한국어 실력을 파악하고 개입 과정 내 통역사가 필요한지 우선 파악 후, 필요하다면 통역사를 준비해서 다음 시작하기 단계로 진입해야 한다.

2) 시작하기

사회복지사와 대상자가 '개입과정'의 틀 안에서 처음 공식적으로 만나게 되는 자리를 접수(intake)라고 하며, 이는 개입과정의 시작에 해당된다. 시작하기 단계는 크게 문제확인, 관계형성, 의뢰의 세 가지 요소를 가진다(양옥경, 김정진, 서미경, 김미옥, 김소희, 2010).

대상자의 기본 정보 수집과 문제를 확인하는 단계를 접수라고 하는데, 이 접수단계에서는 대상자와 사회복지사가 만나 대상자가 호소하는 일차적인 어려움과 문제 상황을 확인하고, 이것이 기관에서 제공하는 서비스에 부합하는지 여부를 판단하는 단계이다. 동시에 대상자 역시 사회복지사와의 첫 만남을 통해 이 기관에서 서비스를 제공받는 것이 본인에게 도움이 될지 여부를 사회복지사와의 대화 속에서 경험한 감정 등을 토대로 결정하기도 한다. 이주민과 함께하는 접수단계에서 주의해야 할 점은 대상자의 기본 정보를 포함한 이주과정에 대한 정보 및 현재 경험하는 어려움 등에 대해 조심스러운 태도로 접근해야 한다는 것이다(성정현 외, 2020). 기본적으로 개인정보에 대해 질의하는 것은 신중한 자세를 요구하지만, 일부 이주민은 자신의 체류 관련 내용 및 자신의 생활에 대해 질문하는 것을 더욱 민감하게 받아들일 수 있기 때문에 더욱 조심스럽게 접근해야 한다. 예로, 고통스러운 이주과정을 경험한 난민이나 북한이탈주민 일부는 개인정보를 공적 기관에 노출하는 것에 대한 불안이 높을 수 있고, 이로 인해 적대적인 태도를 보일 수도 있다. 따라서 정보 파악을 위해 질문을 할 때는 최대한 조심스럽고 신중하게, 또한 이런 질문이 실례가 되는지 등에 대해 대상자와 점검하며 접근할 필요가 있다.

사회복지사가 대상자와 형성하는 관계 역시 시작하기 단계에서 시작한다. 첫 단계에서 기관 및 사회복지사에 대한 인상과 경험에 따라 대상자가 실천과정 지속 여부도 결정되기 때문에 사회복지사는 주어진 짧은 시간 내 대상자와 긍정적 관계를 형성하기 위한 노력을 해야 한다. 이주민의 경우 사회복지기관에 방문해서 상담, 사례관리 등의 서비스를 이용하기까지 많은 어려움을 경험할 수 있고 공식적인 사회복지서비스와 상담, 사례관리 절차와 과정에 대해 잘 인지하지 못할 수 있다. 따라서 시작하기 단계에서의 사회복지사의 따뜻하고 환영하는 태도는 특히 더 중요한 요소로 작용한다. 첫 만남에서 대상자가 경험하는 두려움, 양가감정, 불안함, 긴장감이 '당연하고 정상적인' 반응이라는 것을 대상자에게 알리며 대상자의 말과 이야기를 경청하는 태도를 보이는 것이 중요하다. 또한 사회복지사는 개입과정이 안전하고 솔직한 공간이자 시간임을 몸소 대상자에게 보여야 한다. 예로, 사회복지사는 대상자의 문화, 언어, 특성 등에 대해 자유롭게 질의할 수 있어야 한다(성정현 외, 2020). 인사하는 법, 호칭, 실례가 되는 질문과 그렇지 않은 질문 등이 무엇인지 솔직하게 물어볼 수 있어야 한다. 이런 과정을 통해 대상자는 사회복지사가 자신의 문화적 배경을 존중한다는 경험을 할 수 있고, 동시에 한국 사회의 사회복지실천과정과 개입에 대해 자유롭게 질의할 수 있게 된다. 즉, 사회복지실천과정이 대상자에게 안전하고 편안한 공간이자 시간임을 경험할 수 있도록 분위기를 조성해야 하며, 이 역시 시작하기 단계의 중요한 과업이다. 이원숙과 임수정(2020, p. 238)은 관계 형성은 다음의 활동을 통해 이루어진다고 설명하며, 활동 진행 시 반드시 대상자의 관계 형성, 즉 상호작용의 틀 안에서 사고하고 움직일 것을 설명한다.

- 대상자가 편하게 이야기하도록 격려하며 인사하기

- 대상자의 상황에 대해 관심을 보이기
- 대상자가 자신의 어려움, 문제, 상황에 대해 어떻게 인식하는지 이해하기
- 기관의 서비스가 무엇인지 설명하고 대상자가 가지는 기대에 대해 논의하기
- 기관과 사회복지사가 대상자에게 도움이 될 수 있는지 파악하며 결정하기
- 대상자에게 (필요한 경우) 서비스 이용을 권유하기
- 대상자에게 실천과정에 대해 자세히 안내하기
- 기관에서 필요로 하는 서류를 함께 작성하기

의뢰는 여느 대상자와 유사하게 진행된다. 만약 대상자가 가진 어려움 및 욕구가 사회복지사가 속한 기관의 정책 및 서비스 제공 범위에 해당되지 않는다면 사회복지사는 다른 기관으로 대상자를 의뢰해야 한다. 예로, 일반 지역 내 종합사회복지관에 종사하는 사회복지사가 이주민 대상자를 위한 서비스 제공이 어렵다고 판단될 경우, 지역 내 가족센터에 대상자를 의뢰할 수 있다. 혹은 가족센터에 찾아온 이주여성이 폭력피해 상황을 겪고 있다면, 가족센터는 이를 이주여성폭력상담을 전문으로 하는 기관으로 의뢰할 수 있다. 다만, 이런 의뢰과정이 '거절'이 아니라는 점을 대상자에게 명확히 설명할 수 있어야 하며, 단순히 공문발송이 의뢰의 끝이 아니며, 사회복지사는 대상자가 실제 의뢰한 기관으로 방문하고 기관 종사자와 만나게 되었는지까지 확인할 필요가 있다(양옥경, 김정진, 서미경, 김미옥, 김소희, 2010).

3) 자료수집 및 사정

① 자료수집

자료수집은 개입과정 전 단계에 걸쳐 진행된다. 사회복지사는 첫 만남에서 수집된 기초 정보를 토대로 대상자와 형성한 관계의 깊이, 범위 및 질에 따라 자료수집을 진행한다. 사회복지실천과정에 대한 이해 및 신뢰가 아직 부족한 대상자에게 선불리 많은 질문을 하고 정보를 얻어 내려고 할 경우 오히려 기관과 사회복지사에

표 11-1 자료수집의 출처

출처	내용
대상자의 이야기	대상자는 중요한 정보출처이며, 사회복지실천에서 종종 대상자의 이야기가 유일한 정보가 되기도 한다. 대상자의 이야기는 대상자의 입장에서 바라보는 현재 상황과 어려움, 관련 감정, 문제해결을 위한 노력, 문제의 원인 등에 대해 파악 가능하다는 이점을 가지지만, 대상자의 기억과 관점이 늘 정확하지 않을 수 있어 다른 출처를 통한 자료와 대조·보완해야 한다.
대상자가 작성한 서류 및 양식	접수 단계에서 작성한 서류에 포함된 내용과 기관 서비스 이용을 위해 작성한 서류 등을 통해 기본 정보 수집이 가능하다.
대상자 직접 관찰 (비언어적 행동)	의사소통의 다수가 비언어적인 행동을 통해 이루어짐을 고려하여 대상자의 제스처, 얼굴표정, 손동작, 목소리 톤 등에 집중해서 관찰해야 한다. 특히 언어로서 의견 전달이 어렵거나 한국어 사용이 능숙하지 않은 대상자의 경우 대상자의 비언어적 행동에 더욱 관심을 기울여야 한다. 주의할 점은 대상자의 비언어적 행동을 사회복지사의 기준이 아닌 대상자 문화권의 틀 안에서 이해하려는 노력이 필요하다는 점이다.
주변인들과의 상호작용 관찰	대상자에게 중요한 주변인(가족, 친구 등)과 대상자 간 상호작용 양상(소통방식 등)을 통해 많은 정보수집이 가능하다. 대상자가 익숙한 환경(가정 등)에서 더욱 자연스러운 행동과 상호작용을 볼 수 있기 때문에 주변인과의 상호작용 관찰을 위해서 복지관 밖에서의 면담 역시 중요하다. 또한 대상자가 다른 이주민, 이주민 관련 단체 관계자들과 맺는 관계와 이들과의 상호작용에 대해서도 탐색해야 한다.
주변인으로부터 얻는 정보	대상자 외에 가족, 이웃, 친구, 기관 및 학교 등 관련 기관 관계자와 주변인으로부터 얻는 정보가 매우 유용할 수 있다. 예로, 대상자가 공유하지 않거나 의도적으로 알리지 않는 정보 등에 대해 주변인을 통해 파악 가능하며, 대상자의 상황에 대해 조금 더 전체적인 이해를 할 수 있다는 점에서 유용하다. 주변인과 소통할 것이라는 부분에 대해 대상자에게 미리 사전에 알리고 동의를 얻어야 한다.
심리검사	대상자의 심리상태와 행동을 살펴보는 데 유용한 방법이다. 유의할 점은, 첫째, 전문가에 의해 개발된 표준화된 척도를 사용하며, 둘째, 결과 해석 역시 척도 안내 및 가이드라인에 맞춰 진행하며, 셋째, 조금 더 심도 있는 검사가 필요할 경우 외부 전문가에 의뢰하여 진행할 필요가 있다. 이주민을 대상으로 심리검사를 실시할 경우 이주민의 모국어로 번역된 척도와 도구가 있는지 탐색하고 이를 활용하도록 해야 하며, 그렇지 않은 경우 번역-역번역 과정을 통해 척도의 타당도와 신뢰도 확보를 위해 노력해야 한다.
사회복지사의 개인적 경험	사회복지사가 대상자와의 만남을 통해 축적한 경험은 대상자가 다른 사람과 어떻게 관계를 형성하고 상호작용하는지 실마리를 제공한다는 점에서 유용한 정보가 된다. 다만 사회복지사는 자신의 개인적 관점, 신념, 감정이 대상자를 이해하는 데 반영되지 않도록 유의해야 한다.

출처: 양옥경 외(2010); 이원숙, 임수정(2020).

대한 불신이 커지고 개입이 중단될 수 있으므로 자료수집은 최대한 신중하게 진행해야 한다. 자료수집의 궁극적인 목적은 대상자의 상황과 어려움을 이해하고 분석하며, 이를 해결하는 데 필요한 정보와 자료를 모으는 것이다(양옥경 외, 2010). 수집된 자료를 토대로 사정이 이루어지므로 가급적이면 자료수집은 총체적·포괄적으로 진행해야 한다. 자료수집은 크게 〈표 11-1〉과 같은 출처를 통해 가능하다.

② 사정

사정(assessment)은 기존에 진단(diagnosis)으로도 불렸으나 사회복지실천이 의료모델에서 탈피하고 대상자 중심의 접근으로 방향을 전환하면서 진단이라는 표현은 더 이상 사용되지 않는다. 사정은 사회복지실천과정의 개입의 방향과 목적을 설정하는 핵심적 단계이며(이원숙, 임수정, 2020), 개입의 전체 밑그림을 그리는 과정이다. 환경 속 인간이라는 관점하에 대상자의 상황을 수직적·수평적으로 탐색하며, 수집된 자료를 토대로 이를 분류·정리·분석하는 과정이 바로 사정에 해당된다. 사정은 지속적이고, 대상자와 사회복지사 간의 상호작용을 통해 이루어진다는 특성을 가지며, 개입과정의 핵심 단계인 만큼 사회복지사의 역량이 크게 요구되는 활동이기도 하다.

이주민을 대상으로 하는 자료수집과 사정은 일반 선주민 대상 사회복지실천과 크게 다르지는 않으나, 추가로 살펴봐야 하는 영역과 고려해야 하는 부분이 있다. 예로, 우리나라로 이주한 대상자의 현 상황을 이해하기 위해서는 이들의 이주 전 삶, 이주 과정, 이주 후 삶의 맥락을 살펴볼 필요가 있다. 이주민마다 본국에서의 삶이 다 다르고, 이주 이유, 경로, 이주 후 우리 사회에서의 경험이 모두 상이하므로 이를 모두 살펴봐야 한다. 예로, 결혼을 통해 우리나라에 입국하는 결혼이주민의 경우 입국 후 바로 취업 등이 가능한 비자가 발급되고 사회복지 및 의료서비스 이용이 용이하지만, 난민이나 외국인 노동자의 경우 우리나라로의 입국 과정이 다를 수 있고 이용할 수 있는 서비스 등이 제한될 수 있다. 따라서 이주민 내 다양성에 대해서도 주목하고 개개인의 경험을 각자가 경험한 역사와 맥락의 틀에서 이해할 수 있어야 한다. 특히 이 과정 속에서 이들의 개인적·사회적 자본이 손실되는지 또는 증가하는지 여부와 정도 역시 파악해야 한다. 예로, 이주민이 본국에서 획득한 교육경험과 기술(skills)이 이주사회에서 인정되는 경우는 매우 드물다. 특정 직업군을 제외하고는 모국에서 고숙련, 고학력 배경을 가진 이주민이 이주사회에서 해당 기술과 학력을 그대로 인정받지 못하는 경우가 많다. 다만, 이런 높은 인적 자본을 가진 이주민이 이주사회에서 적응하는 속도와 적응 과정 속에서 습득할 수 있는 정보와 활용할 수 있는 자원 등은 그렇지 않은 이주민보다 더 빠르고 많을 수 있다는 가능성이 존재한다. 하지만 동시에 모국에서 높은 인적·사회적 자본을 가졌으나 이주사회에서 저숙련노동군에 속하며 이에 준하는 임금을 받는 이민자의 경우 이주 후 삶에 대한 만족도 수준이 현저히 낮을 수 있다. 또 이런 하향된 소득과 생활환경은 이들의 정신건강과 전반적 안녕에도 영향을 미칠 수 있다. 즉, 이주민과 이주민의 삶을 이해하기 위해서는 이들의 이주 전 삶에 대한 면밀한 탐색이 요구되며, 이주 전 삶과 현재 삶 간의 간극이 어느 정도이며 어디서 발생하는지에 대한 관심이 요구된다. 사회복지사는 대상자의 출신국에 대한 객관적인 상황, 출신국에서의 삶, 출신국에서의 인적·사회적 자본 수준, 이주 동기 및 원인, 이주 과정에서 경험한 어려움 등을 모두 살펴봐야 하며, 이를 토대로 현재 시점에서 이들의 삶을 이해하려고 노력해야 한다.

Congress(2008)는 이주민 대상자와 함께 하는 다문화 사회복지실천현장에서 정보수집과 사정에서 사용할 수 있는 유용한 틀을 소개했는데, 이를 문화도라고 한다. 문화도(culturagram)란 사회복지사로 하여금 다양한 문화적 배경을 가진 이주민을 조금 더 잘 이해하기 위해 개발된 사정도구이며, 이주민을 이해하기 위해서는 다음과 같은 부분에 대한 탐색이 필요함을 설명한다.

- 이주 원인: 이주민에 따라 경제적인 이유로 한국에 입국, 체류하는 경우도 있으며, 결혼과 함께 새로운 삶을 영위하기 위해 한국으로 이주하는 경우도 있다. 일부는 생명의 위협에서 탈출하기 위해 한국에 입국하기도 하며, 일부는 이미 한국에 거주하는 가족과 함께 거주하기 위해 이주를 선택하기도 한다. 이주 원인을 살펴볼 때 초국가주의(transnationalism)에 대해서도 살펴볼 필요가 있

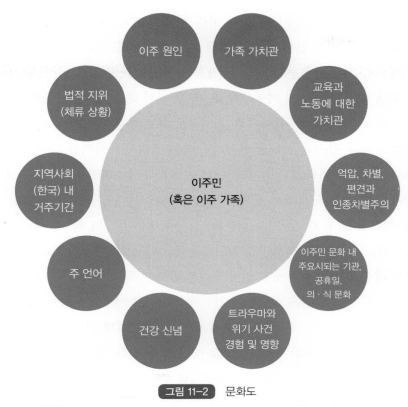

그림 11-2 　문화도

출처: Congress (2008).

다. 즉, 일부 이주민의 경우 우리나라와 모국을 여러 차례 오가며 생활하기도 한다.

- 법적 지위: 이주민이 영주권 및 한국시민권을 취득하기 전까지 이들의 비자 상황에 따라 이들의 체류가 불안정할 수도 혹은 안정적일 수 있다. 예로, 한국 입국과 동시에 국적이 부여되는 북한이탈주민을 제외하고는 다른 이주민의 경우 상황과 거주기간에 따라 이들의 체류자격이 변화될 수 있다. 또한 영주권과 귀화신청이 가능한 결혼이주민의 경우에도 가정해체 발생 시 체류자격이 불안정해질 수 있다. 이들의 법적 지위는 곧 체류안정성을 의미하며 이에 따라 이주민의 삶이 결정될 수 있기 때문에 이들의 법적 지위에 대한 탐색은 중요하며, 필요시 이에 대한 지원 역시 제공되어야 한다.

- 지역사회 내 거주기간: 거주기간에 따라 이들의 한국 사회 적응양상이 달라질 수 있으며, 이들의 신체 및 정신 건강 역시 달라질 수 있다(Kim, 2018). 거주기간은 이들의 한국어 능력, 한국 내 생활 능력 등과도 관계가 있기 때문에 이들의 한국 내 거주기간 및 지역사회 내 거주기간에 대한 탐색은 중요하다.

- 주 언어: 이주민이 가정에서 혹은 지역에서 주로 사용하는 언어가 무엇인지 파악해야 하며, 동시에 이들의 한국어 구사능력 역시 파악해야 한다. 이주민 가족 혹은 다문화가족의 경우 종종 자녀는 한국어 사용에 능숙하고 부모의 출신국가 언어는 잘 구사하지 못해 부모-자녀 간 소통의 어려움이 발생할 수 있다. 반대로 일부 연구에서는 다문화가족 내 영유아 자녀 일부는 한국어 능력 발달이 더디게 진행된다는 결과도 보고되고 있으므로(Kim & Kim, 2011) 대상자와 대상자 가족의 주 사용 언어에 대한 탐색은 중요하다.

- 건강 신념: 건강 신념은 이주민의 건강과 정신건강 서비스 이용에 매우 중요한 요인으로 작용한다. 질병 및 치료에 대한 이주민 개개인의 관점과 문화적 신념은 종종 치료과정의 방해요인으로 작용할 수 있다. 예로, 자신의 질병이 신의 뜻이라고 믿는 대상자의 경우 보건의료서비스 연계가 어려울 수 있으며, 자신과 가족에 대해 외부인에게 노출하는 것은 수치스럽다고 바라보는 대상자의 경우 필요한 심리상담 및 정신건강 치료를 거부할 수 있다. 일부 문화권에서는 우울, 불안, 스트레스 등이 심각한 질병이나 문제라고 바라보지 않을 수 있기 때문에(Segal, 2002) 사회복지사는 이주민과 이주민이 속한 문화권에서 심리적·정신적·신체적 질환과 치료를 어떻게 바라보고 인식하는지 파악할 필요가 있다.

- 트라우마와 위기 사건 경험 및 영향: 다문화 사회복지실천에서 이주민의 생애사를 파악하는 것은 매우 중요하다. 특히 난민, 북한이탈주민과 같은 이주민의 경우 한국으로의 이주 과정까지 많은 트라우마와 위기를 경험하기도 하며, 이로 인해 이주 후에도 트라우마 관련 스트레스, 우울 등 정신적 어려움을 호소하기도 한다. 최근 조사자료에 따르면, 북한이탈주민 다수가 북한에서 강제노동, 굶주림 등의 어려움을 경험했으며, 탈북과정에서 납치, 유괴, 강제감금 등

위기와 위험을 경험한 것으로 보고된다. 장기간 누적된 위기 경험은 이들에게 탈북 후에도 트라우마로 남게 되며 외상후 스트레스 장애, 우울 등의 정신건강 어려움으로 이어지기도 한다(이소희 외, 2017).

- 이주민 문화에서 주요시되는 문화적·종교적 기관, 공휴일, 의·식 문화: 우리나라의 명절과 유사한 혹은 매우 다른 명절과 모국에서 기리는 행사 등에 대해 파악이 필요하다. 동시에 이주민이 현재 접촉하고 관계를 맺고 있는 이주민 단체, 종교 기관 여부와 관계망에 대한 파악 역시 중요하다. 또한 이주민의 의·식 문화에 대해서도 살펴봐야 한다. 예로, 특정 음식 섭취를 하지 않거나 특정 양식의 의복을 중요시하는 이주민이 한국 내 직장, 학교 등에서 이로 인해 어려움을 경험하고 있는지, 주변인들과 갈등이 있는지 등에 대해 면밀히 살펴봐야 한다.

- 억압, 차별, 편견과 인종차별주의: 생태체계이론과 여성주의 이론에서 모두 볼 수 있듯이, 다문화 사회복지실천에서 반드시 고수해야 하는 관점은 환경 속 인간 관점이다. 대상자가 우리 사회 구조 내에서 어디에 위치하며 이들의 이주 전 삶과 현재 이들의 사회경제적 지위는 어떻게 변했는지, 이들이 이를 어떻게 인식하고 있는지에 대해 살펴볼 필요가 있다. 동시에 우리 사회에서 이들이 경험하는 구조적·대인관계적 차별과 편견이 무엇이며, 이것이 이들의 삶에 미치는 영향에 대해서도 포괄적으로 탐색해야 한다. 우리 사회 내에서 많은 이주민이 일상생활에서 차별과 편견에 노출되어 있고 차별에 기반한 괴롭힘 피해경험 역시 다수 보고되기 때문에(최윤정 외, 2019) 이들에 대한 억압과 차별은 다문화 사회복지실천에서 필수로 탐색 및 사정되어야 하는 영역이다.

- 교육과 노동에 대한 가치관: 우리나라는 교육과 노동의 가치에 대해 높이 평가하는 사회이다. 따라서 아동·청소년의 교육에 대한 사회적 관심 및 지출은 매우 높으며, 이를 통해 우수 대학에 진학하고 졸업 후 안정적인 직업을 갖는 것은 우리 사회 구성원 다수가 중요하게 여기는 인생과업이자 가치이다. 하지만 이런 교육과 안정적 직업에 대한 열성을 모든 사람이 공유하는 것은 아니다. 일부 이주민은 자녀의 학업보다 놀이에 더 관심을 가질 수 있고, 일부 이주민

은 한국 교육보다는 모국 교육 방식을 도입한 홈스쿨링 등 다른 대안을 선택하기를 원할 수 있다. 또한 자녀의 학교생활에 대한 관점 역시 다를 수 있다. 일부 이주민의 경우 자녀의 학업, 학교생활에 대한 책임을 교사와 학교에 온전히 두는 반면에 일부 이주민의 경우 자녀의 학업, 학교생활에 더 많이 관여하고, 교사−부모의 협력관계가 중요하다고 여길 수 있다.

- 가족 가치관: 출신국가의 가족 형태, 가족 가치관에 따라 우리 사회에서 이들의 가족생활이 달라질 수 있다. 예로, 가부장적인 사회에서 성장한 남성 이주민의 경우 한국에 와서 가족을 꾸릴 경우 가사·육아를 분담하는 것에 거부감을 느낄 수 있으며, 가족 내 성역할 분담이 고르게 되어 있는 사회에서 성장하고 이주한 대상자의 경우 한국 가족 내 역할분담에 대해 불만이 있을 수 있고, 이로 인해 가족 갈등이 발생할 수 있다. 사회복지사는 이주민 개인 구성원과 이주민 가족의 독특한 특성, 가족 규칙, 가족 내 권력구조, 의사소통 방식 등을 이들의 문화적 맥락과 틀에서 살펴봐야 한다. 동시에 이런 가족 내 문화적 특성이 우리 사회의 가족 문화와 규범에 부합하는지, 혹은 갈등 발생 가능성이 있는지 등에 대한 탐색이 요구된다. 예로, 자녀 방임, 방치, 처벌 등을 포함한 아동학대 행위를 문제로 규정짓지 않는 사회에서 이주한 이주민 가족의 경우 한국 사회에서 아동학대 혐의를 마주할 때 당혹스러워하거나 비협조적·거부적인 태도를 보일 수 있다. 따라서 사회복지사는 이주민 대상 실천에 있어서는 이들의 문화적 규범과 관습에 대한 이해를 토대로 새로운 관습과 규범에 대해 설명하고 설득할 수 있어야 한다.

정리하면, 정보 수집 및 사정 단계에서 사회복지사는 이주민의 문화적·사회적 경험에 대한 이해를 바탕으로 다양한 수준에서 정보를 수집해야 한다. 이주민이 호소하는 문제와 어려움에 대해 사정 시, 이들의 이주 전, 이주 과정 내, 이주 후 삶과 삶 속 변화에 대해 미시적 차원부터 거시적 차원에서 탐색해야 한다. 또한 대상자가 직접적으로 호소하는 문제와 드러나지 않으나 어려움으로 간주될 수 있는 부분에 대해 대상자가 어떻게 인식하며 이해하는지에 대한 탐색이 반드시 이루어져야 한다. 모든 사정 과정에서 그렇듯이, 이주민을 대상으로 하는 사정 단계에서도 이들의 사회복지 · 의료서비스 등 자원에 대한 접근성, 이용 용이성 등을 포함한 자원 활용 능력, 그리고 서비스 이용에 대한 인식과 모국에서의 이용 경험 등 역시 살펴 봐야 한다. 자원 사정 시 고려할 부분은 이런 공공 · 민관기관 내 이주민을 도울 수 있는 통역사 · 번역사 유무와 혹은 통역 · 번역 서비스 이용이 가능한 기관인지 등 이다. 기관 및 자원의 유무가 곧 이용 가능 여부로 연결되지 않을 수 있으므로 이를 반드시 고려해야 한다.

3) 개입계획 수립 및 계약하기

계획은 사정과 개입을 잇는 단계로 개입의 방향성과 개입과정의 밑그림을 그리는 과정으로 이해할 수 있다. 자료수집 · 사정단계에서 축적된 자료와 정보를 토대로 사회복지사는 대상자와 함께 개입의 목적과 목표를 수립하며 계획을 세워야 한다. 이 과정에서 사회복지사와 대상자는 '개입을 통해 성취하고자 하는 것이 무엇인지' '이를 달성하기 위해 누구와 무엇을 해야 하는지'(이원숙, 임수정, 2020)에 대한 답을 구하기 위해 논의를 하며 계획을 수립해야 한다. 일반적으로 개입계획은 다음의 8단계에 걸쳐 진행된다(Kirst-Ashman & Hull, 2018).

(1) 대상자와 함께 일하기

최혜지 등(2013)은 사회복지실천에 있어 사회복지사가 반드시 고수해야 할 중요한 원칙은 대상자를 모든 과정에 관여시키는 것이라 설명한다. 대상자는 자신의 삶과 상황에 대해 가장 전문가이며 모든 변화의 주체가 되기 때문에 실천과정에서 대상자와 함께 계획을 수립하고 이를 실행하는 것은 매우 중요한 과업이 된다. 이는 강점 · 역량강화 모델에서 강조되는 부분이며, 대상자의 자기결정권을 존중하기 위한 첫걸음이 된다.

(2) 우선순위 정하기

사회복지실천현장에서의 개입과정은 대부분 기간 및 시간제한이 있다. 따라서 복합적이고 다양한 어려움을 경험하는 대상자와 함께 일할 경우 개입과정을 통해 무엇을 먼저 해결하고자 하는지, 어떤 어려움을 중심으로 개입과정을 진행할지 결정해야 한다. 우선순위를 정하는 기준은, 첫째, 대상자가 문제를 문제로 인식해야 하며, 둘째, 대상자가 이해할 수 있는 언어로 문제를 규정해야 하며, 셋째, 문제해결을 위한 현실적인 대응방안 마련이 가능한가이다. 다문화 사회복지실천에 있어서 이 과정에서 특히 고려해야 할 점은 문제와 어려움에 대한 인식의 차이이다. 예로, 자녀 처벌 및 방임 등은 우리 사회에서는 반드시 개입되어야 하는 문제이지만, 일부 문화권에 따라 이는 자녀 훈육의 일환이며 가족의 사적 영역으로 인식될 수 있다. 이런 경우 "신중한 의사소통 기술"(최혜지, 2013, p. 313)을 활용하여 해당 문제에 대해 조심스럽게 접근할 필요가 있다. Marsiglia 등(2021)은 이런 경우 이주민과 그 가정에 정주 사회의 법에 대해 상세히 설명하며, 이들의 문화와 관습이 정주 사회의 법 및 규정과 어떻게 부딪히는지 안내해야 한다고 설명한다.

(3) 문제를 욕구로 전환

이 단계에서는 대상자가 제시한 문제 및 어려움을 '충족되지 못한 욕구'로 전환하는 작업이 진행된다. 예로, 배우자의 일중독(workaholic) 문제는 '배우자와 함께하고 싶은 시간을 늘리고 싶은' 욕구로 전환하며, 구직 문제는 '취업을 통해 안정적인 소득을 얻고 싶어 하는' 욕구로 바꿀 수 있을 것이다. 문제와 어려움을 욕구로 전환한 후에는 욕구 충족을 방해하는 요인이 무엇인지 조금 더 면밀히 살펴볼 수 있다. 즉, 무엇이 잘못되었는가 대신 욕구충족을 위해 무엇이 변화해야 하는가로 관점을 전환하며 이를 중심으로 개입 계획을 수립할 수 있다.

(4) 개입 수준 평가 및 전략 선택

이 단계에서는 사회복지사와 대상자는 함께 앞선 단계에서 선택한 욕구를 검토하고 미시, 메조, 거시 수준에서 취할 수 있는 전략을 마련하며 각 전략의 장단점을 평가하는 과정을 거친다. 이 과정을 통해 사회복지사와 대상자는 가장 효과적이고 실현 가능한 전략을 함께 선택하며, 특히 대상자와 대상자의 체계 내 강점을 고안해 내는 전략에 통합시킬 수 있어야 한다(Kirst-Ashman & Hull, 2018). 다문화 사회복지실천에서 특히 유의할 점은 전략 고안 및 선택 시 대상자의 문화적 가치, 생활양식(life style)을 고려해야 한다는 점이다(최혜지 외, 2013). 대상자의 욕구 충족을 위한 최적의 전략이라도 이것이 대상자의 생활양식, 문화적 가치, 관점과 부합하지 않는다면 이를 이행할 가능성이 매우 낮아진다. 또한 대상자의 욕구와 욕구충족 방해요인이 구체적으로 무엇인지 파악 후, 이에 부합하는 개입 수준을 결정해야 한다. 예로, 구직 욕구가 있는 이주민의 경우 원하는 직업에서 요구하는 자격, 능력을 모두 가지고 있다고 하더라도 이주민이라는 이유로 취업이 잘 되지 않는 경우 이는 이주민의 개인 역량을 고취시키는 전략으로 해결될 수 없다. 따라서 사회복지사는 이주민이라는 특성을 고려하여 사회복지사와 사회복지기관이 취할 수 있는 전략과 전략의 수준을 함께 고민해야 한다.

(5) 목적 설정 및 목표 구체화하기

목적은 개입을 통해 성취하고자 하는 단기·장기 결과이며, 목표는 목적을 세분화한 것으로 구체적으로 작성된 것을 가리킨다. 목적과 목표 설정 시 참고해야 할 점은, 첫째, 목적·목표 모두 대상자의 의견이 충분히 반영되어야 하며, 둘째, 측정 가능한 형태로 기술되며, 셋째, 주어진 개입 상황 및 기간 내 달성 가능해야 한다는 점이다. 또한 사례관리와 같이 다양한 기관과 자원이 연계 및 관여되어야 하는 경우, 목적과 목표는 모든 기관이 공유할 수 있어야 한다. 종종 주 사례관리 기관에서 대상자와 함께 설정한 목적과 목표가 협력 사례관리 기관과 상이할 수 있는데, 이런 경우 개입의 방향과 방안이 달라질 수 있으므로 이에 대한 사전 논의가 반드시 필요하다.

(6) 행동단계 구체화하기

목적·목표 설정과 더불어 중요한 것은 각 단계에서 요구되는 행동을 구체적으로 기술하며 행동의 주체를 명확히 해야 한다는 점이다. 각 목표와 개입단계에서 구체화한 행동 과업은 '누가' '어디서' '어떻게' 실행해야 하는가가 반드시 포함되어야 하며, 일반적으로 행동 주체는 사회복지사와 대상자가 되고, 동시에 협력기관 및 각 기관 담당자가 되기도 한다. 가족이 개입대상이 될 경우, 행동주체는 각 가족 구성원이 되기도 하며, 동시에 가족 전체가 되기도 한다.

(7) 계약하기

개입계획 수립의 마지막 단계는 공식적인 계약하기이다. 모든 사회복지기관은 대상자와 함께 하는 모든 일에 반드시 계약서를 작성하도록 되어 있다. 또한 계약은 구두가 아닌 서면 계약이 원칙이며, 반드시 대상자의 서명이 포함되어야 한다. 계약서에는 개입의 목적, 목표, 개입기간, 역할 등의 내용이 포함된다. 다문화 사회복지실천에서 유의해야 할 점은 다음과 같다. 먼저, 한국어에 능숙하지 않은 이주민의 경우 가장 이상적인 것은 이주민의 언어로 된 계약서를 작성하여 서명을 받는 것이다. 다만 이는 통역사 · 번역사가 상근하지 않는 기관의 경우 어려운 과업일 수 있다. 한국어로 작성된 계약서를 사용해야 할 경우, 계약서에 포함된 내용에 대해 대상자가 충분히 이해할 수 있을 정도로 설명이 필요할 것이다. 또한 이주민 중 일부는 이런 계약행위에 익숙하지 않거나 이를 불편해할 수 있다(성정현 외, 2020). 자신의 정보와 신분이 어디까지 노출되며 공유되는지 불안해할 수 있으며, 이런 계약서가 추후 자신에게 불리하게 작용될 수 있다는 불안을 가질 수 있으므로 사회복지사는 이를 대상자의 문제로 보지 않고 구체적으로 설명할 수 있어야 한다.

4) 개입

개입은 사회복지실천에서 가장 큰 비중을 차지하며 변화를 이끌어 내는 활동으로 구성된 단계이다. 다문화 사회복지실천에서의 개입은 여느 사회복지실천의 개입과 크게 다르지 않다. 개입의 유형 및 단위 역시 매우 유사하다. 여기에서는 다문화 사회복지실천 개입과정에서 유의해야 할 점을 중심으로 개입과정을 살펴본다.

이는 크게 직접·간접개입, 사회복지사의 역할, 상담과 치료로 정리된다.

(1) 직접·간접 개입

개입은 크게 직접·간접 개입으로 구분되며, 직접개입은 사회복지사가 대상자를 만나 접촉하며 진행하는 개입활동을 의미하는 반면, 간접개입은 사회복지사가 개입의 목적을 달성하고 변화를 가져오기 위해 대상자의 주변체계와 환경에 개입하는 활동을 포함한다(최해경, 2017). 다문화 사회복지실천은 여느 사례관리와 사회복지실천과 유사하게 직접·간접 개입을 함께 진행하지만, 많은 경우 간접 개입 활동의 범위와 비중이 클 수 있다. 이주민이 주 문제로 호소하는 어려움이 체류자격, 「출입국관리법」 등과 관련되어 있을 수 있고, 혹은 직접적으로 체류자격 자체가 주 호소문제는 아니지만 이들이 경험하는 어려움이 이들의 체류자격과 연관되어 있을 수 있기 때문에 이주민 대상 사례관리와 사회복지실천은 간접개입이 중요한 활동이 될 수 있다. 예로, 선주민 간의 이혼은 부부와 가족에게 많은 심리적·경제적 타격을 안겨 주는 어려움이나 이혼으로 인해 선주민의 한국체류자격이 상실되지는 않는다. 하지만 결혼이주여성과 같은 이주민의 경우 이혼은 곧 이들의 합법 체류자격과 직결된다. 귀화하지 않은 이주여성이 이혼을 한 경우 우리나라에 지속 체류하기 위해서는 일부 조건을 충족해야 한다. 예로, 이혼귀책사유가 한국국적 배우자에게 있거나 자녀 혹은 시부모·시가족을 여성이 양육, 부양할 경우에만 체류가 한시적으로 인정된다(조세은, 김혜미, 2022). 자녀를 양육하는 여성의 경우에도 자녀가 만 18세 성년이 될 때까지만 국내에 합법적 체류가 가능하며(법무부, 2019), 이후에는 다시 본국으로 돌아가야 한다. 즉, 결혼이주여성과 같은 이주민의 경우 가족해체, 이혼은 이들의 체류와 밀접한 관계가 있기 때문에 다문화 사회복지실천 전문가는 이주민의 체류자격, 사증, 절차 등에 대해 숙지하고 있어야 하며, 필요한 경우 관련 법률전문가, 변호사 등과 연계하여 이들을 지원해야 한다. 즉, 이혼 과정을 경험하는 이주여성에게는 심리적 상실을 완화시킬 수 있는 상담과 더불어 자립지원, 법률 지원 등 종합적인 서비스 제공이 요구된다.

다문화 사회복지실천에서 간접개입 비중이 확대되는 또 하나의 이유는 이주민의 한국 사회에서의 적응 및 생활이 일방향적으로 이루어지지 않기 때문이다. 적응은 이주민과 선주민이 함께해 가는 양방향적(bi-directional) 과정이며, 이주민의 적응 정도는 선주민과 체류사회의 이주민 수용 정도, 이주민 관련 법·정책 체계 등에 의해 달라지기도 한다(Berry, 1994). 이는 곧 다문화 사회복지실천의 주 대상자가 이주민이기도 하지만, 이들의 심리적·사회적 적응 지원을 위해서는 이들 주변 체계에 대한 교육, 지원이 요구됨을 의미한다. 예로, 다문화가족 아동·청소년을 포함한 이주배경 아동·청소년이 학교생활에 어려움을 경험하고 있다면 주 개입 대상에는 아동, 가족뿐 아니라 학교 역시 포함되어야 한다(성정현 외, 2020). 학교생활 어려움의 원인이 아동의 개인적 상황에 기인한 것인지, 혹은 아동·가족의 일시적인 상황에 의한 것인지, 아니면 학교생활 내 또래나 교사와의 관계로 인해 나타나는 문제인지 등에 대한 면밀한 사정이 필요하며, 때에 따라 학교, 교사, 또래에 대한 개입이 요구되기도 한다.

(2) 사회복지사의 역할

다문화 사회복지실천에서 사회복지사가 수행하는 역할은 선주민 중심 사회복지 실천과 크게 다르지 않다. 사회복지사는 교육자, 중개자, 중재자, 상담자, 옹호자 등 다양한 역할을 수행하게 되는데, 특히 다문화 사회복지실천에서는 옹호자의 역할을 수행해야 하는 경우가 많이 발생한다. 옹호(advocacy)는 사회복지실천가의 주요 역할이자 업무이며, 옹호는 크게 사례옹호, 계층옹호, 정책옹호로 구분되며(한국사례관리학회, 2019), 다문화 사회복지실천은 세 가지 유형의 옹호활동을 모두 수행할 수 있다. 첫째, 사례옹호의 경우 대상자가 스스로 자신을 옹호할 힘이 없는 경우 사회복지사가 대상자와 가족을 대변해서 목소리를 내고 변화를 촉구하는 행동이 여기에 포함된다. 앞서 언급한 이혼사례와 마찬가지로 한국어에 능숙하지 않거나 한국 법, 정책, 서비스 등에 대해 잘 알지 못하는 이주민을 지원하는 실천에서 사회복지사가 수행하는 역할이 여기에 해당된다. 마찬가지로 임금체불, 산재, 직장 내 인권침해 등 부당한 문제를 종종 경험하는 외국인노동자, 북한이탈주민과 같은 이주민 대상자와 함께하는 사회복지사는 이들의 권리보장을 위해 대변인의 역할을 수행해야 할 경우가 많은데, 이 역시 개인수준의 사례옹호에 해당되는 활동이다. 둘째, 계층옹호는 크게 집단옹호와 지역사회옹호로 구분되는데, 집단옹호는 유사한 어려움을 경험하는 대상자들로 구성된 집단이 공동의 문제를 해결하기 위한 옹호를 의미하며, 지역사회옹호는 이와 유사하지만 지역사회가 당면한 어려움과 문제를 해결하기 위해 지역사회 주민이나 사회복지사가 대신해서 이들을 옹호하는 것을 의미한다. 다문화 사회복지실천에서 계층옹호 역시 많이 수행하는 활동이며, 특히 이주민 밀집지역 내 문제, 자원 부족 등의 어려움 해결을 위해 사회복지사와 지역사회 주민이 함께 캠페인 활동을 하거나 토론회를 요청하는 등의 활동이 여기에 해당된다. 셋째, 정책옹호는 정책적 옹호와 체제변환적 옹호로 구분된다. 정책적 옹호는 사회정의, 복지 증진을 위해 입법, 행정, 사법 영역에서 전개되는 옹호활동이며, 체제변환적 옹호는 근본적인 제도 변화를 꾀하기 위해 하는 옹호활동으로 여성운동, 장애인이동권보장 옹호활동 등이 여기에 해당된다. 다문화 사회복지실천 영역에서 진행되는 정책옹호활동의 예로는 무국적 아동 혹은 미등록 아동 출생등록제를 위한 활동이 있다.

옹호활동은 사회복지기관 밖에서 이루어지는 경우가 많지만, 동시에 사회복지서비스 전달체계 내에서도 할 수 있다. 이주민 대상자가 사회복지 서비스 과정에서 다른 사회복지사나 유관기관 관계자로부터 부당한 대우를 받지 않도록 사회복지사는 계속해서 옹호활동을 해야 할 수도 있다. 특히 다양한 유관기관과의 협업과 협력이 요구되는 사례관리 서비스를 제공할 때 주 사례관리기관에 종사하는 사회복지사의 경우 대상자의 입장을 대변하고 이들에게 필요한 서비스를 연계하고 조정하는 역할을 수행해야 하며, 대상자와 다른 기관과의 소통이 원활히 잘 이루어지는지 모니터링하는 역할 역시 수행해야 한다.

다문화 사회복지실천현장에서 종사하는 사회복지사는 이주민 대상자를 위한 직접 개입 및 역할 수행과 더불어 주변 체계 및 지역사회를 교육하고 다문화이해를 증진시키는 역할 역시 수행한다. 우리나라의 경우 각 지자체의 가족센터(구 건강가정 · 다문화가족지원센터)에서는 지역사회 주민을 포함한 교사, 일반 사회복지사 등을 대상으로 다문화이해교육 등을 제공하며, 이를 통해 다문화수용성을 증진시키고자 노력하고 있다.

(3) 상담 · 치료과정에서 유의할 점

Sue와 Sue(2011)는 다문화상담 및 치료에서 치료사가 직면하는 장벽에 대해 언급하며, 이를 크게 계급에 따른 가치, 언어 의존, 문화 제한적 가치로 나누어 설명했다.

첫째, 계급에 따른 가치에서 직면하는 장벽은 다음과 같다. 일반적으로 사회복지사를 포함한 사회복지서비스 제공자들은 고등교육을 받은 선주민인 경우가 많고, 전통적으로 사회복지실천의 핵심 관계자였던 정신의학과 의사 및 정신건강 서비스 제공자의 경우 주로 백인이며 중산층 이상의 배경을 가진 사람들이었기 때문에(Sue & Sue, 2011) 그렇지 않은 배경을 가진 서비스 대상자에 대한 이해가 부족할 수 있다. 즉, 서비스 제공자와 대상자의 사회경제적 지위와 계급의 차이에서 발생하는 가치관과 생활양식이 다를 수 있음을 고려해야 한다. 예로, 전통적으로 사회복지 교육에서는 이상적인 사회복지 대상자는 기관에 내방해 사회복지사와 상담하고 서비스 이용에 매우 적극적인 태도를 가진다고 가르쳐 왔다. 하지만 경제적으로 어려움이 많은 가정 내 이주민의 경우 상담 및 치료를 위해 기관에 내방하는 것이 매우 힘들 수 있다. 사회복지사와 약속한 상담 일정을 소화하는 것도 힘들 뿐 아니라 그 외에 정신의학과 상담이나 다른 유관기관 관계자를 만나러 가는 것도 큰 스트레스 요인으로 작용할 수 있다. 그래서 종종 이들은 상담과 사회복지 서비스에 협조적이지 않으며 의지가 없는 대상자로 인식되기도 한다.

하지만 이런 해석이 과연 옳은 것인지 점검할 필요가 있다. 또한 일반적으로 이런 경우 사례관리자가 대상자의 가정에 직접 방문하여 상담을 하고 서비스를 제공하는 것이 최선책으로 간주될 수 있으나 이 역시 이주민이 속한 문화와 사회에서, 혹은 이주민의 생활양식과 부합하는 방법인지 확인해야 할 필요가 있다. 즉, 우리 사회에서 혹은 우리의 사회복지실천 현장에서 당연하게 여겨지는 서비스 제공 방식이 누군가를 '집으로 초대하는 것'이 일상이 아닐 수도 있는 일부 문화권 내 대상자에게는 또 다른 어려움으로 작용할 수 있음을 고려해야 한다. 대상자의 경제적·문화적 상황에 대한 배려가 없는 서비스 제공은 "제도적 편향"(Sue & Sue, 2008, 2011, p. 185)에 기반한 것이므로 이에 주의를 기울여야 한다. 또한 목적 중심의 구조화된 사회복지실천과정 역시 실증주의 관점의 주류 사회의 가치가 반영된 과정일 수 있다는 점 역시 염두에 두어야 할 것이다. 일부 문화권에서는 이런 목적 중심의 시간과 공간의 구조가 엄격하게 통제되는 실천과정에 대한 이해도 및 공감이 떨어질 수 있으므로 이에 대한 고민이 요구된다.

두 번째 장벽은 언어의존이다. 이주민의 경우 언어장벽의 어려움을 가질 수 있다. 아직 한국어 사용에 능숙하지 않아 통역사나 번역사가 필요한 경우도 있으며, 자신의 의견, 상황, 증상 등에 대해 명확히 전달하는 데 어려움이 있을 수 있다. 문제는 사회복지실천과 상담치료가 기본적으로 언어에 의존하는 정도가 높다는 부분이다. Freud의 "말로 하는 치료(talking cure)"(Sue & Sue, 2011, p. 185)가 개발된 이후 사회복지실천에서 활용되는 대부분의 상담·치료는 기본적으로 언어를 통한 소통을 전제로 한다. 즉, 자신의 감정과 생각에 대해 언어로 표현할 수 있어야 하며, 이 언어는 대부분 주류사회 언어를 의미한다. 즉, 우리나라의 다문화 사회복지실천 현장에서도 이주민은 한국어로 자신의 상황, 감정, 정서 상태를 설명할 수 있어야 한다. 하지만 언어 장벽이 있는 이주민의 경우 상담과정에서 제대로 이해받지 못하는 불리한 상황에 놓일 수 있으며, 이는 오진과 오해와 같은 결과로도 이어질 수 있다.

셋째, 문화 제한적 가치이다. 문화 제한적 가치는 상담과 사회복지실천이 가지는 독특한 문화적 가치를 설명한다. 예로, 상담 문화는 개인 중심의 언어적·정서적·행동적 표현을 중요시하며, 사회복지실천에서는 친밀성, 분석적 접근과 개방성을 중요하게 생각한다. 전통적으로 상담과 심리치료는 개인 중심적 성격을 가진다. 이는 사회복지실천과 상담·치료모델이 서구에서 발달되었고 미국과 유럽의 문화적 가치에 기반해서 발전되었기 때문이다. 하지만 이런 개인중심적 사고와 발달이 모든 문화권에서 수용되는 것은 아니다. 따라서 전통적인 상담·치료모델에서 은연중에 나타나는 개인주의의 우월성에 대해 견제할 필요가 있다. 예로, 가족에 큰 의미를 부여하는 대상자를 '가족으로부터 분리되지 못한' '미성숙한' '의존적인' 사람으로 해석하는 것이 과연 올바른 해석이며 적절한 지적인지 이들의 문화적 배경과 가치의 맥락에서 살펴봐야 한다는 것이다. 또한 앞서 설명한 언어의존적 상담·치료모델은 서구의 문화적 가치를 반영함을 생각해야 한다. 즉, 사회복지실천에서는 대상자가 적극적으로 자신의 감정을 표현하고 자기주장을 할 수 있으며, 스스로의 권리를 주장할 수 있도록 지원하는 것을 강조한다. 하지만 이는 모든 문화권에서 통용되는 가치가 아니다. 예로, 일부 남아메리카 및 아시아권 문화에서는 감정과 정서를 통제하는 능력을 높이 평가하며, 교사, 부모 등 지위가 높은 사람에게 자신의 의견을 강하게 주장하는 행위를 오히려 부정적으로 평가하기도 한다(Sue & Sue, 2008; 2011). 하지만 문화적 맥락과 가치를 고려하지 않는 사회복지사는 쉽게 이들을 자발성이 부족하고 소심한 사람으로 묘사할 수 있고, 대상자의 문화적 가치를 무시한 채 개입 목표를 설정할 수 있다.

5) 종결과 평가

종결은 사회복지실천과정의 마지막 단계로 일련의 개입과정이 계획에 따라 마무리되는 것을 의미한다(엄명용 외, 2020). 종결은 일반적으로 계획된 상태에서 이루어지지만, 종종 예상치 못한 상황과 시점에 이루어지기도 한다. 종결은 크게 다음의 세 가지 유형으로 구분된다. 첫째, 목표 달성으로 인한 종결이 있다. 이는 가장 이상적인 형태의 종결로 대상자와 사회복지사가 합의한 개입의 목적과 목표가 충분히 달성되었다고 평가할 때 이루어진다. 둘째, 시간제한에 의해 계획된 종결이다. 대부분의 사회복지실천과정은 시간제한을 두고 이루어진다. 사례관리의 경우 기관에 따라 다르지만 빠르면 6개월부터 1년 등의 시간제한을 두고 진행된다. 이는 현장의 현실적 조건과 상황을 반영한 것이긴 하지만, 동시에 주어진 시간 내 목적과 목표를 달성하기 위해서 사회복지사와 대상자가 최선을 다해 개입에 임할 수 있는 장점도 가진다(최해경, 2019). 셋째, 계획되지 않은 종결이다. 이는 대상자가 일방적으로 연락을 끊거나 개입을 중단하는 경우, 그리고 사회복지사나 기관이 대상자에게 필요한 서비스를 계속해서 제공하기 어렵다고 판단할 경우에 이루어진다. 여기서 유의할 점은 대상자가 왜 서비스를 중단 혹은 거부하는지 살펴볼 필요가 있다는 것과 사회복지사나 기관의 결정에 의해 서비스가 종결될 시 대상자가 이를 거절로 받아들이지 않도록 충분한 설명과 이유를 제공해야 한다는 것이다. 대상자의 개입 거부 및 중단 결정이 사회복지사 혹은 사회복지기관의 서비스 제공 과정에서 발생한 불편함으로 인한 것인지 탐색하는 것은 매우 중요하다. 앞서 설명한 것과 같이, 사회복지실천과정에도 이주민에 대한 미세한 차별과 편견은 존재하며, 사회복지사의 문화적 역량과 문화감수성 부족으로 인해 실천과정에서 이주민 대상자에게 의도치 않은 상처를 안길 수 있다. 동시에 사회복지서비스 이용 과정이 대상자에게 어떤 식의 불편함을 초래했는지 살펴보는 것 역시 중요한 과업이다. 한국어 사용이 서툴고 한국인 사회복지사와의 교류가 익숙하지 않은 이주민에게 사회복지서비스 전달체계 내에서 움직이고 서비스를 이용하는 것은 매우 어려운 경험일 수 있다. 따라서 대상자가 일방적으로 서비스 이용을 중단하거나 더 이상의 개입을 거부할 경우 원인 규명은 매우 중요한 과업이 된다.

전반적으로 다문화 사회복지실천에서의 종결과 평가는 선주민 대상 실천과 크게 다르지 않다(성정현 외, 2020). 일반적인 종결에서 이루어지는 성과 검토, 변화의 안정화, 정서적 유대 다루기, 다음 단계 계획, 평가(Bogo, 2006: 최해경, 2017 재인용) 요소는 다문화 사회복지실천에서도 그대로 유지되며, 사회복지사는 각 요소를 실천할 수 있어야 한다. 종결 과정에서 주의를 기울어야 할 점은 종결에 대한 이주민의 관점과 감정이다. 이주민은 사회복지실천에서의 종결을 무엇으로 인식하는지, 이에 대한 정서적 반응은 어떤지 파악해야 한다. 종종 고립되어 생활하는 이주민의 경우 사회복지사와 기관이 한국 사회 내 유일한 공식 자원으로 기능할 수 있기 때문에 이런 공식적인 관계의 종결이 이들에게 어떤 의미를 가지는지 살펴볼 필요가 있다. 따라서 사회복지사는 대상자가 인식하는 종결의 의미와 관련된 감정에 대해 파악하고 이를 충분히 다룰 수 있어야 한다.

종결의 중요 요소 중 하나는 평가이다. 평가는 성과평가와 과정평가, 개입과정에 대한 대상자 만족도 등을 포함한다. 평가과정은 선주민 대상 사회복지실천에서의 평가와 동일하나, 평가 수행 방식에 대한 고려는 필요하다. 예로, 일반적으로 성과평가에는 표준화된 척도를 활용하는 경우가 많은데, 한국어가 서툰 이주민의 경우 이를 번역한 척도를 활용할 필요가 있다. 또한 평가 진행 전 평가의 목적과 기능에 대해 충분히 설명할 필요가 있다. 자신에게 도움과 지원을 제공한 사회복지사와 기관에 대해 평가하는 행위가 익숙하지 않은 이주민이 있을 수 있으므로 평가의 목적과 순기능에 대해 충분히 안내할 필요가 있다. 또한 사회복지사·사회복지관 평가에서 이주민의 특성을 반영한 문항과 질문을 포함시킬 필요가 있다. 선주민 대상 사회복지실천에서 활용되는 양식에 더해 사회복지사와 기관이 문화적 감수성을 가지고 개입을 진행했는지, 이들의 문화적 가치를 존중했다고 느끼는지 등에 대한 질문을 추가로 포함하여 사회복지사와 기관의 문화적 역량을 검토하고 이를 증진시킬 수 있는 평가체계를 마련해야 한다.

🔷 참고문헌

김기태, 곽윤경, 이주미, 주유선, 정기선, 김석호, 김철효, 김보미(2020). 사회배제 대응을 위한 새로운 복지국가 체제 개발. 한국보건사회연구원.

남북하나재단(2022). 2021 북한이탈주민 정책실태조사.

양옥경, 김정진, 서미경, 김미옥, 김소희(2010). 사회복지실천론. 나남.

양정민, 김효순, 이무영, 정여주, 홍성례(2020). 새롭게 배우는 사회복지실천론. 학지사.

엄명용, 김성천, 오혜경, 윤혜미(2020). 사회복지실천의 이해(4판). 학지사.

이소희, 이원웅, 이해우, 전진용, 노진원, 한우리(2017). 북한이탈주민 인권피해 트라우마 실태조사. 국립중앙의료원.

이원숙, 임수정(2020). 사회복지실천론. 학지사.

이혜경, 정기선, 유명기, 김민정(2006). 이주의 여성화와 초국가적 가족: 조선족 사례를 중심으로. 한국사회학, 40(5), 25-298.

성정현, 김혜미, 김희주, 박동성, 이창호, 홍석준(2020). 공동체.

조세은, 김혜미(2022). 여성 결혼이민자의 이혼 후 한국생활에 대한 경험 연구. 한국이민정책학보, 5(1), 85-107.

최해경(2017). 사회복지실천론. 학지사.

최혜지, 김경미, 정순둘, 박선영, 장수미, 박형원, 배진형, 박화옥, 안준희(2013). 사회복지실천론. 학지사.

Berry J. W. (1994). Acculturation and psychological adaptation: An overview. In A. M. Bouvy, F. J. R. Van de Vijver, P. Boski., & P. G. Schmitz (Eds). *Journal into Cross-cultural Psychology* (pp. 129-141). Swetz & Zeitlinger Publishers.

Congress, E. (2008). The culturagram. In A. Roberts (Ed.), *Social Work Desk Reference* (2nd ed., pp. 969-973). Oxford University Press.

Kim, H. (2018). Discrimination and the healthy immigrant effect: A focus on marriage migrant women in Korea. *Asian and Pacific Migration Journal, 27*(4), 451-475.

Kim, Y. R., & Kim, Y. T. (2011). Linguistic performance of Korean children from low SES multicultural families. *Journal of Speech-language and Hearing Disorders, 20*(3), 73-88.

Kirst-Ashman, K. K., & Hull, G. H. Jr. (2018). *Understanding generalist practice* (8th ed.). Cengage Learning.

Marsiglia, F. F., Kulis, S. S., & Lechuga-Pena, S. (2021). *Diversity, oppression, and change: Culturally grounded social work* (3rd ed.). Oxford University Press.

Pedersen, P., Draguns, J., Lonner, W., & Trimble, J. (Eds.). (2002). *Counseling across cultures* (5th ed.). Sage.

Ridely, C. R., Sahu, A., Console, K., Surya, S., Tran, V., Xie, S., & Yin, C. (2021). The process model of multicultural counseling competence. *The Counseling Psychologist,* 4994, 534-567.

Saleebey, D. (1996). The strengths perspective in social work practice: Extensions and cautions. *Social Work, 41*(3), 296-305.

Segal, U. (2002). *A framework of immigration: Applications to Asians in the United States.* Columbia University Press.

Sue, D. W., & Sue, D. (2011). *Counseling the culturally diverse: Theory and practice.* 하혜숙 외 공역. 다문화 상담: 이론과 실제. 학지사. (원저는 2008년에 출판).

제 **12**장

생애주기별 이주민의 복지욕구와 특성

　이 장에서는 이주민과 관련된 이론과 더불어 욕구 및 쟁점을 생애주기별로 정리해 살펴보고자 한다. 구체적으로 영유아기, 아동·청소년기, 청년기, 중장년기, 노년기로 구분해서 각 생애주기 단계별 이주민의 특성과 욕구, 어려움을 조금 더 심층적으로 살펴보고, 이를 통해 이주민에 대한 이해를 더욱 확장하고자 한다.

1. 이주와 적응 그리고 생애주기

　생애주기 관점은 인간의 발달을 종단적으로 이해하기 위한 틀로 작용하며, 주로 발달심리학자들에 의해 개발되고 도입되었다(강상경, 유창민, 전해숙, 2021). 인간의 생애주기별 발달과정은 주로 태동기, 영아기-유아기-아동기-청소년기-청년기-중년기-장년기-노년기 등으로 구분되는데, 심리학자들은 각 단계에서 보편적으로 관찰되는 인간의 인지적·신체적·심리사회적 발달과 과업을 제시했다.

예로, Piaget는 인간의 인지발달과정을 설명하며, 이를 출생 후 2세까지의 감각운동 단계, 2~7세까지의 전조작적 단계, 7~12세까지 구체적 조작 단계, 12~17세까지의 형식적 조작 단계로 구분하여 각 단계에서 이루어지는 발달과업에 대해 상세히 설명했다. Piaget에 따르면, 인지발달은 주로 출생 후부터 17세 전후까지 이루어지며 이후에는 인지구조의 개선이 크게 이루어지지 않는다. 즉, 17세 전후까지 형성된 인지구조와 발달이 성인기까지 유지된다는 것이다. 반대로 Erikson은 인간의 발달을 자아의 변화를 중심으로 이해했으며, 발달단계를 생애주기에 맞춰 제시했다. Erikson은 출생~2세 영아기부터 60세 이상~사망, 노년기까지의 총 8단계의 발달단계와 각 단계의 특징 및 과업 등을 설명했다. 일반적으로 발달단계는 생물학적 연령으로 구분되지만, 발달 자체는 사회문화적 배경 및 개인적 특성에 따라 개인마다 다르게 나타날 수 있다(강상경, 유창민, 전해숙, 2021).

생애주기는 출생부터 사망까지 개인, 가족의 선택과 행동, 환경 및 조건이 모두 결합되어 진행되는 평생의 과정이다. 생애주기 관점에서 인간의 삶을 이해하기 위해서는 인간을 둘러싼 다양한 사회적·정치적·경제적 상황 및 그 외 환경적 요소들의 영향을 이해할 수 있어야 한다. 특히 생애주기 관점을 통해 이주민의 삶을 이해하기 위해서는 그 외 추가적인 요소에 대한 고려가 요구되는데, 이는 이주와 관련된 정책 및 정치적 상황, 종교, 가족, 고용 및 노동 상황, 소득, 교육, 언어, 주거, 건강 등의 요소들을 포함한다(Edmonston, 2013). 즉, 이주민의 삶을 생애주기 관점에서 이해하기 위해서는 일반적인 사회경제적 상황이 개인의 삶과 어떻게 연관되어 있는지를 살피는 것에 더해 이들의 이주와 이주 후 삶에 영향을 미치는 다양한 요인을 살펴봐야 한다. 다음은 Edmonston(2013, p. 5)이 제시한 이주 후 이주민의 삶을 조금 더 쉽게 이해하기 위한 생애주기 단계별 요소이다.

〈표 12-1〉에 제시된 내용은 생애주기 단계별로 이주민이 주변 체계와의 접촉 가운데 경험할 수 있는 혹은 달성해야 할 과업으로 볼 수 있다. 예로, 종교가 있는 이주민의 경우 지역사회 종교단체나 기관에서 새롭게 사회화 과정을 거쳐야 하며, 이주사회에서 가족과 함께 새로운 역할을 재정립하는 등 가족 내 사회화 재구조 경험을 할 수 있다. 이주 아동의 경우 교육기관에서의 적응 역시 중요한 과업이 되며,

표 12-1 이주민의 생애주기별 고려 사항

제도 단계	이주 관련 정책/ 정치적 상황	종교	가족	고용/ 노동	교육/ 언어	소득	주거	건강
아동기		사회화	사회화		사회화 및 언어 적응			식습관 변화 적응
청소년기		사회화	사회화		교육 적응			식습관 변화 적응
청년기	이민(이주), 혹은 가족 초청	종교활동, 개종	결혼, 출산	노동 시작, 자격 취득 등	이주사회 공식 언어 습득	첫 소득 발생	고향 떠나기, 이주사회 내 이동	식습관, 생활양식, 운동습관 변화
중년기	귀화, 투표권 획득		가족갈등, 이혼	직업훈련, 교육		저축	자가 마련, 이주사회 내 이동	
중장년기			가족갈등, 이혼, 재혼 등	은퇴 준비		저축		
노년기			사별, 가족해체 등	은퇴		노후 자금	다른 주거 형태 모색	건강 변화

출처: Edmonston(2013), p. 5의 내용을 수정 · 보완함.

이주 사회 언어 습득 또한 중요한 과제가 된다. 언어 적응은 여러 가지 양상을 보일 수 있는데, 먼저 영유아기, 아동기 초기에 이주한 아동의 경우 이주사회 언어를 빨리 습득할 수 있는 반면, 모국어 상실로 인해 가족 내 소통 문제를 경험할 수 있다. 반면에 이주한 지 얼마 되지 않아 이주사회 언어 사용에 능숙하지 않은 아동은 새로운 언어습득이 큰 과제가 될 수 있다. 즉, 생애주기와 더불어 이주민 개개인의 특성 및 상황에 따라 직면하는 과업은 매우 다를 수 있다. 이런 개인 내, 개인 간 차이는 선주민 대상 사회복지실천에서와 마찬가지로 이주민을 대상으로 하는 실천에서도 고려되어야 하는 부분이다.

생애주기 어느 단계에서 이주를 했으며 어떤 맥락에서 이주를 했는가에 따라 이주민의 적응과 이주 후 삶 역시 매우 다를 수 있다. Falicov(2016)는 이주와 적응이 이주민의 생애주기에 어떻게 영향을 미치는지 살펴보기 위한 하나의 틀로 다측면 생태학적비교접근법(Multidimensional, Ecological, Comparative Approach: MECA)을 소개했다. MECA는 이주를 개인과 가족이 시간과 공간을 넘어 경험하는 변화로 바라보며, 이 변화는 실제 이주가 이루어지는 시점 전부터 그 후 오랜 기간 걸쳐 진행되며, 이주민 3, 4세대까지 걸쳐 나타나는 장기적 현상이라고 설명한다. 이주와 문화적응은 전 생애주기에 걸쳐 이주민에게 지속적으로 영향을 미치는 발달적 과정(developmental process)이며, 이는 이주민에게 구분하기 모호한 득과 실을 가져다 주기도 한다. 또한 이주 유형 및 경로, 이주 가족 구성이 어떤가에 따라 이들이 이주 후 직면하는 적응과정과 도전이 매우 다를 수 있다. 예로, 우리나라에 거주하는 외국인노동자와 같이 20~30대 근로를 위해 홀로 이주하는 경우, 이들이 경험하는 적응의 어려움은 청년기의 발달과업 중 하나인 친밀관계 형성에 영향을 미칠 수 있다. 즉, 이들의 정서적 어려움과 사회적 지지의 결여는 이들에게 이주 후 적응의 어려움뿐 아니라 발달단계 과업 미달성으로 인한 고립, 외로움으로 이어질 수 있다. 동시에 본국에 가족을 두고 홀로 이주한 외국인노동자의 경우 가족이 발달하는 과정에 함께하지 못함에서 오는 결핍, 가족과 분리되어 살아가는 삶의 어려움을 경험할 수 있으며, 동시에 본국의 가족은 배우자, 부(모) 없이 살아가는 가족의 삶의 도전과 어려움 등을 경험할 수 있다. 반면에 가족 단위로 이주하는 이주민이나 난민의 경우, 가족 구성원 각각의 적응 양상과 속도 역시 가족 역동에 영향을 미칠 수 있고, 이것이 가족 갈등으로 발전될 수도 있다. 가족단위로 이주가 이루어질 경우 각 가족 구성원의 적응도 해결해야 할 과업이 되지만, 동시에 가족생애주기의 과업역시 달성해야 한다. 예로, 아동은 앞서 〈표 12-1〉에서와 같이 교육기관에의 적응, 새로운 또래관계 형성 등의 과업을 달성해야 하며, 부모는 구직 및 소득 활동의과업을 가진다. 청소년기 자녀의 경우 또래관계가 확장되고 자아 형성이 시작되며부모로부터 독립하고자 하는 욕구가 발달된다. 하지만 이주라는 변화는 아동에게는 교육기관에 다시 적응해야 하는 과업을 안기고 친구관계를 다시 형성해야 하는어려움을 안겨 준다. 청소년기 자녀 역시 모국에서의 단단한 또래관계를 뒤로하고이주민이라는 또 하나의 정체성을 가지고 자신을 재정립해야 하는 어려움을 경험하게 된다. 이런 가족 구성원 개개인의 새로운 과업과 어려움과 더불어 이들의 가족은 하나의 가족단위로서도 새로운 과업을 수행해야 한다. 이들은 한국 사회의 새로운 가족규범과 생활양식을 터득해야 하며, 이에 맞추어 새로 가족의 문화를 재조정해야 하는 과정을 거치게 된다. 기존 모국사회에서 가졌던 성역할에 대한 사회적 관점과 기대가 모국사회와 이주사회에서는 다를 수 있고, 부모와 자녀의 역할, 부모의 돌봄 정도 및 범위가 문화 및 사회에 따라 다를 수 있기 때문에 이주민 가족은 이로 인해 종종 가족 내부적 갈등이나 가족과 이주사회 외부 기관과의 갈등을 경험하기도 한다.

정리하면, 이주는 개인과 가족에 많은 변화를 수반하며, 이주의 맥락과 유형에 따라 생애주기단계에서 요구되는 과업이 다르고, 달성의 어려움 정도 및 강도가 다를 수 있다. 따라서 생애주기적 관점에서의 이주민의 삶을 이해하기 위해서는 이들의 이주와 적응이라는 요소를 반드시 고려해야 한다.

MECA 관점은 이주민의 생활이 적응 과정에서 발생하는 어려움뿐 아니라 이주사회에서 직면하는 환경적 생태적 맥락에 의해 결정되기도 함을 알려 준다. Falicov(2016)는 언어와 문화의 부조화(dissonance), 이주사회의 반이민정서와 정책, 인종차별주의, 고립, 주거지역의 치안 문제 등이 이런 생태학적 요소에 해당된다고 설명한다. 예로, 청년기의 주요 발달과업 중의 하나인 진로결정과 취업 등이 이주민에게는 이주사회의 선주민 선호, 선주민 중심의 고용시장이 과업 달성의 큰 장애물로 작용할 수 있고, 따라서 이들의 성공적인 사회 진입 및 발달과업 달성에 큰 지장을 줄 수 있다. 또한 가족의 경우 본국 사회에서 적절한 양육방식으로 간주되었던 부분이 이주사회에서 부적절한 방법으로 여겨질 수도 있다. 즉, 문화적 부조화를 경험하게 되며, 이런 부조화 경험은 가족이 일반적인 가족 발달단계에서 경험하게 되는 스트레스와 위기를 더 가중시키는 결과를 가져오기도 한다(Falicov, 2016).

정리하면, 이주는 이주민 개인과 가족에 많은 변화를 가져오며, 이는 종종 이들의 생애주기 기반 발달단계에 복합적인 어려움과 스트레스를 추가하는 결과로도 이어질 수 있다. 이주민을 위한 사회복지는 인간의 보편적 생애주기와 발달단계에 대한 선이해와 더불어 이주로 인해 발생하는 새로운 어려움과 스트레스에 대한 이

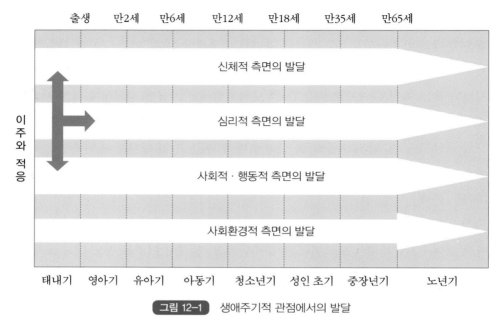

그림 12-1 생애주기적 관점에서의 발달

출처: 이용표, 강상경, 김이영(2006)의 내용을 수정 · 보완함.

해를 토대로 진행되어야 한다. 이들의 한국 사회에서의 성공적인 적응은 이주민 개인과 가족의 적응력, 회복탄력성과 더불어 이들을 둘러싼 환경적 요소에 의해 결정될 수 있음을 감안해야 한다. 또한 이주민 대상 사회복지는 이주민 대상 직접 실천과 더불어 환경적 개입 역시 반드시 수반되어야 함을 시사한다. 생애주기를 기반으로 한 발달을 도식화하면 [그림 12-1]과 같다.

2. 생애주기별 이주민 삶의 쟁점과 특징

1) 영유아기

영유아기는 인간의 전반적인 발달과정에 있어 결정적이며 가소성이 매우 큰 시기로 알려져 있다(강상경, 유창민, 전해숙, 2021). 영유아기의 일반적인 발달특성을 신체적·심리적·사회적 영역으로 나눠서 살펴보면, 먼저 신체적인 발달로는 출생 후 영아는 소리, 촉각 등 다양한 자극에 반응하게 되며, 대근육·소근육 발달이 차례대로 정교하게 이루어진다. 또한 사회성 역시 발달하게 되며, 이는 주로 주양육자와의 돌봄행위와 상호작용을 통해 이루어진다. 6개월이 지나면 영아는 신체적 활동이 활발해지며, 배밀이, 앉기, 기기 등의 활동이 가능해지고, 주양육자를 알아보고 주양육자가 아닌 사람의 낯을 가리며 분리에 대한 불안을 느끼기 시작한다. 또한 언어 발달이 시작되며, 한 단어에서 여러 개의 단어를 조금씩 사용하기 시작한다. 1세 이후부터는 걷고, 뛰며, 장애물을 넘고, 단순한 어휘 사용을 통해 소통을 시작하며, 대상영속성 개념을 획득한다. 유아기 후기에 해당되는 학령전기에는 정교한 손놀림, 행동이 가능해지며, 단추 채우기, 옷 갈아입기, 씻기 등이 가능해지고, 단체놀이와 협동놀이 등이 가능해진다. 또한 이 시기에는 유아의 언어능력이 폭발적으로 발달하며, 많은 질문과 소통을 통해 인지와 운동 능력이 발달된다. 영유아기의 발달은 특히 양육자의 태도, 양육방식 등에 의해 많은 영향을 받는다 (Thompson, 2001: 강하라, 김유라, 노충래, 2020 재인용). 양육자의 보호, 관심의 정도와 더불어 영유아와의 소통, 교류, 교감의 정도에 따라 아동의 발달이 일부 달라질 수 있다.

이런 영유아기 발달 특성은 이주배경과 무관하게 보편적으로 관찰되는 발달이다. 다만, 영유아기 발달에 있어 사회복지영역에서 가장 먼저 관심을 가지고 살펴봐야 할 부분은 아동의 적절한 발달이다. 강상경 등(2021)은 영유아의 발달이 적기에 적절히 이루어지는지 관찰하는 것이 중요하며, 이때 부모와 같은 양육자와 주변 돌봄체계의 세심한 관찰이 요구됨을 설명한다. 또한 발달에 필요한 적절한 관심과 자극이 제공되고 있는지, 안전하고 충분한 돌봄이 제공되는지 등에 대한 모니터링은 사회복지적 관심이 요구되는 영역이다. 이주배경을 가진 영유아 혹은 이주민 가족 내에서 출생한 영유아의 경우, 이주 배경, 맥락 및 과정에 따라 건강한 성장에 필요한 환경적 조건이 갖춰지지 못할 가능성이 존재한다. 예로, 난민캠프에서 태어나 성장하는 영유아의 경우 가족의 불안정적인 체류와 생활, 열악한 주거지와 환경, 청결하지 않은 환경 속에서 건강 문제가 발생할 수 있으며, 동시에 시기적절한 발달이 이뤄지지 않을 가능성도 있다. 또한 질병과 폭력 등에 쉽게 노출될 수 있어 이는 영유아의 신체적 · 심리적 · 사회적 발달에 치명적인 영향을 미칠 수 있다(UNHCR, 1994). 실제 최근 연구에서도 영유아기의 난민 아동의 다수가 질병 등 건강상의 문제와 더불어 언어발달지연 등의 발달적 문제, 외상후 스트레스 장애와 같은 심리적 어려움 등이 있는 것으로 파악되었다(Abbot et al., 2017). 최근 강하라와 김유라, 노충래(2020)가 진행한 난민 영유아 발달 관련 연구에서도 유사한 결과가 보고되었는데, 국내 체류 중인 난민 영유아 중 다수가 언어발달이 늦으며, 사회적 발달 역시 선주민 아동 대비 다소 늦은 것으로 나타났다. 또한 이주사회에서 주 양육자는 정착과 적응, 생존이라는 무거운 과업에 대한 책임을 갖고 몰입하느라 영유아 자녀의 돌봄에 어려움을 겪을 수 있다. 이는 난민뿐 아니라 북한이탈 과정에서 태어난 영유아 혹은 험난한 이탈 과정을 겪고 남한에 정착한 북한이탈 부 또는 모에게서 태어난 자녀에게도 적용될 수 있는 어려움이다. 주 양육자의 신체적 · 심리적 어려움과 스트레스가 자녀 양육에 부정적 영향을 미칠 수 있기 때문에(강상경, 유창민, 전해숙, 2021) 이주배경 영유아의 발달과 성장은 반드시 이주의 특성, 맥락, 주 양육자의 돌봄 정도와 돌봄 환경 등을 모두 고려한 상태에서 살펴야 하는 특징을 가진다.

언어발달 지연은 난민, 북한이탈주민뿐 아니라 국내 다문화가족 영유아와 아동에서도 보이는 어려움 중 하나이다(우수명, 주경희, 김희주, 2021). 다문화가족 자녀의 이주배경이 언어발달 지연의 원인이라고 볼 수는 없다. 즉, 언어발달 지연, 언어발달 장애 등의 구체적인 원인은 아직 알 수 없다. 다만, 이중언어 환경으로 인해 자녀의 언어발달 지연 여부에 대한 판단이 일부 늦어질 수 있고, 지원 및 개입 시점 역시 지연될 수 있다는 점은 문제가 된다. 또한 발달 지연 및 장애를 위한 개입과 지원의 여부 및 정도는 이주민 가족이 가진 내적 · 외적 힘과 환경에 따라 매우 다를 수 있다. 이런 문제에 대응하고자 '다문화가족 자녀 언어발달지원사업'이 전국 가족센터를 중심으로 운영되고 있다. 이 사업은 만 12세 미만의 영유아를 포함한 다문화가족 자녀의 언어발달 정도를 평가할 수 있도록 지원하며, 필요한 경우 언어발달지도사가 주 2회 아동과 언어촉진 활동 및 교육을 진행할 수 있도록 하는 사업

그림 12-2   다문화가족 자녀 언어발달 지원사업 연도별 사업 대상자 추이

출처: 한국건강가정진흥원 홈페이지(https://www.kihf.or.kr/lay1/S1T247C248/contents.do).

이다. 인천을 포함한 일부 지역에서는 이 사업을 외국인가족 자녀로 확대해서 진행 중이기도 하다. [그림 12-2]는 2016년까지 제공된 언어발달지원 사업 대상자 수의 흐름을 나타낸 것이며, 사업 시작 연도부터 지속적으로 대상자 수가 급격히 증가한 것을 볼 수 있다. 이런 증가 추세에 대해 두 가지 해석이 가능한데, 먼저 그동안 알려지지 않았던 사례들이 사업이 마련되면서 새롭게 발굴되기 시작했으며, 따라서 이러한 증가추세를 보이는 것으로 해석 가능하다. 또 다른 해석으로는 실제 검사 및 지원이 필요한 아동 수가 늘어나고 있기 때문이라고도 볼 수 있다. 중요한 것은 이 사업이 다문화가족 및 외국인가족 자녀의 건강한 성장을 위해 필요한 사업이며, 지속적으로 확대, 추진되어야 할 사업이라는 점이다.

2) 아동 · 청소년기

아동 · 청소년기는 주로 학령기 연령을 가리킨다. 아동기의 경우 통상적으로 초등학교 재학 연령인 만 7~12세를 가리키며, 청소년기는 중 · 고등학교 재학 연령인 만 13~18세를 의미한다(강상경, 유창민, 전해숙, 2021). 다만, 법과 제도에 따라 아동기와 청소년기의 연령은 각기 다르게 정의된다.[1] Erickson은 초등학교 학령기 아동의 주요 발달과업은 근면성과 열등감이라고 설명하면서, 학교나 가정에서 성실하게 자신의 과업과 생활을 잘할 시 근면성을 얻게 되고, 이를 잘 수행하지 못할 경우 열등감을 경험할 수 있다고 설명한다(강상경, 유창민, 전해숙, 2021). 특히 학령기 아동에게 학교생활은 매우 중요한 사회이자 성장의 장이 된다. 학업을 잘 따라가고 학교에서의 과업을 잘 수행해 내는 것은 아동에게 성취감을 느끼게 하는 중요한 경험이 되지만, 반대로 그렇지 못할 경우 열등감과 자괴감을 경험하게 된다. 열등감은 '잘 해낼 수 없음의 감정'으로 볼 수 있다. 열등감은 곧 자신에 대한 부정적인 평가로 이어질 수 있다. 그리고 이것이 지속되면 아동·청소년기의 주요 발달과업 중 하나인 건강한 자기개념 발달과 정체성 형성에 장애요인이 될 수 있다. Erickson은 정체성 형성이 청소년기의 중요한 발달과업이라고 설명하며, 아동·청소년기에 걸쳐 자신이 누구인지 알아 가고 자신과 타인의 관점에서 조화로운 자신을 이루어가는 것의 중요성을 역설했다. 그렇지 못할 경우 정체성 혼란을 경험하게 되며, 이는 건강한 성인기로의 진입을 방해할 수 있다고 설명한다.

이주배경 아동·청소년은 발달과업 성취에 많은 취약점을 가진다. 이를 정리하면, 크게 학업·학교적응, 또래관계, 정체성 형성의 어려움으로 볼 수 있다. 먼저, 외국에서 태어나서 성장하다가 아동·청소년기에 이주한 아동·청소년은 본국에서 습득한 학업능력과 또래관계를 뒤로하고 이주사회에서 모두 새롭게 시작해야 한다. 새로운 언어를 배우고 새로운 또래관계를 형성해야 하며, 동시에 새로운 교육체계와 문화에 적응하며 생활해야 한다. 언어장벽은 학습과 학업성취에 장애물로 작용한다. 한국어를 습득하는 과정에 있는 이주배경 아동·청소년은 학교에서 배우는 것을 이해하지 못하고 따라서 성과를 제대로 낼 수 없다. 이는 종종 이들의 낮은 학업성취도로 이어지며, 이런 학업의 어려움은 이들에게 '잘할 수 없다는' 열등감을 경험하게 한다. 특히 우리나라의 입시위주 교육체계는 이들에게 적응기간

---

1) 「아동복지법」에서는 아동의 연령을 만 18세 미만으로 보는 반면, 「청소년기본법」에서는 만 9~24세에 해당하는 대상을 모두 청소년으로 정의한다.

을 허락하지 않으며, 따라서 이들은 성취감보다는 실패감, 좌절감을 더 쉽게 경험할 수 있다. 이는 비단 중도입국한 아동·청소년에게만 해당되지 않는다. 상대적으로 사교육이나 교육지원체계가 부족한 한국 태생 다문화가족, 외국인 가족 자녀들은 학교에서 높은 성과를 내기 어렵다. 우수명, 주경희와 김희주(2021)는 다문화가족 자녀들이 선주민가족 자녀들보다 학업에 어려움을 느끼는 이유를 학교 숙제 및 공부를 도와줄 지원체계가 부족하고 학원 등 사교육 참여가 어렵기 때문이라고 설명했다. 수시로 변하는 우리나라의 교육정책, 교육과정, 입시체계는 이주민 부모와 아동·청소년에게 큰 어려움으로 작용하며, 이는 이들의 진로설계에도 부정적 영향을 미칠 수 있다. 김소라(2020)는 다문화가족 아동·청소년 다수가 이미 자신의 학업수준을 낮게 평가하는 경향이 있음을 보고하며, 특히 중도에 입국한 이주배경 아동·청소년은 진로에 대한 이해도 역시 낮다고 설명한다.

학업의 어려움과 더불어 국내 다문화 및 이주배경 아동·청소년이 경험하는 또 하나의 어려움은 또래관계 문제이다. 아동기의 중요한 과업 중 하나는 또래관계 형성이며, 청소년기에는 이런 또래관계가 더 확장되는데 이를 통해 소속감, 정체성이 발달되기도 한다. 하지만 우리나라 다문화 및 이주배경 아동·청소년의 경우 선주민 또래와 단절되는 경우가 많으며(김소라, 2020) 동시에 소외 및 따돌림과 같은 학교폭력 피해 대상이 되기도 한다. 2018년 전국다문화가족실태조사에 따르면, 다문화가족 아동·청소년의 약 8%가 학교폭력 피해경험이 있는 것으로 보고되었다. 특히 중도에 한국에 이주한 아동·청소년이 한국 태생 다문화가족 자녀보다 학교폭력에 더 노출되어 있는 것으로 나타났다(최윤정 외, 2019). 유사한 시기에 진행된 법무부의 '국내체류 아동에 대한 실태조사'(문병기 외, 2018)는 전국다문화가족실태조사와는 달리 난민, 외국인근로자, 미등록체류 외국인 가족과 같은 외국인가족 자녀를 포함해서 실시한 조사인데, 이 조사에서는 이들의 학교폭력 경험률이 두 배 이상 높은 것으로 나타났다. 즉, 국내 거주하는 한국 태생 다문화가족, 외국인가족의 아동·청소년의 많은 수가 학교에서 또래로부터 언어폭력, 따돌림, 신체적 폭력, 금품 갈취 등의 폭력을 경험하고 있다는 것이다. 학교폭력피해 경험이 대상자의 신체적·정신적·건강, 학업 등 성장과 생활의 모든 영역에서 부정적인 영향을

표 12-2 소수 구성원의 정체성 발달단계

단계	Cross 등의 흑인(소수인종) 정체성 발달단계	Poston의 다중민족(인종) 정체성 발달단계
1	만남 전(pre-encounter) 단계: 주류 사회 문화와 가치를 우선으로 두고 이를 전적으로 흡수함. 자신의 인종/민족에 대해 무시하며 주류 사회 구성원(백인 등)이 월등하다고 인식함	개인적 정체성(personal identity) 단계: 자신을 특정 인종/민족집단의 구성원으로 인식하지 못하는 상황임
2	만남(encounter) 단계: 자신이 소수민족/인종이라는 사실을 자각하게 하는 일련의 사건과 경험을 하게 됨. 자신이 주류사회 구성원(백인 등)이 될 수 없다는 현실을 인정하고 인종차별주의/편견의 대상집단의 일부로 자신을 바라보기 시작함	소속 집단 선택(choice of group) 단계: 하나의 인종/민족 정체성을 택해야 하는 주변 압력을 느낌
3	몰입/출현(immersion/emersion) 단계: 자신의 뿌리, 문화, 자신의 민족/인종의 역사에 대한 관심이 증폭하는 단계로 주류 사회 구성원을 대표하는 상징이나 모습을 회피하고 자신의 민족/인종을 대표하는 상징을 더욱더 활용하여 자신을 드러냄	분류화(categorization) 단계: 주변, 부모, 문화적 지식, 외모, 주류사회 내 소속집단의 위치 등의 이유로 자신의 정체성을 선택해야 함
4	내면화(internalization) 단계: 자신의 민족/인종정체성에 대한 확고한 안정감을 획득하고, 덜 방어적이고 개방적인 태도로 자신과 주변을 대함. 주류 사회 구성원과의 관계를 형성하는 데도 편안함을 느끼며, 자신과 타인의 정체성을 존중할 수 있음	밀착/부인(enmeshment/denial) 단계: 자신이 선택한 정체성에 대해 혼란과 죄책감을 느낌. 선택한 정체성이 자신을 온전히 대표하는지에 대한 의문이 있음. 인종/민족 집단 간 차이를 부인하며 2, 3단계에서 자신이 택하지 않은 정체성을 탐색함
5	내면화-헌신(internalization commitment) 단계: 자신의 민족성을 소속집단의 안녕과 연결시킬 수 있음. 자신의 민족(인종)에 대해 편안함을 느낌	감사(appreciation) 단계: 자신이 가진 다양한 정체성에 대해 감사하는 마음을 가짐
6	–	통합(integration) 단계: 자신의 여러 정체성이 하나로 통합되며 온전한 자신을 느낌

출처: Cross, Parham, & Helms (1991); Poston (1990)의 내용을 재구성함.

미치는 점을 고려할 때 우리나라에 살고 있는 이주배경 아동·청소년은 어려운 상황 속에 놓여 있음을 알 수 있다.

청소년기의 또 하나의 주요과업은 정체성 형성이다. 일반적으로 소수인종, 소수민족, 이주배경 아동·청소년 등은 선주민 아동·청소년과 다른 정체성 형성과정을 가진다고 알려져 있다. 사회 내 소수민족, 소수인종 아동·청소년은 자신의 의지와 무관하게 자신의 외형으로 인해 드러나는 차이로 인해 외부로부터 '다른 사람'으로 취급받는다. White(2000: Perskins, 2014 재인용)는 소수민족, 소수인종, 다문화 아동·청소년의 정체성 형성 과정은 사회와 외부가 자신을 어떻게 바라보는가와 자신 스스로를 어떻게 바라보는가 사이를 쉴 새 없이 조율하고 조정해 가는 과정이라 설명하며, 이는 마치 '정체성 시소(identity see-saw)'와 같은 모습을 띤다고 주장한다. 소수민족·인종의 정체성 발달과정을 설명하는 대표적인 학자들인 Cross 등(1991)은 1970년대 미국 내 흑인의 정체성 발달과정을 단계별로 설명했다. 유사하게, Poston(1990)은 소수민족·인종이나 민족, 인종 간 결혼으로 태어난 다민족·다인종 자녀들의 정체성 발달과정을 별도로 설명하였다. 이러한 정체성 발달과정은 우리나라 이주배경 아동·청소년의 정체성 이해에도 도움이 될 수 있다. Cross 등(1991)과 Poston(1990)이 제시한 정체성 발달과정은 〈표 12-2〉와 같다.

국내 연구에서도 유사한 정체성 발달 과정이 보고되고 있다. 손보영(2020)은 다문화가정 자녀의 자아정체감 발달 과정을 질적 연구를 통해 도출해 냈는데, 이는 Poston(1990)의 다중정체성 발달과정과 유사한 면을 가진다. 손보영(2020)이 제시한 정체성 발달 과정은 [그림 12-3]과 같다.

아동·청소년기에 걸쳐 형성되는 자아정체성은 이들이 건강한 성인으로 성장하는 데 중요한 요인으로 작용하며, 긍정적인 자아정체성은 이들의 삶에 중요 내적 자

| 다름에 대한 자기인식 단계 | 민족정체성 혼란 단계 | 관점 전환 단계 | 민족정체성 수용 단계 | 다문화를 통한 자기 확장 단계 |

그림 12-3 다문화가족 아동·청소년의 자아정체감 발달 과정

출처: 손보영(2020), p. 205.

원으로도 기능할 수 있다(성수나, 2021). 하지만 여전히 많은 국내 다문화, 이주배경 청소년들이 정체성 확립 과정에서 많은 어려움을 경험하고 있는 것으로 파악되고 있다. 김혜영 등(2021)은 우리나라 다문화 청소년은 '한국인이지만 한국인이 아니고 그렇다고 외국인도 아닌' 사람으로 살아가고 있다고 설명한다. 우리 사회의 낮은 다문화수용성, 특정 인종·민족·출신 국가 구성원에 대한 배타적 태도, 외국 출신 구성원에 대한 편견은 이들을 계속 주변인으로 몰아가며 정체성 혼란을 경험하게 한다. 다문화배경 청소년들은 자신의 문화적 배경으로 인해 소속감 부재, 정체성 혼란의 문제를 경험하는 것으로 나타난다(성수나, 2021: 김은정, 김두울, 김민선, 2022 재인용). 따라서 국내 이주배경, 다문화배경 아동·청소년의 건강한 정체성 발달 및 이를 위한 지원은 사회복지에서 관심을 가지고 주의 깊게 살펴봐야 할 영역이다.

3) 청년기

청년기는 일반적으로 성인초기라고도 불리며, 보통 20~35세 범위 연령대를 의미한다. Erikson은 청년기의 주요 발달과업은 친밀감을 형성하는 것으로 친밀감 형성이 잘 이루어지지 않는 경우 고립감을 경험하게 된다고 설명한다. 청소년기에 걸쳐 만들어진 자아정체성은 특히 이 시기에 타인과의 관계 형성 및 유지에 중요한 역할을 한다. 자신의 정체성을 기반으로 타인과 교류하며 관계를 조율하는 과정을 거치게 되며, 이 시기에 배우자 및 여러 중요한 대상과 함께 친밀한 관계를 형성하며 온정, 이해, 신뢰, 사랑을 토대로 친밀감의 개념을 획득하게 된다. 청년기는 또한 성인기가 본격적으로 시작되는 시기로 앞으로의 성인기와 노년기의 삶의 기본 틀이 만들어지는 단계이기도 하다. 청년기는 친밀감의 주 대상이 되는 동반자, 배우자를 만나 가족을 형성되는 시기이기도 하며, 경제적 활동을 통해 본격적으로 자신의 삶을 가꾸어 나가는 시기이기도 하다. 부모로부터의 독립, 사회의 구성원으로서의 기능 등 모두가 청년기에 이루어지는 과업에 해당된다. 우리나라의 경우 평균 초혼연령 및 노동시장 진입 연령이 점차 늦어지면서 청년기가 길어지거나 청년기 과업 이행이 안 되는 현상도 관찰되고 있다(윤형준, 2019).

이주민의 경우 이주 유형, 경로 등에 따라 우리나라에서의 청년기 삶의 양상이 매우 다르게 관찰되며, 청년기 발달과업 수행의 쟁점 역시 다른 모습을 보인다. 예로, 다문화가족 내 청년기 구성원 역시 선주민 청년들과 유사하게 취업·진로에 대한 많은 어려움을 경험한다(윤성호, 2022). 하지만 다문화가족 청년은 선주민 청년들과 비교했을 때 사회진출에 있어 많은 취약점을 가진다. 예로, 우리나라의 청년기는 대학 진학으로 시작되는 경우가 많다. 우리나라 청년의 약 70% 이상이 대학과 같은 고등교육기관에 진학을 하는 반면, 다문화가족 청년의 경우 약 40% 정도만 고등교육기관에 진학을 하는 것으로 나타났다(최윤정 외, 2022). 고등교육 진학의 편차는 곧 진로와 취업, 소득의 차이로 이어진다. 다문화가족 청년이 취업하는 직군, 직종 역시 매우 제한적으로 나타난다. 2018년 전국다문화가족실태조사 결과에 따르면, 만 15~24세 다문화가족 2세 자녀의 취업률은 약 18.6%로 이는 한국 전체의 동일 연령대 취업률인 26.2%보다 현저히 낮은 것으로 나타난다. 또한 15~24세 다문화가족 2세대 취업률과 직업군을 조사한 결과는 [그림 12-4]와 같다. 다수의 다문화 청소년·청년이 서비스직, 단순노무직에 종사하고 있으며, 일반 청년과 비

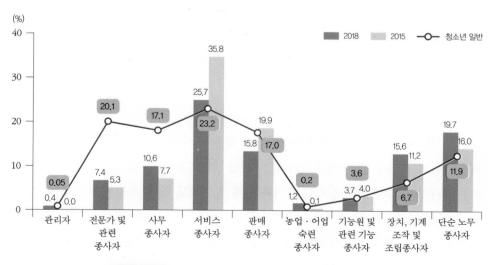

그림 12-4 다문화가족·비다문화가족 자녀의 직종 비교

출처: 최윤정 외(2019), p. 631.

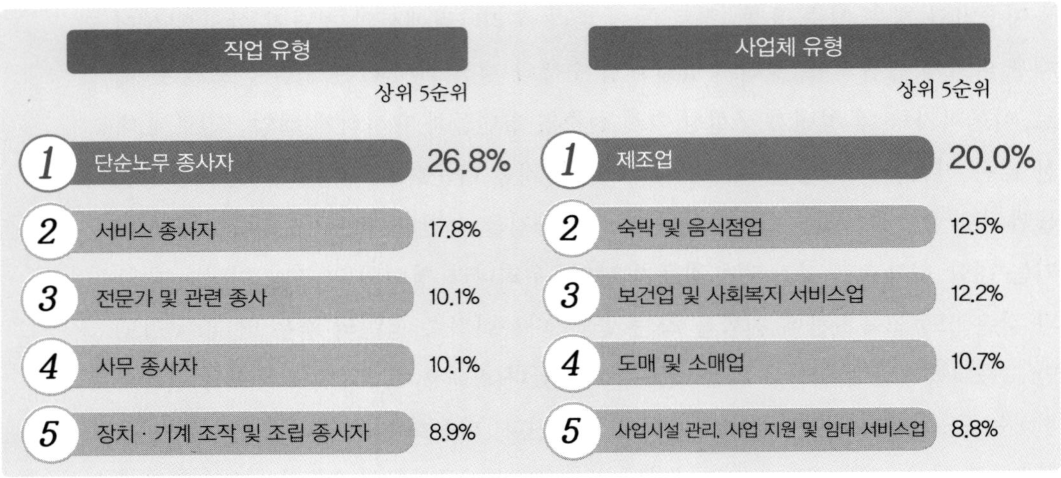

직업 유형		사업체 유형	
상위 5순위		상위 5순위	
① 단순노무 종사자	26.8%	① 제조업	20.0%
② 서비스 종사자	17.8%	② 숙박 및 음식점업	12.5%
③ 전문가 및 관련 종사	10.1%	③ 보건업 및 사회복지 서비스업	12.2%
④ 사무 종사자	10.1%	④ 도매 및 소매업	10.7%
⑤ 장치 · 기계 조작 및 조립 종사자	8.9%	⑤ 사업시설 관리, 사업 지원 및 임대 서비스업	8.8%

그림 12-5 북한이탈주민 취업자의 직업유형 및 사업체 유형

출처: 남북하나재단(2021), p. 8.

교했을 때 사무직 및 전문직 종사율은 매우 낮은 것으로 나타났다. 즉, 교육 편차와 더불어 취업률, 직업군, 소득 편차가 존재함을 알려 준다.

이런 직업군의 제한은 북한이탈주민에게도 관찰되는 현상이다. [그림 12-5]에서 보여 주듯이, 북한이탈주민의 가장 많은 비율이 단순노무에 종사하고 있으며, 사업체 유형으로는 제조업이 1순위, 그다음으로 숙박업 및 음식점업에서 일하고 있는 것으로 나타났다(남북하나재단, 2021).

이와 같은 정보를 통해 북한이탈주민과 같은 이주배경 청년은 우리나라에서 교육 · 취업의 기회가 매우 제한되어 있음을 알 수 있다. 고용 및 소득 불안정을 경험하는 다수의 이주민은 안정적인 주거와 가족 형성에도 많은 어려움을 겪을 수 있다. 또한 이런 어려움은 중장년기 · 노년기까지 이어질 수 있다는 점을 고려할 때 국내 다수의 청년기 이주민이 사회적으로 매우 취약한 위치에 있음을 알 수 있다.

4) 중장년기

중장년기는 성인중기로도 불리며, 대략 30대 중반부터 60세의 연령까지의 시기를 가리킨다(강상경, 유창민, 전해숙, 2021). Erikson은 이 시기의 주요 과업은 생산성 획득이라고 설명하며, 생산성 획득이 잘 되지 않을 경우 침체를 경험한다고 하였다. 이 시기는 청소년기와 청년기에 걸쳐 형성된 자아정체감과 관계, 축적한 지식과 기술을 활용해 자신과 타인, 사회에게 의미 있는 일을 하는 시기이며, 여기서 의미 있는 일이란 자녀 출산, 양육, 교육과 더불어 사회에 기여하는 일을 모두 포함한다. 또한 중장년기의 직업은 경제적 수단 이상의 의미를 지니며(강상경, 유창민, 전해숙, 2021), 직업을 통해 중장년기 개인은 전문성을 획득하고 또 다른 정체성을 만들어 가기도 한다. 그렇다면 우리나라에 거주하는 이주민 중장년층은 어떻게 살아가고 있는가? 모든 생애주기 단계에서 보여 주듯이, 이주민의 삶은 이주의 유형, 맥락, 출신국가, 이주 시점 등 다양한 이주 관련 요소에 따라 다른 모습을 보인다. 결혼이민자, 다문화가족, 외국인노동자, 북한이탈주민, 난민 등 이들의 사중 유형 및 이주 맥락에 따라 중장년기 삶의 모습은 매우 다양하다.

배우자, 의미 있는 사람을 만나 함께 가정을 꾸리는 일은 청년기부터 중장년기에 걸쳐 이행되는 인생의 주요 과업 중 하나이며, 이를 통해 개인은 사랑, 인정과 같은 친밀감과 안정감, 소속감을 얻게 되며, 동시에 자녀 출산, 양육과 같은 생산성 역시 획득한다. 가정을 꾸리는 일은 모든 사람에게 인생의 변화를 가져오는 큰 사건이다. 두 사람이 만나 가정을 꾸리게 되면 두 사람은 배우자, 파트너, 며느리, 사위 등 다양한 역할을 수행하게 되고, 자녀를 태어나면 부모로서의 역할 역시 새롭게 터득하고 수행해야 한다. 이 모든 과정은 개인에게 큰 도전으로 다가올 수 있으며, 동시에 많은 스트레스를 유발하기도 한다. 이주민이 이주사회 정착 후 선주민과 혹은 또 다른 이주민과 꾸리게 되는 가정은 일반 선주민 간의 결혼보다 조금 더 복잡한 양상을 보인다. 먼저, 결혼이민자와 같이 결혼이라는 제도를 통해 이주하는 이주민의 경우 그 절차가 매우 까다롭다. 즉, 결혼이민자와 결혼이민자를 초청하는 한국인 배우자는 심사요건을 모두 충족해야 하며, 일련의 심사과정을 거쳐 입국하고 가정을 꾸리게 된다. 또한 결혼이민자를 포함한 이주민은 결혼 및 함께 하는 생활의 적응과 더불어 문화적응의 추가적인 과업을 수행해야 한다. 이때 문화적응은 이주민과 배우자 모두에게 스트레스를 유발할 수 있다. 최근 조사에 따르면, 다문화가족 부부의 절반 이상이 문화차이를 경험한 적이 있다고 응답하며, 특히 식생활습관, 자녀양육 등의 영역에서 큰 차이를 느낀다고 응답했다(최윤정 외, 2019). 부부, 가족 단위로 이주한 가족 역시 적응 과정에서 많은 스트레스를 경험한다. 일부 연구에 따르면, 이주와 문화적응 과정은 가족의 응집력, 가족 간 관계에 부정적 영향을 미치는 것으로 나타난다. 특히 이주사회 내 체류가 불안정하고 부모의 교육수준이 낮으며 이주사회 내 의지할 수 있는 친인척 등 가족이 없는 이주민 가족일 경우 응집력이 저하되는 정도가 더 큰 것으로 보고된다(Dillion, La Rosa, & Ibanez, 2013).

가족 내 갈등이 심화되거나 문제가 더욱 커질 경우 이는 종종 가족해체로 이어질 수 있다. 최근 통계청(2021) 자료에 따르면, 지난 10여 년간 외국인과의 혼인은 U형의 흐름으로 이어지다가 코로나19 발생 이후인 2020~2021년부터 급격히 줄어든 것으로 나타났다. 이는 코로나19로 인해 출입국이 제한되면서 나타난 일시적인 현상으로 해석 가능하다. 여기서 주목할 점은 이혼 추이이다. 2011년 국내 전체 이혼 건수의 약 10%를 차지했던 외국인과의 이혼은 지속적으로 하향 추이를 보여 왔으

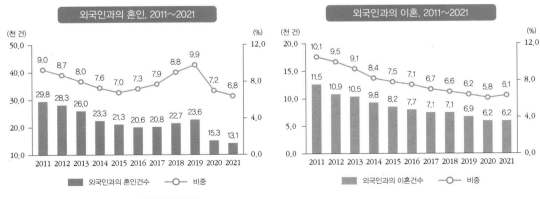

그림 12-6 외국인과의 혼인 및 이혼 추이(2011~2021)

출처: 통계청(2021).

나 2020년부터 다시 반등하는 모습을 보이고 있다(통계청, 2021). [그림 12-6]은 외국인과의 혼인과 이혼 통계만을 보여 주는 자료이기 때문에 외국인 간의 이혼 실태 및 현황은 정확히 알 수 없다는 한계를 가진다. 다만 이주민의 이혼과 가족해체 문제는 복합적이고 다양한 문제를 가지고 있기 때문에 사회복지의 특별한 관심이 요구된다.

2018년 전국다문화가족실태조사 결과에 따르면, 다문화가족 내 이혼 사유는 크게 배우자 학대, 폭력, 성격차이, 불화, 경제문제 등으로 보고되고 있다(최윤정 외, 2019). 문화적응 스트레스와 더불어 문화, 가치관, 생활양식, 종교 차이 등은 가족 내 스트레스를 유발할 수 있으며, 이에 잘 대처하지 못하거나 주변의 지지체계가 부족한 경우에는 가족해체로 이어질 수 있다. 특히 가정폭력은 매우 큰 문제가 된다. 일부 발표된 자료를 보면 다문화가족 이혼사유의 약 절반 이상이 가정폭력이라고 보고되며(전명길, 2017), 이는 다문화가족 내 가정폭력의 심각성을 알려 주는 결과로 볼 수 있다. 문제는 가정폭력 피해 이주민을 위한 지원체계가 터무니없이 부족하다는 것과, 우리 사회에서 이주민의 이혼 법률상담 및 이혼 후 삶을 위한 지원이 매우 제한적이라는 것이다. 이주민의 가족해체는 여러 면에서 복잡한 양상을 보인다. 먼저, 다문화가족 내 결혼이주민의 경우 귀화를 하지 않은 상태에서 이혼을 할 경우 이들의 한국체류자격에 문제가 발생한다. 현재 규정상 이들의 이혼사유가 명확히 배우자에게 있음을 입증하거나 이들이 결혼관계에서 태어난 한국 국적 자녀를 양육하거나 배우자의 한국인 부모를 부양하는 경우에만 이들의 체류가 허용된다. 체류가 허용되더라도 이들이 한부모로서 생활하는 데는 많은 어려움을 가진다. 외국인 한부모는 가족 내 세대주가 될 수 없으며 국민기초생활수급 대상자도 될 수 없기 때문에 선주민과는 또 다른 경제적 어려움을 경험한다.

북한이탈주민 역시 가족해체 문제, 한부모가족 문제가 심각한 것으로 보고되고 있다. 북한이탈주민의 다수가 여성이고 동시에 중장년기에 해당되는 30~50대이다. 또한 배우자 없이 자녀와만 생활하거나 혹은 배우자, 파트너와 헤어지고 자녀를 양육하는 여성의 비율도 매우 높은 것으로 보고되고 있다(이윤진, 김화순, 김민주, 2020). 북한이탈주민 한부모가족 역시 다문화 한부모가족과 유사하게 사회적 고립,

지원의 부족, 자녀양육 및 경제 상황의 어려움 등 다중적 문제를 직면하고 있는 것으로 나타났다. 최근 방송을 통해 보도된 북한이탈주민 한부모가족의 사망사건은 이들의 어두운 삶의 단면을 보여 주는 사례가 된다. 다문화·이주민 가족의 해체는 이미 경제적으로 취약하고 사회적 관계망 및 지지체계가 부족한 많은 여성과 이주민, 자녀들에게 큰 위기로 작용할 수 있다. 또한 국적취득의 문제, 경제적 자립 역량의 부족으로 인한 심각한 경제적 위기, 자녀양육 및 교육의 어려움, 한부모와 이주민에 대한 이중차별, 사회적 배제 등의 문제로 이어질 수 있다(김소희, 2021; 성정현 외, 2020). 따라서 이주민의 가족해체, 이혼 문제는 사회복지영역에서 주의 깊게 살펴봐야 하는 가족 문제가 된다.

5) 노년기

노년기는 일반적으로 60세 혹은 65세 이후부터의 시기를 가리킨다. 노년기는 생물학적 노화, 감각기능의 변화, 인지기능의 변화를 가져오며, 동시에 은퇴 등으로 인한 사회적 관계의 축소와 사회경제적 지위의 하락 등 다양한 변화가 이루어지는 시기이기도 하다(우수명, 주경희, 김희주, 2021). Erikson에 따르면 노년기는 '자아통합'과 '절망감'의 시기이다. 자아통합은 자신이 지금까지 살아온 인생을 받아들이고 인정하며 앞으로 남은 인생과 죽음까지 받아들이는 태도를 가리킨다. 즉, 자아통합의 과업을 성공적으로 이행한 노인은 자신이 살아온 인생을 있는 그대로 받아들이고 다가오는 삶의 나머지 시간과 끝을 수용하며 이를 토대로 지혜롭게 남은 인생을 살아가게 된다(강상경, 유창민, 전해숙, 2021). 하지만 반대로 자아통합을 달성하지 못한 노인의 경우 절망 또는 혐오감을 경험하게 되는데, 이는 자신의 삶에 대한 후회와 부정적 평가로 특징지어지며 동시에 타인의 삶과 업적, 가치를 평가절하하는 모습으로 나타난다. 노년기 발달과업의 달성은 노인의 삶의 질과 밀접한 관계를 가지는데, 자신의 삶에 대해 부정적으로 평가하며 남은 시간에 대해서도 염세적인 태도를 유지하게 되는 경우에는 우울, 슬픔, 위축, 자기경멸로 이어질 수 있으며, 극단적으로 이는 노인자살로도 이어질 수 있다(강상경, 유창민, 전해숙, 2021).

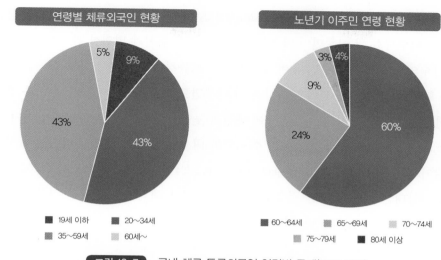

국내 체류 등록외국인 연령별 통계(2021 기준)

출처: 법무부(2021)의 통계를 도식화함.

　　노년기 이주민에 대한 우리 사회 관심은 아직까지 매우 미미한 수준에 머물러 있다. 이는 국내 거주하는 이주민의 다수가 청년기와 중장년층이기 때문에 아직까지 노년기에 도달한 이주민에 대한 사회적 관심이 매우 적은 상황이다. 최근 자료를 살펴보면 [그림 12-7]에서와 같이 국내 체류 등록외국인 중 약 5% 정도만이 60세 이상인 것을 알 수 있다. 하지만 노년기 이주민은 계속해서 증가 추세를 보이고 있으며, 최근 연구에 따르면 건강보험 자격을 가진 60세 이상 노년기 이주민 인구가 연평균 8.2%의 증가율을 보이는 것으로 나타났다(변진옥 외, 2019).

　　하지만 아직까지 국내 거주 노년기 이주민에 대해 알려진 바는 많지 않다. 다만 이주역사가 상대적으로 긴 해외 사례를 비추어볼 때 사회복지 영역에서 관심을 갖고 살펴봐야 할 영역은 이들의 건강 및 의료서비스 접근성·이용에 대한 부분과 이들의 경제적·사회적 고립감 문제이다. 노년기는 신체적 노화로 인해 신체적 기능이 급격히 감소하며 신체적 능력의 쇠퇴, 질병이환 등이 많이 관찰되는 시기이다. 많은 노인이 노화에 따라 건강이 나빠지고 만성질환 및 질병을 경험하게 되는데, 해외에서는 이주민 노인의 경우 선주민 노인에 비해 전반적인 건강 상태가 열악한 것으로 보고하고 있다(Kang, Kim, & Kim, 2016). 이주민 노인과 선주민 노인 간 건강 격차는 이주사회 내 이주민이 차지하는 사회경제적 위치와 밀접한 관련이 있다. 예로, 다수의 이주민은 선주민에 비해 열악한 근로환경에 노출되어 있고 소득 수준이 낮을 확률이 높으며, 동시에 이주사회 내 이주민으로서 계속해서 노출되어 온 차별과 편견은 이들의 건강과 정신건강에 부정적 누적효과를 가지는 것으로 알려져 있다(Szaflarski & Bauldry, 2019). 또한 이주사회 내 의료서비스 접근성 역시 상대적으로 떨어져(양경은, 남일성, 2020; Davidson et al., 2019; Kang, Kim, & Kim, 2016) 이들의 건강상태는 매우 취약한 것으로 보고된다. 최근 해외에서 진행된 연구에 따르면, 이주배경을 가진 중장년 여성 및 노인의 우울 위험성이 매우 높은 것으로 보고되고 있다. 이는 성인기 및 노년기에 모국을 떠나 이주사회에 정착한 이주민일수록 문화적응 과정이 힘겹고, 동시에 사회적 고립 및 외로움에 더 많이 노출되어 있기 때문이다(Davison et al., 2019; Jang & Tang, 2022). 또한 최근 국내에서 진행된 연구에 따르면, 한국국적을 취득하지 않았거나 미등록체류 상태로 우리나라에 살고 있는 이주민 노인의 건강서비스 이용이 상대에 비해 현저히 적은 것으로 보고되고 있다(양경은, 남일성, 2020). 즉, 국내 거주하는 다수의 국적미취득 외국인 주민, 특히 노년기 이주민의 건강상태가 매우 취약함을 알려 주며, 이들의 의료권 보장을 위한 노력이 필요함을 시사한다.

노년기 이주민이 경험하는 또 다른 어려움은 경제적 어려움과 사회적 고립이다. 사회적 고립과 경제적 어려움은 우리나라 노인인구의 가장 큰 문제로도 지적된다. 하지만 이주민 노인의 경우 이런 어려움은 가중될 수 있는데, 이는 이들의 사회적·경제적 취약성이 청년기부터 중장년기에 걸쳐 누적되었기 때문이다. 앞서 설명한 것과 같이, 이주민 다수가 청년기와 중장년기에 걸쳐 지속적으로 고용불안정을 경험하고, 일상에서의 잦은 차별에 노출된 상태에서 생활하며, 교육, 주거 등 다양한 영역에서 사회적 배제를 경험한다. 이런 지속적 배제경험은 이들로 하여금 노후대비를 하기 어렵게 만들며, 충분한 경제적 대비 없이 맞이하는 노년기는 곧 경제적 위기로 이어질 수 있다. 채은희와 박미숙(2019)은 이주민 가정의 불균형한 소득과 인적 자원 지지기반의 부족은 이들의 노후빈곤과 직결될 수 있음을 설명하며,

이주민의 노후준비 역시 선주민의 노후준비만큼 시급히 다뤄야 할 중요한 사회적 과제임을 주장했다.

특히 여성 비율이 높은 결혼이민자, 북한이탈주민은 특히 더 많은 관심이 요구되는 이주민 집단이다. 여성의 이주화와 마찬가지로 여성의 높은 빈곤율을 의미하는 여성의 빈곤화(feminization of poverty; Pearce, 1978) 현상이 우리나라에서도 관찰되고 있음을 고려할 때(장미혜 외, 2013), 여성 중에서도 특히 더 취약한 집단으로 구분되는 이주민 여성(성지혜, 2015)의 노년기에 대한 각별한 사회적 관심이 필요하다. 공적 사회부조 체계 내 속하지 않거나 혜택이 부족한 다수의 노년기 이주민의 삶과 이들의 전반적인 건강과 복지에 대한 관심이 어느 때보다 요구되며, 향후 다문화가족 · 외국인주민을 위한 정책 및 제도 수립에 있어 노년기 이주민에 대한 지원 방안 마련이 필요할 것이다.

참고문헌

교육부(2021). 2021년 다문화교육 지원계획 발표.

강상경, 유창민, 전해숙(2021). 인간행동과 사회환경. 학지사.

강하라, 김유라, 노충래(2020). 국내 영유아기 난민 아동의 발달에 관한 탐색 연구. 한국아동복지학, 69(1), 143-175.

김은정, 김두울, 김민선(2022). 다문화 청년들의 부모-자녀 관계와 진로미결정의 관계에서 진로장벽과 진로적응성의 매개효과: 국내출생, 중도입국 청년들을 대상으로 한 다집단분석. 교육연구논총, 43(1), 67-108.

김소라(2020). 생애발달주기에 따른 다문화청소년 진로문제 인식의 차이 연구. 한국콘텐츠학회 논문지, 20(10), 470-487.

김소희(2021). 가족해체 결혼이주여성의 가족재구성 경험에 관한 질적연구. Crisisonomy, 17(7), 101-123.

남북하나재단(2022). 2021 북한이탈주민 정책실태조사.

문병기, 장임숙, 정동재, 송형주, 박미정(2018). 국내체류 아동에 대한 실태조사. 법무부.

변진옥, 조정완, 이주향, 이정면(2019). 외국인 국민건강보험 가입현황 및 이용특성 분석. 한 국사회정책, 26(4), 83-100.

김정인(2018). 사회적 가치 실현을 위한 공직가치에 관한 시론적 연구: 포용적 성장을 중심으로. 한국인사행정학회보, 17(1), 57-83.

김혜영 외(2021). 사회복지와 문화다양성. 학지사.

성수나(2021). 다문화청소년의 자아정체성에 영향을 미치는 심리적 지원방안에 관한 연구. 지식융합연구, 4(1), 51-78.

성정현 외(2020). 사회복지와 문화다양성. 공동체.

성지혜(2015). 결혼이주여성의 노후생활 준비에 관한 연구: 대구지역 베트남 결혼이주여성을 중심으로. 여성연구, 88(1), 83-115.

손보영(2020). 다문화가정 자녀의 자아정체감 형성 과정에 대한 이해: 민족정체성을 중심으로. 상담학연구, 21(2), 193-217.

양경은, 남일성(2020). 이주민 노인의 건강검진 서비스 이용 결정 요인: 앤더슨 모형을 이용한 분석. 현대사회와 다문화, 10(4), 147-177.

양계민, 장윤선, 정윤미(2019). 다문화청소년 종단연구 2019: 총괄보고서. 한국청소년정책연구원 연구보고서, 1-455.

우수명, 주경희, 김희주(2021). 사회복지와 문화다양성. 양서원.

윤형준(2019). 다문화 2세대의 성인 초기 발달과업 수행에 대한 지원정책의 발전방향. 인문사회21, 10(6), 369-378.

이윤진, 김민주, 김화순(2020). 북한이탈주민 빈곤 한부모 가정의 자녀양육 실태와 지원방안. 한국육아정책연구소.

전명길(2017). 다문화가족의 가정폭력에 관한 연구. 법이론실무연구, 5(3), 249-269.

전자배(2018). 다문화가정 부모의 문화적응 태도가 다문화청소년의 자아존중감에 미치는 영향. 다문화교육연구, 11(3), 121-146.

채은희, 박미숙(2019). 중년기 결혼이주여성의 노후준비에 관한 탐색적 연구. 문화교류와 다문화교육, 8(1), 203-225.

천정웅, 남부현, 김태원, 한승희, 박주현(2015). 현대사회와 문화다양성 이해. 양서원.

최윤정 외(2019). 2018 전국다문화가족실태조사연구. 여성가족부.

최윤정 외(2022). 2021년 전국다문화가족실태조사. 여성가족부.

최혜지 외(2013). 사회복지실천론. 학지사.

통계청(2021). 혼인·이혼통계.

Cross, W. E. Jr., Parham, T. A., & Helms, J. E. (1991). The Stages of Black identity development: Nigrescence models. In R. L. Jones (Ed.), *Black Psychology* (pp. 319-338). Cobb & Henry Publishers.

Davison, K. M., Lung, Y., Lin, S. et al. (2019). Depression in middle and older adulthood: the role of immigration, nutrition, and other determinants of health in the Canadian longitudinal study on aging. *BMC Psychiatry, 19*, 329. https://doi.org/10.1186/s12888-019-2309-y

Dillion, F. R., De La Rosa, M., & Ibanez, G. E. (2013). Acculturative stress and diminishing family cohesion among recent Latino immigrants. *Journal of Immigrant and Minority Health, 15*(3), 484-491.

Edmonston, B. (2013). Lifecourse perspectives on immigration. *Canadian Studies in Population. 40*(1-2), 1-8.

Falicov, C. J. (2016). Migration and the family life cycle. In M. McGoldrick, N. Garcia-Preto, & Carter, B. (Eds.), *The expanded family life cycle: Individual, family, and social perspectives* (5th ed., pp. 222-239). Allyn & Bacon.

Jang, H., & Tang, F. (2022). Loneliness, age at immigration, family relationships, and depression among older immigrants: A moderated relationship. *J Soc Pers Relat, 39*(6), 1602-1622.

Kang, S. Y., Kim, I., & Kim, W. (2016). Differential patterns of healthcare service use among Chinese and Korean immigrant elders. *Journal of Immigrant Minority Health, 18*(6), 1455-1461.

Marsiglia, F. F., Kulis, S. S., & Lechuga-Pena, S. (2021). *Diversity, oppression, and change: Culturally grounded social work* (3rd ed.). Oxford University Press.

Perkins, R. M. (2014). Life in duality: Biracial identity development. *Race, Gender & Class, 21*(1/2), 211-219.

Poston, W. C. (1990). The biracial identity development model: A needed addition. *Journal of Counseling & Development, 69*(2), 152-155.

Szaflarski, M., & Bauldry, S. (2019). The effects of perceived discrimination on immigrant and refugee physical and mental health. *Adv. Med. Sociol, 19,* 173–204.

UNHCR(1994). *Refugee children: Guidelines on protection and care.* United Nations.

한국건강가정진흥원. 다문화가족 자녀 언어발달 지원사업 연도별 언어 평가 및 교육 현황.
https://www.kihf.or.kr/lay1/S1T247C248/contents.do

제 **13**장
다문화 사회복지의 과제와 전망[1]

    이 장에서는 최근 꾸준히 증가하고 있는 중도입국 자녀와 미등록 이주배경 아동에 대해 살펴본다. 이주배경 아동 중 상당수는 국내에서 출생한 다문화가족의 자녀이다. 그러나 최근 들어 이주배경 아동 및 청소년의 인구학적 구성이 다양해지고 있으며, 이에 이들의 우리 사회 내 적응 및 통합을 위한 고민이 필요한 실정이다.

    우리 사회가 공식적으로 다문화 정책을 채택한 지 10년이 넘어가고 있다. 다문화 사회로의 변모 과정은 앞으로 더욱 가속화될 전망이다. 이와 같은 변화에 대응하여 필요한 고민들을 ① 다문화수용성 제고, ② 이주민 대상 정책 방향성 설정에 대한 고민, ③ 이주민을 지원하는 기관들이 경험하는 현실적 이슈, 그리고 ④ 이주민 밀집 지역 이슈를 중심으로 살펴본다.

---

1) 이 장의 일부 내용은 남일성과 양경은(2020), 양경은과 노법래(2020), 신동훈과 양경은(2020), 양경은 등 (2020)의 내용을 토대로 수정·보완한 것이다.

1. 이주배경 아동

1) 중도입국 자녀

(1) 인구 현황

부모 가운데 한 명이 외국 출신인 다문화가족의 자녀는 국내 출생인 다문화가족의 자녀, 그리고 결혼이민자가 입국 전 전배우자와의 사이에서 낳은 자녀가 한국으로 입국하는 국외 출생 자녀인 중도입국 자녀로 구분된다. 최근 결혼이민자의 수가 증가함에 따라, 중도입국 자녀의 사례가 꾸준히 증가하고 있다(장명선, 송연숙, 2011). 국내 출생 자녀와 달리 중도입국 자녀는 연령대가 10대 후반과 20대 초반으로 비교적 높은 편이며, 학교 부적응 문제를 경험하는 비중 또한 높은 것으로 알려져 있다(양미진 외, 2012; 이남주, 김민, 2017). 중도입국 자녀의 수는 꾸준히 증가하고 있는 반면, 이들에 대한 정책적인 지원은 다른 이주배경 아동에 비해 부족한 수준이며, 이들에 대한 공식적인 통계 또한 파악되지 않는 실정이다(신현옥 외, 2013).

2018년 기준 초·중·고등학교에 재학 중인 서울의 이주배경 학생은 총 1만 6,219명으로 이는 전체 재학생의 1.78%를 차지하고 있다. 전반적인 학령인구가 감소하는 반면, 서울시 내의 이주배경 학생은 매년 1천 명 이상씩 증가하는 추세이다(서울특별시 교육청, 2019). 서울시 내에서도 구로구, 영등포구, 금천구를 포함한 남부교육지원청 관내에 중국 출신의 이주배경 학생들이 집중적으로 분포해 있으며, 서부, 동작관악, 강서양천, 중부의 순으로 분포하는 양상을 보인다. 출신국가는 중국·한국계 중국 출신이 50.0%로 가장 많으며, 이어 베트남(14.7%), 일본(10%), 몽골(3%)의 순으로 나타난다(서울특별시 교육청, 2019). 2019년 전년 대비 중도입국 외국인 학생은 약 22% 증가한 것으로 보고된다(교육부, 2020).

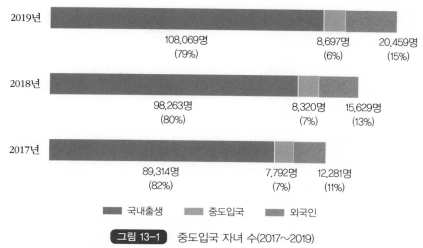

그림 13-1 중도입국 자녀 수(2017~2019)

출처: 교육부(2020), p. 4.

　한편, 교육부는 학교 내 다문화학생, 여성가족부는 다문화가족, 법무부는 중도입국자 등 대상에 따라 개별적으로 통계를 관리하고 있어 중도입국 자녀의 정확한 통계를 파악하는 데에는 한계가 있다. 교육부에서 제공한 통계에 따르면, 중도입국 자녀 수는 초등학교 5,046명, 중학교 1,933명, 고등학교 1,341으로 집계되며, 한국계 중국 출신이 3,905명, 태국, 인도네시아, 중앙아시아, 미국, 러시아 등 그 밖의 국가 출신이 1,672명, 베트남 출신이 1,187명, 일본 출신이 893, 필리핀 출신이 663명으로 나타났다.

표 13-1 교육지원청별 다문화학생 수

구분	동부	서부	남부	북부	중부	강동송파	강서양천	강남서초	동작관악	성동광진	성북강북	계
학생 수	1,291	1,609	4,279	1,067	1,373	1,062	1,417	513	1,438	1,110	1,060	16,219

출처: 서울특별시교육청(2019), p. 4.

(2) 중도입국 자녀와 가족의 이슈

일반적으로 중도입국 자녀는 한국어를 전혀 모르는 상태에서 우리나라로 입국하는 경우가 대부분이며, 이들은 공교육체계로 진입하는 과정에서 다양한 어려움을 경험하는 것으로 보고된다(오성배 외, 2013; 장명선, 송연숙, 2011). 중도입국 자녀는 외국에서 출생하여 성장하다가 도중에 우리나라로 입국하게 된다. 이 과정에서 이들은 어린 나이에 부모와 해체되는 경험을 하는데, 아동이 부모와 떨어져 지내는 기간은 최소 1~2년에서 10년 이상까지 매우 다양한 것으로 보고된다(오성배 외, 2013). 중도입국 과정 중 아동이 경험하게 되는 가정의 해체, 재결합, 낯선 문화로의 적응은 심리적·정서적 측면에서 큰 부담을 줄 수 있다. 선행 연구에 따르면, 중도입국 자녀는 이른 나이에 가족해체, 학교 탈락, 비행 등의 부정적인 경험에 노출된 경험이 있는 경우가 많으며, 청소년이라는 정서적·심리적으로 민감한 시기에 이주의 스트레스를 겪는 이중고를 경험하게 된다. 따라서 심리적 상흔이나 트라우마에 시달리고 있는 경우가 적지 않다. 따라서 이들을 위한 체계적인 심리적 지원이 필요하다. 그러나 현행 지원체계에서 체계적이고 전문적인 심리적 관리는 전무한 실정이다(오성배 외, 2013).

이와 같은 어려움은 중도입국 자녀의 학교생활 적응에 있어서도 부정적인 영향을 주는 것으로 보고된다. 중도입국 자녀는 낮은 학업 성취도, 높은 무단 결석률, 학업 중단률을 보이는 것으로 알려져 있다(이승미 외, 2017). 중도입국 청소년의 정규 학교 재학률은 전국 수준에 비해 뒤떨어지고 있어 이들 가운데 상당수가 학교 밖에 방치되어 있을 가능성을 시사한다(오성배 외, 2013; 이승미 외, 2017). 학교 부적응에 영향을 주는 요인으로는 한국어 구사능력의 부족, 지원체계의 부족을 들 수 있다.

2) 미등록 이주배경 아동

(1) 인구 현황

국내에 거주하는 미등록 이주배경 아동은 우리 정부의 공식적인 통계로 확인되지 못하는 실정이다. 미등록 이주배경 아동이 발생하게 되는 경위는 다음과 같다.

① 부와 모가 모두 외국인으로 우리나라에 합법적으로 체류하는 중에 출생하여 합법적인 체류자격을 가졌으나 부모가 체류 기간을 넘겨 체류함에 따라 부모와 함께 미등록 아동이 되는 경우, ② 외국인 부모가 미등록 이주민이 된 이후에 우리나라에서 태어난 경우이다. 후자의 경우, 출생등록이 불가능하기 때문에 출생기록 자체가 존재하지 않게 된다(이준일, 2021).

「유엔 아동권리협약」 제7조에 따르면, 아동은 출생 후 즉시 등록되어야 하고, 출생 당시부터 이름을 가질 권리 및 국적을 취득할 권리를 가지며, 가능한 경우 친부모의 신원을 알 권리 및 친부모에 의한 돌봄을 받을 권리를 가진다. 또한 국내 현행법 「가족관계의 등록 등에 관한 법률」(약칭 「가족관계등록법」)에 따라, 출생 후 1개월 이내에 출생신고를 해야 하고(제44조), 출생신고서에는 출생증명서 혹은 출생을 증명할 수 있는 서면이 첨부되어야 한다(제44조 4항). 그런데 이 법은 대한민국 국적을 가진 국민에게만 적용되는 법이다. 외국인은 「가족관계등록법」에 따른 출생신고를 할 의무도 없으며, 애초에 출생신고가 불가능하기 때문에 자국의 외교공관을 통해 출생등록을 할 수 있다(이준일, 2021). 더욱이 미등록 이주아동의 경우, 부모가 합법적인 체류자격을 상실한 상태에서 강제추방의 두려움에 따라 출생등록이 되지 못할 가능성이 높다.

출생등록은 우리 사회 내에서 자신이 누구인지를 증명하는 시발점이 된다는 점에서 중요한 의미를 지닌다. 한편, 제4장에서 살펴본 바와 같이, 대한민국 국적을 갖지 않은 외국인은 사증, 외국인등록번호를 통해 자신의 신원을 증명할 수 있다. 그런데 미등록 이주배경 아동은 외국인등록번호가 없어서 스쿨뱅킹 계좌 개설, 홈페이지 및 각종 사이트 가입, 교육비 지원 등이 모두 불가능하다.

(2) 미등록 이주배경 아동에 관한 법적 이슈

이주배경 아동은 거주지가 속하는 「초·중등교육법 시행령」 제19조에 의거해 학구 내의 초·중등학교 장에게 입학 또는 전학을 신청할 수 있다. 또한 법무부의 '불법체류 학생의 학습권 지원' 지침에 따라 미등록 이주배경 아동은 고등학교를 졸업할 때까지 체류를 보장받을 수 있다. 이에 의무교육인 초등학교 및 중학교에 전학 · 입학이 모두 가능하다. 이 지침은 추방의 유예 차원에서 시행된 것인데, 고등학교 졸업 이후 시점의 체류에 대한 대책은 전무한 실정이다. 한편, 「출입국관리법」 제17조에 따르면, 외국인은 그 체류자격과 체류기간의 범위 내에서만 대한민국에서 체류가 가능하다. 이와 관련해 미등록이주배경 아동의 경우 강제퇴거가 가능한지가 중요한 쟁점으로 논의되고 있다. 우리나라에서 태어나 고등학교 교육과정까지 마친 미등록 이주아동이 본국으로 송환된다면, 본국의 언어와 문화를 성인이 되어 처음으로 접하게 되는 것이다. 「출입국관리법」은 '체류허가의 특례제도'를 두고 있어, 대한민국에 체류해야 할 특별한 사정이 있다고 인정되면 그의 체류를 허가하고 있다. 이 특례에 따라 미등록 이주아동이 국내에서 장기간 체류하는 것이 가능하다. 그러나 법에서 지칭하는 '특별한 사정'에 대한 의미가 모호하며, 행정기관의 재량의 폭이 넓다. 이와 관련해 다음에 소개하는 2017년 청주지방법원의 F군 사건의 판례는 참고할 만하다.

미등록 나이지리아 국적의 F군은 한국에서 출생한 이후 계속 국내에서 거주하면서 초 · 중 · 고등학교를 모두 한국에서 졸업했다. 9세 때 아버지가 나이지리아로 강제퇴거 당한 이후, 미등록의 신분으로 한국에서 체류하였고, 나이지리아에는 한 번도 방문한 경험이 없었다. 고등학교 졸업 이후 공장에 취업하여 지내다가 출입국관리사무소의 단속에 잡혀 강제퇴거명령을 받게 된다. 법원은 법무부의 강제퇴거처분을 취소하며(청주지방법원 2018.5.17. 선고 2017구합2276), 특히 ① 원고가 대한민국의 언어, 풍습, 문화, 생활환경 등에서 그의 정체성을 형성하여 왔고, 그의 경제적 · 사회적 · 문화적 · 기반은 오로지 대한민국에만 형성되어 있는 점, ② 국적국의 고유 언어조차 사용하지 못하는 점, ③ 불법체류상태는 그의 귀책사유에 의하여 야기된 것이 아니라는 점 등을 주요하게 고려하여 강제퇴거처분을 취소하였다.

출처: 청주지방법원 판례(2018).

법무부는 국내에 체류자격 없이 체류하며 학교에 재학 중인 외국인 아동의 교육권을 폭넓게 보장하고, 이들이 우리 사회의 구성원으로 국민과 함께 더불어 살아갈 수 있도록 학업 등을 위한 체류자격 부여 대상을 확대하는 방안을 2022년 2월 1일부터 2025년 3월 31일까지 한시적으로 시행하기로 했다. 이에 기존의 구제 대책은 국내에서 출생하여 15년 이상 체류 중이고 국내 중·고등학교에 재학 중이거나 고등학교를 졸업한 아동에 대해 적용이 되었는데, 다음과 같이 확대하였다. ① 국내에서 출생하거나 영·유아기(6세 미만)에 입국한 경우에는 6년 이상 국내에서 체류하고 국내 초·중·고등학교에 재학 중이거나 고등학교를 졸업한 아동, ② 영·유아기가 지나서 입국한 경우에는 7년 이상 국내에서 체류하고 국내 초·중·고등학교에 재학 중이거나 고등학교를 졸업한 아동까지 확대되었다.

2. 앞으로의 과제

1) 다문화수용성

(1) 다문화수용성 현황

우리 사회가 공식적으로 다문화 정책을 채택한 지 10년이 넘어가고 있다. 그러나 2021년에 수행된 국민 다문화수용성 조사결과에 따르면, 이주민에 대한 비이주민의 인식과 태도는 고양되지 못하고 답보 상태에 있는 것으로 확인된다. 비이주배경 집단의 다문화수용성은 52.27점으로 2012년에 비해서는 상승하였으나, 2015년에 비해서는 1.68점, 2018년 대비 0.54점 하락한 것으로 나타났다([그림 13-1] 참조).

다문화수용성의 하위 구성요소 여덟 가지의 최근 추이를 살펴보면, 거부·회피 정서 측면의 수용성은 가장 높은 수준인 반면, 교류행동 의지는 가장 낮은 수준인 것으로 조사되었다. 더욱이 시간이 지날수록 수용성 정도가 급격히 감소하는 양상이다. 국민정체성에 관한 문항에서도 2018년에는 혈통적 배경을 중요하게 여기는 비율이 감소했으나, 2021년 조사에서는 추세가 반전되어 귀속적 기준을 중요하게 생각하는 비중이 증가한 것을 확인할 수 있다. 자국민을 우선 고용해야 한다는 입장, 이주민 혹은 외국인 노동자를 이웃으로 받아들이는 것에 대한 태도를 묻는 문

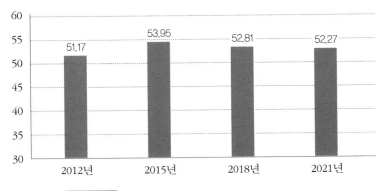

그림 13-2　다문화수용성 점수(2012, 2015, 2018, 2021)

출처: 김이선 외(2022), p. 44.

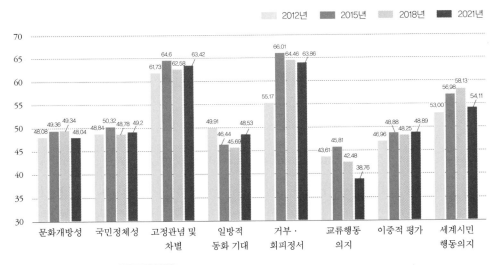

그림 13-3　다문화수용성 점수(2012, 2015, 2018, 2021)

출처: 김이선 외(2022), p. 47.

항에 대해서도 1990년대 이후 조금씩 개선되다가, 최근에는 거의 변화가 없는 상태로 머물러 있다. 요컨대, 다문화사회로의 빠른 외형적 변화만큼 이주민에 대한 우리 사회의 태도는 긍정적인 방향으로 전개되지 못하고 있다고 볼 수 있다.

(2) 다문화수용성 제고를 위한 정책적 노력

지금까지 살펴본 사회적 흐름을 반영하듯, 정부는 2018년 제3차 다문화가족정책 기본계획에서 전 국민의 다문화수용성 제고를 핵심적인 정책 목표로 설정하였다. 제1·2차 기본계획이 국내 거주 이주민들을 대상으로 한 초기 적응에 초점을 두었다면, 제3차에서는 정책의 방향이 비이주민의 태도 변화로 선회했음을 확인할 수 있다. 또한 "상호존중에 기반한 사회적 다문화수용성 제고: 다문화 사회의 모든 구성원에게 요구되는 자질로서 상호존중에 기반한 다문화이해교육 확대 및 수용성 제고를 위한 미디어 환경조성"이라는 목표를 필두로 하여 다양한 사업들이 추진되고 있다.

우선, 다문화수용성 제고를 위한 대표적인 정책 수단으로 다문화교육을 들 수 있다. 현재 국가와 지방자치단체는 다문화가족, 외국인에 대한 사회적 차별 및 편견을 예방하기 위한 교육을 시행해야 할 책무를 갖고 있다(「다문화가족지원법」 제5조). 「외국인처우법」 제18조에서도 국민과 재한외국인이 서로의 역사와 문화, 제도를 이해하고 존중할 수 있도록 국가와 지방자치단체에 책무를 부과하고 있다. 이와 같은 법과 제도적 기반을 토대로 사회 구성원들을 대상으로 다문화교육을 내실화하고 활성화할 필요가 있다. 실제로 「문화다양성의 보호와 증진에 관한 법률」에 의거해, 문화다양성위원회가 2021년도에 수립되었으며, 같은 해 5월에 '제1차 문화다양성 보호 및 증진 기본계획'이 발표되었다. 이 기본계획에 따르면, 여성가족부는 문화 지원 시설 종사자, 다문화 업무 담당 공무원을 대상으로 다문화 이해교육을 단계적으로 의무화하는 방안을 추진할 예정이다.

이주민과 비이주민이 함께 활동하는 프로그램의 활성화 또한 요청된다. 일반적으로 나와 다른 외집단 구성원에 대한 편견과 고정관념은 상당 부분 상대에 관한 불완전한 정보에 기인하는데, 외집단 구성원과의 질적으로 높고 밀접한 접촉은 서로에 대한 이해의 폭을 넓혀 편견을 감소시키는 것으로 알려져 있다(신동훈, 양경은, 2020). 실제로 201년도 다문화 수용성 조사에서도 성인과 청소년 모두 이주민과 함께하는 활동에 참여한 집단이 참여하지 않은 집단보다 높은 수준의 다문화수용성을 보이는 것으로 조사되었다.

이주민과 밀도 있는 직접접촉 빈도가 낮은 우리나라의 상황에서, 대중매체의 주도적인 역할을 통해 다문화에 대한 인식을 개선하기 위한 노력도 필요하다. 방송통신심의위원회의 심의 기능을 강화함으로써 인권 및 문화다양성의 관점에서 차별적 요소를 시정하기 위한 심의 기능을 강화할 필요성이 높다.

2) 이주민 대상 정책 방향성의 제고 필요성

(1) 다양한 인구에 대한 포섭 필요성: 협소한 대상화의 문제

국내 거주 외국인들의 특성이 다양하며 외국인 인구 구성에도 변화가 일고 있다. 국내에 체류 중인 이주민의 유형에는 결혼이민자, 다문화가족 외에도 외국인 노동자, 북한이탈주민, 유학생, 교포, 난민 등 다양한 집단이 존재한다. 그럼에도 불구하고 현 우리 사회의 다문화 담론과 사회통합 정책은 결혼이주여성과 그 가족이라는 특정한 인구 집단을 중심으로 범주화되는 경향성이 높다. '다문화'라는 키워드가 다문화가족에게만 적용되는 수식어라는 점에서도 이를 확인할 수 있다. 제4장에서도 살펴보았듯이, 우리나라가 마련한 법규는 「다문화가족지원법」인데, 법에서 지칭하는 다문화가족은 결혼이민자 혹은 대한민국 국적을 취득한 자로 이루어진 가족이라는 협소한 대상층을 지칭한다. 한국인 가족이 되지 못하는 외국인은 합법적인 체류 자격을 지녔더라도 해당 법의 적용 대상자에서 제외된다(박종대, 박지해, 2014). 우리 정부가 결혼이주여성 및 그 가족을 대상으로 하는 정책과 외국인 정책을 별개의 정책으로 분리하여 인식하고 있음을 확인할 수 있는 대목이다. 이주민의 사회·통합은 국가가 제시하는 지원제도의 틀에 따라 결정될 소산이 높은데, 지원 대상을 이처럼 한정적인 테두리로 국한하는 현 정책적 지향은 다음 측면에서 문제를 지닌다.

사회통합정책의 협소한 대상화는 가족 제도 밖에 놓인 다양한 주체들을 배제하는 결과를 초래한다. 그 대표적인 집단이 바로 외국인 노동자이다. 합법적인 체류 자격을 지녔음에도 불구하고 이들은 우리 사회가 명명하는 '다문화' 안으로 들어오지 못하고 배타적인 존재로 차별의 대상이 되고 있다(박종대, 박지해, 2014). 2004년 산업연수생제도가 고용허가제로 변경되어 실시된 이후에도 외국인노동자는 임금체불, 임권침해 등의 차별을 경험하며 우리 사회에서 배제되어 왔다. 우리나라의 사회통합 정책의 편향성은 외국인노동자에게는 정주가 허용되지 않는다는 점에서도 확인된다. 한국 남성과의 결혼을 목적으로 거주 사증 F-2-1로 생활하는 결혼이주여성은 적극적인 사회통합의 대상으로 우리 사회로 편입되는 점과는 대조적이다.

유엔 보고서에 따르면, 우리나라는 2030~2050년 동안 약 150만 명의 외국인노동자를 도입해야만 현 경제수준을 유지할 수 있는 것으로 보고된다(윤인진, 2008). 국내로 유입하는 이주민의 유형 또한 더욱 다각화될 것으로 예상되므로 우리나라 정책의 방향성에 대한 고민이 요청된다. 보다 구체적으로, 국내에 체류 중인 다양한 이주민 집단의 사회통합에 대해서도 면밀한 고민이 요청된다.

(2) 이주배경 아동 대상 사업 방향의 명세화 필요성

이주배경 아동은 동질적인 집단이 아니다. 국내 출생 자녀, 중도입국 자녀, 귀화 및 외국국적 자녀 등 해당 집단을 구성하는 유형이 다양하다. 그런데 현 이주배경 아동 관련 사업 및 정책들은 대부분 '이주배경'이라는 인구학적인 조건을 갖추면 반드시 욕구(needs)가 있을 것이라는 전제를 토대로 대상자에게 직접 지원을 하는 방식을 택하고 있다. 집단 내의 이질성을 고려하지 않은 사업은 서비스 대상자에게 '지원이 필요한 대상'이라는 낙인을 줄 수 있다는 점에서 다분히 문제적이다(이수인 외, 2019). 가령, 교육부의 '다문화학생 맞춤형 지원', 여성가족부의 '중도입국자녀 맞춤형 지원 확대'와 같은 사업명에는 '이주배경'이라는 사업의 조건을 갖추면 반드시 서비스 욕구가 있을 것이라는 전제가 내재되어 있다.

물론, '이주배경' 요인을 고려한 사업들은 반드시 요청된다. 중도입국 자녀는 가정의 경제적·교육적 자원의 상황이 평균적으로 열악한 것으로 알려져 있다는 점에서 이들의 결핍을 메울 수 있는 지원은 반드시 필요하다(연보라 외, 2019). 그러나 '다문화' '이주배경'이라는 요인에 지나치게 초점을 둘 경우 자칫 이주배경 아동을 대상화하고, '우리와 그들'이라는 이분법적 구분에 매몰될 수 있다.

이와 같은 문제는 이주배경 아동 관련 지원 사업이 아동복지가 아닌 다문화복지라는 영역 안에서 협소하게 다뤄지고 있기 때문에 발생한다고 볼 수 있다. '이주배경'이라는 특수성에만 준거를 둔 접근은 이주배경 아동을 차별하고 분리하는 역효과를 낼 수 있음에 유의할 필요가 있다. '이주배경'이라는 특수성과 '아동·청소년'이라는 보편성을 함께 고려한 세밀한 정책 및 사업 설계가 요청된다고 할 수 있을 것이다. 가령, 이주배경 아동의 '이주배경'적인 요인들을 고려하여 한국어 교육, 우리 사회 내의 적응 지원이 필요한 아동에게는 해당 서비스를 제공하되, 아동복지사업 안에서 이주배경 아동을 통합적으로 조망할 필요가 있다.

'다문화가족 지원'이 가족정책이라는 큰 틀에 포함된 최근의 정책적 변화는 긍정적으로 평가된다. 이주배경 아동에 대한 접근 또한 다문화가족정책, 다문화교육지원정책과 같이 분리되어 부분적으로 접근되기보다 아동의 발달권이라는 통합적인 체계 속에서 추진될 필요가 있다.

3) 지원 기관들 간 연계의 구조적 어려움

이주민은 새로운 사회로의 적응이라는 과제에 직면하여 여러 복합적인 욕구를 갖고 있으며, 이러한 중층적인 욕구를 충족하기 위해서는 아동과 직간접적으로 관계된 모든 기관들이 하나의 네트워크를 이루어 통합적으로 서비스를 제공하는 것이 이상적이다(윤철수, 유기웅, 2013). 그러나 이주민 대상 사업들은 주관 행정부처가 여성가족부, 교육부, 법무부 등으로 다원화되어 있다. 주요 부처별 사업의 기능들 또한 상당 정도로 유사하다. 물론 이주민을 대상으로 하는 정책은 복합적인 영역이 연계되어 있어 단일한 부처만의 역량에 의존하기에는 한계가 있다. 문제는 중앙부처, 관, 민 단위의 유기적인 협력 없이 분산적으로 사업이 이뤄질 때 발생하는 서비스의 비효율성이다. 분산되고 파편화된 서비스로 인해 발생하는 유사한 서비스의 중복 문제는 비이주민의 역차별의 정서를 조장할 수 있다는 점에서도 다분히 문제적이다(교육부, 2019; 연보라 외, 2019; 오성배 외, 2013). 국내 이주민 대상 사업 및 전달체계에서 발견되는 특징들을 정리하면 다음과 같다.

우선, 중앙부처와 지자체에서 운영 중인 여러 사업 및 정책들이 상당 정도로 유사하다. 가령, 이주배경 아동을 대상으로 사업을 진행하는 주관 행정부처는 여성가족부, 교육부뿐만 아니라 법무부, 행정안전부 등 다원화되어 있다. 아울러 부처 간 서로 상이한 전달체계를 지니고 있다. 이에 각 부처는 유사한 기능의 사업들을 독립적·분절적으로 수행하고 있다고 볼 수 있다. 가령, 교육부는 시·도교육청을 통해 단위학교와 지역다문화교육센터에서 해당 사업들을 진행하고 있다. 여성가족부는 지자체와의 협력을 통해 건강가정·다문화가족지원센터를 운영하고 있으며, 위탁 운영기관들에서 관련 사업을 운영하고 있다.

지자체 단위에서도 중앙부처로부터 위임받은 사업뿐만 아니라 독자적인 정책을 추진하고 있다. 서울시와 경기도의 경우에도 중앙부처로부터 위임받은 사업 외에 독자적인 사업들을 추진하고 있으며, 이에 따라 각 부처부터 독립적으로 예산을 받아 사업을 수행하는 지역사회 내의 기관들은 사업의 중복 및 서비스 분절성 문제에 직면할 소지가 높다. 이는 다문화정책이 관주도로 압축적으로 성장하면서 중앙정부로부터의 하향식 정책 추진과도 무관하지 않다(최무현, 김경희, 2015).

둘째, 제4장에서 살펴보았듯이, 현재 이주민 관련 사업을 총괄적으로 관리하는 일원화된 컨트롤 타워 내지 허브가 부재한 실정이다. 자원배분의 효율성을 높이고, 정책 및 서비스의 효과성을 제고하기 위해서는 다양한 기관들 간의 조정과 협력이 이뤄질 필요가 있다. 중앙부처, 지자체 단위에서 정책의 중장기 방향성을 함께 수립하고 공유할 필요성이 높다. 또한 지역사회 내 일선 실천 현장에서도 유사한 사업의 중복을 줄이기 위해 기관들 간의 네트워크 및 연계를 통해 서비스 제공의 효율성을 제고할 필요가 있다고 할 수 있다. 특히 이주민이 특정한 지리적 경계 내에 밀집하여 거주하는 이주민 밀집지역의 경우, 지역마다 처한 상황 및 특색이 달라 지역 특성에 맞는 정책과 사업 추진이 요청된다.

4) 이주민 밀집지역

(1) 이주민 밀집지역 현황

국내로 유입되고 있는 이주민의 수가 증가함에 따라 이들이 특정한 지리적 경계 내에 밀집하여 거주하는 패턴이 관찰되고 있다(송효준, 양경은, 2018). 이처럼 이주민과 그들의 자녀가 국적이나 체류 자격자를 중심으로 특정한 지리적 경계 내에 집중적으로 몰려 거주하는 지역을 '이주민 밀집지역'이라고 한다(박윤환, 2011; 송효준, 양경은, 2018). 우리 사회에서도 이주민 밀집지역이 최근 들어 증가하는 추세이다. 행정안전부의 '2019지방자치단체 외국인주민 현황' 자료에 따르면, 2019년 11월 기준 우리나라에 체류 중인 총 이주민의 59.4%가 서울·경기·인천에 집중적으로 거주하고 있는 것으로 조사된다. 이주민 가운데 32.5%는 경기도, 21.0%는 서울, 5.9%는 인천에 거주하고 있어 절반 이상의 외국인주민이 수도권에 거주하는 것으로 조사되었다(행정안전부, 2019). 이에 이주민을 대상으로 하는 다양한 사업들이 각 중앙부처 별로 추진되고 있으며, 일부 지자체에서는 이주민 밀집지역이라는 인구 특성을 감안한 관련 정책들을 추진하고 있다. 안산의 다문화마을 특구, 안산과 시흥의 교육국제화 특구 지정이 대표적인 예에 해당된다.

한편, 정확히 어느 정도의 규모 혹은 공간적 범위를 이주민 밀집지역으로 설정할 것인지에 대해서는 학자마다 정의 방식이 다양하다. 함승환 등(2017)은 이주민 밀집도에 따라 이주민의 수가 3만 명 이상이면서 전체 인구 대비 이주민의 인구가 10% 이상인 기초 시·군·구를 고밀집지역, 고밀집지역은 아니지만 이주민의 수가 인구 대비 5% 이상인 지역을 중밀집지역, 그리고 고밀집과 중밀집지역이 아닌 지역을 비밀집지역으로 구분하였다. 행정안전부(2019)의 조사에 따르면, 이주민이 1만 명 이상 또는 인구 대비 5% 이상 거주하는 시·군·구인 외국인 집중 거주 지역은 95곳이며, 이 가운데 외국인주민 수가 5만 명 이상이고 인구 대비 비율이 10% 이상인 고밀집지역은 안산시(92,787명, 13.0%), 시흥시(59,634명, 11.7%), 영등포구(55,524명, 14.1%), 구로구(54,937명, 12.6%)의 4개 지역으로 구분된다. 구체적인 내용은 〈표 13-2〉와 같다.

이주민 밀집지역의 유형은 크게 다음의 세 가지로 유형화할 수 있다. 즉, ① 소수민족 집단거주지, ② 게토, ③ 집단거주지이다(Knox et al., 2009: 이석준, 2014에서 재인용). 소수민족 집단거주지인 엔클레이브(enclave)는 이주민들의 내부적인 결속을 토대로 밀집지가 형성되며, 이렇게 형성된 밀집지가 장기적으로 지속되는 특성을 지닌다(한성미, 임승빈, 2009). 게토(ghetto)는 구조적인 차별과 결부되어 부정적인 성격이 함께 반영된 특성을 보인다. 끝으로, 집단거주지인 콜로니(colony)는 이주

표 13-2 2019년 지방자치단체 외국인주민 집중 거주지역 현황

[단위: 명, %(지자체 총 인구 대비 외국인주민 비율)]

전국(95)	5만 명 이상(6), 3만 명 이상(10), 1만 명 이상(49), 1만 명 미만(30)
서울(17)	영등포구 55,524명(14.1%), 구로구 54,937명(12.6%), 금천구 32,851명(13.2%), 관악구 30,247명(6.0%), 광진구 23,823명(6.6%), 동대문구 23,645명(6.7%), 용산구 22,332명(9.8%), 동작구 20,697명(5.2%), 서대문구 18,179명(5.7%), 성북구 17,976명(4.0%), 마포구 16,416명(4.4%), 종로구 14,195명(9.2%), 송파구 14,126명(2.2%), 성동구 14,042명(4.7%), 중구 13,796명(10.5%), 강서구 13,197명(2.3%), 강남구 11,735명(2.3%)
부산(2)	강서구 7,544명(5.9%), 중구 2,620명(6.2%)
인천(6)	부평동 28,561명(5.6%), 서구 22,948명(4.2%), 남동구 22,736명(4.3%), 연수구 21,295명(5.7%), 미추홀구 16,693명(4.1%), 중구 6,800명(5.2%)
대구(2)	달서구 16,466명(2.9%), 달성군 10,820명(4.2%)
광주(1)	광산구 23,334명(5.5%)
대전(1)	유성구 10,347명(2.8%)
울산(1)	울주군 12,582명(5.6%)
경기(23)	안산시 92,787명(13.0%), 수원시 67,073명(5.5%), 화성시 65,040명(7.8%), 시흥시 59,634명(11.7%), 부천시 46,807명(5.6%), 평택시 39,835명(7.6%), 용인시 34,101명(3.2%), 성남시 33,047명(3.6%), 김포시 32,522명(7.3%), 고양시 25,175명(2.5%), 광주시 22,641명(6.0%), 포천시 21,113명(13.2%), 파주시 20,396명(4.5%), 안성시 19,999명(9.9%), 오산시 18,605명(8.0%), 남양주시 15,227명(2.2%), 안양시 14,617명(2.6%), 양주시 13,105명(5.8%), 군포시 13,019명(4.7%), 이천시 12,866명(5.8%), 광명시 11,775명(3.8%), 여주시 6,323명(5.6%), 동두천시 5,784명(6.0%)
강원(1)	고성군 1,887명(7.0%)
충북(4)	청주시 26,416명(3.1%), 음성군 15,676명(15.0%), 진천군 10,462명(12.0%), 괴산군 1,966명(5.1%)
충남(7)	천안시 35,781명(5.3%), 아산시 32,271명(9.3%), 당진시 10,674명(6.3%), 논산시 7,610명(6.2%), 보령시 5,116명(5.2%), 예산군 4,363명(5.5%), 금산군 4,201명(7.7%)
전북(4)	전주시 14,733명(2.2%), 군산시 10,539명(3.9%), 완주군 6,101명(6.3%), 정읍시 5,354명(5.0%)

전남(5)	영암군 7,269명(12.6%), 완도군 3,506명(7.2%), 진도군 2,521명(8.6%), 장성군 2,322명(5.5%), 함평군 1,572명(5.1%)
경북(9)	경주시 19,958명(7.6%), 경산시 17,540명(6.0%), 포항시 11,639명(2.3%), 칠곡군 6,583명(5.6%), 영천시 5,712명(5.7%), 고령군 2,841명(8.8%), 성주군 2,810명(6.8%), 울진군 2,486명(5.2%), 영덕군 1,798명(5.0%)
경남(10)	김해시 31,744명(5.8%), 창원시 28,101명(2.7%), 거제시 13,129명(5.2%), 양산시 11,685명(3.4%), 통영시 6,725명(5.2%), 사천시 5,803명(5.2%), 함안군 5,752명(8.6%), 밀양시 5,153명(5.0%), 창녕군 4,708명(7.5%), 의령군 1,395명(5.4%)
제주(2)	제주시 23,627명(4.8%), 서귀포시 10,846명(6.1%)

주: 연도별 집중거주 지역 수: 2016년 65개; 2017년 69개; 2018년 82개, 2019년 95개임.
출처: 행정안전부(2019).

민들이 일시적으로 밀집지를 형성했다가 흩어진다는 임의적 성격을 지닌다. 이 세 가지 범주 가운데 국내 이주민 밀집지역은 상당한 정도로 엔클레이브의 성격을 강하게 갖는다. 특정 지역에 이주민들의 네트워크와 공동체가 형성되고, 이렇게 형성된 인프라를 토대로 정보 및 자원의 교환이 활발히 이뤄진다는 점에서 그러하다.

(2) 이주민 밀집지역 내 사업운영

이주민 유입의 역사가 짧은 우리나라의 맥락에서 이주민 밀집지역에는 이주민과 비이주민 두 집단 간의 긴장이 잠재할 가능성이 있다. 이와 관련해, 거주지 분리에 따른 환경적 요인들이 해당 지역 내 구성원들에게 미치는 긍정적 효과에 초점을 둔 연구들은 이주민 밀집지역의 기능적 측면에 초점을 두고 있다. 이주민이 새로운 국가에 정착하는 과정 중 경험하게 되는 여러 어려움을 해결하는 데에 밀집지역이 유용한 자원을 제공한다는 것이다(Portes & Zhou, 1993). 이주민이 생활하기에 편한 상권, 공공기관과 민간기관이 밀집지역을 중심으로 형성되어 있으며, 선주민들을 중심으로 구성된 이주민 커뮤니티가 이주민의 초기 적응에 긍정적으로 기여한다는 것이다. 우리나라에서도 이주민 밀집지역의 수와 규모가 빠른 속도로 확대되고 있으므로 이와 관련한 개입방안을 모색할 필요가 높다.

첫째, 대상 중심이 아닌, 지역사회 단위의 개입을 고려할 수 있다. 지역사회가 사회통합의 공간으로 기능하기 위해서는 "지역을 구성하는 선주민과 이주민이 함께 살고 있는 공간에 대한 접근을 통해 지역민 모두를 포괄하는 정책"(장명선, 송연숙, 2011)이 필요하다고 볼 수 있다. 지역사회 단위의 지역형 사업의 형태로 자치구 단위의 지원 방안을 고려할 수 있다. 미국의 프로미스 네이버후드 사례는 '지역에 거주하는 모든 아동의 교육적 성과 향상'이라는 공동의 의제를 중심으로 지역사회 단위의 개입을 시도한 대표적인 예에 해당한다. 프로미스 네이버후드 사업을 적용해 우리나라 이주민 밀집지역 단위의 사업을 구상한다면, '다문화' '이주배경'이라는 특수성에만 초점을 두기보다 '아동의 발달'이라는 보편적 특성을 함께 고려할 필요가 있다. 즉, 중도입국 아동 혹은 이주배경 아동만 특정하기보다 해당 지역사회의 지역민 모두에 대한 정책으로서 구성원이라면 누구나 적용 범주에 포함될 수 있도록 사업이 설계될 필요가 있다.

밀집지역 내 아동과 관련한 사업 운영에 있어서도 이주배경과 비이주배경 아동을 분리해 따로 진행하는 방식의 프로그램은 지양할 필요가 있다. 한국어 교육, 우리 사회에의 적응 등의 욕구를 지닌 아동을 대상으로 하는 사업은 물론 필요하며 중요하다. 그러나 서로를 알아가고 이해하는 것을 목적으로 하는, 두 집단 모두를 대상으로 하는 사업 설계 또한 중요하다.

둘째, 지역사회의 특성을 반영한 사업들이 지원될 필요가 있다. 이주민을 대상으로 하는 대부분의 사업들은 지역의 특수성을 고려하기보다 중앙정보 주도하의 일률적인 사업 형태가 지배적이다(김도혜, 2012; 양경은 외, 2020). 그러나 자치구마다 처한 환경적 상황과 맥락이 다르다는 점을 감안할 때, 지역사회의 특수성이 반영된 사업 설계가 요청된다. 특히 서울특별시의 경우, 각 자치구별로 이주민의 인구학적 구성이 상이하다. 이와 관련해 지역별 상황과 여건에 따라 협력을 맺는 민, 관, 학 기관들의 네트워킹 방식이 상이할 것으로 예상되므로 지역사회 단위에서 연계 사업을 주도적으로 기획하고 운영할 수 있도록 하고, 이에 수반되는 인적 · 물적 자원을 지원하는 방안을 고려할 수 있을 것이다(양경은 외, 2020).

미국의 프로미스 네이버후드 사례

해외 연계사업의 사례로 미국의 프로미스 네이버후드(Promise Neighborhood) 사업을 소개하고자 한다. 프로미스 네이버후드 사업은 사회경제적 낙후도가 높은 지역에 거주하는 아동의 교육적 성과를 향상시키는 것을 목적으로 하는 지역사회 단위의 접근방식을 취한다(함승환 외, 2017). 프로그램의 시초가 된 모델은 '할렘의 어린이 존'(Harlems Chlidern's Zone: HCZ) 사업이다. HCZ 사업은 뉴욕 할렘 중심부 지역에 거주하는 아동의 삶의 질 및 교육력 제고를 위해 고안되었는데, 사업이 큰 성공을 거두자 이가 미국 전역으로 확대 적용된 것이 바로 프로미스 네이버후드 사업이다.

프로미스 네이버후드 사업은 학생 개인의 교육적 성과를 높이기 위해서는 지역사회 단위의 개입이 요청된다는 철학을 기조로 삼는다. 일명 '요람에서 직업까지' 아동을 중심으로 지역 사회 내의 다양한 유관 기관 종사자들은 협업 시스템을 구축하여 교육, 주거, 심리 · 상담, 등 아동의 발달에 필요한 서비스들을 종합적이고 체계적으로 제공한다. 프로그램의 비전은 다음과 같다. "프로미스 네이버후드에서 성장하는 모든 아동은 가족과 지역 사회의 강력한 연대 시스템을 통해 학교 교육을 성공적으로 받고, 이러한 과정이 대학 진학과 직장으로의 취업으로 이어지도록 하는 것이다."(함승환 외, 2017, p. 127-128)

프로미스 네이버후드의 성공 요인을 정리하면 다음과 같다. 첫째, 아동을 대상으로 서비스를 제공하는 지역사회 내의 다양한 기관의 종사자들은 아동과 가족, 학교 체계와 협력적 파트너십을 구축한다. 아동을 둘러싼 미시적 · 중시적 · 거시적 환경체계의 다양한 주체들은 포괄적이면서 강력한 관계 구축을 통해 아동의 교육 기회에 제약이 될 수 있는 요인들에 대해 다각적인 개입을 시도한다. 지역사회마다 인구학적 조건, 지리적 특성이 모두 다르기 때문에 사업을 주도적으로 이끌어 가는 중추조직은 지역별로 상이하다. 그러나 중추조직은 협력 기관들 간의 연계를 극대화하고, 이를 통해 서비스 이용자가 연계된 서비스를 받을 수 있도록 하는 것을 최우선적인 과업으로 선정하고 있다. 물론 중추조직이 있다고 해서 협력 기관들 간의 연계가 시스템적으로 항상 보장되는 것은 아니다. 아동을 대상으로 서비스를 제공하는 기관들은 실로 다양하며, 기관들은 서로 유사하면서도 상이한 예산 및 행정 체계를 갖고 있어 연계 과정이 항상 수월한 것은 아니다. 이때 연계 활동에 대한 조정을 담당하는 중추조직의 존재는 서비스의 누락 및 중복을 최소화할 수 있다는 장점을 지닌다.

둘째, 해당 지역 사회 내의 다양한 인구학적·문화적·언어적 특징들에 대해 민감한 당사자를 팀원으로 끌어들인다. 미네소타주 미니애폴리스 지역의 프로미스 네이버후드 모델(Northside Achievement Zone)의 경우 NAZ 커넥터(NAZ Connector)를 두어 연계 활동을 도모하고 있다. NAZ 커넥터는 해당 지역사회의 인구학적 배경을 대표할 수 있는 선주민으로서 이주배경 가족들에게 문화적으로 민감한 개입이 가능하다. 이들은 클라이언트 가족들과 주기적으로 만나 가족들의 욕구를 파악하고 사업 내의 다양한 협력 기관들과의 서비스 연계를 도모한다.

셋째, 학교–지역사회 내 전문가들의 협업. 각 학교는 최소한 1명의 NAZ 커넥터와 1명의 NAZ 네비게이터(NAZ Navigator)를 중심으로 체계적으로 개입한다. NAZ 커넥터는 NAZ 네비게이터와 협업을 하는데, NAZ 네비게이터는 특별히 주거, 교육적 지원과 같은 특정 프로그램 영역의 전문가들로 구성된다.

넷째, 프로미스 네이버후드는 가족을 변화의 기본 단위로 삼는다. 미국 내 헤이워드 프로미스 네이버후드 사업의 경우, 영유아를 둔 가족 가운데 의료적 혜택을 받지 못하거나 자녀 양육에 어려움을 겪는 가구를 중점적인 개입 대상으로 삼는다. 커넥터들은 지역사회 내의 건강센터에서 일정 기간 동안 교육을 받으며, 자신이 담당한 가구의 의료 서비스 이용 증대, 부모의 교육적 관여도 및 참여도 증진이라는 두 가지 목표를 중심으로 개입한다. 이와 유사하게 베라 칼리지 프로미스 네이버후드(Bera College Promise Neighborhood)의 경우, 헤드 스타트(Head Start)와 세이브 더 칠드런(Save the Children)의 가정 방문 프로그램을 통해 가족에 대한 사례 개입을 시도하고 있다.

다섯째, 프로미스 네이버후드는 데이터에 기반한 연계 활동을 도모한다. 가족, 학교, 지역사회 단위의 개입 노력은 모두 통일된 지표로 측정되며 데이터베이스화되어 축적된다. 협력 기관들은 주기적인 만남과 미팅을 통해 아동과 가족의 변화 상황을 함께 공유한다. 미팅에서는 공유된 지표들이 어떻게 서로 맞물려 영향을 주고받는지, 각 기관의 활동들이 시너지 효과를 내고 있는지 등을 확인하고 서로의 역할을 조정하는 작업이 이뤄진다.

출처: 양경은, 박송이, 고윤정(2020), pp. 140-142의 내용을 수정·요약함.

🔖 참고문헌

교육부(2019). 2019년 다문화교육 지원계획. 교육부 교육기회보장과.

교육부(2020). 2020년 교육기본통계 결과 발표 보도자료. 2020. 08. 28.

김도혜(2012). 한국 이주배경 청소년 분류와 관련 정책의 한계점. 현대사회와 다문화, 2(2), 305-333.

김이선, 최윤정, 정연주, 장희영, 이명진, 양계민(2022). 2021년 국민 다문화수용성 조사. 여성가족부 연구보고서.

김정선(2011). 시민권 없는 복지정책으로서 '한국식' 다문화주의에 대한 비판적 고찰. 경제와사회. 205-246.

남일성, 양경은(2020). 중도입국 자녀 가족 지원을 위한 지역사회 민관협치 지원 시스템 구축 연구. 민주평화국민연구회, 정책개발 연구용역 보고서.

박윤환(2011). 빈곤층과 외국인 주민 거주지분리에 대한 연구: 서울시 사례연구. 서울도시연구, 12(4), 103-122.

박종대, 박지해(2014). 한국 다문화정책의 분석과 발전 방안 연구. 문화정책논총, 28(1), 35-63.

송효준, 양경은(2018). 이주민 밀집지역 내 학교-가정-지역사회의 연계효과: 교사의 어려움 경감을 중심으로. 학교사회복지, 43, 81-99.

신동훈, 양경은(2020). 일상 속 이주민 목격과 대중매체의 이주민 재현이 다문화수용성에 미치는 영향. 사회과학연구, 46(1), 111-139.

신현옥, 양계민, 서윤정, 김미라(2013). 중도입국청소년 실태조사. 이주배경청소년지원재단 무지개청소년센터.

양경은, 노법래(2020). 한국 다문화 담론 구조와 그 시계열적 변동: 언론 기사문 텍스트 마이닝 분석을 중심으로. 한국사회복지학, 72(3), 33-58.

양경은, 박송이, 고윤정(2020). 이주민 밀집지역 아동의 발달권 증진을 위한 지역사회 기반 연계 모델에 관한 연구. 초록우산 어린이재단 아동복지연구소 연구보고서.

양미진, 고홍월, 김영화, 이동훈(2012). 중도입국 다문화가정 청소년의 이주 후 적응에 관한 질적 연구. 청소년상담연구, 20(2), 87-113.

여성가족부(2021). 국민다문화수용성 조사.

연보라, 이윤주, 김현철(2019). 이주배경 아동·청소년 지역기관 연계 종합지원모델 개발. 한국청소년정책연구원 연구보고서.

오성배, 김경미, 김재우, 서덕희, 오정은(2013). 중도입국 청소년 지역별 지원 실태에 대한 분석. IOM 이민정책연구원 연구보고서.

윤인진(2008). 한국적 다문화주의의 전개와 특성: 국가와 시민사회의 관계를 중심으로. **한국사회학, 42(2),** 72-103.

윤철수, 유기웅(2013). 교육복지 네트워크의 어려움과 개선에 관한 연구: 지역사회교육전문가와 프로젝트 조정자를 중심으로. **한국지역사회복지학, 47,** 1-27.

원숙연(2008) 다문화주의시대 소수자 정책의 차별적 포섭과 배제: 외국인 대상 정책을 중심으로 한 탐색적 접근. **한국행정학보, 42(3),** 29-49.

이남주, 김민(2017). 고려인 중도입국청소년의 학교생활 경험에 대한 내러티브 탐구. **다문화교육연구, 10(1),** 141-170.

이병렬, 김희자(2011). 한국이주정책의 성격과 전망. **경제와 사회, 90,** 320-362.

이석준(2014). 조선족 밀집지의 형성과 성장에 관한 연구: 서울시 가리봉동과 대림2동, 자양동을 중심으로. 서울대학교 석사학위 논문.

이수인, 이순미, 최지훈(2019). 지역사회 기반 이주배경청소년 지원 네트워크 구축 방안. 전북연구원 정책연구 보고서.

이승미, 이해웅, 이화용(2017). 서울시 중도입국 자녀 현황 및 지원방안 연구. 서울시여성가족재단 보고서.

이준일(2021). 미등록이주아동과 인권. 미등록 이주아동 인권실태와 사회복지 과제. 2021년 **한국다문화복지학회 추계 학술대회 자료집,** 3-17.

장명선, 송연숙(2011). 서울시 중도입국청소년 현황과 지원방안. 서울시여성가족재단 보고서.

청주지방법원 판례(2018). https://casenote.kr/%EC%B2%AD%EC%A3%BC%EC%A7%80%EB%B0%A9%EB%B2%95%EC%9B%90/2017%EA%B5%AC%ED%95%A92276

최무현, 김경희(2015). 한국의 다문화사회 정책의 거버넌스 현황과 발전방안. **공공사회연구, 5(3),** 229-281.

한성미, 임승민(2009). 소수민족집단체류지역(Ethnic enclave)으로서의 옌벤거리의 장소성 형성 요인 분석. **한국조경학회지, 34(6),** 81-100.

행정안전부(2019). 2019년 지방자치단체 외국인주민 현황. https://www.mois.go.kr/

Castles, S., & Miller, M., (2003). *The Age of Migration*. New York & London: The Guilgord Press.

Portes, A., & Zhou, M. (1995). The new second generation: Segmented assimilation and its variants. *American Academy of Political and Social Science, 530*, 74-96.

 찾아보기

인명

내용

저자 소개

김혜미(Kim, Hyemee)

서울대학교 사회복지학 박사

현 인천대학교 사회복지학과 교수

주요 저서 및 논문

정신건강론(공저, 학지사, 2023)

가족복지론(공저, 학지사, 2022)

다문화가족 이주여성의 자살생각에 대한 연구. 보건교육건강증진학회지. 38(2), 29-42. (2021)

Community-based service utilization of marriage migrants in Korea: Focusing on differences by women's country of origin. *Social Science Journal,* 57(1), 39-57. (2020)

김태연(Kim, Tae Yeun)

University of Chicago 사회복지학 박사

현 충남대학교 사회복지학과 교수

주요 논문

Upholding familism among Asian American youth: Measures of familism among Filipino and Korean American youth. *Adolescent Research Review, 6,* 437-455. (2021)

Culture and family process: Measures of familism for Filipino and Korean American parents. *Family Process, 57*(4), 1029-1048. (2018)

Culturally specific parent mental distress, parent-child relations and youth depression among Korean American families. *Journal of Child and Family Studies,* 27(10), 3371-3384. (2018)

양경은(Yang, Kyung-Eun)

University of Toronto 사회복지학 박사

현 성공회대학교 사회융합자율학부 사회복지학과 교수

〉 주요 논문

Does multiculturalism help immigrant youth engage in school? Multicultural paradox in the welfare state. *Social Policy & Administration*, 57(1), 34-50. (2022)

이주민에 대한 '상징적 폭력'과 차별: 이주민 밀집지역 내 중도입국 자녀 부모의 경험 분석. 현대사회와 다문화. 11(3), 39-66. (2021)

김희주(Kim, HeeJoo)

서울대학교 사회복지학 박사

현 협성대학교 사회복지학과 교수

〉 주요 저서 및 논문

사회복지실천기술론(공저, 신정, 2022)

가족복지론(공저, 양서원, 2020)

국내 난민 인정자의 사회적 배제경험. 사회복지정책. 47, 339-370. (2020)

한부모 결혼이민자여성의 사회적 배제 경험에 대한 질적연구. 가족과 문화. 30(2), 129-170. (2018)

유조안(Joan P. Yoo)

University of Wisconsin-Madison 사회복지학 박사

현 서울대학교 사회복지학과 교수

> 주요 논문

Patterns of time use among 12-year-old children and their life satisfaction: A gender and cross-country comparison. *Child Indicators Research, 15*, 1693-1717. (2022)

Community-based social service utilization of marriage migrants in Korea: Focusing on differences by women's country of origin. *The Social Science Journal, 57*(1), 39-57. (2020)

Social networks and health-promoting behaviors among North Korean refugees in South Korea. *Social Work in Health Care, 59*(9-10), 738-750. (2020)

[사회복지총서]

사회복지와 문화다양성
Social Work with Immigrants and Their Families

2023년 7월 20일 1판 1쇄 인쇄
2023년 7월 30일 1판 1쇄 발행

지은이 • 김혜미 · 김태연 · 양경은 · 김희주 · 유조안
펴낸이 • 김진환
펴낸곳 • ㈜ **학지사**

04031 서울특별시 마포구 양화로 15길 20 마인드월드빌딩
대표전화 • 02-330-5114   팩스 • 02-324-2345
등록번호 • 제313-2006-000265호

홈페이지 • http://www.hakjisa.co.kr
인스타그램 • https://www.instagram.com/hakjisabook

ISBN 978-89-997-2934-8 93330

정가 22,000원

출판미디어기업 **학지사**

간호보건의학출판 **학지사메디컬** www.hakjisamd.co.kr
심리검사연구소 **인싸이트** www.inpsyt.co.kr
학술논문서비스 **뉴논문** www.newnonmun.com
교육연수원 **카운피아** www.counpia.com